Bürger erhebt euch!

LAIKA Verlag

Markus Metz/Georg Seeßlen

Bürger erhebt euch!

Versuch über Postdemokratie, Neoliberalismus
und zivilen Ungehorsam

Impressum

©LAIKA-Verlag Hamburg 2012 // LAIKAtheorie Band 12 // Markus Metz / Georg Seeßlen: Bürger erhebt euch! // 1. Auflage 2012 // Satz und Cover: Peter Bisping // Druck: CPI – Ebner & Spiegel, Ulm // www.laika-verlag.de // ISBN: 978-3942281-11-9

Inhalt

Vorwort 9

I Die Wurzeln der Erhebung

Die Rebellion des Citoyens gegen den Bourgeois 13
Kapitalismus und Demokratie (Backstory). 18
Die Arroganz der Macht 35

II. Auf dem Weg zu einer unmenschlichen Gesellschaft

Die Abschaffung der Freiheit 65
Die Abschaffung der Gerechtigkeit 126
Die gerechte Gesellschaft. 130
Die Abschaffung der Solidarität 149

**III Reclaiming our lives: Zivilgesellschaft, Dissidenz
und ziviler Ungehorsam**

Zivilgesellschaft, Bürgertum und Empörung. 199
Was ist ziviler Ungehorsam? Wesen und Form der neuen Erhebung. . . .204
Die moralische Revolution gegen den Neoliberalismus
und ihr elektronischer Schatten. 228

Appendix
Kleiner Zettelkasten für den Diskurs & Anregung
zum Weitermachen (Mehr nicht, und weniger schon gar nicht) 333

Literatur 373

Anmerkungen. 377

Vorwort

»Widerstand und Verweigerung, auf allen Ebenen, an allen Fronten, sind integrale Elemente der Reise in die Freiheit«.

Angela Davis

»Der Kapitalismus«, hat Graham Greene gesagt, »ist nur eine Art zu leben, an die man sich gewöhnt hat«. Karl Marx, der im Übrigen alles andere als ein »Anti-Kapitalist« war, zeigte uns zumindest das Katastrophische dieser Gewöhnung. Man muss den Kapitalismus nicht »hassen«; er hatte ernsthaft seine guten Seiten, und die Menschheit wäre ohne ihn vermutlich nicht in den Besitz so verdammt vieler Möglichkeiten gelangt, wie sich ihr heute bieten. Zu viele Menschen allerdings haben sich eben durch denselben Kapitalismus abgewöhnt, sich dieser Möglichkeiten zu bedienen, um die drei großen Projekte für eine menschliche Gesellschaft voranzutreiben, die diesen Namen verdient: Freiheit, Gerechtigkeit, Geschwisterlichkeit. Keiner dieser Werte ist »absolut«, keinen kann man mit Gewalt erzwingen, und keiner ist davor gefeit, missbraucht zu werden. Dass die drei mit-, in- und gegeneinander reibungslos funktionieren, hat auch niemand versprochen. Aber der rapide, durchaus sicht- und erfahrbare Abbau aller dieser drei Grundwerte der Gemeinschaft der Menschen, der Abschied nicht nur von der Realisierung, sondern sogar von der Wertschätzung von Freiheit, Gerechtigkeit, Geschwisterlichkeit selber, mag uns genügend empören, um allmählich etwas dringlicher darüber nachzudenken, was nach dem Kapitalismus kommen soll.

Und nicht viel anders verhält es sich mit der Regierungsform, die sich selber »Demokratie« nennt und die es sich so sehr angewöhnt hat, mit der eigenen Unvollkommenheit zu flirten, dass das beste Argument für sie bald auch das einzige ist: Alles andere ist noch schlimmer. Am dringlichsten aber ist das Nachdenken über das Verhältnis der beiden zueinander: Ist »Demokratie« überhaupt denkbar in einem »extremen« Zustand des Kapitalismus wie dem derzeitigen (und überhaupt)? Darf ein »authentischer« Kapitalismus überhaupt noch unabhängige Regierungen und Staaten dulden? Ist nicht die »ideale« Bedingung für die echte Freiheit des Marktes die Abschaffung der politischen Freiheit, oder, um es mit den Worten von Kar Marx zu sagen: »An die Stelle der zahllosen verbrieften und wohlerworbenen Freiheiten ist die eine gewissenlose Handelsfreiheit getreten.« Belügen sich Demokratie und Kapitalismus, bevor sie uns, den Wählern und Marktteilnehmern, das Blaue vom Himmel herunter lügen, nicht so fundamental gegenseitig, dass sie nur gemeinsam verschwinden können (wenn nicht vor Scham, so wenigstens aus Überdruss)? Gehen sie Hand in Hand auf die Apokalypse zu oder, schlimmer, machen sie einfach, von Katastrophe zu Katastrophe, so weiter wie bisher? Und hat das noch mit unserem großen historischen Projekt zu tun, nämlich die Welt menschlich zu machen, nicht perfekt, nicht heilig, nicht erlöst, sondern einfach stets ein wenig besser in Bezug auf Freiheit, Gerechtigkeit und Solidarität zwischen den geografischen, kulturellen und politischen Räumen, den Zeiten und Generationen, den Geschlechtern, Kulturen, Sprachen, zwischen den Subjekten und der Welt, zwischen dem Gegebenen und dem Gemachten?

Kritik, Opposition, Dissidenz, Ungehorsam gegen die unheilvolle Verbindung von Finanzkapitalismus und Postdemokratie hat viele Namen, viele Methoden, viele Ansätze, Wege und, logisch, Umwege. Aber vielleicht gibt es eine Forderung, die dem allen zugrunde liegt (und die uns scharf von aller Dissidenz auf der anderen, der »rechten« Seite trennt): Wir wollen nicht weiter mitgehen auf dem Weg in eine unmenschliche Gesellschaft!

Wenn wir uns empören über die neuen Exzesse dieser Lügen, die uns, wenn das Fernsehen nicht ausreicht, schon auch einmal mit Wasserwerfern, Pfeffersprays und Polizeiknüppeln eingebläut werden, kommen wir um die fundamentaleren Fragen nicht herum: Ist das noch ein menschliches System (mit Fehlern, wie es sich gehört) oder ist es schon ein Riesenfehler der Menschheit? »Empört euch«, so lautete der Titel eines viel gelesenen kleinen Büchleins aus dem linksrheinischen Nachbarland, das an die verschüttete Fähigkeit des Bürgers erinnert, sich nicht alles gefallen zu lassen. Bravo! Doch scheint uns die *Kraft* der Empörung nur das eine. Das andere ist ihr *Ziel*. Es liegt irgendwo zwischen unserem Vorgarten (oder dem Fenster mit dem Basilikumtopf) und der ganzen Welt, vielleicht auch in der Beziehung zwischen beidem. Niemand, der glaubt, es dürfe und könne immer so weiter gehen wie im ersten Jahrzehnt des neuen Jahrhunderts, wird dieses Buch lesen.

Gene Sharp, der Begründer der *Albert Einstein Institution* zur Erforschung des friedlichen Widerstands, beschreibt die scheinbar simplen Bedingungen ziviler Revolte: »Als Erstes müssen Sie das bestehende System verstehen: Warum ist es so stark? Wo liegen seine Schwächen? Dann müssen Sie eine genaue Strate-

-) Elliott

gie entwerfen. Viele Protestbewegungen scheitern an der Arroganz ihrer Anführer. Sie denken, sie wissen alles, könnten spontan entscheiden. Dabei sind diese Kämpfe komplizierter als militärische Auseinandersetzungen. Wichtig ist es, einen Punkt zu finden, an dem der Widerstand ansetzen kann.«

Diesem Vorschlag von Sharp, angewandt auf die Verhältnisse in Deutschland um das Jahr 2011, will dieser Versuch Material liefern, Verknüpfungspunkte von Kritik und Widerstand, die Suche nach den Punkten, an denen der Widerstand ansetzen kann und muss.

Wir leben nicht in subjektiv diktatorischen, nicht einmal in formal antidemokratischen Verhältnissen (auch die Postdemokratie trägt ja noch Züge der Demokratie), daher ist die Frage der Gewalt anders zu stellen als zum Beispiel in den Ländern Nordafrikas, in denen bürgerlicher Widerstand schließlich zum Sturz autoritärer und korrupter Regimes führte, aber auch den Bürgerkrieg als schreckliche Option nicht ausschließen konnte. Ziviler Ungehorsam ist eine Form des Widerstands, die dem humanistischen »Stresstest« durch die Macht-Exekution standhält. Das fällt nicht immer leicht, es ist eine zweifellos asymmetrische Auseinandersetzung zwischen den Bürgern und dem Staat, der aufhören will, der ihre zu sein. Und es ist nicht zu übersehen: Der postdemokratische Staat tendiert dazu, sein Gewaltmonopol zu missbrauchen. Nicht trotzdem, sondern gerade deswegen ist die Gewaltfreiheit des zivilen Ungehorsams ein höchstes Gut. Hier schon zeigt sich der Bruch zwischen einer Gesellschaft auf dem Weg in die Unmenschlichkeit und den Bürgerinnen und Bürgern, die für eine Zukunft mit menschlichem Antlitz eintreten.

Bürgerinnen und Bürger indes, die schon einmal Opfer von Polizeieinsätzen bei friedlichen Demonstrationen waren, die in die Mühlen der Überwachung gerieten, die mit der Staatsbürokratie oder mit den Systemen der strukturellen Korruption konfrontiert waren oder die Opfer von gezielten Kampagnen, von Rufmord und »narrativer Verleumdung« wurden, Bürgerinnen und Bürger, die bemerken müssen, dass Recht auch eine Sache der Anwaltskosten ist, die sich die einen leisten können und die anderen nicht (von einer Art von Anwälten ganz zu schweigen, die ohnehin nur in den Blasen des Finanzkapitalismus gedeiht), wissen nur zu gut: Der gewaltfreie Widerstand trifft auf einen Gegner, der seinerseits weder Mühe noch Ideen in Gewaltfreiheit investiert, sondern im Gegenteil Strategien der gezielten Gewalt-Eskalation benutzt: Der Verbund von staatlicher Gewalt, bürokratischer Drangsalierung, ökonomischer Austrocknung und medialer Denunziation ist die Superwaffe der Postdemokratie gegen ihre erklär-

11

ten - und: erklärt demokratischen! - Gegner. Eine weitere Gegenstrategie liegt in der Isolierung der einzelnen Gegner sowie im genussvollen »Divide et impera«. Den Rest erledigen die medialen »Blödmaschinen« (denen wir ein eigenes Buch gewidmet haben und die daher in diesem Zusammenhang natürlich nicht vernachlässigt, wohl aber nicht noch einmal »fundamental« erklärt werden müssen).

Die Frage ist nicht, ob es durch das Wirken von Finanzkapitalismus und Postdemokratie zu einem Bürgerkrieg kommt oder nicht; die Arroganz der Macht »erklärt« ihn jeden Tag aufs Neue, wenn es um die Interessen der neuen »Eliten« geht. Die Frage ist, ob er sich als »kalter Bürgerkrieg« in wechselnden Allianzen und »Frontlinien« in einen Alltag senken wird, in dem immer weiter Freiheit, Gerechtigkeit und Solidarität unerreichbar fern rücken, oder ob ein solcher Bürgerkrieg zwischen der neuen politisch-ökonomischen Oligarchie und den Gruppen der Verlierer dieser ökonomischen wie sozialen Transformation unabdingbar »heiß« werden muss. Der historische Augenblick, in dem wir uns wohl derzeit befinden, ist jener, in dem ziviler Ungehorsam aufhört, ein moralisches *Recht* zu sein. Er beginnt, zur *Pflicht* für jeden denkenden, fühlenden und handelnden Menschen zu werden.

*

Auch dieses Buch ist Teil eines »work in progress«. Es ist natürlich unfertig, es lebt, weil es sich in viele Einzeluntersuchungen und Dokumentationen ebenso fortsetzt wie in die Praxis der Dissidenz; es sucht indes nach dem Fundamentalen, nach dem Zentrum der bürgerlichen Erhebung, der Begründung, der Form und dem Wesen. Es ist ein Essay, der viele Anregungen aufnimmt und weiterzugeben versucht. Der mittlere Teil des Buches etwa geht auf eine Reihe von Radio-Sendungen zurück, die die Autoren für den »Zündfunk-Generator« des Bayerischen Rundfunks gemacht haben; dementsprechend stehen hier auch Interviews, die dafür geführt wurden, mit im Vordergrund[1]. Das allererste Kapitel, »Die Rebellion des Citoyen gegen den Bourgeois«, wurde in kürzerer Form schon auf dem Blog »Das Schönste an Deutschland ist die Autobahn« zur Diskussion gestellt und hat sich durch diese Diskussionen auch weiter entwickelt. Der Appendix soll in erster Linie Anschlüsse und Anregungen vermitteln, nicht mehr und nicht weniger, es wäre ideal, wenn Leserinnen und Leser es als bescheidenen Nukleus einer wachsenden »Wikipedia« des zivilen Ungehorsams ansehen würden.

I
Die Wurzeln der Erhebung

»*Der Mensch ist seinem Wesen nach ein politisches Lebewesen.*«
Aristoteles

Die Rebellion des Citoyens gegen den Bourgeois

Für Menschen, die denken und fühlen, können »der Bürger« und »die Bürgerin«
keine rundum sympathischen Erscheinungen sein. Deshalb sieht man sich gelegentlich gedrängt, das Bürgerliche zu überwinden, in der Welt und in sich selbst.
Vermutlich gibt es nichts, was so tief bürgerlich ist wie die Sehnsucht nach dem
Nicht-Bürgerlichen.

Die Hilfskonstruktion ist bekannt: Wir sprechen einerseits vom »Citoyen«,
jenem Bürger des Staates, der diesem Freiheit, Gerechtigkeit und Solidarität
abverlangt, wenn es sein muss auch mit den Mitteln des mehr oder weniger zivilen Ungehorsams. Das ist ein hellwacher, kritischer, aufgeklärter, zu Zeiten rebel-
lischer, jedenfalls unruhiger Geist, der den Diskurs selber bestimmen will. Wir
stellen uns den Citoyen und die Citoyenne als dynamische, empfindsame, eher
schlankere Menschen vor, die irgendwie immer mit einem »Projekt« oder einer
»Manifestation« beschäftigt sind. Ausruhen können sie später, wenn die Welt eine
bessere geworden ist.

Und wir sprechen andererseits vom »Bourgeois«, jenem Nutznießer des Kapitalismus, der sich gern dem Gerechtigkeits- und Solidaritätsfimmel des Staates
entzieht, der möglichst alles beim Alten belässt, es sei denn, es bringt ihm Profit
und Vorteil; ein Mensch, der sich nichts daraus macht, zu genießen im Angesicht
des Elends, der gleichwohl seine bigotten Rituale der Selbstbeweihräucherung
hat, sei es in der Kirche oder vor dem Fernsehapparat, jemand, der sich blind
stellt und sich gern verblenden lässt und der fette Speisen in einem fetten Körper begräbt. Bourgeois und Bourgeoise pflegen statt Projekten die kleinen Unter-

13

schiede. Insbesondere in ihrer verbreitetsten Form, nämlich als »petit« bourgeois ist ihre Mischung aus Habgier und Neid, Untertänigkeit und Hang zur ökonomischen Kriminalität einigermaßen unerträglich.

Der Citoyen (die Demokratie) und der Bourgeois (der Kapitalismus) sind nur auf den ersten Blick zwei Figuren in der Comedia dell'Arte in unserer Gesellschaft, wenn auch verwandte: Bourgeois und Bourgeoise zeugen ein Kind, das unbedingt ein Citoyen oder eine Citoyenne werden will; den Citoyens verdirbt die bourgeoise Familie das Projekt. Viel mehr aber sind Bourgeois und Citoyen die beiden Seiten ein und derselben Persona, in sehr, sehr unterschiedlichen Verhältnissen natürlich.

Radikal anti-bourgeois zu sein, endet in aller Regel mit einigermaßen unmenschlichen Zumutungen, nämlich entweder mit einer destruktiven und vor allem selbstdestruktiven Lebensweise der umfassenden Rücksichtslosigkeit (wir haben dazu Rollenmodelle wie »Aussteiger«, »Boheme«, »Subkultur«, »Nerd«, »Künstler« etc., welche allerdings, da sie bereits »Erklärung« und Mythos beinhalten, schon ihrerseits fest im bourgeoisen Diskurs verankert sind) oder aber mit einer mehr oder minder terroristischen Geste: Das Projekt (nennen wir es »Revolution«, nennen wir es, im Gegenteil »Rettung«) ist wichtiger als das Leben selbst und fordert entsprechend Opfer.

Der Bruch zwischen Citoyen und Bourgeois ist ohne Gewalt nicht zu haben (aber wir können durchaus zweifeln, ob er *mit* Gewalt zu haben ist). Doch ebenso wenig ist eine Versöhnung zwischen Citoyen und Bourgeois ohne die Produktion von Gewalt zu haben (wir können sogar argwöhnen, dass die Versöhnungsversuche von Citoyen und Bourgeois Produktionskräfte gesellschaftlicher Gewalt sind). Citoyen und Bourgeois erzeugen keine dialektische Einheit, sondern bilden im Gegenteil einen endlosen Zerfallsprozess ab.

Um das Dilemma zu verschärfen, stellen sich die Verhältnisse von Bruch und Vereinigung zwischen Citoyenne und Bourgeoise sowohl in Analogie als auch im Widerspruch zur Konstruktion des Citoyen/Bourgeois ab: Um vollwertige Bourgeoise werden zu können, muss die Frau dem Bourgeois (so kontrolliert und effizient das eben möglich ist) als Citoyenne begegnen, so wie sie andererseits – »im Interesse der Familie«, wie man so sagt – dem Citoyen als Bourgeoise begegnete.

Aber damit haben sich die Spaltungen längst noch nicht erschöpft, denn für jeden Bereich, Citoyen/Bourgeois oder Citoyenne/Bourgeoise oder Citoyen/Bourgeoise oder Citoyenne/Bourgeois gibt es noch je ein Innen und Außen, ein Intimes und ein Öffentliches, eine Sprache und ein Gesprochenes, eine Mythologie und eine Realität, eine gesellschaftliche Praxis und eine politische Repräsentierung, eine Zivilisation und eine Kultur und vieles mehr.

Zum doppelten/gespaltenen Bürger, den es gewiss in unterschiedlichen kulturellen Ausprägungen, jedoch mit genügend Konstanten gibt, existieren nur drei Alternativen: Der Mensch, der *noch nicht* Bürger ist (Barbar und Bauer), der Mensch, der *nicht mehr* Bürger ist (über- und unterlebender Postmensch, möglicherweise) und schließlich die sub-bürgerliche Lebensform einer wachsenden Anzahl von »Verlierern« des meta-bourgeoisen Weltkapitalismus. Das Proletariat von einst, das sich als Klasse gegenüber einer anderen Klasse sehen konnte, hat sich gespalten in ein Kleinstbürgertum (mit einer *Fake*-Bourgeois-Kultur), ein Prekariat (das von individuellem Überlebenskampf und der einzigen Sorge, nicht ins allerletzte Segment abzurutschen, geprägt und gelähmt ist) und schließlich etwas, was man nicht nur im angelsächsischen Sprachbereich so deutlich zu bezeichnen eingeübt hat: Trash, menschlichen Abfall, überflüssige Menschen, die man »durchfüttert«, »mitschleppt« und es, kaum weht der Wind einmal wieder ein wenig rauer, am liebsten auch nicht mehr täte.

Wir werden sehen, dass der Klassenkampf durch diese Transformation mitnichten beendet, sondern im Gegenteil auf brutale Weise verschärft wurde. Und dies sowohl in der direkten Konfrontation der gesellschaftlichen Teilmengen als auch im Bewusstsein wie in der »Seele« des Bourgeois/Citoyen. Wir erleben beständig so etwas wie einen »inneren Bürgerkrieg«. Denn nie war für ihn dieses Empfinden so ausgeprägt: Wovon der Bourgeois am meisten profitiert, das kann für den Citoyen ganz einfach nicht erträglich sein.

So kann schließlich der kapitalistische Diskurswechsel, den wir unter den zweifellos einigermaßen irreführenden Schlagwörtern »Neoliberalismus«, »Globalisierung« und »Finanzkapitalismus« zusammenzufassen uns angewöhnt haben, nicht umhin, neuerlich einen enormen Druck auf eine »endgültige« Spaltung von Bourgeois und Citoyen auszuüben (wäre es so einfach, wie wir uns das wenigstens für die Bilder immer wieder erhoffen, so sähe der eine »Bürger« aus wie Josef Ackermann und der andere wie der akademisch gebildete Teilnehmer der Protestkundgebung gegen Stuttgart 21).

Freilich geht es nicht nur um die Spaltung des Bürgers in einen Nutznießer und ein »Gewissen« oder wenigstens um die zwischen dem kurzfristigen, egoistischen Profit innerhalb des Systems und der langfristigen, assoziativen Sorge um die Erhaltung des Systems selber (und sei es der ganze Planet, der an seiner Ausplünderung und Vergiftung zugrunde geht), es geht vielmehr um verschiedene Sprachen, Zeichen, Erzählungen, Bilder etc. Das größte Problem zwischen Citoyen und Bourgeois ist nicht ihre unauflösliche Hassliebe zueinander (zwei zänkische Seelen in einer Brust), sondern ihre semiotische Drift: Sie verstehen einander einfach nicht mehr.

Wer hat das angerichtet? Und was folgert daraus? Besteht die Lösung, wenn es eine gibt, darin, dass sich Citoyen und Bourgeois (nebst den erwähnten Ableitungen im *Gender*-Diskurs) wieder »versöhnen«, Ausgleich und Sprache finden? Oder vielmehr darin, den Bruch, den de facto der »neue« Kapitalismus und sein Bourgeois-Protagonist vollzogen hat (bis hin in seinen Verzicht auf das, was dem alten Bourgeois einmal als Kultur wertvoll und hilfreich schien), endlich auch bewusst und politisch zu realisieren: Spätestens, wenn der Bourgeois zur Wahrung seiner Profitinteressen den Polizeiknüppel gegen seinen Bruder und seine Schwester, Citoyen und Citoyenne, aktiviert, müsste klar sein, dass dieser Bruch mit den gewohnten, den kulturellen, medialen, semiotischen, politischen und sogar sexuellen Mitteln nicht mehr zu kitten ist.

Eben die Mittel, die vordem für einen Ausgleich und für die Moderation zwischen Citoyen und Bourgeois sorgten – urbane Strukturen, kulturelle Ambivalenzen, Stätten der Subversion wie der Einsicht, die Kulte der Versöhnung, nicht zuletzt in der Kunst, der Wissenschaft, von der Religion ganz zu schweigen, aber auch in der semiotischen Mikrophysik, den Moden, den Repräsentationen von Körper und Subjekt, im öffentliche Raum etc. – kurzum die semiotischen, mythischen und realen *Treffpunkte* von Bourgeois und Citoyen wurden eingespart, abgeschafft, transformiert. Ein Bourgeois, wir sehen es nicht nur an Berlusconis langer Herrschaft, regiert leichter mit Teilen des Prekariats (und, sehen wir uns die Wahl-Analysen an, leichter mit der Zustimmung durch Verängstigung als durch das Projekt bis in die Beziehungen von Bourgeois und Bourgeoise hinein) als mit den Citoyens. Der »Populismus«, den wir allenthalben am Werk sehen, und der offensichtlich, so oder so, drauf und dran ist, das Erbe der repräsentativen Demokratie zu übernehmen, ist eben nicht nur eine den medialen und sozialen Gegebenheiten angepasste neue Herrschaftstechnik, sondern auch eine ganz direkte Folge dieser absurden Inversion des Klassenkampfes.

So ist, paradox genug, für »das System« beinahe noch gefährlicher als seine radikale und schamlose Ungerechtigkeit, mit der es ein irgendwann unerträgliches Gefälle zwischen »Gewinnern« und »Verlierern« erzeugt, das Auseinanderfallen der so oder so herrschenden, der bürgerlichen Klasse. Der große Irrtum des Bourgeois, zu glauben, er könne ohne den Citoyen auskommen (denn man hat neue Sinn-, Steuerungs- und Zeichensysteme entwickelt, die offensichtlich

16

weder der Intelligenz noch der Integrität bedürfen) beginnt, die ersten Symptome einer tödlichen Krankheit zu zeigen.

Es wird eine dringende Aufgabe sein zu zeigen, dass das Weltbild des neuen Bourgeois in Europa im allgemeinen und in Deutschland im besonderen ganz einfach unmenschlich ist, dass seine Herrschaftsmittel sich bereits vom Postdemokratischen zum Antidemokratischen entwickeln, dass die »Kultur«, die Aspekte des Bourgeois und des Citoyen zu moderieren, weitgehend vernichtet wurde, dass die »politische Klasse« auch dort einen Klassenkampf von oben führt, wo ihre Mitglieder nicht im Berlusconi-Stil den Staat als Medium der eigenen Interessen benutzen (und dies als Pseudo-Ideologie der negativen Freiheit in der Gesellschaft versenken), dass »Fortschritt« bereits ein Aneignungsinstrument einiger weniger unter den Besitzenden und nicht allzu viel mehr ihrer Parasiten geworden ist. Und es wird zu zeigen sein, dass Citoyen und Citoyenne zu Kritik, Ungehorsam und Widerstand das Recht und die Pflicht haben (oder, wie man so sagt: für immer schweigen sollen).

Auf dem Prüfstand stehen die drei WERTE jeder akzeptablen, humanistischen, demokratischen und aufgeklärten Gesellschaft: Die Freiheit. Die Gerechtigkeit. Die Solidarität.

Dass der Mensch der modernen bürgerlichen Gesellschaft immer zugleich Bourgeois und Citoyen sein sollte, hat dieser Gesellschaft ihre besondere Dynamik verschafft, in ihren besten Zeiten eine gewisse Balance (von »Harmonie« wollen wir in einem solchen System aus Effizienz und Unterhaltung so wenig sprechen wie vom »Glück« in einer Gesellschaft, die seit Thomas Hobbes immer nur das »Erfolg-Haben« und dann gleich Weitermachen kennt), in ihren schlimmsten Zeiten aber auch technisch-bürokratische Gewalttätigkeit. Diese Gesellschaft war als das »geringste Übel« zu akzeptieren, solange sie ihre eigene Verbesserbarkeit (in Hinblick auf die WERTE, wohlgemerkt) mindestens zu *einem* ihrer Inhalte zu zählen bereit war. Doch es sieht so aus, als wolle sich nun endgültig die negative vor die positive Freiheit schieben (also die Freiheit der Unternehmer von staatlicher und gesellschaftlicher Kontrolle vor die Freiheit jedes Individuums, seine Fähigkeiten zu entfalten), die Marktdynamik vor die Gerechtigkeit und die klaglose Konkurrenz (noch im untersten Segment des Markt- und Arbeitszugangs) vor die Solidarität (nicht die Solidarität der Gabe, die, wie wir seit Aristoteles wissen, immer auch ein Angriff auf den Stolz des Menschen ist, sondern die Solidarität als Verbindung von Zärtlichkeit und Fairness[2]). Macht in dieser Gesellschaft derzeit wird zum größten Teil dazu verwendet, die moralische und soziale Verbesserbarkeit zum Verschwinden zu bringen (semiotischer Wahnsinn wie »alternativlos« ist da nur ein winziges Symptom einer umfassenderen Krankheit der Selbstversteinerung).

Demokratie, Kultur und Sprache (Praxis, Theorie und Bild) jener bürgerlichen Gesellschaft, die auf einem dynamischen Ineinander von Impulsen der Bourgeois und Impulsen der Citoyen aufbaute, haben ihre Bankrotterklärung abgegeben. Genauer gesagt: Das, was wir »Medien«, »Unterhaltung« oder »Information« nennen, ist offenbar nichts anderes als eine kulturelle Bankrotterklärung als *work in progress* (das System macht gewissermaßen aus seiner eigenen Bankrotterklärung ein florierendes Geschäft).

Der wieder erwachende Citoyen, die wieder erwachende Citoyenne müssen sich die Medien der Kritik erst wieder erobern, möglicherweise neue entwickeln. Ihr Ungehorsam muss die Keimzelle einer neuen (politischen) Kultur sein. Er und sie haben dabei zunächst keine unverdächtigen verbündeten gesellschaftlichen Institutionen; die Gewerkschaften, die organisierte politische Linke, das kulturelle Milieu, aber auch die »neuen« sozialen Bewegungen. Die ökologischen, die feministischen, die subkulturellen Diskurse, die Intellektuellen, die Universitäten, die Künstler: von alledem ging nicht nur die soziale Praxis, sondern auch der Diskurs (die Idee und die Sprache) weitgehend verloren. Sie sind, in aller Verärgerung gesagt, so »bourgeois« geworden, dass es nicht mehr Idee und Organisation, sondern allenfalls Einzelne sind, die, nur zum Beispiel, einer kritischen und rebellischen Jugend die Ideen geben können. Das hat nicht nur Nachteile. Im zivilen Ungehorsam gegenüber dem fundamentalbourgeoisen System müssen Citoyen und Citoyenne sich selber neu begründen. Wir haben ein zugleich politisches, philosophisches und ästhetisches Projekt vor uns: Die von der Bourgeoise des Neoliberalismus verworfene Kultur (jede Art von Intelligenz, um genauer zu sein, die über Unterhaltung und Markteffizienz hinausgeht) ist dabei ein entscheidendes Medium. So sehr wie die Straße jenes urbanen Raumes, der vom politischen Immobilienmarkt zum unbewohnbaren Unort gewandelt wird.

Kritik, Widerstand und Ungehorsam der Citoyen-Revolte sind notwendig. Kritik, Widerstand und Ungehorsam sind aber auch schön. Sie enthalten das Glück des Menschen auf dem Weg zu sich selbst.

Kapitalismus und Demokratie (Backstory)

So weit musste es kommen: Was uns interessiert, derzeit, das ist nicht einmal mehr Bosheit, Ungerechtigkeit und Unfrieden der »bürgerlichen Gesellschaften«

des Westens, sondern das Elend und die Brutalität, die ihr Zusammenbruch freisetzt, ihre Transformation in ein Wirtschafts- und Regierungssystem, für das wir noch keinen Namen haben, von dem wir aber allenthalben den Vorgeschmack erhalten. Einem Menschen, der zugleich halbwegs bei Verstand ist und sich auf ein mitfühlendes Herz besinnen mag, kann es daher weder um die »Überwindung« des gegenwärtigen Systems noch um die »Erhaltung« dieses Systems gehen, wie man es auch nennen mag, sondern es geht um die Rettung des Menschen und um die Rettung des Menschlichen. Was waren das für Zeiten, über die Bert Brecht klagen konnte, wo ein Gespräch über Bäume zum Verbrechen werden musste, weil es das Schweigen über so vieles andere mit einschloss. Und was sind das für Zeiten, wo ein Gespräch über eine bessere Gesellschaft zum Verbrechen werden muss, weil es das Schweigen über die Furchtbarkeiten der gegenwärtigen miteinschließt?

Es ist das eine, von der Postdemokratie als zersetzter Herrschaftsform zu sprechen, in der noch Formalien der einstigen repräsentativen und parlamentarischen Demokratie in den Medienpopulismus und die Herrschaft der ökonomischen »Eliten« geltend übernommen wurden und in der einige fundamentale Rettungsanker des Rechtsstaates im großen und ganzen noch funktionieren, auch wenn sie im Einzelnen beständig ausgehöhlt und verwischt werden. Man kann das, wie Colin Crouch es getan hat, anhand des Zerfalls der demokratischen Institutionen, von der Wahl über die Parteien bis hin zum Wandel der Pressefreiheit in die Freiheit der Medienkonzerne aufzeigen: Einerseits wird Demokratie immer mehr zu einem Spiel mit falschen Karten, andererseits gibt es immer weniger, die überhaupt mitspielen. Und die Protagonisten haben über diesem Spiel mit den gezinkten Karten, in dem jeder jeden betrügt, in dem aber auch viel zu holen ist, die äußere Wirklichkeit längst aus den Augen verloren. Die Spieler sind blind gegenüber den Katastrophen ringsumher, und blind werden so ernüchternd rasch auch jene, die neu dazukommen und behaupten, redlich spielen zu wollen im Interesse der Menschen: Die Korruptions- und Verblendungsfähigkeit des Systems übersteigt bereits die Fähigkeit der Gesellschaft, Persönlichkeiten auszubilden und zuzulassen, die sich ihr widersetzen.

Das andere ist es, von den Transformationen der bürgerlichen Gesellschaft im allgemeinen und der bürgerlichen Kultur im besonderen zu sprechen (die Beobachtung der beiden Diskurswechsel stehen an den entgegengesetzten Enden dessen, was der progressistische oder »Realo«-Flügel des neuen Kleinbürgertums »Kulturpessimismus« zu nennen pflegt und traditionell als »elitär«, »arrogant«

und »reaktionär« von sich weist). Der »ungezügelte Kapitalismus«, selber schon ein Mythos (als wäre man aus einem Paradies des gezügelten Kapitalismus mit menschlichem Antlitz verstoßen), kann nicht gedacht werden, ohne seine beiden Begleiterscheinungen: die öffentliche Herabstufung, in Diskurs wie in Inszenierung, traditioneller humanistischer Werte. In einem ansonsten nicht allzu erwähnenswerten kleinen Film spielt Mick Jagger den Boss eines »Begleitservices«, und ein Mann, der in seine Dienste treten will (weil er es als Schriftsteller zu nichts bringt), fragt ihn rundheraus, ob er sich für seine Prostitution nicht schäme, und er antwortet: Schämen müsste ich mich nur, wenn ich arm wäre. Und das dritte ist der rapide Verfall einer Kultur, die humanistische Werte (gegenüber dem einzigen und umfassenden Geld-Wert) oder den Sinn für eine Schönheit von Natur und Kultur vermitteln könnte, die es zu bewahren gälte. Um nun die apokalyptischen Reiter über der bürgerlichen Gesellschaft zu vervollständigen, gibt es eine neue Biopolitik, die man, im volkstümlichen Diskurs unserer Medien etwa, so beschreiben könnte: Vergeistigen war gestern. Das Gebot der Stunde ist: Verkörpern!

Die klassische bürgerliche Gesellschaft bestand aus einer, wenngleich durchaus spannungsreichen Einheit von Lebens- und Gesellschaftsfeldern: Herrschaft (die politische Karriere), Verwaltung (die Beamten-Karriere), Erziehung, Bildung und Lehre (die Pädagogen- und Hochschul-Karriere), Religion (die theologische Karriere), Kultur (die Künstler-Karriere), Wissenschaft und Technologie (die Ingenieurs-Karriere), Krieg (die militärische Karriere), Kolonialismus (die Forscher- und Abenteurer-Karriere) und Wirtschaft (die kaufmännische Karriere). Gemeinsam, wir erinnern uns, waren sie unausstehlich genug, diese Subsysteme der bürgerlichen Herrschaft, doch wenn eines dieser Subsysteme allzu übermächtig wurde, pflegte sich bürgerliche Rationalität mit bemerkenswerter Geschwindigkeit in schieren Wahnsinn zu verwandeln. Die Antwort war ein striktes Aufeinanderbezogensein dieser Subsysteme (zumindest theoretisch und »narrativ«), was indes Korruption, im ganz direkten Sinne wie im systemtheoretischen Sinne, nicht nur wahrscheinlich, sondern geradezu notwendig machte. Das System der bürgerlichen Herrschaft funktioniert, insofern seine Subsystem die Fähigkeit haben, sich wechselseitig zu korrumpieren und sich unter zwei Umständen radikal und fundamental (was nicht dasselbe ist!) zu vereinigen, nämlich einerseits im Angesicht eines äußeren Feindes (so hätte bürgerliche Herrschaft sich den Kommunismus erfinden müssen, wenn es ihn nicht gegeben hätte) und andererseits im Angesicht des Auseinanderdriftens der Subsysteme. Beide Bedrohun-

20

gen sind nun ihrerseits aufeinander bezogen: Das Abhandenkommen des äußeren Feindes führt automatisch zum Auseinanderdriften der Subsysteme. Militär, Wissenschaft, Religionen (und »Ersatzreligionen«), Pädagogik, Ökonomie und Staat, sie alle erzeugen zugleich ungeheure Korruptionsenergien und ein »Eigenleben«. Die Subsysteme sind weder rational noch durch zu vermittelnde »Werte« miteinander verbunden, sondern ausschließlich taktisch und – durch Korruption (wir tun übrigens durchaus gut daran, gelegentlich unsere Aufmerksamkeit auf den Listenplatz Deutschlands in der Rangliste der »korruptesten Staaten« zu lenken; und hier wird nur die direkte, ökonomische Korruption verhandelt!).

Die Stärke und der Geburtsfehler der bürgerlichen Gesellschaft besteht darin, dass sich das Subjekt ihrer Gestaltung, die »bürgerliche Klasse«, ihre Freiheit (und die der anderen, bzw. deren Verweigerung) aus einer ökonomischen Emanzipation entstanden wähnt: Die bürgerliche Freiheit entstand nicht *im* Kapitalismus, sondern *durch* den Kapitalismus. Ökonomischer Erfolg wollte politische Macht werden, und das war am Anfang durchtränkt von humanistischer Utopie, hier und da. Im Jahr 1803 formulierte es Johann Karl Daniel Curio, Lehrer und Schriftsteller in Hamburg, so: »Wir haben keinen Adel, keine Patrizier, keine Sklaven, ja selbst nicht einmal Untertanen. Alle wirklichen Hamburger kennen und haben nur einen einzigen Stand, den Stand eines Bürgers. Bürger sind wir alle, nicht mehr und nicht weniger.«

Diese Begrenzung und Selbstbegrenzung gehört zum Wesen des »neuen« Bürgers. Sein Credo fasst sich in der berühmten Forderung »Sei dein eigener Knecht und Herr!« zusammen. Ein autonomes Subjekt, das Hierarchie und Arbeitsteilung in sich selber aufhebt, das sich zugleich als Material, Werkzeug, Besitz, Ware und Konsument versteht. Und als Kritiker von alledem. Darin besteht der große Unterschied zum radikalen »Niemandes Herr und niemandes Knecht« der Anarchie: Diese lehnt die Ordnung ab, die bürgerliche Gesellschaft dagegen subjektiviert und verinnerlicht sie (sie träumt davon, an die Stelle der gewaltsamen Ordnung den *in sich* ordentlichen und geordneten Menschen zu setzen), und sie kann sich anders nicht entfalten als auf ihrem ureigenen Gelände, dem Markt. Wie sollte diese Klasse, die dem Adel die absolute Herrschaft nur nehmen konnte durch die Bank und durch die Ware, nicht dieses Instrument seiner eigenen Erschaffung heiligen? Der Bürger wurde erschaffen durch das Geld und durch die Ware; er »suhlt sich« darin, aber es ekelt ihn auch davor. Daher unternahm er es, paradox genug, mit seinem Geld Werte zu schaffen. Und er definierte auch, was seinen Staat anbelangt, seine politische Position durch das

Budget-Recht (im Übrigen eines der ersten Rechte, die die Postdemokratie dem repräsentativen Apparat der demokratischen Institutionen nach und nach fortnimmt). Der Bürger bzw. »das Volk« kann Herrschaft mitbestimmen, solange es den exekutiven Herrschern den Geldhahn zudrehen kann. Was davon geblieben ist: Die »Haushaltsdebatte« als Medienspektakel (für einmal ist der Plenarsaal nicht gähnend leer), denn Jahr für Jahr wird der Moderator nicht müde, von einer »Generalabrechnung« zu sprechen, und Jahr für Jahr sind wir drauf und dran, ihm diesen Blödsinn zu glauben.

Die Subsysteme Politik und Ökonomie, die zentralen Kräfte der bürgerlichen Herrschaft, begegnen sich längst nicht mehr allein über das Budget-Recht, und im Stadium der Postdemokratie verlaufen entscheidende Ströme zur Finanzierung des Staates (der vor allem zur Refinanzierung der Wirtschaft dient: der postdemokratische Staat ist im Wesen die größte vorstellbare Geldwäsche-Apparatur für die ökonomische Elite) im Jenseits von Parlamentarismus und Rechtsstaatlichkeit. Stattdessen finanzieren sich Parteien und Regierungen auf sehr viel direktere Weise: jeden erstaunlichen Vorteil, den ein Wirtschaftsunternehmen oder ein Wirtschaftszweig davonträgt, kann man sehr einfach, wenn man denn Einblick nehmen darf, in Bezug zur Höhe der Parteispenden setzen.

So mag man sich über die Jahre hinweg gewundert haben, wie ein merkwürdiger Befall deutscher Innenstädte durch Spielautomaten-Salons zustande kam, wo doch der soziale Gefährdungsgrad und die unglücklichen urbanen Begleiterscheinungen zur Genüge publik waren. Im Februar 2011 erst wurde dann nachgewiesen, was unter der Hand längst kommuniziert war: Der Marktführer für Spielautomaten hat seit etwa 20 Jahren mehr als eine Million Euro an Spenden für Bundestagsabgeordnete von CDU/CSU, SPD, FDP und GRÜNEN verteilt, und zwar so »gestückelt«, dass sie nicht in den entsprechenden Rechenschaftsberichten auftauchten. Der Trick ist einmal mehr: Nicht ein einzelner Politiker oder eine einzelne Partei wird korrumpiert, sondern ebenfalls alle anderen, die etwas dagegen haben und sagen könnten, so dass niemand in der Parteiendemokratie ein Interesse daran haben kann, den Vorgang öffentlich zu machen oder zu kritisieren. So tritt neben die strukturelle Korruption (das Subsystem macht das andere von sich abhängig und hindert es daran, dem eigenen hinderlich zu werden) nicht allein die am Ende eben nicht einmal »illegale« direkte Korruption, sondern es tritt neben die Korruption *im* System die Korruption *des* Systems. In den USA, heißt es, werden pro Jahr drei Milliarden Dollar allein in jene Lobby-Arbeit investiert, die die Gesetzgeber für eine Arbeit im Sinne der Superreichen beeinflussen sollen. Im Fall des Bundespräsidenten Christian Wulff im Deutschland des Jahres 2012 erfuhr die Öffentlichkeit nicht allein von einigen politisch-moralisch eher zwiespältigen Formen der Vermischung von politischer Macht und privaten Finanzgeschäften, sondern vor allem, schrecklicher, von vielen Dingen, die bereits Gewohnheit und, wie es in Bezug auf die Finanzierung eines Filmball-Besuches durch eine Marmeladenfabrik hieß, »rechtlich in Ordnung« sind.

Die relative Stabilität eines Systems wie des unseren spreizt den Vorgang in der Zeit: Dass Politiker nach Ablauf ihrer politischen Laufbahn bestbezahlte Posten auch und gerade in jenen Konzernen erhalten, mit denen sie während der aktiven Zeit zu tun hatten, scheint mittlerweile im Mainstream akzeptiert. Gerhard Schröders Wechsel zu »Gazprom« war noch einigermaßen öffentlich kommuniziert, ebenso die 10,99 Millionen für die Rechtsberatung durch die Anwaltskanzlei von Friedrich Merz, Fraktionschef der CDU/CSU und Mitbegründer der »Initiative Neue Soziale Marktwirtschaft«, beim Verkauf der staatlichen WestLB; der Wechsel einer Grünen-Politikerin in die PR-Abteilung der Tabak-Industrie wird noch grimmig belächelt. In aller Regel aber wird diese zeitlich aufeinander folgende Interdependenz als Teil unserer »politischen Kultur« hingenommen und ganz sicher nicht als wirkliche »Korruption« behandelt. Allerdings: Die »UN-Konvention gegen Korruption« aus dem Jahr 2009 wurde von der damaligen deutschen Regierung unterzeichnet, aber nie ratifiziert, da sich für eine so weit gehende Maßnahme gegen, unter anderem, »verwerfliches Beeinflussen eines Abgeordneten« keine parlamentarische Mehrheit findet. Wie demokratisch aber mag eine mediale Öffentlichkeit noch sein, die es hinnimmt, dass sich die politische Klasse nicht einmal auf Mindeststandards der praktischen politischen Moral einlassen will?

Bemerkenswerterweise nun also hält sich auch die öffentliche Aufregung über einen solchen Vorgang (nicht mehr als ein Lehrbeispiel in kleinem Maßstab, wenn man die Beziehungen von Rüstungsindustrie, chemischer Industrie und nicht zuletzt Atomindustrie zur demokratischen Regierung und ihren Parteien betrachtet, aber immerhin mit einem gewissen »Geruch« behaftet) in engen Grenzen. Alles andere, sagt man zu solchen Enthüllungen, hätte uns auch gewundert. Die Parteienfinanzierung hat nun ein doppeltes Gesicht: Sie verzahnt nachhaltig ökonomisches Interesse mit politischer Handlung, und sie hebelt das urbürgerliche Recht des Budgets aus. Die politische Klasse wird nicht vom Volk (dem »Souverän«, wenn's nach der Rhetorik ginge) finanziert, sieht man von der

Zwangsfinanzierung durch die Steuern ab, die gleichsam die Basis bilden für den finanziellen Wettlauf der Parteien, sondern von Industrie und Handel. Nationale Grenzen dafür gibt es natürlich auch nicht.

Ein Mensch, der »eigener Knecht und eigener Herr« sei, ist unter solchen Bedingungen nicht vorstellbar, sehr wohl dagegen jener, der Bestechungssubjekt und Bestechungsobjekt zugleich ist. Das Selbstbewusstsein, das der Bürger (in seiner Idealvorstellung vor zweihundert Jahren) auf dem Markt erwarb, um es als politisches Recht der Herrschaft entgegen zu halten, ist durch Korruption vollständig aufgebraucht, denn dieses ökonomische Selbstbewusstsein ließ sich nur in politische Werte verwandeln, wenn zumindest allgemein angenommen werden konnte, dass man seinen Reichtum auf dem Markt »mit rechtmäßigen Mitteln« erworben hätte. Der »ehrbare Kaufmann« (mochte er ignorant, bigott, geizig, hartherzig und überhaupt gänzlich unausstehlich sein) war die Voraussetzung jeder Vorstellung von bürgerlicher Demokratie.

Der selbst begrenzte und zugleich selbstbewusste Mensch kann die Welt nicht allein als Bühne oder als System von Fragen, die es zu beantworten gilt, betreten, sondern als Markt, oder genauer als Vision des Marktes, da er den realen Markt zugleich, um seine Stellung zu wahren, nicht mehr persönlich betritt. Der gute Bürger in seiner idealen Gesellschaft ist nicht nur einer, der nicht arbeitet, sondern arbeiten lässt, sondern er ist auch einer, der nicht handelt, sondern handeln lässt. Als ideales kulturelles und politisches Subjekt dagegen ist er erhoben über den »Niederungen« des Marktes; für Löhne, Preise und Profite hat er seine Angestellten. Er wird, nur zum Beispiel, »Senator«, um seine ideale Bürgerlichkeit zu erfüllen, um die ökonomische Macht seiner Klasse auf ebenso »ehrbare« Weise in politische Macht zu übersetzen. Wenn es dort Voraussetzung ist, dass er sich auf dem Markt nicht »die Hände schmutzig macht«, um als »ehrbarer Kaufmann« Würde und Vertrauen zu genießen, so ist es hier Voraussetzung, dass er sich über das »niedere Gezänk« der Politik erhaben zeigt, er ist, könnte man wohl sagen, vorrangig mit der Produktion von Würde beschäftigt (deshalb liebt ihn, hofft er, auch das Volk, weil er der perfekte Darsteller der Transformation von ökonomischer in politische Macht ist). Niemand würde unseren Senator auch nur in die Nähe eines Verdachtes der klitzekleinsten Korruption rücken wollen, stattdessen scheint in seiner Repräsentation auf, was in beiden Subsystemen, dem kapitalistischen Markt und der demokratischen Regentschaft, verloren ging: die Ordnung. Die Antwort der bürgerlichen Kultur auf den unlösbaren Widerspruch zwischen Kapitalismus und Demokratie (der zugleich die einzig mögliche Antwort auf den Anspruch der bürgerlichen Klasse nach Emanzipation ist) ist die »Persönlichkeit«. Jener selbstständige Mensch, der sich auf dem Markt die Hände nicht schmutzig macht und der sich im Parteiengezänk nicht beirren lässt: der Demokrat, der eigentlich gar keiner ist, sondern vielmehr eine mythische Wiederkehr des »guten Herrschers« (mit dem Zylinder statt der Krone, im Gruppenbild statt auf dem Thron).

Die bürgerliche Gesellschaft sollte eine Gemeinschaft der Selbstständigen sein. Das war der Traum. Unterschiede sollten daher durch persönliche Leistung und nicht durch gesellschaftliches Privileg markiert sein. Der Senator (als trivialkulturelles Abbild des meta-demokratischen Repräsentanten der Übersetzung von ökonomischer in politische Macht und umgekehrt) ist einer, der sich »verdient gemacht« hat. In der Erzeugung von Waren, der Eroberung von Märkten und der Erarbeitung von Stellungen (am Ende natürlich auch als jener, der Arbeitsplätze schafft, der Wohlstand, gütig und in Maßen, von oben nach unten weiterreicht). Immer hat sich die »Persönlichkeit« zugleich gebildet und war schon Voraussetzung. Weil sich in ihm ökonomische und politische Macht von vornherein auf »kultivierte« Weise vereinten, war unser Herr Senator für strukturelle wie für persönliche Korruption nicht zugänglich (Verfehlungen waren durch einen Pistolenschuss im Namen der Ehre entweder auf den Kopf eines Beleidigers oder auf den eigenen zu tilgen).

Doch auf den Bürger vom Schlage unseres Herrn Senators folgte der Kleinbürger, also jener, dessen Mittel nicht dazu ausreichten, ökonomische und politische Macht miteinander zu vereinen, der aber doch notgedrungen im nächsten Kapitel des Klassenkampfes so dringend als Verbündeter und Instrument gebraucht wurde, dass der Herr Senator ihn neben sich dulden musste (oh je, diese Manieren!). Je enger die Märkte wurden (und je mehr die Nachfahren unseres Herrn Senators sie unter sich aufteilten), desto aussichtsloser wurde das Streben der Kleinbürger nach ökonomischer Macht. Genauer gesagt, es gelang immer weniger von ihnen, auch wenn es diesen wenigen auf spektakuläre Weise gelang; diese aber, die »Neureichen«, stießen, was die Transformation der ökonomischen wechselweise in kulturelle und politische Macht anbelangt, auf strenge Gegenwehr; im Zweifelsfall blieben ihnen sogar die entsprechenden Klubs (und dann: Parteien) verschlossen. Im Kleinbürger also brechen ökonomische, kulturelle und politische Macht einigermaßen nachhaltig auseinander. Er muss sich nicht nur für das eine oder das andere Subsystem entscheiden, er muss sich auch gegen die anderen entscheiden. Er muss, zum Beispiel, die politische Macht gegen die ökonomische Macht einsetzen, oder er muss die kulturelle Macht gegen die politische Macht einsetzen (er setzt sogar die sexuelle gegen die politische Macht ein, aber das ist eine andere Geschichte). Der eigene Knecht und der eigene Herr? Ja, aber nur solange man sich freiwillig auf eines der Subsysteme beschränkte, die aber längst schon die Tendenz entwickelten – wir befinden uns nun etwa in der ersten Hälfte des vorigen Jahrhunderts –, einander aufs Tückischste und Undurchschaubarste zu penetrieren. Der Kleinbürger in der demokratischen politischen Machtposition war daher schon von Anbeginn in der Position, sich zwischen Korruption und Fanatismus (Öffnung oder Abschottung des Subsystems) entscheiden zu müssen; er konnte eine statische »Persönlichkeit« wie unser Herr Senator nicht werden, also musste er zur »dynamischen Persönlichkeit« werden. Das nun verschärfte zusätzlich die Unruhe der Systeme in sich und zueinander.

»Vernünftige« Menschen meinten schon damals, dass ein bisschen Korruption jedenfalls einem übermächtigen Fanatismus vorzuziehen sei; sie übersahen dabei, und waren daher doch nicht so vernünftig, die dialektische Einheit von Fanatismus und Korruption in der Herrschaft des Kleinbürgers zu bearbeiten. Bedurfte es in der Tat erst noch des deutschen Nationalsozialismus, um unter Beweis zu stellen, dass sich Korruption und Fanatismus keineswegs ausschließen, sondern nur eine jeweils besondere Beziehung miteinander eingehen? Die Herrschaft des Kleinbürgers krankt daran, dass sie immer nur Subsysteme betreffen und begreifen kann, so dass sich eine nachgerade hysterische Sehnsucht nach einem verloren »Großen und Ganzen« entwickelt, für dessen Fehlen man nun genau das verantwortlich macht, was den Griff nach der Herrschaft, begrenzt oder nicht, erst möglich machte, nämlich die Verbindung von Kapitalismus und Demokratie (der Kleinbürger hasst die Demokratie, da sie ihn hervorgebracht hat, als eben nur kleinen Bürger). Nach landläufiger Meinung schaffte der Faschismus die Demokratie ab, um an seine Stelle eine mörderische und selbstmörderische Verbindung von kapitalistischer Ökonomie, terroristischer Herrschaft und militärischem Wahn zu setzen. Doch es war ja nicht der Herr Senator, der zurückkam – auch wenn der sich erstaunlich gut mit den Nazis arrangierte –, sondern es kam zur Extremisierung der Herrschaft dessen, den dieser Senator verabscheute (und zu benutzen meinte): des »wild gewordenen Kleinbürgers«. Dieser wild gewordene Kleinbürger schaffte die Demokratie nicht einfach ab; er übersetze sie stattdessen in Bürokratie. Die Kleinbürgerherrschaft war nun besessen von dem Gedanken, alles verwalten zu können, sogar das eigene Morden, das eigene Verbrechen. Faschismus war und ist, unter vielem anderen, eine Form, die

26

Herrschaft des wild gewordenen Kleinbürgers und des Kapitalismus miteinander zu vereinen, als Verwaltungslegitimation des synchronisierten individuellen wie kollektiven Verbrechens (Wir wollen nicht darüber spekulieren, wie sehr es den Protagonisten der Ökonomie bewusst war, dass die Herrschaft des wildgewordenen Kleinbürgers nach allen erdenklichen Verbrechen und Zivilisationsbrüchen nur auf die Selbstvernichtung hinaus laufen konnte; Tatsache ist, dass die Seite des Kapitalismus in diesem Pakt nahezu unbeschadet das Ende der anderen Seite des Paktes überstand. Dass, wer vom Faschismus rede, vom Kapitalismus nicht schweigen dürfe, diesen Anwurf der kritischen Theorie überhörte man geflissentlich, denn es war der neue Pakt, der zwischen dem Kapitalismus und der »neuen« Demokratie, der einzig den Faschismus überwinden und eine Alternative zum Staatssozialismus auf der anderen Seite bilden könnte.).

Nun also musste das Subjekt der »neuen« Demokratie im »neuen« Pakt zwischen Ökonomie und Regierung neu definiert werden. In der Übergangszeit ging es wohl um eine Art Kompromiss. Da war einerseits eine gedämpfte Variante des Herrn Senators, der auf die Transponierung von ökonomischer in politische Macht verzichten konnte, weil er Honorität und Seniorität auf andere Weise erworben hatte (wir stellten uns das als betont zivilen Konrad Adenauer und Professor Dr. Heuss vor, anderswo wurde die Stelle von verdienten Kriegshelden übernommen, Churchill, Eisenhower, de Gaulle, die nun eben militärischen Erfolg in politische Macht zu übersetzen hatten), und da war auf der anderen Seite eine neue Variante des wild gewordenen Kleinbürgers, in einer volkstümlich-derben Fassung, die Franz Josef Strauß verkörperte: Metzgersohn – Unternehmer – Politiker. Die »Dynamik« dieser neuen Politiker-Persönlichkeit zeigte, dass es nun einfach war, die Subsysteme zu durchwandern und im eigenen Interesse zu verknüpfen (und, was das Kulturelle anbelangte: man konnte sogar lateinisch parlieren). In dem populistischen Gewaltpolitiker Strauß hatten Postdemokratie und »Berlusconismus« bereits einen frühen Vorläufer, der am Ende an seiner Regionalität (einem anderen Subsystem) scheitern musste. In jedem Fall hatte da ein Politiker bereits unter Beweis gestellt, dass in der neuen Demokratie die Ordnung der Subsysteme für eine entsprechend dynamische »Persönlichkeit« gar nicht mehr galt. Und es war der Nachweis erbracht, dass der wildgewordene Kleinbürger bei seinem Weg nach oben auch keinen »Führer«, keinen großen anderen, und keine Verblendungsmaschinerie mehr brauchte: Er zeigte, dass jemanden wie ihn ein »Skandal«, offensichtlich gesetzwidriges (vom sittenwidrigen wollen wir gar nicht reden)

Verhalten, Lüge, Korruption und Bedrohung nicht aufhalten kann, wenn er Medien und »Volk« auf seiner Seite hat.

Die Stabilität des neuen Paktes zwischen Kapitalismus und Demokratie in der zweiten Republik in Westdeutschland basierte auf dem Versprechen an den politischen Sektor, nicht länger von den anderen Subsystemen abgeschlossen zu sein, sondern profitierender Teil der nun vernetzten, strukturellen und unaufhörlichen Verwandlung von ökonomischer in politische Macht und zurück zu sein. Die Rollen »Herr Senator« und »wildgewordener Kleinbürger« waren zur beliebigen Maskerade freigegeben (mählich stellte man sich auch auf weibliche Besetzungen ein). Als Kanzler Helmut Schmidt verkündete, niemand könne in Deutschland gegen die *Bild*-Zeitung regieren, besiegelte er gleichsam einen neuen Korruptionsvertrag auf der strukturellen Ebene; nachdem Helmut Kohl den »Bimbes« im Plastiksack davon getragen hatte und niemand je erfuhr, wo er ihn hintrug, und durch reines Aussitzen dieser Vorgang vom Rang einer kriminellen politischen Handlung in den einer unaufklärbaren Gewohnheit rückte, war auch direkte Korruption unter dem Stichwort Parteienfinanzierung gesellschaftlich (mit welchem Ingrimm auch immer) zu akzeptierendes Verhalten.

Politische Regierung ist seitdem ein Changieren zwischen struktureller, kollektiver, institutioneller und persönlicher Korruption und zwar, wie wir bereits bemerkten, nicht *im* System, sondern *als* System. Die Subsysteme der gesellschaftlichen Ordnung korrumpierten einander zu kaum einem anderen Zweck, als die wechselseitigen Kontrollen zu vermeiden (man bezahlt einander zu einem nicht geringen Teil für das Wegsehen und Schweigen). Und der Politiker der Stunde konnte gleichsam nach Belieben aus dem eigenen Subsystem, nämlich aus den Parteien selber, erzeugt werden. Dieser Typus des Politikers, enorm geschult im Umgang mit der Macht und mit den Medien, musste weder, wie der Herr Senator, die Verwandlung von ökonomischer in politische Macht zelebrieren, noch musste er, wie der wild gewordene Kleinbürger, einen Ausschluss von der ökonomischen Macht kompensieren: der in der Partei erzeugte Politiker, sagen wir Gerhard Schröder, durfte im Gegenteil sicher sein, nachdem er die richtige Politik gemacht hatte, einen Platz in den Sphären der ökonomischen Macht zugewiesen zu erhalten[3]. Wer sich als Politiker durch die Parteien erzeugen ließ, Macht, Repräsentation und Korruption zu balancieren wusste, lebte in einem gewissen Stadium ungefährlich und ungefährdet. Aus einem Amalgam von »Herr Senator«, »wild gewordenem Kleinbürger« und medientauglichem »menschlichen Machthaber« wurde indes auch so etwas wie ein grauer Herr, nebst grauer Dame, ein Typus,

28

nicht unbedingt austauschbar, aber doch spätestens im zweiten Kreis der Macht unscheinbar und glanzlos, eine Erscheinung, die Mühe hat, sich semiotisch zu füllen, ein Negativ der Persönlichkeit (einer der »aussitzt« oder vorgibt mit »ruhiger Hand« zu regieren, einer der »alternativlos« auf »Sachzwänge« reagiert und der zur Stelle ist, wenn es etwas »Systemrelevantes« zu reparieren gilt, der »seinen Freunden zur Seite steht«, der behauptet, seine Politik sei »sozial ausgewogen« etc.), das sich auf der anderen Seite medial zum Kasper macht, um »rüberzukommen« und »sich zu verkaufen.« Dieser Politiker funktioniert bereits nicht mehr als Repräsentant einer bürgerlichen Gesellschaft (an anderem Ort über diese mehr), sondern als Element eines neuen ökonomisch-politischen Subsystems, nennen wir es ganz einfach »Wirtschaftsregierung«, ökonomische Gouvernance.

Der zweite Pakt zwischen Kapitalismus und Demokratie nach Faschismus und Weltkrieg erzeugte den Politiker ohne Persönlichkeit. Das erwies sich à la longue zugleich als nützlich und als fatal. Die Demokratie nämlich hörte auf, sich zu erzählen. Stattdessen produzierte sie Bilder von höchster Redundanz, nicht nur, weil sich Wahlwerbung kaum noch von Kaffeesahnewerbung unterscheidet, sondern auch weil sie die Parteien als Politikerzeugungsmaschinen in die Krise bringen. In offensichtlicher Analogie zur Warenproduktion könnte man wohl sagen, es fehlten die neuen Modelle. Zwar konnten Politiker, die eher traditionell und eben »fast ein bisschen langweilig« wirkten, zumindest hierzulande die nächste Transformation des Kapitalismus und die tendenzielle Abschaffung von Sozialstaat, rechtlicher Zähmung des Marktes und »Solidargemeinschaften« am besten begleiten (hätten wir einem »Spaßpolitiker« die Hartz IV-Gesetze abgenommen?), doch was sie nicht aufhalten konnten, war die zunehmende »Politikverdrossenheit«, die »Wahlmüdigkeit«, die »Entpolitisierung« der Bevölkerung bis zu einem Grad, an dem auch eine sich zur Postdemokratie transformierende Demokratie unter Legitimationsdruck gerät. Denn »Die Leute interessieren sich nicht mehr für Politik« (weil es doch im Fernsehen so geile Dschungelschaus gibt) ist nur die halbe Wahrheit, die andere Hälfte ist: »Warum sollte ich wählen, wenn doch alle zur Wahl Stehenden aus denselben Quellen bezahlt werden, um dieselbe Politik gegen meine Interessen zu machen?« Die Interessen der politischen Klasse, die die Transformation von ökonomischer in politische Macht und umgekehrt internalisiert hat, können nicht die Interessen eines Volkes sein, das nichts so dringend bedürfte als eines politischen (und kulturellen) Schutzes gegen die Profit-Interessen der Wirtschaft. Selbst für viele »Restwähler« geht es bei der Wahl daher weniger um »Repräsentanz« ihrer Interessen als, in dieser

29

Reihenfolge, um eine Art moralisch-ästhetisches Geschmacksurteil (Teilhabe an einer politischen Castingshow) oder um eine vage Geste, eine »demokratische Pflicht« zu erfüllen, zur Erhaltung eines Systems, das immer noch besser ist als alles andere.

Das bürgerliche Ideal, die autonome Person, »eigener Herr und eigener Knecht«, kann nun paradoxerweise nur noch in bewusstem Außerhalb des politischen Systems der »bürgerlichen Demokratie« erfüllt werden. Um Bürger zu werden oder zu bleiben – und hier gelangen wir wieder hinter unsere dialektische Spaltung von Citoyen und Bourgeois zurück – im Sinne der ursprünglichen Pakte zwischen ökonomischer und politischer Macht und der Balance zwischen kulturellem und materiellen Interesse, vor allem aber in Hinblick auf eine Aussicht auf nicht-korrupte und würdevolle Repräsentanz, muss sich der Bürger seiner Regierung, mag sie formal demokratisch sein, bis zu einem gewissen Grad verweigern. Das bedeutet keineswegs die Reaktivierung des »Politik ist ein schmutziges Geschäft«, es bedeutet, dass der kapitalistisch-demokratische Staat drauf und dran ist, sein »eigentliches« Subjekt zu verlieren – den Bürger, der als »ehrbarer Kaufmann« (und seine Begleitung) ökonomischen Erfolg auf mehr oder weniger ehrbare Weise in politische Macht umzusetzen und dabei von Seinesgleichen repräsentiert zu werden erhofft, den um sein Emanzipation durch »Leistung« ringenden Kleinbürger – und damit seine Legitimation.

Die Reaktion des politischen Systems besteht darin, von sich aus diesen Pakt zwischen Demokratie und Bürgertum aufzukündigen und einen allerneuesten Typus des Politikers à la Guttenberg zu kreieren, der nicht mehr von den Geld- und Machtmaschinen der Parteien allein, sondern vor allem von den Medien direkt erzeugt wird, und dessen Adressaten genau jene sind, die vom vorherigen Pakt verloren wurden, darunter auch jene, die öffentlichen Raum und Geschichte außerhalb des Discounters und des Fernsehapparates nicht mehr kennen können. Dieser allerneueste Politiker-Typus, der auch das System und die Klasse entsprechend verändert, ist zweifellos eine neue Variante des »wild gewordenen Kleinbürgers«, der es versteht, Elemente des »faszinierenden« Mafioso-Machtmenschen, des medialen Showstars, der religiösen »Lichtgestalt«, des faschistischen Führers, des »Stammtischbruders«, des »Selfmademan« usw. zu einer Art Darstellung des rundum gelungenen Meta-Politikers zu vereinen, der den Widerspruch von ökonomischer und politischer Macht in sich gelöst hat und der beide, skrupellos, »sexy« und »heilig« excessiv freisetzt: Schamlos in der Bereicherung und schamlos in der Machtausübung. Die Schamlosigkeit selbst ist das

Ihr Beginn. Führer/VL. Charaktera.

Programm. Und der Adressat dieser Botschaft der Postdemokratie ist, wie sollte es anders sein, nicht der Bürger (der eine Haltung einnehmen will, an einer Position, die er zu erreichen trachtete), sondern der Post-Bürger (der in seinen sozialen Bewegungen, kometenhafter Aufstieg oder freier Fall ins Prekariat als extreme Mythen-Bilder, weder materiell gehemmt noch moralisch beschämt werden will). Der neueste Politiker spricht den Bürger bzw. Postbürger nicht in seiner Position als »Mitte der Gesellschaft« und »Stabilisator« an (wie denn auch?), sondern in seinen Extremen als »Gewinner« und als »Verlierer«. Das Messianische des neuen Politikers liegt darin, dass er nicht die Transformation von ökonomischer in politische Macht vornimmt, nicht nur als realpolitische Kraft, sondern auch als mythische Narration, sondern die von Verlierer- in Gewinner-Empfindungen (und nebenbei: Die Akzeptanz des Gewinner/Verlierer-Schemas als »Moraltheologie« des neuen Kapitalismus). Berlusconi- oder Guttenberg-Anhänger haben das Gefühl, auf die Seite der Gewinner gewechselt zu sein, so elend ihre Realität auch sein mag, und was ihnen davon bleibt, ist die Aufforderung, bei der möglichen Verwirklichung dieses Wechsels im Kleinen ähnlich skrupellos (und, paradox genug, ähnlich »religiös«) vorzugehen wie die bewunderten »Großen«.

Das ist nicht nur ein Ende der »repräsentativen« und ein Beginn der »verkörperten« Demokratie, sondern auch eine von allen »bürgerlichen« Bedenken gereinigte Wiederkehr der Vorstellung, mit der unsere bürgerliche Demokratie als »kontrollierte« und mehr oder weniger moralische Transformationsbewegung zwischen ökonomischem Erfolg und politischer Macht recht eigentlich begann: als Traum von einer Gemeinschaft der Selbstständigen (in der Berlusconistischen Ideologie soviel wie eine Gesellschaft von Menschen, die sich einen Staat erhoffen, der sich möglichst wenig in ihre Geschäfte mischt. Ein Staat, der dann aber auch sein räuberisches Wesen nicht mehr verbergen muss: Was die Räuberei anbelangt, lassen wir uns gern auf einen Wettstreit mit ihm ein. In den letzten Zügen seiner Herrschaft zeigte Berlusconi öffentlich Verständnis für alle Italiener, die ihre Steuern hinterziehen und dabei nicht zimperlich bei der Wahl ihrer Mittel sind. Die letzte Etappe des postdemokratischen Medienpopulismus ist der Gangster, der einer Gesellschaft von Gangstern vorsteht.). Die Gemeinschaft der Selbständigen freilich wird nun nicht mehr vom Staat, sondern von der Ökonomie erzeugt (ein ökonomischer Versager hat demnach in dieser Theologie des Neoliberalismus auch keine Rechte zu verlangen).

Bürgerliche Gesellschaft (Demokratie/Kapitalismus) 2.0? Die neue Gemeinschaft der Selbstständigen? Man spielt, haben wir gesehen, auch da nicht mit

31

ungezinkten Karten. Doch einige Elemente waren *von vorneherein* gegen die Freiheit einer Gemeinschaft der Selbständigen gerichtet, ein wesentliches davon ist die Familie sowohl als Verlängerung des selbstständigen Individuums in der Zeit (Erbschaft) als auch im (sozialen) Raum (Beziehung). In der Familie akkumulieren sich Reichtümer zu neuen Privilegien; in der Familie vernetzt sich Macht zu mehr als dem Ausdruck persönlicher Leistung; die »grandes familles« transponieren, mit den Mitteln des Kapitalismus, ökonomischen Erfolg in noch mehr ökonomischen Erfolg und politische Macht in noch mehr politische Macht, und sie können dabei immer ein paar Vollidioten, Kriminelle, Aussteiger und Wahnsinnige verkraften (weil man deren Un-Taten leicht so vergesellschaftet wie man sich den Profit der »Tüchtigen« – gewöhnlich Korrupten – aneignet). Handelt es sich um »natürliche« Familien, so ist aus der bürgerlichen Kultur dagegen fast nichts zu sagen, denn die Familie ist ohnehin »heilig« (und wir wissen aus der Geschichte, dass diese Heiligung der Familie ein verdammt cleverer Schachzug im Klassenkampf war, gegen oben wie gegen unten). Handelt es sich hingegen um »kulturelle« Familien (Seil- und Freundschaften, Beziehungen der Freunde der Freunde, Cliquenwirtschaft usw.) bleiben Vorbehalte (die in mannigfachen Erzählungen der populären Kultur aufgehoben sind: Daily Soaps erklären Tag für Tag die Grenze zwischen der notwendigen und der unerlaubten Korruption im Dienste von familiären »Gemeinschaften« – und unnütz zu sagen, dass diese Grenze unentwegt auch verschoben wird). Die Familie ist also ein nur scheinbar archaisches Element der Kontradiktion zur »Gemeinschaft der Selbstständigen«; Familie benachteiligt (mit allem Segen des postdemokratischen Staates und seiner Verbündeten) die »Verlierer« und vermittelt den »Gewinnern« unschätzbare Vorteile (nun gut, ab und zu gibt es einen Skandal, einen »verlorenen Sohn« oder einen kleinen Mord, wenigstens in der Fiktion eines TV-Krimis). Erst durch die Familie wird der ökonomische Erfolg so nachhaltig, dass auch die Transformation in politische Macht eben das wird, was überwunden schien durch die bürgerliche »Revolution«, nämlich »dynastisch«. Es ist diese heilige Instanz der Familie, die den Verlierer in Postdemokratie und Neoliberalismus im Verlierertum festhält (wenn sie ihn nicht über den Rand des Ertragbaren belastet), und die den Gewinner zugleich bevorzugt und ihn mit einem Zeit-Sinn versorgt. »Verbrauchen« und »Erwerben« werden auf diese Weise radikalisiert.

Je mehr man also die »Gemeinschaft der Selbstständigen« transponiert in eine Herrschaft der ökonomischen Eliten (eine doppelte Herrschaft: die Herrschaft der Ökonomie über alle anderen Lebensbereichen und die Herrschaft weniger miteinander vernetzter »Leader« über die immer weiter entmachteten arbeitenden Selbständigen), desto mehr müssen die Restriktionen im Besitz- und Erbschaftsrecht zurückgefahren werden. Statt über die Gemeinschaft der Selbständigen, also die prinzipielle Gleichheit, wacht der postdemokratische Staat über die Akkumulatoren der ökonomischen Gewinne (war es nicht eine der ersten Amtshandlungen der neoliberalen Politiker, das Erbrecht in diesem Sinne zu, nun ja, vereinfachen?). Dass dies eine durchaus »körperliche« Politik ist, zeigt sich unter anderem daran, dass die Lebenserwartung der Gesellschaft im statistischen Mittel immer noch steigt, während die Lebenserwartung der wachsenden Schicht der »Geringverdienenden« sinkt.

Die Subsysteme einerseits, die Nebensysteme der Akkumulation andererseits (die Familie als offizielle und »heilige« Instanz im Klassenkampf von oben) und schließlich die Ersetzung der öffentlichen Debatte und der unabhängigen Presse durch einen medialen »Schutzschild« (vor der Realität der Verteilung von Macht und Reichtum ebenso wie vor den Risiken und Nebenwirkungen für die Objekte dieser neuesten Verknüpfung von Kapitalismus und Regierung) lassen nicht nur den postdemokratischen Politiker als »doppelten Körper« erscheinen (davon später), sondern erzeugen eine doppelte Wirklichkeit, nämlich die der obszönen und skrupellosen »Schweinewelt«, in der wir handeln, nicht unter einer Regierung, sondern mit ihr, und die unserer »Werte« (Verteidigung der Demokratie, Leitkultur, christliches Abendland, »Freiheit«, irgendwie). Die Ur-Schizophrenie von Bourgeois und Citoyen setzt sich also fort in einer Schizophrenie zwischen wirklichem Wissen und Maskerade der Interessen. Der deutsche Post-Bourgeois löst beispielsweise sein Wissen darum, dass er seinen relativen Reichtum zu einem großen Teil der »erfolgreichen« Rüstungswirtschaft und ihrem Export (mithin dem Export des Krieges) verdankt, in unzähligen Mythemen der Unterhaltung auf: Eine Mediengesellschaft »verdrängt« nicht ihre Verbrechen, sie unterzieht sie einem ikonographischen Fleischwolf-Verfahren.

So sind die Guttenbergs und Berlusconis keineswegs die »Totengräber der Demokratie«, sie sind vielmehr das neueste Kapitel in der »never ending story« der ungelösten und unlösbaren Widersprüche zwischen Kapitalismus und Demokratie. Sie sind freilich wie alle bislang auf den Markt gebrachten »Rettungen« dazu bestimmt, dem einstigen Subjekt der großen Projekte, dem Bürger, alle Hoffnungen auszutreiben, einschließlich der Hoffnung, sich morgens noch freimütig im Spiegel sehen zu können. Aber was soll sein, wenn Schamlosigkeit zu einem Teil der eigenen Kultur geworden ist, und man sich keines Verbrechens schuldig fühlen kann außer dem, zu den »Verlierern« zu gehören?

Denn »die Wirtschaft« hat bereits gegenüber dem noch so gut meinenden, demokratischen Bürger ein Bedrohungspotenzial entfaltet, das ihn des Lebenswillens und des Selbstbewusstseins gründlich zu berauben imstande ist: »Die Wirtschaft«, das ist »das große Andere«, in dessen Namen alles getan werden muss und alles getan werden kann, nicht unähnlich einem »Führer«, dessen Wille und Prinzip nur fundamentales Gesetz sein kann. »Die Wirtschaft« aber ist auch der Drache, der unentwegt besänftigt werden muss. Dies unter anderem ist der Grund dafür, dass sich der Übergang von der Demokratie über die Postdemokratie zu einer kapitalistischen Diktatur nicht etwa heimlich vollzieht, sondern ganz öffentlich-programmatisch. Der postdemokratische Politiker beschwichtigt zugleich »die Wirtschaft« und »das Volk«, wenn es seinen Gehorsam betont, wie es, in unnachahmlicher Weise, die deutsche Bundeskanzlerin Angela Merkel im September 2011 bei einer Pressekonferenz zur Eurokrise tat, als sie auf die Frage, ob der Europäische Stabilitätsmechanismus EFSF durch vorherige Beratungen im Bundestag nicht etwa abgeschwächt werden könne. In ihrer Replik versicherte Frau Merkel, man werde »Wege finden, die parlamentarische Mitbestimmung so zu gestalten, dass sie trotzdem auch marktkonform ist, also dass sich auf den Märkten die entsprechenden Signale ergeben«. Genauer kann man nicht ausdrücken, wie sich die postdemokratische Regierung zu ihrem ökonomischen Gebieter verhält, und dass diese Regierung sich zu einer besonderen Form der Transition der Demokratie in die Postdemokratie bekennt: zur »marktkonformen Demokratie« (mag sein der »demokratische Fürst« habe schon immer etwa ein Parlament als ein Instrument gesehen, das er, die richtigen Taktiken vorausgesetzt, nach Belieben einsetzen konnte, doch die »nervöse Herrschaft« der Postdemokratie – von ihr wird noch die Rede sein – scheint unter dem Druck zu stehen, ihre Unterwerfungs- und Opferbereitschaft unter den ökonomischen »großen anderen«, »die Wirtschaft«, »den Markt«, auch öffentlich zu bekunden. Postdemokratische Regierung und medial gelenkte Öffentlichkeit sind in diesem Prozess, in dem gleichsam liberal und öffentlich das demokratische System sich austrickst, nicht nur linguistisch Komplizen).

Demokratie als eine (utopische) Gemeinschaft der Freien, Gleichen und Geschwisterlichen ist daher im Kapitalismus und in seinem Staat nicht möglich und wird es von einer der Zerfalls- und Restaurationsstufen zur anderen immer weniger, genauer gesagt: nicht einmal mehr denkbar. Jeder Gedanke an Demokratie beginnt daher mit der Erkenntnis, dass der Kapitalismus nicht die endgültige Form des gemeinsamen Arbeitens und Lebens sein kann und dass der Staat nicht die endgültige Form von Organisation und Struktur unserer Beziehungen sein kann. Mit anderen Worten bedeutet Demokratie-Denken zugleich einen Schritt in zwei »verbotene« Zonen des Denkens, den Sozialismus und den Anarchismus (und zwar stets beide zugleich! Es gibt so wenig einen sozialistischen Staat, wie es einen kapitalistischen Anarchismus gibt, auch und gerade weil wir die entsprechenden historischen Erfahrungen haben). Und da entsteht etwas sehr Seltsames: Kein Herrschaftssystem der Welt versteht es so meisterhaft, sich gegen Kritik zu immunisieren wie die Verbindung von Postdemokratie und Kapitalismus. Sie kann, durchaus nicht ohne Recht, darauf verweisen, dass sie noch stets Formalien der parlamentarischen Demokratie erfüllt und dass sie weitgehend (die Ausnahmen tun uns echt leid, aber schaut doch mal nach »drüben«) ohne kollektiven Terror und individuelle körperliche Gewalt auskommt. Sie sieht sich in der Lage, diese Gewalt zum einen zu exportieren und zum anderen zu internalisieren, schließlich ist die manifeste Gewalt auch nur ein Mittel zum eigentlichen Zweck: Zur Erzeugung von Angst, welche die Menschen regierbar macht. So dreht sich womöglich auch diese Funktion der Verbindung Kapitalismus/Regierung um: Machten einst die Regierungen den Menschen so viel Angst, dass sie dem Fabrikherrn gehorchten, so machen nun die Fabrikherren den Menschen so viel Angst, dass sie den Regierungen (und ihren *Bild*-Zeitungen) oder den *Bild*-Zeitungen (und ihren Regierungen) gehorchen. Postdemokratie ist die politische Verwaltung der ökonomisch (und medial) erzeugten Angst.

Die Arroganz der Macht

»Es ist leichter, ein autoritäres Regime zu Fall zu bringen, als ein liberales System vor seiner eigenen Zerrüttung zu bewahren«, meint Botho Strauß. »Das eine ist künstlich, starr wie ein Kristall und kann gebrochen werden. Das andere ist organisch und kann nur absterben.« Ach, wenn es doch so einfach wäre! In jedem Fall ist es ein Seitenstück zu unserer Sehnsucht nach »klaren Verhältnissen«. Der verführerische Gedanke, ganz genau zu wissen, wen zu hassen kein Verbrechen sein kann, mit welchen Opfern man sich solidarisieren soll, welche Ideen »fortschrittlich« sind und welche »reaktionär«, welche Allianzen eingegangen werden dürfen und welche auf keinen Fall! So wie sich der postdemokratische Staat seine Kritiker und Dissidenten gern zu »Staatsfeinden«, »Demokratiegegnern« oder wenigstens »Fortschrittsverhinderern« macht, so sehr sind diese Kritiker und Dissidenten versucht, sich den postdemokratischen Staat schon als besonders perfide Form der Tyrannei zu denken, ihm die Starrheit eines autoritären Regimes zugleich vorzuhalten und das »Organische« als bloße Oberfläche, als gleichsam liberal begrüntes Herrschaftsgebäude. Den Rest erledigen Verschwörungsfantasien. Doch so einfach, wie gesagt, ist es nicht (nicht einmal, wenn die wildesten Verschwörungsfantasien im Einzelfall von der Realität politischer Korruption übertroffen werden).

Wir müssen uns nicht nur Liberalität als Methodik denken, Herrschaft abzuschwächen, und zwar stets in zweierlei Hinsicht, nämlich zum einen in Hinsicht auf Handel und Wandel des ökonomischen Systems, und zum anderen in Hinsicht auf die individuelle, kulturelle und politische Entfaltung des Einzelnen. Die Verbindung von Wirtschaftsliberalismus und politisch-kulturellem Liberalismus macht erst die Dynamik des demokratischen Kapitalismus als *offspring* der bürgerlichen Gesellschaft aus. Sie akzeptiert Differenzierung als Ereignis, wenn nicht als Gesetz. Sie akzeptiert Gleichheit als Ereignis, keineswegs als Gesetz. Die politische Freiheit müsste im Idealfall auch den »Exzess« des Kapitalismus verhindern, und wäre »Chancengleichheit« wenigstens als Projekt gesichert, so wäre nicht allzu viel dagegen zu sagen, dass es eine Reihe von Beziehungen zwischen der Freiheit und dem »Besitz« gibt. Der traditionelle Liberale »erlaubt« also in der gleichen Geste dem Schwulen sein Schwulsein und dem Kapitalisten sein Profitmachen – lächerlich und bösartig werden jene Spaltprodukte des Liberalismus, die den ökonomischen Liberalismus bewahren, den kulturellen aber der jeweiligen Zeitstimmung opfern.

Möglicherweise gibt es noch einen tieferen, »eingebauten« Mechanismus der Selbstkontrolle des Kapitalismus, solange wir uns diesen als Herrschaft einer Klasse vorstellen. Das Bürgertum nämlich tendiert, wie es bereits Marx und Engels diagnostiziert haben, in Zeiten der krisenhaften Verschärfung des Systems dazu sich aufzulösen (wir kennen, im Gegensatz zu Marx und Engels, die furchtbarste der Reaktionen auf diese Auflösung, nämlich den Faschismus). Die Auflösung führte, so die Hoffnung von Marx und Engels, zu einer Solidarisierung eines abgespaltenen Teils des Bürgertums mit den Unterdrückten und Ausgebeuteten (man mag das nun mit weiteren Parametern verbinden, zu einer Solidarisierung mit unterdrückten »Völkern« oder, noch weiter, mit der unterdrückten und gefährdeten »Natur«. Schwer zu sagen, wo die Ausweitung der Solidaritätszone in die Auflösung zur Unverbindlichkeit übergeht). So schien es nicht allzu widersprüchlich, dass hier und dort eine Revolution von Abtrünnigen des Bürgertums (zum Beispiel der »Intellektuellen«) geführt oder begründet wurde. Im Verlauf der Geschichte jedoch erwies es sich immer wieder, wenn auch auf unterschiedlichste Weise, dass dieser Widerspruch so einfach denn doch nicht zu lösen war. Nicht nur weil ein abtrünniger Bürger immer noch ein Bürger ist, sondern auch weil er der »Führung« und Begründung der Revolution, der Revolte, schließlich auch nur der Kritik und der Reform-Forderung, als Idee betreibt, die sich in Verwandtschaft und Beziehung, nicht aber Identität und (sei's dialektische) Einheit mit Interesse und Bedürfnis entwickelt. So wie in der Geschichte (und mehr noch in den Geschichten) der bürgerliche Revolutionär Menschen, Klassen, Nationen, Kulturen etc. »befreien« will, die sich gar nicht befreien lassen wollen, und schon gar nicht in der von ihm vorgesehenen Weise, so gibt es die Geschichten vom Umschlagen der Dissidenz in »Pädagogik« und vom Umschlagen dieser oppositionellen Pädagogik in (zumindest moralischen) Terror.

Vielleicht deshalb wird der »bürgerliche Aufstand«, den wir nun allenthalben beobachten dürfen, eine Form des zivilen Ungehorsams, die sich nicht die Interessen und Bedürfnisse einer anderen unterdrückten Klasse zum Referenzbild nehmen muss, als authentisch und begründet begrüßt: Hier empören sich Bürger in Interessen und Bedürfnissen ihrer eigenen Klasse, wenngleich sich diese, siehe oben, im Stadium von Zerfall und Auflösung befindet. Jetzt endlich nämlich stehen für den mehr oder weniger dissidenten Bürger nicht nur allgemeine Werte zu Disposition, sondern buchstäblich die eigene Existenz: Wenn sich das liberale, demokratische und humanistische Bürgertum jetzt nicht wehrt, wird es verschwinden – so einfach ist das.

Doch zur gleichen Zeit werden diese »bürgerlichen Revolten« auch heftig kritisiert, da sie in Wahrheit den Interessen einer immer noch privilegierten Minderheit entsprechen und sich um die Interessen der wahrhaft Verdammten dieses »durchgedrehten« Kapitalismus nicht (oder nur in der gewohnten moralischabstrakten Form) kümmern, der Arbeitslosen, der *working poor*, der rechtlosen Migranten, der zukunftslosen Ghettobewohner und so weiter. Verbirgt sich also im Aufstand der Bürger ein asozialer Impuls? Die Authentizität der bürgerlichen Revolte (bislang ein Widerspruch in sich) wird sich indes verbinden lassen mit den vorherigen Formen: Weil der Citoyen nun so sehr im eigenen Namen sprechen kann, kann er leichter als zuvor auch »den anderen« ansprechen, weit entfernt von den Abstraktionen und Mythen (»die Massen«, »das Volk«, »die fortschrittlichen Kräfte« etc.). Es ist nicht nur derselbe Polizeiknüppel, von dem man getroffen wird, es ist auch dieselbe »Rationalisierung«, dieselbe »Freisetzung« und Prekarisierung. Im Neoliberalismus und in der Postdemokratie haben die Bürger in der Tat ihre Privilegien verloren und können kaum anders, als ihren Überschuss an Kultur, Wissen und Sprache einem »größeren Zusammenhang« zur Verfügung stellen. Wenn man im Berlusconismus, in der Herrschaft der Medienimperien und populistischen Politik, auch eine Allianz von Unterschicht-Kultur (oder ihrem medialen Pendant) und oligarchischer Macht beobachten kann, dann können wir ebenfalls die Verbürgerlichung des Widerstands beobachten. Für die Oligarchie ist die »wissende« und kulturell dynamische Rebellion der Bürger wesentlich gefährlicher als die »wilde« Gewalt des Ghetto-Aufstandes, weil sie, aus Geschichte und aus Information heraus, jene Schwachstellen des Systems erkennen und bezeichnen kann, von der Gene Sharp spricht, und die wir in den konkreten Auseinandersetzungen, den Polizeieinsätzen und Medienkampagnen gegen diese »bürgerlichen Revolten« als Wirkkräfte erkennen.

Der Krieg um die Dominanz der Diskurse muss in dieser Transformationsphase tatsächlich »mit allen Mitteln« geführt werden. Die sozialen Auseinandersetzungen werden indes in verschiedenen Sprachen geführt, und die mediale Kontaminierung der »neuen Unterschicht« ist zugleich ökonomisches, kulturelles und (bio-)politisches Projekt der neuen Herrschaftsform. Allem Anschein nach fühlen sich die »Betroffenen« von »ihren« Medien, etwa der *Bild*-Zeitung oder dem Fernsehen, besser vertreten als von den bürgerlichen Aktionen des zivilen Ungehorsams. Denn nur der »mittlere Bürger« hat den »Klassenkampf« abgeschafft, und dies ohne zu bemerken, dass es die anderen nicht taten.

Revolutionen, hieß es einst bei den Marxisten, sind die Lokomotiven der Geschichte. Oh nein, antwortete Walter Benjamin, Revolutionen sind die Notbremsen. Da geht es darum, nicht in den Abgrund zu rasen, und wehe dem Volk, das den richtigen Zeitpunkt verpasst, diese Notbremse zu ziehen.

Hat man's in kleinerer Münze als Revolte, als Einspruch, als Demonstration, als zivilen Widerstand, als öffentliche Kritik, dann sind die beiden Grundpositionen auch nicht viel anders: Geht es darum, die Demokratie demokratischer zu machen und den Kapitalismus menschlicher? Oder geht es darum, zur Notbremse zu greifen, da unser Staat – aber die Staaten in der Nachbarschaft scheinen da ganz ähnlich (nicht mehr) zu funktionieren – dazu übergegangen ist, seine Bürger zu enteignen und zu entmündigen?

Was in den Jahren nach 2010 geschah, in Frankreich, in Deutschland, in England – auch in Griechenland und in Italien gibt es neue Allianzen des Widerstands –, ist in den Formen sehr unterschiedlich und in den Ursachen sehr ähnlich. Es ist offensichtlich ein Aufstand der Bürgerinnen und Bürger aus der Mitte gegen eine politische Klasse, die das Volk mit einer Fernsehkamera verwechselt. Das entspricht viel eher der Benjaminschen Notbremse als dem optimistischen Lokomotiven-Bild.

Mit »Klassenkampf« hat das durchaus auf Umwegen zu tun (aber eben die Aufklärung dieser Umwege wird eine unserer Aufgaben sein), weniger indes mit ausgeformter Ideologie. Utopie, Dogma, Geschichtsbild, Parteilichkeit, Begriffe und Theorien – all das hat seinen Führungsanspruch verloren. Für die Demonstranten in Stuttgart, in Gorleben und demnächst in Ihrer Stadt, geht es um keine historische Transzendenz. Vielmehr geht es um zwei Dinge gleichzeitig: Um »die Sache«, also um einen konkreten Raum, seine Veränderung und Enteignung. Und es geht darum, die politische Entmündigung nicht auf sich beruhen zu lassen. Offensichtlich ist die Entmündigung – siehe Stuttgart – derzeit der Aspekt, der am meisten Energie und »Masse« erzeugt. Aber jeweils zeigt sich eine gar nicht so kleine persönliche Tapferkeit. Man kann das auch als eine der verschütteten und vergessenen bürgerlichen Tugenden verstehen.

Vielleicht ist es gerade diese Tapferkeit, die die Politiker augenblicklich so tief kränkt. Daher greifen sie zu den ältesten und dümmsten, aber leider immer noch nicht ungefährlichen Mitteln: Sie versuchen, aus den Verteidigern Angreifer zu machen. Sie behaupten, der Griff nach der Notbremse sei das Unerhörte, nicht die Gefahr, vor der es zu bremsen gelte. Manche von ihnen würden am liebsten die Notbremsen abschaffen, wie unser Innenminister de Maizière mit einem sehr, sehr eigenwilligen Demokratieverständnis.

Nach wie vor spielt die Gewalt bei der Einschüchterung der Bürger und Bürgerinnen eine Schlüsselrolle. Provoziere Gewalt – und du kannst die Bewegung spalten und gibst deinen Lieblingsmedien das Futter für die Diskriminierungsarbeit. Es ist nur allzu deutlich, dass der Polizei-Einsatz in Stuttgart in diese Richtung zielte. Es hat hier nicht mehr geklappt, und in Gorleben schon gar nicht. Stattdessen wird die Gewalt des Staates gegen seine Bürger sichtbar, die immer wieder über das Maß hinausgeht, was eine humanistische Demokratie verträgt.

Die Medialisierung der Beziehung zwischen Regierung und »Volk« dreht die wechselseitige Abhängigkeit gelegentlich auf den Kopf, da das Medium stets in beiden Richtungen arbeitet: Die Regierung wird durch das Volk »kontrolliert« (Bravo! So soll es sein in der Demokratie), aber auch das Volk wird durch die Regierung mehr als kontrolliert, in gewisser Weise nämlich auch erzeugt: Wenn der Regierung das Volk nicht passt, hat Bert Brecht mal gespottet, dann solle sie es doch auflösen und sich ein neues wählen. Es sieht so aus, als würde genau dies in bestimmten Phasen wie in der Merkel/Westerwelle-Regierung in Deutschland geschehen. Diese Regierung wählt sich nicht gerade ein neues Volk, es ist ja auch gerade kein passendes frei, aber sie erfindet sich ein genehmes Volk, indem sie nach ihrem Belieben definiert, wer dazu gehört und wer nicht. Kein Kunststück, man kann ja auch definieren, was man unter arbeitslos, unter systemrelevant und unter Demokratie versteht, wo die Grenzen zwischen deutscher Intelligenz und Kopftuchmädchen liegen usw. Dress-, Sprach- und Bildercodes funktionieren nach einem Ein- und Ausschlussverfahren, eines der Instrumente dafür ist die Konstruktion einer »deutschen Leitkultur« (ein Begriff, der gewiss obszön genug ist, rassistische, nationalistische, faschistische Sumpfblüten zu erreichen), deren großer Vorteil es ist, niemals wirklich »Text« zu werden.

Wenn es um die Interessen des Kapitals geht, dann haben sich auch demokratische Regierungen bei der Anwendung von Gewalt gegen das eigene Volk noch nie besonders zimperlich gezeigt. Oft genug mit klammheimlicher Zustimmung einer schweigenden Mehrheit, wenn es um unerwünschte »Ausländer«, um »Abschaum«, um »ungewaschene Randalierer«, um »Schmarotzer« und andere geht, die einfach raus und weg gehören. Wozu haben wir eine Presse, der wir noch gern glauben, »wenn sie uns frecherweise ins Gesicht lügt«? Das hat übrigens, und natürlich vergebens, der Augsburger Sozialdemokrat Tauscher 1871 seinen Kollegen vermittelt, weil sie die streikenden Arbeiter der Tuchfabriken im Stich ließen, nachdem in der Zeitung stand, dass deren »Anführer den Streik provozieren, um mit allen Mitteln sich mit Verbrechern aller Art und irregeleiteten Arbeitern einen Anhang zu verschaffen«. Nichts hat sich an dieser Rhetorik geändert, und nichts an dem Umstand, dass eine bürgerliche Mitte auch immer wieder nur allzu gern darauf hereinfällt, allerdings sind mittlerweile eben genau diese Bürger der Mitte Gegenstand der Denunziationen, als »Wutbürger« als »Rentnerrevoluzzer«, im »Aufstand der Besserverdienenden« und der »politisch ach so Korrekten«. Wenn es gerade keine Sozialschmarotzer oder faulen Griechen zu denunzieren gibt, dann denunzieren die Medien des Neoliberalismus, mit denselben Mitteln, aber mit anderen Adressaten, die Protagonisten der Revolte. Die Front, die nicht nur die *Bild* aufmacht, nämlich die von (mehr oder weniger virtuellen) arbeitenden, sparenden, gehorchenden Kleinstbürgern und Arbeitern gegen die frivolen, chaotischen, privilegierten Wutbürger, ähnelt der, die die deutschen Medien einst zu den protestierenden Studenten und Kriegsgegner aufmachte. Die Rhetorik dabei ist, scheinbar paradox: offensichtlich anti-bürgerlich.

Drei Dinge unterscheiden sich bei den Geschehnissen in Stuttgart von vorherigen und parallelen Schulterschlüssen zwischen Kapital und Regierung gegen aufmuckende Teile des Volkes. Erstens: Wer da Wasserwerfer, Knüppel und Pfefferspray der regelrecht »losgelassenen« Polizei zu spüren bekommt, das sind nicht mehr langhaarige Revoluzzer-Studenten, punkige Krawalltouristen oder wenigstens Ökospinner und Friedenshetzer, das sind gute Bürger, Rentner, Angestellte, Schüler, manche mitsamt ihren Lehrern (das werden peinliche Staatsbürgerkunde-Unterrichtsstunden, nicht wahr?), das sind genau die Vertreter der Mitte, auf die sich eine Regierung wie die Merkel/Westerwellesche nur berufen kann. Konnte man früher von einer »guten bürgerlichen Mitte« sprechen, in deren Namen man Staatsgewalt gegen »außer Rand und Band geratene« zornige Minderheiten einsetzte, so sehen wir in Stuttgart die Gewalt eines außer Rand und Band geratenen wirtschaftshörigen Staates gegen seine »gute bürgerliche Mitte«. Eine Regierung wie die von Merkel und Westerwelle braucht Banken und sie braucht Medien. Ein Volk braucht sie scheinbar nicht mehr. Anders gesagt: Die neoliberale Regierung benutzt nur das als Volk, was ihre Medien als solches produzieren (wir wissen nicht, wie viele der Politiker auf diese Fiktion selber hereinfallen und vielleicht deswegen oft so überrascht reagieren, wenn sie stattdessen einmal aus Versehen »echten Menschen« begegnen).

Das zweite, was sich ändert, ist die Präsenz der unendlich vernetzten Bildermaschinen. Früher war es für eine von der Allianz aus Staat und Kapital angegriffene Minderheit extrem schwierig, eine Form der »Gegenöffentlichkeit« herzustellen. Der Augsburger Sozialdemokrat Tauscher, um unser Beispiel wieder aufzugreifen, gründete damals eine Zeitung mit dem Namen »Der Proletarier«, und die kam den Zensoren gerade recht: Der Versuch, eine Gegenöffentlichkeit herzustellen, definierte der mächtigen Gegenseite gerade erst das Feindbild. Eine diskursive Gegenöffentlichkeit herzustellen, ist in der Herrschaft der medialen Blödmaschinen wohl eher noch schwieriger geworden. Aber die Bilder lassen sich nicht unterdrücken. Sie entlarven nicht nur die Lügen der Polizeiführung und der Politiker in Echtzeit. Sie verbreiten nicht nur die Details der Schande dieses Bürgerkriegs von oben. Das Bild fallender Bäume im Park brennt sich auch ein als ein Dokument der Barbarei. Weder der konkrete Mensch noch die erhabene Natur ist sicher, wo die Immobiliengier des flüchtenden Kapitals herrscht. Übrigens ist es natürlich reiner Zufall, dass wir gerade jetzt erfahren, dass sich in

41

keiner anderen Stadt Deutschlands die Mafia so festsetzen und sich ausbreiten kann wie in Stuttgart.

Und ein drittes ist unterschieden: Die Finanzkrise und die Art ihrer Bewältigung haben das Vertrauen zwischen dem liberalen Bürgertum und der Regierung à la Merkel/Westerwelle schon nachhaltig gestört. Der taktische Sinn des Polizeieinsatzes in Stuttgart ist nur zu deutlich (auch unser Freund Tauscher bekam ihn zu spüren): Es geht um die Spaltung der »Demonstranten« in einen ängstlich-friedlichen und in einen zornig-widerständigen Teil (letzterer wird in den nächsten Einsätzen weiter isoliert und traktiert, ersterer weiter eingeschüchtert und distanziert), und zur gleichen Zeit werden Fakten geschaffen. Es geht nicht allein um die Abwehr von Kritik und Protest, es geht um ihre Verhöhnung. Strategisch indessen geschieht etwas anderes: Auch die Klientel einer Merkel/Westerwelle-Regierung beginnt sich unter dem Eindruck einer solchen Vorgehensweise zu spalten. Die Balance zwischen dem Liberalen und dem Konservativen im deutschen Bürger geht verloren; die Regierung mit dem Wirtschaftskasperle Westerwelle und der so gar nicht mütterlichen Angela Merkel und ihren unbarmherzigen Schwestern im Kabinett verliert in der Mitte, was sie rechts mit den dazu abgestellten Hardlinern nur auf höchst kontaminierte Weise gewinnt. Die wirtschaftsliberale Regierung kann demnach, anders als die zu Tauschers Zeiten, das Bürgertum nicht mehr mit ihrem Angebot locken, nicht nur liberal, sondern eben auch »konservativ« zu sein. Die Bilder erklären, dass das Kapital keinen Stein auf dem anderen lassen mag, und nur der manisch progressistische Flügel mag diese Bilder der Zerstörung gutheißen. Was aber zum Teufel kann noch konservativ sein, wenn man unentwegt demonstriert, dass das einzige, was man für erhaltenswert erachtet die eigene Macht ist? Roland Koch, unnachahmlich wie immer, gibt in der *Frankfurter Allgemeinen Sonntagszeitung* Auskunft auf die Frage, was er unter »konservativ« versteht: »Man muss für die Familie kämpfen, man muss für das Lebensrecht kämpfen, da steht man mitten im Streit. Man muss für Patriotismus kämpfen, für Integration, für eine Dienstpflicht – wenn man sie denn will – für den Platz der Religion, für unsere Wirtschaftsform.« Blubberquax! »Konservativ« im Jahr von Stuttgart 21 ist also nichts als ein bisschen reaktionärer Nebel um die Unterwerfung der Demokratie unter die Wirtschaftsinteressen.

Zivile Revolte, Kritik und persönliche Tapferkeit im Widerstand sind zuvörderst Symptome einer tiefen Entfremdung. Die Notbremse muss gezogen werden, weil der Staat drauf und dran ist, sein politisches Subjekt, den mündigen, freien und verantwortlichen Bürger, abzuschaffen (Woran soll ein Staat, der der

Wirtschaft gehört, sparen, wenn nicht an seinen Untertanen?). Der bürgerliche Demonstrant gegen den staatlich-ökonomischen Wahnsinn kämpft nicht nur gegen etwas, sondern auch um etwas, nämlich um sich selbst. Um seine Rechte, um seine Würde. Es ist diese Doppelstrategie von Enteignung und Entmündigung, es ist die Arroganz der Macht im Verbund mit kurzfristigen Profitinteressen, welche die Bürger auf die Straße treibt. Wer gegen die mafios-ökonomisch-politischen Großprojekte kämpft, kämpft gegen Unvernunft, Gewalt und Korruption, letztlich aber immer auch gegen die Entmachtung des freien, gleichen und solidarischen Menschen als politisches Subjekt (So mag es übrigens als durchaus cool, hip und ironisch gelten, diesen Aufstand der Bürger in der postbürgerlichen Gesellschaft als reaktionär oder mindestens nostalgisch anzusehen. In einer verschärften Weise könnte man wohl – wie die *F.A.Z.*, wenn sie denn ehrlich wäre, ihre blumigen Kommentare auch vereinfachen könnte – postulieren: Zu viel bürgerliche Freiheit und Würde stünde einfach dem Allgemeinwohl im Wege, und sozial sei schließlich, was Arbeitsplätze schaffe, egal ob diese ihrerseits nur als ökonomische Angriffe auf das bürgerliche Subjekt zu verstehen sind. Der Gewinner-Kaste des Neoliberalismus sind das Bürgertum, seine Geschichte und seine Mythologie nur noch lästig. Daher möchte sie nicht nur die Kultur abschaffen, sondern auch die Erzählung der bürgerlichen Emanzipation.).

Das Schöne an der Demokratie ist, dass sie sich nicht als perfektes System missversteht, sondern als ein stets verbesserungswürdiges und verbesserungsfähiges. Letzteres aber ist nicht nur in der Praxis, sondern auch schon in der Rhetorik abgeschafft. Die Hoffnungen der Bürger in der Demokratie lagen auf den Selbstheilungskräften des Systems. Diese soziale Kybernetik funktioniert aber nur (schlecht und recht, aber immerhin), solange der Staat und seine Bürger sich nicht bloß formal und medial verständigen können, solange sich Politik und Gesellschaft nicht gegenseitig verachten. Ein Bürgertum, das sich ausschließlich ökonomisch versteht, versteht sich nicht einmal mehr ökonomisch (und zerfetzt sich entsprechend).

Politiker, die das Wahl- und Steuervolk verachten und in Bürgerinnen und Bürgern allenfalls die nützlichen Idioten sehen, steuern die Lokomotive zielsicher auf den Abgrund zu. Es ist Bürgerpflicht, sie zu bremsen. Zugegeben: Ein Widerstand aus der Mitte der Bürger betrifft vor allem die Dinge, die des Bürgers sind. Es fehlt das Fieber einer Revolution mit offenem Ausgang. Es fehlt alle unvernünftige Hoffnung. Und es fehlt die Möglichkeit des radikalen Bruchs. Bürgerliche Revolutionen, wenn es so etwas gibt, haben indes stets auch allgemeinere

43

Rechte verhandelt – bis sie, saturiert oder eingeschüchtert, zusammengebrochen sind. Es fehlt, glücklicherweise, in dieser bürgerlichen Revolte auch das Märtyrertum, alle blinde Gewalt, es fehlt der Terror. Es fehlt der Wille zur »großen Erzählung«, zur eschatologischen und »religiösen« Aufladung. Das Zentrum dieser Revolte ist das freie, verantwortungsvolle und selbstbewusste Individuum. Es ist die Erfüllung des verratenen Ansatzes der bürgerlichen Revolution, vom Menschen, der weder Knecht noch Herr ist, vom Menschen, der das Recht hat, Persönlichkeit zu sein und als Persönlichkeit im öffentlichen Raum zu agieren, und wenn dieser öffentliche Raum auch erst wieder erobert oder vielleicht sogar wieder hergestellt werden muss.

Dass zu Guttenberg, als er noch Verteidigungsminister war, öffentlich machte, dass in Afghanistan vor allem deutsche Wirtschaftsinteressen (die Interessen der deutschen Wirtschaft) »verteidigt« werden, bedeutet auch eine innenpolitische Kampfansage. Die moralische Fraktion des Bürgertums wird von der anderen Seite, der Fraktion des ökonomischen Zynismus, noch einmal verlacht und ausgegrenzt. Eure Gutheit kotzt uns an, sagen sie und lassen die Polizei- und Medienhunde los. Auch die *F.A.Z.* verhöhnt den moralischen Teil des deutschen Bürgertums: Da wehrt man sich im Feuilleton dagegen, dass alles zu Stuttgart 21 werde, »nur weil man sich einmal etwas Großes ausgedacht hat«. Als wäre da die Fähigkeit des *Think Big* gegen einen muffigen Vorgarten-Sozialismus oder eine Kleingarten-Ökologie zu setzen und als wären nicht genau diese »großen« Dinge, die sich die entsprechenden Geldfreunde in den letzten Jahren so ausgedacht haben, zu den gewaltigsten Monumenten der Kleinkariertheit geworden (all diese Großprojekte verfallen in Ermangelung einer sozialen Praxis, was nichts macht, denn die Karawane der Profiteure ist ja schon wieder weiter gezogen). Dies nämlich ist die Wahrheit eines Projektes wie Stuttgart 21: Unglaubliche Mengen von Geld, unglaubliche natürliche und kulturelle Zerstörung, unglaubliche Verquickungen von Ökonomie, Politik und Mafia, unglaubliche soziale Gewalt – und wofür? Für zwanzig Minuten Zeitersparnis, versprochen von einer eher bizarren Institution des Übergangs, der Deutschen Bahn, die zugleich mit 2 Milliarden Gewinn prahlt, die Fahrpreise erhöht, bei immer weniger Service – nicht einmal minimal hygienische Standards sind einzuhalten, von Fahrplänen zu schweigen. Der bürgerliche Protest richtet sich gegen jene destruktiven Großprojekte, die nur großes Geld in den Oligarchien verschieben und den Immobilienkrieg der Städte anheizen, und von denen in der Sphäre der öffentlichen Güter, des sozialen Alltags nur ein kleiner, schlechter Witz bleibt.

Postdemokratische Politiker und ihre neoliberalen Wahlverwandten sind bereit, in Afghanistan wie in Stuttgart, Opfer für die Interessen der Wirtschaft zu bringen, weil die Geldbewegung als Wert an sich gilt. Den Mythos, dass was der Wirtschaft diene, zugleich auch »dem Menschen« und »der Gesellschaft« diene, kann auch die größte Blödmaschine ernsthaft nicht aufrechterhalten (aber welcher Blödmaschine geht es schon ums Ernsthafte?). Der Aufstand der moralischen Bürger hat sie, das ist nicht zu verachten, zuerst zu einer überraschenden Ehrlichkeit gezwungen. Daher: Gleichgültig, wie sie «ausgehen«, haben die bürgerlichen Revolten schon jetzt für Aufklärung gesorgt. Kaum eine oder einer kann sagen, er oder sie hätten von nichts gewusst.

Die Rolle der Geheimdienste, der Polizei und der Justiz.

So einfach es sein mag, dem postdemokratischen Staat vorzuhalten, er sei Protagonist von Ökonomisierung und Privatisierung, so problematisch ist dies gegenüber seinen primären und sekundären Instrumenten. Es mag in einem unvorsichtigen Moment einem deutschen Politikermund entschlüpft sein, wofür sofort Medien und Kollegenschaft angesichts des Tabu-Verstoßes intervenierten, dass man in Afghanistan um deutsche Wirtschaftsinteressen kämpfe (was im übrigen für eine Exportwirtschaft, deren Basis die Rüstungsindustrie auf der einen, die technologischen Luxusgüter für oligarchische Ansprüchen auf der anderen Seite bilden, auf noch obszönere Weise wahrhaftig klingt), jedenfalls ist es zweifellos Tatsache, dass die Armee in einer postdemokratischen, neoliberalen Gesellschaft postdemokratische, neoliberale Ziele verfolgt. Daher ist es ein großer Unterschied, ob, zum Beispiel, ein Krieg in Afghanistan »gewonnen« wird oder ob »seine Ziele erreicht« werden.

In den kommenden Auseinandersetzungen werden nicht nur die in eine Eingreiftruppe für das globalisierte Markt- und Mediengeschehen verwandelte Armee (Krieg wird von einer postdemokratischen Regierung aus zwei Gründen geführt: für ökonomische Interessen und um die Produktion von Bildern), sondern auch Polizei und Justiz eine Schlüsselrolle spielen. Die Frage ist, ob sie die Postdemokratisierung eher aufhalten oder beschleunigen. Konkreter gesagt wird es darum gehen, ob eine Polizei zum Beispiel, im Zweifelsfall auch gegen ihre politisch-ökonomische Instrumentalisierung, ein menschliches Gesicht behalten wird oder ob sie sich zu einem Werkzeug im Bürgerkrieg machen lässt. Die »Arabellion« in den nordafrikanischen Gesellschaften forderte ihre Opfer durch das teilweise so unmenschliche Eingreifen von Polizei und Geheimdienst, sie verdankt allerdings auch ihren vorläufigen Sieg den Überläufern und jenen, die ihrem Gewissen und nicht ihren Vorgesetzten folgten (vielleicht auch jenen, die clever genug waren, zur rechten Zeit die Seiten zu wechseln). Die Macht- und Gewaltinstrumente der postdemokratischen und parademokratischen Gesellschaften enthalten eine gewisse Sprengkraft, insofern sie beständig dazu tendieren, sich zu verselbstständigen.

Was haben Schuldenkrisen, Staatskrisen, Bankenkrisen, die starr neoliberale Politik der meisten europäischen Regierungen und die neuen »bürgerlichen« Oppositionsbewegungen gegen sie mit der Polizei und ihrer Rolle in der Gesellschaft zu tun? Eine ganze Menge, insofern es um die staatlichen Reaktionen auf die verschiedenen Formen des zivilen Ungehorsams gegen eine Politik geht, die sich um das Wohl von Banken mehr kümmert als um das der eigenen Bevölkerung. Es ist abzusehen, dass der Widerstand in der Bevölkerung gegen diese Politik der ungerechten Verteilung der Gewinne und der Lasten zunehmen wird, und dass an mehreren Orten, irgendwann auch im eigenen Land, entstehen wird, was unsere Medien »bürgerkriegsähnliche Zustände« nennen. Und es ist absehbar, dass die Regierungen, der populistischen Lippenbekenntnisse zum Trotz, in diesem Zustand einer an ihrer eigenen Ungerechtigkeit auseinander brechenden Gesellschaft gegen ihre unbotmäßigen Bürger immer mehr die Polizei einsetzen werden. Eine Polizei, die möglicherweise zum ersten Mal seit dem Ende des Zweiten Weltkrieges auch in Deutschland um ihr demokratisches Grundverständnis ringen muss. Denn offensichtlich häufen sich Einsätze, die nicht mehr dem Auftrag unseres Polizeigesetzes unterliegen, nämlich die öffentliche Sicherheit und die öffentliche Ordnung zu gewährleisten, sondern den Interessen sehr spezieller politisch-ökonomischer Allianzen dienen. Wenn es, wie in Stuttgart geschehen, so offensichtlich nicht mehr um die öffentliche Ordnung, sondern um ein strategisches Kalkül zur Eskalation geht oder um die Einhaltung von Bau-Terminen, die mit der Auszahlung von Subventionen zusammenhängen, wie es wiederum in Stuttgart und im Val di Susa so überdeutlich war, dann stellt sich für jede Polizistin und jeden Polizisten die Frage, inwieweit die Ausübung des staatlichen Gewaltmonopols noch mit demokratischen und menschlichen Grundsätzen übereinstimmt. Wo hört die Polizei auf, ihren demokratischen Auftrag zu erfüllen, und wo beginnt sie, in der postdemokratischen Allianz von Regierungen und Finanzkapitalismus für einen ökonomischen Bürgerkrieg missbraucht zu werden?[4]

An den »vordersten Fronten« werden sich dabei junge Menschen gegenüberstehen, und auf beiden Seiten sind es Menschen, die die Auswirkungen der rück-
sichtslos ökonomisierten Politik am eigenen Leibe zu spüren bekommen. Sie sollten, wenn alles mit rechten Dingen zuginge, miteinander nach Lösungen suchen,
statt einander zu bekämpfen, sie sollten über die Werte reden, die es zu verteidigen gilt. Statt einander zu prügeln, sollten sie miteinander für die Zukunft einstehen, die ihnen durch den neoliberalistischen Fundamentalismus genommen
wird. Jemand muss ein Interesse daran haben, dass sie das nicht tun.

Natürlich hat man im Einsatz andere Sorgen. Es ist nicht schwer, sich vorzustellen, was in einem Menschen vorgeht, der sich als »Bullenschwein« oder
Schlimmeres beschimpfen lassen muss, der körperlich attackiert wird, der fürchten muss, durch Steinwürfe und Flammen verletzt zu werden. Es ist nicht schwer,
sich vorzustellen, welcher Druck von oben dabei auf einem lastet, welchen Druck
Medien aufgebaut haben, welcher Druck auf dem Lebensziel jeder jungen Polizistin und jedes jungen Polizisten lastet. Man muss sich in solchen Einsätzen
bewähren, denn man ist gleich weit entfernt von einer halbwegs sicheren Existenz und vom sozialen Absturz. Menschen, die diesen Druck nicht kennen, zu
dem noch die Beobachtung durch die Kolleginnen und Kollegen kommt, Versa-
gensangst und Bewährungshoffnung, die haben leicht reden. Und trotzdem fügt
sich unvermeidlich ein weiterer Druck hinzu: Demokratisches Bewusstsein und
menschliches Gewissen. Vom Verhalten jeder einzelnen Polizistin und jedes einzelnen Polizisten bei einem Einsatz gegen demonstrierende, blockierende, ja auch
rebellierende Bürger hängt die Hoffnung auf eine demokratische, rechtsstaatliche
und menschliche Gesellschaft ab. Und diese Entscheidung spielt sich nicht nur
im Kopf einer Demonstrantin oder eines Demonstranten ab (im Kopf von Menschen mithin, die die gleichen Sorgen um Alltagssicherung, Familie und Lebens-
chancen haben), sondern auch im Bild, das die Medien verbreiten. Eine Polizei,
die vorwiegend Stärke zeigt, zeigt vor allem die Schwäche der Demokratie. Eine
Polizei, die ihr »robustes« Vorgehen als Erfolg ausgibt, produziert vor allem Menschen, die das Vertrauen zu dieser Institution der Gesellschaft gründlich verlieren und andere, die mehr an Macht als an Demokratie glauben. Eine Polizei, die
den öffentlichen Raum nicht zu schützen, sondern ihn zu leeren auszieht, erzeugt
an der Stelle von Öffentlichkeit deren Fortsetzung und Gegenteil: Heimlichkeit.
Und eine Polizei, die in ihren Einzelaktionen tückische und brutale Formen der
Gewalt ausübt, erzeugt vor allem die Bereitschaft zu tückischer und brutaler
Gewalt. »Leicht«, sagt einmal jemand in einem amerikanischen Film, »leicht ist

die Arbeit eines Polizisten nur in einem Polizeistaat«. Die Würde eines Polizisten in einer demokratischen Gesellschaft bestünde darin, dass er sich die Arbeit nicht leicht macht und nicht leicht machen lassen will. Ist die Möglichkeit, angesichts der neuen sozialen Bewegungen den Polizei-Einsatz, so weit es eben geht, demokratisch, human und »vernünftig« zu halten, bereits vertan? War sie jemals in Erwägung gezogen? Die Chronik der laufenden Ereignisse scheint entschieden dagegen zu sprechen. Der Einsatz der Polizei in Stuttgart, der im Val di Susa und schließlich der selbst von zurückhaltenden Kommentatoren als überzogen und brutal charakterisierte in New York – sie sprechen eine deutliche Sprache: Postdemokratische Regierungen entgrenzen die Praxis staatlicher Gewalt gegenüber Dissidenten, deren Anliegen sie gerade noch mit »Verständnis« beheuchelten, nicht in fahrlässigem Verhalten gegenüber der öffentlichen Wirkung, sondern ganz gezielt als Schauspiel symbolischer Politik. Die Polizeigewalt richtete sich insbesondere in New York nicht allein gegen die Demonstranten der Occupy-Bewegung, sondern auch gegen die Presse: Auf Reporter und Fotografen wurden gezielte Angriffe gestartet, sie wurden mit dem absurden Hinweis darauf verhaftet, dass das Fotografieren vom Bürgersteig aus verboten sei. Die Polizeigewalt scheint beständig auch aus dem Ruder zu laufen, etwa wenn Polizisten neben Journalisten und Prominenten schon auch einmal einen anwesenden Richter verprügeln. Angesehene Journalisten wie Michael Greenberg hatten zuvor – vielleicht auch das ein unvorsichtiges Signal in Richtung der Befehlsgeber des Einsatzes – öffentlich erklärt, die OWS- und »Wir sind die 99 Prozent«-Bewegung sei durch die Sympathie der Öffentlichkeit »geschützt« (nicht einmal halb so viel Zustimmung wie OWS erhielt die »Tea Party«-Bewegung, die ganz gewiss nie mit einem harten Polizeieinsatz rechnen musste).

Nach Angaben des Bürgermeisters von Oakland hat das Ministerium für innere Sicherheit an einer Konferenz von 18 Bürgermeistern teilgenommen und dabei Anweisungen für das effiziente und schnelle Niederschlagen von Protesten und das Räumen öffentlicher Plätze gegeben. Das ist im übrigen ein klarer Verstoß gegen amerikanisches Recht, das föderale Zusammenschlüsse und das Eingreifen der Bundespolizei zur Aufrechterhaltung der öffentlichen Ordnung ausdrücklich verbietet, der, unnütz zu sagen, ohne Folgen blieb. Einige der Forderungen der Occupy-Bewegung nämlich rührten in der Tat an die vitalen Interessen der postdemokratischen Verflechtungen, unter anderem das Verbot der Parteienfinanzierung durch die Konzerne, des Lobbyismus, die Reorganisation der Bankenaufsicht, die Trennung von Geschäfts- und Investmentbanken und schließlich ein

48

Verbot für Mitglieder des US-Kongresses, Gesetze zu verabschieden, bei denen Unternehmen betroffen sind, denen sie selbst verbunden sind. So versteht man mit Naomi Wolf das Wesen der Befehlskette für den brutalen und rechtswidrigen Polizeieinsatz: »Das Ministerium für Innere Sicherheit (DHS) ist weisungsgebunden, das Ressort untersteht dem Vorsitzenden des Unterausschusses für Homeland Security, Peter King, der wiederum unter dem Einfluss der Interessen seiner Kongress-Kollegen steht. Und es gehorcht dem Präsidenten, der freilich zum Zeitpunkt der Räumungsaktionen Australien besuchte. Mit anderen Worten, die Logik der Befehlskette impliziert: Die Aufsichtspersonen im Kongress haben mit dem Plazet des Weißen Hauses das DHS angewiesen, Bürgermeister zu autorisieren, der Polizei Order zum gewaltsamen Vorgehen zu geben. Weshalb – das liegt auf der Hand: Seit Jahren kommen neue Kongressmitglieder vorrangig aus der oberen Mittelschicht. Wenn sie den politischen Betrieb als Eingeweihte wieder verlassen, haben sie gewaltige Vermögen angehäuft, was man dem ›Skandal‹ um den republikanischen Präsidentschaftsbewerber Newt Gingrich entnehmen kann, der für ein paar Stunden Beratung 1,8 Millionen Dollar Honorar kassierte«.

Um die objektive Rolle der Polizei in der Oligarchisierung der Postdemokratie zu verstehen, genügt es also, die Befehlsketten zurückzuverfolgen, und natürlich kommen wir auch in Stuttgart oder in Turin auf Politiker, die sich von Finanzplätzen, Großprojekten und Immobilienkonglomeraten versprechen dürfen, mit gefüllten Taschen davon zu gehen. Die Härte des Polizeieinsatzes, auch darauf dürfen wir wetten, steht jeweils in direktem Verhältnis zu den persönlichen ökonomischen Interessen der Menschen an den Schlüsselpositionen der Befehlskette. Andersherum dürfen wir in aller Regel diese Härte auch in Beziehung setzen zu einem »wunden Punkt«, der von den Demonstranten berührt wird – wie die Ermächtigung der Kongressabgeordneten, über Belange der eigenen Firmen und der Konzerne abzustimmen, von denen man bezahlt wird. Sowohl bei Stuttgart 21 als auch bei der Hochgeschwindigkeitsstrecke Turin-Lyon (TAV) war das überaus harte Vorgehen der Polizei verbunden mit einem Termin für einen bestimmten Bauvorgang, dessen Verfehlung finanzielle Einbußen oder den Verlust von Subventionen zur Folge gehabt hätte (und untersuchen wir doch einmal die Rolle von Bonus-Zahlungen und Beraterverträgen bei der polizeilichen Durchsetzung von Großprojekten...).

»Wenn man alles zusammenführt und versteht, lässt sich das rigorose Vorgehen gegen die Protest-Bewegung durchaus als die erste Schlacht eines Bürgerkrieges deuten, bei dem für den Augenblick nur eine Seite zur Gewalt greift« (Naomi

Wolf). So begreifen wir auch die Notwendigkeit von Einschüchterung und Korruption der Presse, die am Ende zwar das Drohpotenzial des bewusst »überharten« Polizei-Einsatzes verbreitet, nicht aber nach seinen Ursachen und nicht nach seiner tückischen Mikropolitik fragen soll, die aus Verkettungen von sadistischen Übergriffen und asymmetrischer Gewalt besteht.

Zu diesem Drohpotenzial, damit nähern wir uns den subjektiven Bedingungen der Polizei-Einsätze im beginnenden Bürgerkrieg von oben, gehört es, die Polizei als abstrakte, technische und »neutrale« Gewalt darzustellen – das Bild des einzelnen prügelnden, pfeffersprayenden Menschen/Polizisten dagegen wird stets sogar die »schweigende Mehrheit« der Bürger verschrecken (Auch hier ein Vorschlag: Im allgemeinen gilt als Konsens, dass sich die Bewegungen wie Occupy ausgesprochen bürgerlich verhalten; betrachten wir dagegen die in der Mainstream-Presse verbreiteten Bilder von Auseinandersetzungen zwischen Polizei und Demonstranten, dann sind die von der Polizeigewalt betroffenen mehrheitlich dem klassischen Bild »jugendlicher Randalierer« verpflichtet). Daher muss der Polizei-Einsatz zugleich die Nahaufnahme verhindern, was mit der gezielten Gewalt gegen die Pressevertreter und andere Multiplikatoren gelingt, und es muss das abstrakte Drohpotenzial gegen die »chaotische« Menge der Demonstranten verbreitet werden. Die »Chaotisierung« des Gegners ist demnach eine der ersten Aufgaben des Einsatzes. Die zweite Aufgabe ist es, Gegenwehr zu provozieren. Wird das Bild gewalttätiger Demonstranten erzeugt, so ist auch der »überharte« Einsatz der »neutralen« Polizei gerechtfertigt, auch wenn vorher noch durchaus deutlich gewesen sein kann, dass der Einsatz eben nicht der Aufrechterhaltung der öffentlichen Ordnung und Sicherheit, sondern der Durchsetzung sehr partikularer, oligarcher Interessen dient. Und da eine allzu genaue Betrachtung der Befehlsketten bei harten Polizeieinsätzen gegen Demonstranten noch stets einen Zusammenhang zwischen einem Knüppelschlag und den ökonomischen Interessen von Parteien und von einzelnen Politikern zutage fördern würde, muss diese Befehlskette zugleich verschleiert und ihre Aufklärung für die Protagonisten kritischer Recherche gefährlich gemacht werden. Ein starkes Medium kann sich die Polizei nicht zum Gegner machen, weil dann ein Informationsdeal in Frage gestellt wird, ein schwaches Medium kann sich die Polizei nicht zum Gegner machen, weil es eben schwach ist.

Tückisch dabei ist, dass der Begriff des Rechtsstaates durchaus widersprüchlich benutzt wird, nämlich einmal im Sinne der Ökonomie und das andere Mal im Sinne der Demokratie. So steht in solchen Konfliktfällen, was das formale Recht anbelangt, sehr häufig das Recht des geschlossenen Vertrages gegen das Bürgerrecht. Und nicht nur beim Freimachen des Weges von Castor-Transporten von unbotmäßigen Bürgerinnen und Bürgern steht dabei das ökonomisch-politische Vertragsrecht gegen das Bürgerrecht (übrigens wurde mit ganz ähnlichen Argumenten gegen einen Bürgerentscheid in Griechenland argumentiert). Es wird also schlichterweise das ökonomische Vertragsrecht (verlässliche Partner, so heißt es im Jargon) über das Bürgerrecht gestellt, einmal mehr also offiziell und staatlich die Interessen der Wirtschaft über die Interessen der Bürger. Und das Instrument für diese Hegemonie ist die Polizei. Dass sie in der Regel zum harten Einsatz kommt, wenn das letzte Glied der Befehlskette gerade zufällig im Ausland oder öffentlich mit anderen Themen beschäftigt ist, versteht sich beinahe von selbst. Kaum jemand hat je Barack Obama oder Angela Merkel in einen Diskurs mit der Polizeigewalt oder der »blinden« Justiz gebracht; man darf schließlich nicht vergessen, dass zum Beispiel mehr als die Hälfte aller Amerikaner die Ansichten und Ziele der Occupy-Bewegung teilt, soweit sie sich in einfache Diskurse bringen lässt, und auch zur Zeit des schwarzen Donnerstags in Stuttgart konnten sich die Demonstranten einer verbreiteten Sympathie in der Bevölkerung sicher sein. Es geht also bei den überharten Einsätzen der Polizei in den neuen »bürgerlichen« sozialen Bewegungen nicht mehr um die Abwehr einer »kleinen radikalen Minderheit«; die Polizei prügelt hier im Interesse einer kleinen radikalen Minderheit auf eine Mehrheit der Bevölkerung ein, real, symbolisch und medial. Es ist daher notwendig, fair gegenüber den »Prügelknaben« (und »Prügelmädel«) und sinnhaft, die Befehlsketten bei solchen Einsätzen bis an die Spitze zu verfolgen und die Polizei nicht als losgelöstes »unpolitisches« Instrument zu betrachten. Am Ende nämlich gibt es, wenn die Polizei in einem neuen, von »oben« geführten Bürgerkrieg missbraucht wird, nicht nur ein Widerstandsrecht gegen die Polizei, sondern auch ein Recht auf »Befehlsverweigerung« in der Polizei.

Warum aber »funktioniert« in diesem beginnenden Bürgerkrieg in den postdemokratischen Gesellschaften die Polizei im Inneren so reibungslos, ja mehr noch, warum übertreibt die Praxis noch beinahe stets die eingeforderte Härte aus den Interessen der Befehlskette? Es gibt zunächst sehr einfache, organisatorisch und ökonomisch produzierte Gründe: Die frustrierenden Lebens- und Arbeitsbedingungen der Bereitschaftspolizei, ihr Einsatz entfernt von der eigenen Region, um menschliche Kontakte und Konflikte zu verhindern (so soll vermieden werden, dass Polizisten auf ihre eigenen Eltern, Freunde, Lehrer etc. einprügeln müssen), das Angst-Management auf beiden Seiten, die absurde technische Überrüs-

51

tung und Anonymisierung, der Gruppen- und Hierarchiedruck und vieles mehr. Zu einem Gutteil freilich ist auch eine mediale Öffentlichkeit an diesem Prozess beteiligt, die allenfalls nach dem Skandal- und Sensationsprinzip berichtet. Als Bürgerinnen und Bürger, als Menschen werden gerade die jungen Polizistinnen und Polizisten dagegen von der Politik so sehr wie von den Mainstream-Medien vollkommen allein gelassen. Die Gesellschaft verabsäumt es, nur zum Beispiel, einen Konsens darüber zu erzielen, was ein angemessener, ein demokratischer, ein humaner (sofern das möglich ist) Einsatz der Polizei bei Akten des zivilen Ungehorsams sein mag, und sie verabsäumte es, einen »Code of Conduct« für Polizisten im Einsatz zu fordern, die schließlich nicht nur die Demokratie gegen ihre vermeintlichen Feinde verteidigen, sondern dabei auch selber demokratisch legitim agieren sollen, was bedeutet, dass sich ein Polizeieinsatz in einem politischen Umfeld nicht nur an die Buchstaben des Gesetzes, sondern auch an den Geist einer verständigen Zivilgesellschaft halten müsste. Während Gewalt der Demonstranten so offen verhandelt und eben juristisch wie medial verurteilt wird, unterliegt die Polizeigewalt einem Schweigegebot aus politischer Macht, Hierarchie und Korpsgeist. Eine Heldin oder einen Held dürften wir ohne zu zögern jenen Menschen nennen, der sich diesem Schweigegebot nicht beugt. Es geht nicht nur um »die« Polizei und darum, wie die Politik sie einsetzt und welche (Bürger/Kriegs-) Dramaturgie die Medien aus Ihren Einsätzen machen. Es geht auch um jeden einzelnen Polizisten, so unsichtbar sie auch in ihren Panzerfahrzeugen, hinter ihren Helmen und Schutzschilden sein mögen. Es geht um das Recht und die Pflicht, nicht nur Polizisten zu sein, sondern auch Menschen – und Bürger.

Nach unserem Polizeigesetz besteht die Aufgabe der Polizei darin, die öffentliche Sicherheit zu gewährleisten und die öffentliche Ordnung zu schützen (bemerkenswerterweise beginnen die Schwierigkeiten da schon bei der Suche nach dem, was eigentlich überhaupt noch öffentlich, also noch nicht »privatisiert« ist). Was aber, wenn die Polizei dazu missbraucht wird, die Interessen von Banken, die Interessen von Konzernen bei technisch-ökonomischen Großprojekten, die Interessen von Politikern, die sich mit ihnen verknüpft haben, gerade gegen die Öffentlichkeit zu verteidigen, die am Ende immer nur aus einem Stoff besteht, aus wirklichen Menschen, die sich für ihre Interessen, ihre Rechte, ihre Zukunft sichtbar machen wollen? Immer mehr Menschen, auch weitab von politischer Agitation und Aktivität, stellen sich ernsthaft die Frage, von welcher Seite eigentlich die größere Gefahr für die Demokratie ausgeht, von den »Demonstranten« oder von den Polizeieinsätzen.

Die Politik einer Regierung, die mehr Interesse für das Funktionieren der Finanzmärkte als für Leben, Glück und Zukunft der eigenen Bevölkerung zeigt, endet unabdingbar, hier früher, dort später, bei der Polizei. Und dies in doppeltem Sinne. Erstens machen Ökonomisierung und Privatisierung der neoliberalen Politik auch vor dieser Institution nicht halt: Die Gewinner des Spiels schaffen sich ihre privaten Sicherungskräfte, am Ende ihre Privatarmeen. Der verbliebenen »öffentlichen« Polizei bleibt die Aufgabe, die Verlierer in Schach zu halten. Sollen wir sagen: die Drecksarbeit? Diese Polizei wird ökonomisiert auch insofern sie zum Objekt der Sparmaßnahmen wird, was im Endeffekt bedeutet, Polizistinnen und Polizisten müssen, wie alle anderen Opfer dieser Politik mehr arbeiten und erhalten dafür weniger Reallohn. Die technische Aufrüstung der Polizei, die schließlich wiederum die Privatwirtschaft ankurbelt, steht in keinem Verhältnis zur personalen Besetzung, zu Ausbildung und Betreuung. Beförderungsstau, strapaziösen Arbeitszeiten, Einsätze dort, wo man sich nicht zu hause fühlt, Mobbing, hohe Aussteigerquoten, berufsbedingte Krankheiten, desolate Familiensituationen – es sieht in der wirklichen Polizei nicht so aus wie in den gemütlichen Revieren unserer Fernsehpolizisten.

Wir sehen, dass man die Polizei als soziale Institution zugleich kaputtsparen und ihr Gewaltpotenzial erhöhen will. So muss die Polizei technisch immer »besser« und sozial immer schlechter werden. Und ganz zweifellos kann man die Verwendung von Trojanern und Drohnen ebenso wenig als »vertrauensbildende Maßnahmen« ansehen wie die Verwandlung von Bereitschaftspolizisten in hochgerüstete schwarze Roboterkrieger, die einem üblen Science Fiction-Film eher entsprechen als einer Konfliktlösungsstrategie in einer demokratischen Zivilgesellschaft. Der Polizei-Beruf verliert in einer solchen Situation nicht nur an ökonomischer, sondern auch an sozialer Attraktivität. Man wird nicht nur vergleichsweise schlecht bezahlt für eine schwere Arbeit, zugleich wird auch der Graben, der die Polizei von der Bevölkerung trennt, immer größer. Während die »Schutz«-Funktion immer weiter privatisiert wird (Privatpolizeien und Security für die Wohlhabenden), wird das Drohpotential der Polizei immer weiter sozialisiert. Damit wird in einem Instrument des postdemokratischen Staates wiederholt, was auf dem Markt längst Gewohnheit ist, die Privatisierung des Gewinns und die Sozialisierung des Verlustes. Wohlgemerkt, wir sprechen nicht von den bösen Buben, den »gewaltbereiten Chaoten«, dem kriminellen Milieu oder den sozialen Brennpunkten, wir sprechen von einer tiefen Entfremdung zwischen Polizei und Bürgerinnen und Bürgern.

In dieser Situation wiederum, von Unsicherheit, Kränkung, Gewalt und Frustration bestimmt, können nur allzu leicht auch jene anderen Kräfte einsetzen, denen Polizei und Geheimdienste sehr offensichtlich wesentlich flexibler begegnen als den Protagonisten eines bürgerlichen Aufstandes, des zivilen Ungehorsams. Im Modell von Naomi Wolf von der Befehlskette der Polizeieinsätze ist der Grund dafür ziemlich klar: Neonazi-Aufmärsche mögen zwar lästig sein, das Bild der idealen Gesellschaft ein wenig verschmutzen, möglicherweise auch die Attraktivität des einen oder anderen potenziellen Wirtschafts- oder Touristik-Standortes beschädigen, die vitalen Interessen der Oligarchien in Ökonomie und Politik berühren sie nicht. Ihr Drohpotenzial ist vielmehr nicht selten durchaus nützlich; gewalttätige Neonazis kommen einer auf Abschreckung und Vertreibung basierenden Flüchtlings- und Asylpolitik vielleicht durchaus zupass (den Rest erledigt die reflexartige Gleichsetzung von rechten und linken »Extremisten«; und gleich darauf die von Faschisten und Antifaschisten – in Deutschland darf sich eine antifaschistische Initiative sicher sein, mindestens genau so viel Aufmerksamkeit bei Polizei und Geheimdienst zu erregen wie die faschistische). Nicht erst bei der so seltsam verspäteten Aufklärung der Mordserie der neofaschistischen »NSU«-Gruppe musste der Öffentlichkeit deutlich werden, dass die extreme Rechte Sympathien und Unterstützer direkt in der Polizei hat. Nicht weniger schwerwiegend scheint es, dass es gängige Praxis zu werden scheint, dass die Polizei Versammlungs- und Demonstrationsorte der Neonazis gegenüber der Öffentlichkeit geheim hält, um Konfrontationen mit antifaschistischen Gruppen zu verhindern. Dieses Verfahren, wie etwa in Berlin praktiziert, widerspricht offenbar politischer Rhetorik: »Das Vorgehen der Berliner Polizei und Versammlungsbehörde steht im eklatanten Widerspruch zu einer Ankündigung von Innensenator Ehrhart Körting. Der hatte nach den gewalttätigen Übergriffen auf Gegendemonstrantinnen und Passantinnen beim neonazistischen Demonstrationsversuch in Berlin-Kreuzberg am 14. Mai 2011 angekündigt, dass Ort und Zeit von Neonazi-Veranstaltungen künftig mindestens 24 Stunden im Vorfeld bekannt gegeben würden. Laut Körting könne nur so die Sicherheit der Anwohnenden gewährleistet und dem Recht auf Gegenproteste Rechnung getragen werden« (apabiz e.v.). Was sagt uns die Diskrepanz zwischen Ankündigung und Praxis?

Sie ist am Ende Ausdruck jener rettungslosen Spaltung der politischen Klasse in den Teil, der effektiv im Sinne des Systems arbeitet (jenes, das unentwegt klarmacht, dass Demokratie schlecht für den Markt ist) und in den Teil, der sich (wie ein Nachfahr unseres gütigen Herrn Senators oder seiner fürsorglichen Ehefrau) »dem Volk« zuwendet. »Beide«, so Jürgen Habermas, »driften auseinander – die Systemimperative des verwilderten Finanzkapitalismus, den die Politiker selbst von der Leine der Realökonomie entbunden haben, und die Klagen über das uneingelöste Versprechen sozialer Gerechtigkeit, die ihnen aus den zerberstenden Lebenswelten ihrer demokratischen Wählerschaft entgegenschallen«. So gilt es auch die Befehlskette der Polizei in diesem Auseinanderdriften noch genauer anzusehen, auf der Spur jener, die befehlen, und auf der Spur jener, die verschleiern. Die Polizei in den beginnenden Bürgerkriegen der postdemokratischen Gesellschaften muss nicht mehr die öffentliche Ordnung aufrechterhalten. Um es genauer zu sagen: Eine solche öffentliche Ordnung gibt es nicht mehr; das »Zerbersten« hat längst No-go-Areas unten und »Guarded Communities« oben geschaffen, das verbleibende Dazwischen konnte weder »öffentlich« bleiben – sieht man von der Öffentlichkeit des Verkehrs, des Verkaufs und der Werbung ab – noch gar geordnet, stattdessen droht hier: Sichtbarkeit des Zerberstens! Die Aufgabe der Polizei – in Bezug auf die Äußerungen des zivilen Ungehorsams und der Kritik wohlgemerkt – besteht darin, den Mangel an sozialer Gerechtigkeit und demokratischer Freiheit zu bearbeiten, mit ihren Mitteln.

Die neuen Formen des Protestes, die eben nicht mehr allein von den Rändern der Gesellschaft kommen, sondern aus ihrer Mitte, und die noch stärker auf die eigene Gewaltlosigkeit bestehen als alle vorigen, verändern die Beziehung zwischen den protestierenden Menschen, die den öffentlichen Raum besetzen, und den Polizisten, die sie daraus vertreiben noch einmal erheblich. Die Bilder von Polizeieinsätzen in New York, Athen oder Stuttgart, so unterschiedlich sie auch sein mögen, prägen sich in eben jener demokratischen Öffentlichkeit schmerzhaft ein, zu deren Schutz die Polizei eigentlich bestallt ist. Die Sympathie der Bevölkerung, das ist sicher neu und das können auch die Medien der Niedertracht wie die deutsche *Bild*-Zeitung nicht mehr ändern, ist nicht mehr »automatisch« mehrheitlich auf Seiten der Polizei und gegen die »Störenfriede«. Aber auch dies scheint Teil einer neuerlichen Ungerechtigkeit: Von der sozialen Drecksarbeit zur Sündenbock-Funktion. Zu einer demokratischen Gesellschaft gehört der Stolz auf die eigene Polizei (nebst der Hoffnung, sie möge immer weniger Arbeit haben); zu einer postdemokratischen dagegen, dass die Abschaffung der Solidarität eben auch die trifft, die den eigenen Interessen dienten.

Jene neuen sozialen Bewegungen, denen man ja nicht zufällig die Bezeichnung »bürgerlich« verpasst hat, zeichneten sich am Beginn durch ein fundamental gewaltfreies Agieren ihres zivilen Ungehorsams aus. In Stuttgart wie in New York konnte man beobachten, wie betont harte Polizeieinsätze dazu verwendet wurden, die Gewaltfreiheit der Demonstranten aufzubrechen. Am Ende wird eine solche Strategie der Erzeugung von Gewalt, gegen die dann »legitimiert« vorgegangen werden kann, in einer asymmetrischen Führung eines Bürgerkriegs von oben, stets erfolgreich sein (es sei denn, die Polizistinnen und Polizisten entwickelten selbst Widerstand gegen ihren politischen Missbrauch, wofür sich leider nur allzu wenig Anzeichen zeigen wollen).

Polizistinnen und Polizisten sind abhängig von drei Anleitungen: 1.Von den Anweisungen von Politikern. 2. Von den Einsatzbefehlen ihrer Vorgesetzten. 3.Von den Wechselwirkungen zwischen den Kolleginnen und Kollegen vor Ort aber auch jenseits des konkreten Einsatzes. Polizistinnen und Polizisten sind jedoch immer noch von drei anderen Komponenten abhängig: 1. Von den Grundlagen der Rechtsstaatlichkeit. 2. Von einer allgemeinen Verpflichtung auf Bürgerrecht und Menschlichkeit. 3. Vom eigenen Gewissen. Für alles Handeln innerhalb einer humanistischen Demokratie ist bedeutsam, dass die drei letzten Komponenten stets höher werten als die ersten. In unserer Praxis verhält es sich umgekehrt, denn jede Polizistin und jeder Polizist ist auch Gegenstand einer ökonomischen Erpressung, die bescheidenen Privilegien und ein mit einem Einverständnis gekoppeltes Versprechen relativer Lebensplanungssicherheit unterscheiden unter anderem diesen Beruf von solchen, in denen sich Fragen politischer und jeder Polizist ist auch Gegenstand einer ökonomischen Erpressung, die bescheidenen Privilegien und ein mit einem Einverständnis gekoppeltes Versprechen relativer Lebensplanungssicherheit unterscheiden unter anderem diesen Beruf von solchen, in denen sich Fragen politischer und menschlicher Moral eher indirekt und langfristig stellen und weitgehend im Verborgenen bleiben. In der Erscheinung, in der Handlung und in der Funktion des Polizisten (nicht nur) im »politischen« Einsatz drückt sich der Staat aus, möglicherweise mehr als in seinen demokratischen Ritualen.

Und so begänne eine Renaissance der demokratischen, zivilen Gesellschaft unter anderem mit der Überwindung unmenschlichen Verhaltens bei den Konflikten im öffentlichen Raum. Demokratisierung bzw. Redemokratisierung beginnt mit einer Neuformulierung der Ziele, Aufgaben und Mittel der Polizei, und jede Partei, die sich eine Rückkehr zur Demokratie rhetorisch anmaßt, müsste die Polizei im Einsatz gegen die Kritiker von allen Elementen der Unmenschlichkeit befreien. Nur zum Beispiel (um einige der Dinge zu nennen, die wir in den letzten Monaten beobachten mussten): Es ist unmenschlich, aus der Deckung von Schilden heraus, Menschen mit Spray zu attackieren, die auf einen solchen Angriff nicht vorbereitet sind, und die deshalb Augen und Mund nicht schützen können.

Es ist unmenschlich, Menschen einzukesseln und ihnen jegliche Möglichkeit zu nehmen, mit Angehörigen in Kontakt zu treten oder ihnen sogar den Gang zu einer Toilette zu untersagen.

Es ist unmenschlich, Menschen zu isolieren und dann auf bereits Wehrlose einzuschlagen.

Es ist unmenschlich, Treibjagden auf flüchtende Menschen zu machen, deren einziges Vergehen es ist, sich dem polizeilichen Zugriff zu entziehen.

Es ist unmenschlich, agents provocateurs unter die Demonstranten zu mischen, die diese zu strafbaren Handlungen verleiten sollen oder selber solche »simulieren«, um ein härteres Vorgehen der Polizei zu rechtfertigen.

Es ist unmenschlich, Menschen zu schlagen, die sich nicht mehr wehren können oder sich nie wehren wollten.

Es ist unmenschlich, Menschen Schmerzen zuzufügen, obwohl sie sich widerstandslos abführen lassen.

Es ist unmenschlich, Menschen zu schlagen oder sonst wie zu malträtieren, nur weil sie durch chaotische Umstände zufällig in die Reichweite der polizeilichen Waffen geraten sind. Es ist unmenschlich, Gewalttaten als Schauspiel vor einer Menge zurückweichender Demonstranten zu inszenieren.

Es ist unmenschlich, Wasserwerfer in einer Stärke einzusetzen, die schwere Verletzungen bei den Getroffenen zur Folge haben.

Es ist unmenschlich, beim Einsatz der polizeilichen Waffen ohne Rücksicht auf den körperlichen oder psychischen Zustand des Gegenübers vorzugehen, Jugendliche oder Senioren zum Beispiel, die diesen Belastungen offensichtlich nicht gewachsen sind, so zu »behandeln« als wären sie »gleichwertige Gegner« für durchtrainierte Polizisten.

Es ist unmenschlich, »Exempel zu statuieren«, jene zu malträtieren, deren man habhaft wurde, um die anderen mit zu »strafen«.

Es ist unmenschlich, in Kauf zu nehmen, traumatische Schäden auszulösen. Es ist zum Beispiel unmenschlich, Menschen in Todesfurcht zu versetzen, indem man mit Fahrzeugen auf sie zu fährt, als wollte man sie überrollen.

Es ist unmenschlich, Verletzten Hilfeleistungen zu verweigern, weil einem die Verfolgung anderer als wichtiger erscheint.

Es ist unmenschlich, menschliche Schutzschilde zu bilden, um die unmenschlichen Aktionen von Kolleginnen und Kollegen zu decken.

Es ist unmenschlich, Menschen gegen Wände zu drücken und ihnen keinen Ausweg zu lassen.

Es ist unmenschlich, bewusst Panik auszulösen.

Wem müssen wir sagen, wie man eine solche Liste verlängern kann?

Ob die nächste Phase der Entwicklung der Gesellschaft nach und in den durch die rücksichtslose Ökonomisierung ausgelösten Krisen zu einem In- und Durcheinander von »bürgerkriegsähnlichen Situationen« oder zu einer neuen demokratischen Kultur im öffentlichen Raum führen wird, das hängt zu einem nicht geringen Maße von Ihrem Verhalten ab. Davon, dass Sie in entscheidenden Momenten nicht »die Polizei« sind, die sich von einer ökonomisch-politischen Macht als Instrument benutzen lässt, sondern autonome Menschen mit einem demokratischen Bewusstsein und einem menschlichen Gewissen. Und glauben Sie mir: Es gibt auch »auf der anderen Seite« genügend Menschen, die wissen, wie schwer das ist, die wissen, dass hinter den Helmen und Schilden keine Klonkrieger stecken. Sondern Menschen.

Die Polizei ist indessen in der populären Mediokratie nicht bloß ein Instrument, das Plätze räumt für das Kapital, das Angst erzeugt, das Gewalt provoziert, sondern es ist ein Instrument, das Bilder erzeugt. Der nächste harte Polizeieinsatz nach dem schwarzen Donnerstag in Stuttgart, der gar international Aufmerksamkeit erregte, fand bei der Durchsetzung der Atommülltransporte im November 2011 statt. Die Bilder des Einsatzes platzierten die Fernsehsender der europäischen Gesellschaften offenbar sehr gezielt und prominent in den Nachrichten. Während die deutschen Mainstream-Medien die Sache eher nach hinten schoben, schon mal »Fehler« einräumen ließen, aber auch die Polizeigewerkschaft zitierten, die sich doch sehr wundern muss über »Hass und Aggression«, die den Freunden und Helfern entgegen schlagen, fanden sich im europäischen Ausland harsche Kommentare, die den Polizeieinsatz verbanden mit dem leicht diktatorischen, jedenfalls arroganten Auftreten des Merkelismus bei den Versuchen, die Schuldenkrisen zu bewältigen (»Jetzt muss Europa lernen, deutsch zu reden«).

So zeigte sich, dass der Einsatz der Polizei nicht allein im regionalen und nationalen Bereich und nicht nur in jenen Ländern, die am meisten unter dem sozialen Umbau als Folge der Schuldenkrise zu leiden haben, zum Schlüssel und zum Schlüsselbild werden muss. Er spielt auch eine Rolle in der Konkurrenz/Komplizenschaft der einzelnen Staaten, die sich dem Diktat von Neoliberalismus und

Postdemokratie beugen: Man sendet sich gegenseitig Botschaften von der Entschlossenheit, Kritik und Widerstand gegen die Transformationen (und nenne man sie »Sparzwang«) niederzuschlagen. Zur gleichen Zeit wird der Polizeieinsatz zum Stresstest für jene, die sich gerade noch als »Alternative« inszenierten. Nach dem Volksentscheid in Baden-Württemberg ist wohl klar: Auch die grünrote Landesregierung wird Polizei in Bewegung setzen, um die letzten unverdrossenen Ungehorsamen von der Baustelle zu vertreiben und das nun auch »vom Volk abgesegnete« Projekt durchzusetzen. Die Frage ist nicht, ob es geschieht – wahrscheinlich gibt es da juristisch-politisch wohl kaum eine Wahl –, die Frage ist, *wie* es geschieht. Ein »harter« Polizeieinsatz unter einer grün-roten Regierung wird die bislang so sträflich vernachlässigte Frage nach der Beziehung von Polizei und Gesellschaft neu stellen: Wie viel staatliche Gewalt verträgt eine Gesellschaft, die unter dem Gewicht der Entsolidarisierung und Ökonomisierung so auseinander bricht, dass es keine gemeinsamen Güter und Werte mehr geben kann? Wie gewalttätig darf eine Polizei vorgehen dürfen, die Projekte gegen Menschen durchsetzt, die sich, ihre Kinder und ihre Kultur vital bedroht sehen müssen? Und wann produziert die Polizei die Feinde, gegen die sie vorgehen will, während sie andere »vergisst«? Wir dagegen werden die Befehlsketten von Polizeieinsätzen nicht mehr vergessen!

Transformationen 0.3: Von der Gewalt des Merkelismus.

Nehmen wir für den Augenblick an, wir befänden uns derzeit nicht einfach in einer Krise oder in einer Abfolge von Krisen des Systems der Finanzwirtschaft und der europäischen Union, sondern stattdessen in einem veritablen, doppelten Systemwechsel: Aus der Demokratie wird die Postdemokratie und aus dem freien Markt eine neue Form von Staatskapitalismus. Die drei Felder dieser Transformation sind Ökonomisierung, Privatisierung und Medialisierung. Ökonomisierung besagt, nach Colin Crouch, im Prozess der Postdemokratisierung die Überantwortung von Allgemeingütern, Staatsaufgaben und Wohlfahrtspflichten an den Markt. Der Staat verwandelt nicht nur eigene Angelegenheiten in nach wirtschaftlichen Gesichtspunkten handelnde Unternehmen, sondern versteht sich schließlich selbst als ein solches, weshalb Politik machen und »managen« einander immer verwandter werden und, kein Wunder, auch von den Karriereplanungen und Imagekreationen her mehr und mehr verknüpft werden. Privatisierung bedeutet genau das Gegenteil: Die Überantwortung von Teilen der Ökonomie und der ökonomisierten Politik an dominante Kräfte, denen es gelungen ist, die ursprünglichen Gesetze des freien Marktes längst außer Kraft zu setzen: Konzerne, Oligopole, »Mogule« etc.. Ökonomisierung und Privatisierung entsprechen einander also – der Staat ökonomisiert zuerst ein Stück seiner »Verantwortung«, um es dann, wenn es »für den Markt fit« gemacht wurde, einem der dominanten Mächte zu überantworten; sie widersprechen einander aber auch, insofern sie zugleich Elemente des Kapitalismus und des Post-Kapitalismus der globalen Oligopole (und Oligarchien) miteinander in Beziehung setzen. Der Neoliberalismus also ist eine kapitalistische Bewegung, die dem Markt zugleich immer mehr Zonen des öffentlichen und privaten Lebens einverleibt, bis zum Wasser, das wir trinken und der Luft, die wir atmen, und diesen Markt als Feld von Angebot, Nachfrage, Innovation und Nachhaltigkeit im Dienste weniger dominanter »Spieler« zugleich vernichtet. Das kann nur noch mit Hilfe der Staaten gehen, denn es ist nur zu einsichtig, dass ökonomische Positionen, die nicht aufgrund wirtschaftlicher Effizienz oder Marktkenntnis, sondern aus der schieren Dominanz gewonnen sind, nur mit struktureller und direkter Gewalt zu errichten und zu verteidigen sind. Nur weil Staat und Ökonomie Komplizen bei dieser Transformation sind, sich also zugleich die Staaten ökonomisieren und die Ökonomie verstaatlicht, kann die Privatisierung gelingen, die Schaffung einer schmalen Macht- und Geld-Elite, die mit dem Leben der gewöhnlichen Menschen nichts mehr zu tun hat. Offensichtlich ist diese Transformation von Ökonomie und Politik nicht mehr aufzuhalten, denn sie gewinnt, wie jeder kritische Blick zeigt, von Tag zu Tag an Dynamik, und das, obwohl es ja an mahnenden Stimmen und an salbungsvollen Politikerworten nicht fehlt. Und dort, wo man doch auf Widerstand trifft, wird eine staatliche Gewalt entfaltet, die in ausgesprochen offensichtlichem Widerspruch zu dem beschworenen gemeinsamen Krisengeist und dem allfällig geheuchelten »Verständnis« für den zivilen Ungehorsam gegen den »wild gewordenen Kapitalismus« steht. Beides gehört zur gleichen »Kultur«: »Empört Euch« als Bestseller (neben Sarrazins publizistischer Niedertracht) und überrüstete und überharte Polizei noch gegen die friedlichsten Widerstände.

Eben hier tritt die dritte Komponente dieser Transformation in Kraft, die Medialisierung und Popularisierung. Sie besteht darin, dass mehr und mehr Institutionen und Wirkkräfte parlamentarischer Demokratien, Rechtsstaaten und aufgeklärter Öffentlichkeiten ihren Einfluss verlieren und an ihre Stelle Medien-Inszenierungen, Mythen, Bilder und Performances treten – symbolische Politik. Jeder Polizeieinsatz ist daher auch die Produktion eines öffentlichen Bildes und, wie sich dem Reisenden zeigt, nicht allein eines, das sich an die eigene Bevölkerung richtet, sondern auch ein »außenpolitisches« Bild.

Das Triumvirat der Umwandlung bildete eine Zeit lang, spannungsvoll in sich, gewiss, der Italiener Silvio Berlusconi, der Franzose Nicolas Sarkozy und die Deutsche Angela Merkel. So unterschiedlich ihre Erscheinungen, verkörpern sie alle drei einen »sanften« und nationalen Weg dieser Transformation: Die Ausrede von Berlusconi – das »Gesicht« der skrupellosen Privatisierung – war seine Italienischkeit, die Ausrede von Sarkozy – das »Gesicht« der Medialisierung, nicht nur wegen seiner Showtalente, Sängerin-Gattin und napoleonider/Louis De Funès-haft glaubhafter Darstellung des energetischen Kleinbürgers – ist seine Französischkeit. Die Ausrede von Angela Merkel – das »Gesicht« der »vernünftigen« Ökonomisierung, die opportunistisch, machtbewusst und system-ethisch vorangetrieben wird – ist ihre Deutschheit. Gemeinsam war und ist diesen drei Politikern der Transformation, dass sie alles Mögliche ausdrücken, nicht aber die direkte, materielle, körperliche Gewalt, die mit ihr verbunden ist. Niemand assoziiert direkt den brutalen Polizeieinsatz mit diesen medialen Installationen, ja mehr noch: die Polizei wird in ihren Regierungszeiten zu einer scheinbar autonomen Gewalt im Staat, die sich, während parlamentarische, rechtsstaatliche und kritisch-öffentliche Kontrolle zunehmend zurück ziehen, nach den selben Prinzipien entwickelt: Ökonomisierung (jede Polizei ist auch eine Geldmaschine, in der, zum Beispiel, technologische Aufrüstung bei gleichzeitiger Einsparung von Arbeitskräften mehr wirtschaftliche »Effizienz« verspricht), Privatisierung (wir sehen, insbesondere bei den Vorgängen um die politisch-ökonomisch-mafiosen Großprojekte, einer Polizei zu, deren Aufgaben mehr und mehr der Parteilichkeit in einem nicht erklärten Bürgerkrieg ähnelt) und Medialisierung (die Polizei, einerseits, produziert unentwegt Bilder, will die Bilder kontrollieren und, wenn es sein muss, auch manipulieren, und sie tritt andererseits, im »Konfliktfall«, als allererstes als Medienmacht auf). Der »harte Polizeieinsatz« ist in diesem Zusammenhang also eher selten eine »Entgleisung« und natürlich noch viel seltener ist er durch die Lage vor Ort gerechtfertigt, er ist eine politisch willentlich produzierte Botschaft.

So sagen die Bilder in den Raststätten, Cafés und Supermärkten in Europa derzeit: Deutschland, das »Gesicht« der Zwangsökonomisierung, versteht, wenn es um die Interessen der technisch-ökonomisch-politischen Komplexe geht, keinen Spaß; eine Kanzlerin, die gerade eine Einhundertachtzig-Grad-Wendung in der Atompolitik signalisierte, sendet ihre Polizei (die aber bitte nicht mit ihr in einem Bild oder in einer »Story« erscheinen soll), wenn ein Teil der Bevölkerung eine Verwirklichung dieser Rede verlangt. Man ist da eben, so heißt das, durch Verträge gebunden. Auch das mag ein Punkt der Ökonomisierung sein, dass die Sicherheit von ökonomisch-politischen Verträgen wichtiger ist als die Sicherheit von Menschen.

Im Merkelismus, und deswegen sind die Bilder vom Polizeieinsatz in anderen europäischen Ländern vielleicht bedeutender als im eigenen, wird ja, nebenbei, versprochen, man käme heil durch die Krise (die Transformation mithin), wenn nur die anderen, wie die »faulen Griechen«, ihre »Hausaufgaben« machten. Durch die Brachial-Privatisierung der Politik hat Berlusconi sein Land Italien zurückentwickelt, und auch Sarkozys medialisierte Form des Monarchischen im Sonnenkönigs-Regenbogen-Format gerät an inner- wie interkulturelle Grenzen. Merkelismus aber ist, schon so unabhängig wie der Berlusconismus von Berlusconi, so unabhängig wie der Sarkozysmus von Sarkozy, unabhängig von seiner Protagonistin, auf Expansion ausgerichtet und angewiesen. Der Erfolg dieser Spielart der Postdemokratie im eigenen Land hängt entscheidend damit zusammen, dass sie auch anderen Ländern aufgezwungen wird. So sind die Übergangsregierungen der »Technokraten« und »Experten«, die mehr oder weniger huldvoll vom Machtpaar Merkel und Sarkozy empfangen werden, nichts anderes als Exekutiven des angewandten Merkelismus. Sie sollen in diesem Sinn das System reparieren, das dem Merkelismus heilig ist, das Funktionieren der neuen Einheit von Staat und Kapital. Die Light-Version des politisch gelenkten Kapitalismus der chinesischen Art. Merkelismus ist nicht weniger postdemokratisch als Berlusconismus, nur sehr viel deutscher. Und so senden die Bilder der deutschen Polizei die Botschaft aus: Widerstand wird nicht geduldet. Keine Ahnung, ob das in dieser Deutlichkeit intendiert war. Angekommen ist die Botschaft jedenfalls.

Die Polizei ist also in mehrfacher Hinsicht ein Instrument der Postdemokratisierung geworden. Zunächst wird sie selber unter einen Ökonomisierungsdruck gestellt. Paradoxerweise nämlich treffen ja alle Maßnahmen der Neoliberalisierung, gegen die sich der zivile Ungehorsam richtet, nicht zuletzt Beamte und Angestellte der Polizei im Einzelnen, aber auch die Institution im Ganzen. Die Polizei ist ein Feld, auf dem die Lohnpolitik des Merkelismus erprobt werden kann: Bei Löhnen um jeden Preis sparen, dafür auf der anderen Seite technische Aufrüstung. So haben wir es mit einer Polizei zu tun, die personell unterbesetzt und zum Teil untermotiviert ist (ein klassisches Einfallstor für Korruption, nebenbei, was uns sofort einleuchtet, wenn es in Afrika oder Südamerika beobachtet wird, sich aber im eigenen Land in »Einzelfälle« auflöst), zur gleichen Zeit aber technisch definitiv überrüstet. Das Finanzierungsdefizit der Polizei wird allenthalben von der durchaus rührigen Gewerkschaft der Polizei beklagt. Das Stuttgarter Polizeipräsidium beklagte im Jahr 2011 ein Defizit von 2,5 Millionen Euro; insgesamt erhielten die Polizeidienststellen des Landes in diesem Jahr mit 260 Millionen Euro neun Millionen weniger als im Jahr davor. Was vor allem wegfallen musste, waren Fortbildungsmaßnahmen und Präsenzstreifen, mit anderen Worten, der ökonomische Druck macht aus der Polizei zunehmend (wie, parallel dazu, das Militär nach seiner Umwandlung in eine Berufsarmee) aus einer Ordnungsmacht eine Eingreiftruppe, sie verschwindet aus dem Alltagsleben des Bürgers (und vor allem aus der Wahrnehmung als Freund und Helfer) und taucht an anderem Ort dafür als um so gewaltigeres Drohpotenzial wieder auf. Sie wird von einem Mittel, das dem »braven Bürger« Sicherheit verspricht, zu einem, das auch ihn in Angst und Schrecken versetzt, da helfen auch zweihundert »sympathische« Polizisten im Fernsehen nicht. Sogar Ermittlungsverfahren müssen, so hieß es in jenem Brandbrief, den der Leiter der Polizeidirektion Waiblingen im Oktober 2011 an seine Vorgesetzten schrieb und der ein lebhaftes Medienecho auslöste, zurückgestellt werden. Auf der anderen Seite wächst der Druck durch die sogenannte Einnahmeverpflichtung, also die Gebühren, die eine Dienststelle bei Gewahrsamnahmen, Abschleppen von Fahrzeugen und Einsätzen mit Gebührenpflicht einnehmen müssen: 50 000 bis 70 000 Euro sollen sie pro Dienststelle und Jahr mindestens betragen. Damit wird eine Dienststelle unter der Hand zu einem ökonomischen Unternehmen, das in gewisser Weise zum eigenen Unterhalt beitragen muss, indem es Bürger zu Zahlungen verpflichtet.

Zur gleichen Zeit wird offenbar sehr viel Geld ausgegeben für Zwecke, die es womöglich offiziell gar nicht geben dürfte. Was ein Geheimdienst in einem demokratischen, rechtsstaatlichen und humanistischen Staat eigentlich darf und was nicht, verschwimmt spätesten im Einsatz der V-Leute, die oft genug Geld aus der Staatskasse für reale oder fiktive Informationen in ihre jeweiligen kriminellen Organisationen pumpen. So darf man sich beim Einsatz von V-Leuten durchaus fragen, ob da der Verfassungsschutz versucht hat, die rechtsextremen Vereinigungen zu unterwandern, oder ob es nicht vielmehr diese rechtsextremen Vereinigungen sind, die Geheimdienst wie Polizei unterwandert haben.

Bei näherem Hinsehen wird daraus ein System. Die offenkundigen »Pannen«, die nicht viel weniger offenkundigen Hinweise auf heimliche Unterstützung oder Duldung nicht allein im Fall der »NSU« und die bizarre Verschmelzung rechtsradikaler Organisationen mit V-Männern des Geheimdienstes machen deutlich, wie wenig es um den Schutz der Bürger geht.

II.
Auf dem Weg zu einer unmenschlichen Gesellschaft

Die Abschaffung der Freiheit

Insofern wir uns von den Göttern, der Weisheit der Könige und dem Ratschlag der Alten entfernt haben, uns als moralische Bestimmung also nur der Diskurs bleibt, sehen wir von Moral als Angebot auf dem Medienmarkt und als Instrumentarium des demokratischen Fürsten ab, sind als Leuchttürme in düsterer Zeit nur die Werte übrig, von denen wir eingangs sprachen: die Freiheit, die Gerechtigkeit und die Solidarität (das Erbe der französischen Revolution natürlich: Freiheit, Gleichheit, Geschwisterlichkeit, doch weniger dogmatisch als praktisch gesehen). Hätten wir als Ziel, *gemeinsam* glücklich zu werden oder wenigstens weniger unglücklich, so müssten wir diese WERTE mit allem, was wir haben, verteidigen (gewiss einschließlich jener Verstöße, die wir uns zum persönlichen Überleben und Fortkommen immer wieder gestatten; wir sind ja keine Heiligen, nicht wahr?).

Warum fällt das so schwer?

Versuchen wir zu begreifen, was eigentlich den erklärten Zielen der menschlichen Gesellschaft, der Freiheit, der Gerechtigkeit und der Solidarität, gegenüber steht: Der Entzug der Freiheit, bei dem die Mittel von »Einflüsterung« und Verführung (zu Unterwerfung und Bequemlichkeit zum Beispiel) bis zu Gewalt und Bedrohung reichen, die Ungerechtigkeit, die entweder »durchgesetzt« oder schmackhaft gemacht werden kann (was nutzt euch Gerechtigkeit gegenüber Terroristen? Wollt ihr etwa euer Einfamilienhäuschen, euer Automobil, eure Jack Wolfskin-Anoraks gerecht »teilen«?) und die Entsolidarisierung, vom Sog des

Eigennutzes bis hin zur Ausgrenzung jener, die von »uns« keine Solidarität zu erwarten haben.

Wir hatten einen Traum. Freie Gesellschaft und demokratischer Staat.

Machen wir uns nichts vor: Die Welt ist ein unsicherer Ort. Daher haben sich die Menschen Instrumente geschaffen, um das Chaotische und Unübersichtliche zu begrenzen, das Unberechenbare und Komplexe in ein Überschaubares und Ordentliches zu verwandeln. Instrumente wie Sprache und Gesetz, Religion und Wissenschaft, Gesellschaft und Staat. Laut Brockhaus ist Gesellschaft »im weitesten Sinne die zeitlich andauernde räumliche Gemeinschaft von Lebewesen; im engeren Sinne das strukturierte und organisierte System menschlichen Zusammenlebens und -wirkens«. Oder noch einfacher mit den Worten von Karl Marx: Gesellschaft ist »die Summe der Beziehungen und der Verhältnisse unter den Individuen und nicht die Individuen als solche«.

Gesellschaft ist also nichts anderes als die Art, wie wir mit einander umgehen – und zwar so, dass es vorteilhafter ist, in der Gesellschaft und mit der Gesellschaft zu leben als außerhalb der Gesellschaft oder ohne oder gar gegen sie. Weil man nämlich als Gesellschaft mit der komplexen und chaotischen Welt besser fertig wird. Indem sie sich Gesetze, Regeln, Konventionen, Sitten und Verpflichtungen gibt, nimmt die Gesellschaft etwas vor, das man »Komplexitätsreduzierung« nennt. Das Unübersichtliche wird aufs Übersichtliche, das Unlesbare aufs Lesbare reduziert. Die Welt wird etwas weniger unsicher. Das geht nicht ohne einen Anteil an Gewalt auf der einen Seite und nicht ohne einen Anteil an Dummheit auf der anderen Seite. Von Gesellschaft spricht der Soziologe Niklas Luhmann, »wenn konformes bzw. abweichendes Verhalten in Bezug auf Normen und Werte festgelegt ist und eine entsprechende Differenzierung von Erwartungen und Reaktionen vorhanden ist«.

Eine freie Gesellschaft oder eine Gesellschaft der Freien ist also letztendlich ein Widerspruch in sich. Oder anders gesagt ein Mythos, eine Utopie. Bis vor einigen Jahren hätten wir vielleicht gesagt: »Wir arbeiten daran«. Wir machen Normen variabel, wir handeln unsere Werte in freien Debatten aus. Ein paar Krisen später sind wir schon froh, wenn der Verlust an gesellschaftlicher Fürsorge nicht ganz so schnell verläuft wie der Verlust an individueller Freiheit. Zu tun hat das natürlich mit dem, was Normen und Werte aufrecht erhalten soll, was im Inneren für Ordnung und gegen das Äußere für Sicherheit, also im besten Fall für soziale Gerechtigkeit und Frieden sorgen soll: mit dem Staat. In der Neuzeit versteht man nach dem Soziologen Max Weber unter einem Staat »einen Anstaltsbetrieb, dessen Verwaltungsstab erfolgreich das Monopol legitimen physischen Zwanges (also das Gewaltmonopol) für die Durchführung der Ordnungen in Anspruch nimmt. Für den modernen Staat sind vier Kategorien bestimmend: Territorialität, Gewaltmonopol, Fachbeamtentum und bürokratische Herrschaft«.

Das hört sich nicht gut an! Trotzdem nimmt der Staat – Gewalt hin, Bürokratie her – dem Menschen doch einige seiner Sorgen ab. Wie die Gesellschaft, die unsere Beziehungen untereinander regelt, soll auch der Staat, der Herrschaft und Regierung regelt, Chaos und Komplexität reduzieren sowie Ordnung und Übersichtlichkeit schaffen. Nach neueren soziologischen Modellen ist die Aufgabe der Komplexitätsreduzierung auch für den Staat mindestens so wichtig wie die Frage nach wirtschaftlicher und militärischer Effizienz. Letztendlich ist auch jeder Staat ein Mittel, die Welt erklärbar und erzählbar zu machen. Am besten gelingt das einem Staat, wenn er mit seiner Gesellschaft eine harmonische Verbindung eingeht. Eine Gesellschaft bildet also im besten Fall den ihr entsprechenden Staat. Vielleicht ist diese Verbindung sogar noch stärker, nämlich so wie es Niklas Luhmann meint: »Der Staat ist kein politisches System, sondern die Organisation eines politischen Systems zur Selbstbeschreibung dieses politischen Systems«.

Es gibt viele Möglichkeiten, den Staat als Selbstbeschreibung des politischen Systems zu organisieren. Das reicht von der Herrschaft des weisen Fürsten, der sich mehr von Philosophen als von Soldaten und Kaufleuten beraten lässt, bis zum Tyrannen, der den Staat benutzt, um seine persönlichen Begierden nach Macht, Reichtum und Sexualität zu befriedigen. Es gibt theokratische, oligokratische oder meritokratische Staatsformen (letztere sind Herrschaft durch Menschen, die sich besondere Verdienste erworben haben). Von Anfang an scheint aber auch ein anderes Ideal auf: die Demokratie. Auf den ersten Blick scheint diese »Herrschaft des Volkes«, so die wörtliche Übersetzung, denkbar ungeeignet dafür zu sein, die drei Hauptaufgaben des Staates zu erledigen: erstens die Komplexität zu reduzieren, also die chaotische und unverständliche Welt in ein geordnetes, beschreibbares System zu verwandeln; zweitens die innere Ordnung aufrecht zu erhalten und soziale Gerechtigkeit zu garantieren; drittens das eigene Territorium zu sichern bzw. den Frieden mit nachbarschaftlichen und konkurrierenden Staaten zu erhalten. Demokratie mag dem Einzelnen ein Mitspracherecht übertragen, der Regierte mag sich immer auch ein wenig als Mit-Regierender empfinden, was zweifellos dem Selbstverständnis freier und würdiger Menschen gut tut. Gleichzeitig scheint aber in der Demokratie auch das Chaos, das Staat und Gesellschaft mit Mühe ausgesperrt haben, wieder herein zu brechen. Schon die allererste Demokratie im antiken Athen litt unter dem Einfluss so genannter Demagogen ähnlich wie unsere Demokratie heute unter populistischen Medienstars und von PR-Beratern gecoachten dauergrinsenden Politikern leidet. Was unverzichtbare Kriterien der Demokratie sind, darüber gibt es heute in der Bevölkerung wie in der Forschung unterschiedliche Vorstellungen. Armin Schäfer ist Politikwissenschaftler am Max-Planck-Institut für Gesellschaftsforschung in Köln, die Demokratie im Zeitalter der Liberalisierung ist einer seiner Arbeitsschwerpunkte:

»Das Problem, Demokratie zu bestimmen, liegt darin, dass ein paar Minimalanforderungen unumstritten sind, z.B. dass das Führungspersonal durch Wahlen bestimmt wird, aber nicht klar ist, wo die Grenze liegt: ein funktionierender Rechtsstaat, ein funktionierender Sozialstaat, was gehört zwingend dazu über einen Minimalkonsens hinaus? Klar ist, dass Wahlen zentral für die Demokratie sind, die in regelmäßigen Abständen stattfinden, frei sind und wo zwischen konkurrierenden Angeboten ausgewählt werden kann.«

Gerade hier, bei einem Minimalkonsens der Demokratie also, beginnen bereits die Anzeichen für eine schwer wiegende Krise unserer politischen Kultur: Immer größer wird die Anzahl derer, die nicht mehr zur Wahl gehen, und auch unter denen, die es noch tun, wächst das Unbehagen an Parteien und Programmen, die sich offensichtlich immer mehr angleichen, und die in sich immer leerer und unverbindlicher werden. Und wie frei eine Wahl ist, wenn sie von Meinungsumfragen, Werbepsychologen, Wahlkampfstrategen und demografischen Expertisen begleitet ist, ist die Frage. Die freie Gesellschaft scheint ihrem demokratischen Staat nicht mehr so recht zu trauen – und der demokratische Staat scheint den freien Bürgern in seiner Gesellschaft erst recht nicht mehr zu trauen.

Demokratie in der Krise

Dass etwas oder auch mehr nicht mehr stimmt mit unserer Demokratie, hat sich bis in die Mitte der Gesellschaft herumgesprochen. Für das wachsende Unbehagen an der absehbaren Verwandlung der Demokratie in das, was das mittlerweile verbreitete, aber durchaus noch unscharf verwendete Etikett Postdemokratie erhielt, gibt es eher Symptome als Modelle:

68

Krisen-Symptom Wahlverweigerung:

Der demokratische Staat verliert in der letzten Zeit konstant an jener Zustimmung, die sich durch Wahlbeteiligung ausdrückt. Dabei sind für Politikwissenschaftler Armin Schäfer die absoluten Zahlen der Nichtwähler längst nicht so alarmierend wie das, was ein genauerer Blick auf diese Form von Protest und Gleichgültigkeit deutlich macht:

>*Die Demokratie ist in einem schlechteren Zustand, als sie sein könnte – sowohl im Vergleich zu etwa den 70er Jahren als auch international. Die Wahlbeteiligung in der Demokratie sinkt nicht nur, sondern wer wählen geht, ist ungleich verteilt: Leute mit geringerer Bildung gehen seltener zur Wahl als in den 70er Jahren, da hat eine Spreizung stattgefunden. Die Qualität der Demokratie hat eher nachgelassen, in anderen Ländern gelingt es eher, die Menschen gleichmäßig zur Wahlbeteiligung zu bewegen.«* In Deutschland sind mittlerweile die Nichtwähler bereits die drittstärkste Gruppe aller Wahlberechtigten; mehr und mehr also bedeutet ein Wahlausgang keineswegs mehr einen Auftrag (zur Regierungsbildung) durch die Bevölkerung, sondern nur durch einen immer noch abnehmenden Teil, eine »Mehrheit« ergibt sich keineswegs aus der Masse der Regierten, sondern nur aus dem Wähler-Anteil. Nimmt man die Anzahl der Wähler von sogenannten Protestparteien, Splittergruppen, Spaßparteien etc. hinzu, so ist bei vielen der Wahlen in den letzten Jahren auf die an das Volk gestellte Frage »Welche der ›regierungsfähigen‹ und ›demokratischen‹ Parteien soll regieren?« die Antwort erfolgt: Keine.

Krisen-Symptom Medialisierung:

Politik findet heute, das ist Allgemeingut, weitgehend im Fernsehen und in Form von Infotainment statt. Während Wahlwerbung sich mehr und mehr der Bildsprache der Werbung für Kondensmilch und Wellness-Urlaub angleicht, verwendet eine Partei durchaus die Slogans einer anderen aus dem Vorjahr: Steht »Leistung muss sich lohnen« einmal auf den CDU-Plakaten, heißt es dann bei der FDP »Leistung muss sich wieder lohnen«. Was so wenig auffällt, als wenn das Fernsehen wieder einmal statt der aktuellen die Neujahrsreden von Kanzlern oder Ministerpräsiden aus dem Vorjahr sendet. Die Sprache der Politik wird zunehmend inhaltsleer, dagegen steigt das mediale Interesse an den Personen, die zunehmend zu Darstellern in einer Art Politainment Soap werden.

Krisen-Symptom Lobbyismus, Ökonomisierung und Neoliberalismus:

Zur großen Erzählung von der freien Gesellschaft in einem demokratischen Staat gehörte es lange Zeit, dass politische Herrschaft und kapitalistische Wirtschafts-ordnung einander auf Augenhöhe gegenüberstehen. Der Staat sollte einerseits die freie Entfaltung des Marktes garantieren, andererseits aber auch die Einhaltung bestimmter Regeln. Und gleichzeitig sollte er dafür sorgen, dass es gewisse Frei-räume der gesellschaftlichen Produktion und Kommunikation gibt, die nicht den Gesetzen des Marktes überantwortet sind: etwa die Wissenschaft, die Kunst, die medizinische Versorgung. Der demokratische Staat sollte den Markt zum Wohle seiner Bürger zivilisieren und kontrollieren, ohne unbedingt selber mitspielen zu wollen – soweit die Theorie. In der Phase des Neoliberalismus und unter dem Druck der so genannten marktradikalen Denkweise ist offensichtlich das genaue Gegenteil eingetreten. Politikwissenschaftler Armin Schäfer:

»In der wirtschaftspolitischen Zielsetzung haben die Argumente der Wirt-schaft mehr Gewicht gewonnen. Das Argument Arbeitsplätze ist sehr schlagkräf-tig, deshalb haben die Interessen der Wirtschaft einen Vorteil gegenüber anderen wie Umweltschutz oder Sozialstaat. Wenn man die Nachkriegszeit bis in die 70er Jahre vergleicht mit der Zeit danach, hat sich etwas verändert durch die vorherr-schenden wirtschaftspolitischen Ideen: im Zeitalter des Keynesianismus gab es die Auffassung, dass eine Politik, die den Arbeitnehmern dient, letztlich volkswirtschaft-lich sinnvoll ist. Nach Arbeitslosigkeit, Ölpreisschock gab es eine Kehrtwende hin zu einer monetaristischen Wirtschaftspolitik: ›Wir müssen die Unternehmen stärken, und das wird gesamtgesellschaftlich positive Folgen haben.‹ Wir erleben im Moment eine gewisse Krise in dieser Argumentation, weil immer mehr Menschen das Gefühl haben, dass dieser Argumentationszusammenhang so nicht stimmt. Es stimmt nicht, dass es, wenn es Unternehmen und Banken besser geht, auch der Masse der Bevölkerung besser geht. Das zeigt einen engen Zusammenhang zwischen wirt-schaftlichen Fragen und dem Vertrauen in die Demokratie: wenn man das Gefühl hat, Politik wird für die Wirtschaft gemacht, für Großunternehmen, aber ein nor-maler Mensch hat davon nichts mehr, dann leidet die Demokratie auch darunter.«

Krisen-Symptom Parteien im Wandel:

Die Parteien nähern sich in ihren Programmen und in ihren Erscheinungsbildern immer mehr einander an. Wir wählen nicht mehr zwischen politischen Richtun-gen, sondern allenfalls zwischen Nuancen. »Mal bin ich liberal, mal christlich-sozial, mal konservativ«: Was Kanzlerin Merkel im Frühjahr 2009 bei Anne Will erklärte (wohlgemerkt: Es handelte sich nicht um Satire!), macht sich die CDU jetzt als »Volkspartei der Mitte« zum Programm. Gleichzeitig nehmen offensichtlich innerhalb der Parteien die Spannungen enorm zu. Der Kampf um die Macht und um den Erhalt der Macht entscheidet sich weniger in Konkurrenz zu den anderen Parteien, als vielmehr im taktischen und oft ausgesprochen machiavellistischen Umgang mit so genannten »Parteifreunden«. Mit einem entscheidenden Nachteil: die verlagerten Machtkämpfe sind der demokratischen Kontrolle weitgehend entzogen. Der Wettbewerb zwischen den Parteien verliert seine politische Schärfe (nicht dass man im Wahlkampf nicht zu den rhetorischen Konfrontationen zurückgriffe, an die man sich danach beim besten Willen nicht mehr erinnern kann), und der Konkurrenzkampf in den Parteien nimmt an Brutalität und Korruption zu (sogar die verbalen Entgleisungen zwischen Parteifreunden übertreffen an Heftigkeit die zwischen Angehörigen verschiedener Parteien, denn der eine muss mit allen Mitteln »beseitigt« werden, mit dem anderen aber, wer weiß, wird man einmal koalieren). Wer könnte da noch an einen demokratischen »Wettbewerb der Ideen« glauben? In der politischen Berichterstattung tauchen sie erst auf durch gezielte Indiskretionen und Kampagnen oder wenn es um veritable Skandale geht. Während die staatlich-demokratischen Aufgaben der Parteien immer undeutlicher werden, wächst ihre gesellschaftliche Bedeutung. Je weniger politisches Profil sie verleihen, desto wichtiger werden sie als Karrieremaschinen und zur Vernetzung von Politik und Wirtschaft.

Krisen-Symptom Entfremdung der politischen Klasse von der sozialen Wirklichkeit:
Je mehr die programmatischen Unterschiede zwischen den Parteien verschwinden, die alle unbedingt in die Mitte wollen, desto mehr richtet sich das Interesse und die Kritik auf die politische Klasse insgesamt. Dass die Persönlichkeiten mit Ecken und Kanten immer rarer werden, ist das eine. Unbestreitbar ist wohl, dass im demokratischen Staat von heute Herkunft und Karrierewege um etliches standardisierter sind und dass immer weniger Politiker tatsächlich von unten und aus dem Volk kommen.

»Repräsentieren bedeutet, dass man bestimmte Interessen in der Wählerschaft artikuliert und vertritt – und abberufen werden kann, wenn man das nicht tut. Man kann Veränderungen feststellen, wie die politische Elite sich zusammensetzt: es hat eine Homogenisierung gegeben: es sind immer mehr Leute mit Hochschulabschluss, mehr Beamte. Das kann dazu führen, dass sich die Politiker von der Bevölkerung entfernen, wenn die Zusammensetzung zu unterschiedlich wird, dass sie gar nicht mehr mit Menschen anderer sozialer oder Bildungsherkunft kon-

frontiert sind. Ein zweiter Punkt ist, dass man den Eindruck gewinnen kann, dass ein neuer Politikertypus die Bühne betritt. Menschen, die nie einen Beruf ausübten, die direkt ins Parlament oder in Führungsfunktionen wechseln. Die Gefahr dahinter ist, dass Politiker nicht mehr so sehr lebensweltliche Erfahrung haben, sondern geprägt sind durch den Aufstieg in einer Partei. Das kann zu einer Verengung der Perspektive führen, die nicht wünschenswert ist. Das führt in der Wahrnehmung vieler Wähler dazu, dass die Unterschiede zwischen den ›Karrieristen‹ der verschiedenen Parteien gar nicht so groß sind« (Armin Schäfer).

Aber nicht nur die Weltblindheit, die man sich in innerparteilichen Machtkämpfen erwirbt, sondern auch das scheinbare Gegenteil einer »volkstümlichen« Annäherung an einen Bürger, den man dringend irgendwohin »mitnehmen« will, egal ob der oder die das nun will oder nicht, entspricht einem Wandel in der politischen Klasse, die ihr Selbstverständnis nicht mehr so sehr am Parlamentarismus als am Management ausrichtet. Auch der Manager in der nicht umsonst so genannten »freien Wirtschaft« gibt sich zugleich hemdsärmelig und kumpelhaft, gibt vor, alle Anregungen seiner »Mitarbeiter« aufzunehmen, und prahlt zugleich damit, wie »knallhart« er Entscheidungen trifft und wie wenig er von jedweder Kontrolle seiner Macht hält. Dieser mehr oder weniger neue Politiker-Typus der (in jeder Hinsicht) »marktgerechten Demokratie« ist mehr an der »Motivation« als an der Legitimierung in der Beziehung von Regierung und Volk interessiert; er sieht in der Bürgerin und dem Bürger einen Mitarbeiter, dessen »Beiträge« ihm wichtig sind, dem er aber sehr schnell über den Mund fährt, wenn er sich aus diesem Privileg ein Recht ableitet: ja, der postdemokratische Manager-Politiker beneidet seinen Kollegen in der »freien Wirtschaft« nicht bloß um seine Bonus-Zahlungen (na gut, man wird sich doch ein wenig schadlos halten dürfen), sondern auch um die Fähigkeit, die lästigen »Mitarbeiter-Bürger« einfach zu feuern, wenn das dem Unternehmen (und der eigenen Karriere) dient. Doch der postdemokratische Politiker, der Teile seines Volkes »feuert«, ist keineswegs nur eine kabarettistische Replik auf Bert Brechts Vorstellung von einer Regierung, die das Volk auflöst und sich ein neues wählt. Er zeigt vielmehr in seiner Politik ebenso wie in seiner medialen Performance, dass er diese Teile der Bevölkerung nicht mehr »auf dem Schirm« hat. Wie der Manager so ist auch der postdemokratische Politiker ein Mensch, der es gelernt hat, sich nur vage auf gesellschaftliche »Allgemeinheiten« zu beziehen, sich ansonsten aber vor allem in Konkurrenz, Allianz und Korruption mit seinesgleichen befindet. Da er sich zugleich im Wettbewerb mit anderen Mitgliedern seiner Kultur, der »politischen Klasse«, wie wir es uns vielleicht etwas vorschnell zu nennen angewöhnt haben, und im Wettbewerb mit den Repräsentanten der anderen, der ökonomischen Oligarchie, den Managern der »freien Wirtschaft« befindet, ist seine Herrschaft nicht nur im Sinne beständiger interner Machtkämpfe »nervös«, sondern auch im Sinne der Repräsentationen. Er muss, um es infantil-drastisch zu sagen (aber genau so infantil-drastisch verhält es sich, wie jeder »intimere« Blick hinter die Kulissen belegt), beständig angeben, oder, höflicher gesagt, sein Renommé erhöhen. Eben dies wiederum erhöht die Wahrscheinlichkeit, ja Notwendigkeit der Korruption. Um unter seinesgleichen zu gelten, um aber vor allem in der Welt der ökonomischen Elite zu gelten, bedarf er (und sie natürlich) deren Bühnen, bedarf er deren Rituale, bedarf er deren Luxus, bedarf er des Geldes und des geldwerten Vorteils. Es ist die psychosoziale Ableitung der wechselseitigen Umklammerung von Ökonomie und Politik, dass auch die Lebensentwürfe verschwimmen, so dass die Einladung in die Luxusvilla und auf die Yacht, die Teilnahme an kostspieligen »Events« der Schönen und Reichen, die Finanzierung von mehr oder weniger repräsentativen Bauten, Fahrzeugen, Kleidungen etc. als normal gelten – um nur einige der Dinge zu nennen, die die kleine Skandalchronik der Bestechlichkeit in den letzten Jahren in Deutschland so in die Medien spülte. Die Gegengaben sind nicht minder bekannt. Letztendlich setzt sich auf diese Weise nur der Austausch von Reichtum und Macht auf der persönlichen Ebene fort, der auf der politischen Ebene bereits Programm ist (vermutlich darf man daher die moralische Entrüstung der Medien gegenüber der persönlichen Vorteilsnahme von Politikern gegenüber der freien Wirtschaft in den Bereich purer Heuchelei verweisen. Als könnte ein korruptes System seinen Elementen die Korruption verbieten!).

Auf abschüssigem Weg in die Postdemokratie

Natürlich kann man behaupten, die Demokratie sei dem Menschen gleichsam von der Wiege seiner Kultur an als Option gegeben: von der griechischen Polis zur römischen Republik, von der Stadtrepublik Florenz zur theologischen Kleinstadt-Demokratie in Calvins Genf, vom Paris der Kommune bis zum amerikanischen Freiheitstraum. Was sich allerdings schließlich als »unsere Demokratie« durchgesetzt hat, hat mit diesen demokratischen Vorläufer-Ideen nur wenig gemein. War ihnen der Anspruch des ökonomischen wie des kulturellen Liberalismus doch fremd: sie hatten kein Problem mit Sklavenhaltung oder totalen

Machtansprüchen nach außen; sie schlossen Frauen, Arme, Fremde und Kranke kategorisch aus von ihrer Idee der freien Bürger. Unsere Idee von Demokratie hat sich erst mit der Industrialisierung entwickelt und ist unabdingbar mit der Entwicklung des Kapitalismus verbunden, was zugleich ihr Segen und ihr Fluch ist. Schon Max Weber warnte, der Kapitalismus werde schon dafür sorgen, »dass die Bäume des demokratischen Individualismus nicht bis in den Himmel wachsen«.

Das Ziel der neuen Gesellschaftsverträge war es, keinen grundsätzlichen Unterschied zwischen Regierungen und Regierten und keine grundsätzliche Einschränkung der Bürgerrechte zu akzeptieren. Vom Verwertungsinteresse des Kapitals her schien ein demokratischer Staat wesentlich besser kontrollierbar zu sein als ein monarchischer oder tyrannischer. Die demokratische schien jene Regierungsform zu sein, die ganz einfach am wenigsten kostet. Damit ist nicht nur die Aneignung von Besitz durch die Feudalherren gemeint, sondern auch ein System der Selbstregulierung von Kosten und Leistungen, die Staat, Regierung und Bürokratie zu erbringen haben. So sollen Regierende und Regierte aushandeln, wie viel Geld und wie viel Macht getauscht wird, um die Grundaufgaben des Staates zu erledigen: die Aufrechterhaltung der Ordnung, die Herstellung von sozialer Gerechtigkeit, der Schutz nach außen vorwiegend zur Erhaltung des Friedens. Zugegeben, Freiheit sieht anders aus. So wie beim Philosophen und Politologen Herbert Marcuse etwa: »So würde ökonomische Freiheit Freiheit von der Wirtschaft bedeuten - von der Kontrolle durch ökonomische Kräfte und Verhältnisse; Freiheit vom täglichen Kampf ums Dasein, davon, sich seinen Lebensunterhalt verdienen zu müssen. Politische Freiheit würde die Befreiung der Individuen von der Politik bedeuten, über die sie keine wirksame Kontrolle ausüben. Entsprechend würde geistige Freiheit die Wiederherstellung des individuellen Denkens bedeuten, das jetzt durch Massenkommunikation und -schulung aufgesogen wird, die Abschaffung der ›öffentlichen Meinung‹ mitsamt ihren Herstellern. Der unrealistische Klang dieser Behauptungen deutet nicht etwa auf ihren utopischen Charakter hin, sondern auf die Gewalt der Kräfte, die ihrer Verwirklichung im Wege stehen.«

Wenn aber alle diese Freiheiten erst verwirklicht wären, dann wären wir ja wieder dort, wo wir angefangen haben: bei der panischen Konfrontation des Individuums mit einer unendlich suggestiven, chaotischen und komplexen Welt. Dann doch lieber einen unperfekten demokratischen Staat, der genau wie unsereiner unentwegt darum kämpfen muss, nicht von der Gier und Dummheit des Kapitals aufgefressen zu werden. Diese Dialektik begleitet die Demokratie nun zweihundert Jahre lang, nämlich mit der Frage, ob die Ökonomie die Politik oder die Politik die Ökonomie kontrolliert. In jedem Fall ergab sich für die bürgerliche, repräsentative Demokratie eine zweite Frontlinie: sie musste offensichtlich nicht nur gegen die Wiederkehr der alten feudalistischen und monarchistischen Regierungsformen geschützt werden, sondern auch gleichsam gegen ihre eigene Vollendung, gegen eine sozialistische und anarchistische Fortsetzung der Befreiung der Regierten von den Regierenden. Um sich gegen die doppelte Bedrohung zur Wehr zu setzen, blieben der Demokratie nur zwei Möglichkeiten. Erstens musste sie sich als »wehrhafte« zeigen, als System, das genügend Macht akkumuliert, um gegen Feinde notfalls auch mit Gewalt vorzugehen. Das Problem dieser Lösung: Sie funktioniert, wie wir derzeit im Kampf gegen den Terrorismus einmal mehr sehen, nur, indem Bürgerrechte wieder eingeschränkt werden. Zweitens kann sich eine Demokratie ihrer Gegner erwehren, indem sie sich ihren Bürgern und auch ihren Gegnern als besonders attraktiv, sozial und lebenswert präsentiert. Der Nachteil dieser Lösung ist, dass es dazu unabdingbar ist, das radikale Verwertungsinteresse des Kapitals zu beschränken. Der Kapitalismus mit menschlichem Antlitz und die gelebte Demokratie verlangen, dass der Unternehmer soziale Mitverantwortung übernimmt und der Staat Lebensbereiche garantiert, in denen nicht allein der Markt und seine Beherrscher entscheiden – von der Gesundheitsfürsorge bis zur Kultur, von öffentlicher Kommunikation bis zur Justiz. Der marktradikale Neoliberalismus hat diesen Pakt nachhaltig gebrochen. Dessen Vertreter verlangen allen Ernstes bereits eine »Demokratieminderung« – vielleicht macht sie der Blick auf eine Gesellschaft wie die chinesische neidisch, die zu beweisen scheint, dass Kapitalismus auch prächtig ohne Demokratie gedeihen kann. Der britische Politikwissenschaftler Colin Crouch folgert daraus, dass Neoliberalismus und Globalisierung als Staatsform nur noch etwas zulassen, das er als »Postdemokratie« bezeichnet:»Der Begriff Postdemokratie kann uns dabei helfen, Situationen zu beschreiben, in denen sich nach einem Augenblick der Demokratie Langeweile, Frustration und Desillusionierung breitgemacht haben; in denen die Repräsentanten mächtiger Interessensgruppen, die nur für eine kleine Minderheit sprechen, weit aktiver sind als die Mehrheit der Bürger, wenn es darum geht, das politische System für sich einzuspannen; in denen politische Eliten gelernt haben, die Forderungen der Menschen zu lenken und zu manipulieren; in denen man die Bürger durch Werbekampagnen ›von oben‹ dazu überreden muss, überhaupt zur Wahl zu gehen. Das heißt nicht, dass wir in einem nichtdemokratischen Staat leben, der Begriff beschreibt jedoch eine Phase, in der wir gleichsam am anderen Ende der Parabel der Demokratie angekommen sind.«

Wie Freiheit und Demokratie zu einem Gegensatz werden und wie sie sich möglicherweise gegenseitig retten könnten.

»Bei Colin Crouch bedeutet Postdemokratie, dass die formalen Verfahren der Demokratie noch intakt, keine demokratischen Rechte abgebaut sind, aber ein Substanzverlust stattgefunden hat. Z. B. dass es das Wahlrecht gibt, aber immer weniger Menschen und vor allem bestimmte Gruppen davon Gebrauch machen. Bei Colin Crouch ist auch noch wichtig: wichtige Entscheidungen finden nicht in der Öffentlichkeit statt, sie werden nicht im Plenum des Parlaments diskutiert, sondern in Hinterzimmern abgesprochen. Die Interessen der Wirtschaft dominieren gegenüber Allgemeininteressen, das kennzeichnet nach Colin Crouch den Übergang von einem guten Zustand der Demokratie zur Postdemokratie – der auf ersten Blick nicht offensichtlich ist, weil formale Verfahren weiterhin intakt sind, aber nicht mehr die Funktion erfüllen, wie sie sollen« (Armin Schäfer).

Dass sich die Demokratie in eine Postdemokratie verwandelt, empfindet die Gesellschaft entweder überhaupt nicht oder kaum als beunruhigend: **Erstens** wird die persönliche Freiheit der Menschen in einer Postdemokratie nur in einem eher abstrakten Sinne beschnitten. Man kann sich zu jeder Zeit an jeden Ort bewegen, den Vergnügungen nachgehen und die Medien konsumieren, die der Markt hergibt und die man sich leisten kann. Dass man dabei von Datenerhebungen erfasst und bürokratisch überwacht wird, schränkt das unmittelbare Wohlbefinden ja nicht ein (weniger Demokratie kann in bestimmten Lebensbereichen eben auch in den mittleren Schichten durchaus mehr Liberalität bedeuten). **Zweitens** erscheinen die postdemokratischen Elemente in der Politik den veränderten Umständen nur angepasst. Ist es nicht logisch, dass sich Politik in einer Mediengesellschaft medialisiert, dass sie sich in einer Spaßgesellschaft als Entertainment und in einer neoliberalen Gesellschaft als neoliberale Mit-Player verkauft? Wir, das Volk, das schon lange nicht mehr glaubt, der »Souverän« zu sein, allerdings aber darauf dringt, als »Kunde« der Politik gut bedient zu werden, wir haben uns längst neue, durchaus zynische Lesarten für unsere Regierungen erworben. Aufklärung innerhalb des Systems ist schiere satirische Drastik (zwischen Kabarett und »Simpsons«): Wir machen uns nichts mehr vor. Und was uns vorgemacht wird, das beurteilen wir nach den Regeln des Entertainments. **Drittens** ist die Angst durchaus berechtigt, dass alles andere als diese Regierungsform noch wesentlich gefährlicher wäre – genau so berechtigt wie die Vermutung, dass

76

jede Form von Postdemokratie immer noch besser als gar keine Demokratie ist. Die Demokratie, wie sie ist, muss also verteidigt werden gegen die Feinde der Demokratie.

Viertens: Da sich Regierungen und Parteien kaum noch so wenig voneinander unterscheiden, berühren einzelne politische Maßnahmen nur sehr vage und indirekt das eigene Interesse. Der Wahlausgang bringt mir in aller Regel keinen neuen Arbeitsplatz, verbessert nicht meine Position im Konflikt mit dem Arbeitgeber, hält nicht steigende Preise und Mieten auf, rettet mein Familienunternehmen nicht und so weiter. Durch die Ökonomisierung der Politik ist die Regierung in weite Ferne gerückt, so nah und volkstümlich sich die Politiker vor den Fernsehkameras auch geben mögen.

Fünftens ist die Verwandlung von Demokratie in Postdemokratie wiederum selber in Unterhaltung verpackt. Wenigstens ein Teil der Angst, den uns die Krise nicht nur des ökonomischen sondern eben auch des politischen Teils unseres Regel- und Regierungssystems macht, bearbeiten die Medien in Form einer allgemeinen Entlastung, indem sie die hochkomplizierte Welt in ein System von Volksmusik-Abenden, Traumschiff-Reisen und Voyeur-Containern herunterbrechen.

Doch all das ist eben nur eine Hälfte der Wahrheit. Die andere Hälfte ist, dass sich immer mehr Menschen all dieser Gefahren auch bewusst werden und dieses Gemenge von Medien, Politik und Kapital kritisieren. Die Entwicklung der Demokratie zur Postdemokratie hat zwar eine gewisse Dynamik, historisches Schicksal aber ist sie nicht.

»Ich wehre mich dagegen, eine Art kontinuierlichen Verfall der Demokratie zu beschreiben. Interessant ist, dass die Beteiligungen an verschiedenen Formen der Demokratie, Wahlen oder bürgerschaftliches Engagement, von den 60er bis in die 70er Jahre zugenommen haben, sei es bei Wahlen oder Bürgerbewegungen. Wir sehen erst wieder eine Trendwende ab den 80er Jahren, wo die Beteiligung zurückgeht und sich spreizt: wir sehen, dass immer mehr nur gut gebildete Menschen einerseits wählen gehen, andererseits in Bürgerbewegungen mitarbeiten. Das liegt daran, dass die Schlechtergestellten immer mehr das Gefühl haben, dass Politik keinen Unterschied macht, dass sie immer weniger Hoffnung haben, dass sich über Politik an ihren Lebensumständen noch etwas ändern lässt. Ich bin nicht sicher, ob man über Aufklärung und politische Bildung daran viel verändern wird – wahrscheinlich überzeugt man Menschen nur davon, dass Politik einen Unterschied macht, wenn sie einen Unterschied macht. Also wenn sie tatsächlich versucht, bestimmte Probleme, etwa die Häufung von Schwierigkeiten in bestimmten Stadtteilen zu durchbrechen. Wenn die Problemdiagnose stimmt, die

z.B. Colin Crouch mit Begriff Postdemokratie vornimmt, dann werden wir allein über bessere Information und Kommunikation zu Zielen der Politik das Problem nicht beheben. Das Problem geht tiefer, hat tief greifende soziale Ursachen, Veränderungen darin, was Menschen von Politik erhoffen« (Armin Schäfer). Welche sozialen Ursachen führen dazu, dass Menschen in einer freien Gesellschaft den demokratischen Staat so wenig schätzen und dass der demokratische Staat so wenig für seine freie Gesellschaft in der Krise tut? Erinnern wir uns an die Hauptaufgaben des Staates. Nach außen: Sicherung des Territoriums, Erhaltung des Friedens. In Afghanistan, heißt es, befindet sich Deutschland im Krieg, befindet sich nicht im Krieg, befindet sich in kriegsähnlichen Konflikten. Migranten werden angeworben, abgewiesen, schlecht behandelt, zurückgeschickt, integriert (es ist die barbarische, mitleidlose Behandlung jener anderen, die in Not geraten sind, das Schachern um die kleinen Aufgaben, ihnen Nahrung, Unterkunft, Menschenwürde zu geben, das Feld, auf dem die postdemokratische Herrschaft schon ihr »wahres Gesicht« zeigt: Wie groß ist der Unterschied zwischen einem Federstrich (Computerclick), der einen Menschen auf der Flucht in seine verlorene Heimat zurück schickt, wo ihn Folter und Hunger oder der sichere Tod erwarten, und einem Federstrich, der einen Menschen in Geheimdienstverließe oder Vernichtungslager schickt – immer nach dem Gesetz, immer nach den Vorgaben von oben? Hier, in der Behandlung der Menschen in Not, die nicht Profit verheißen, sondern drohen, »uns auf der Tasche zu liegen«, beginnt die moralische Empörung gegen den Staat, der Entsolidarisierung als Politik betreibt.).

Die demokratische Regierung, die weiten Teilen der Gesellschaft fern gerückt ist, rückt noch ferner, indem sie Kompetenzen an eine noch fernere Meta-Regierung abtritt, die in den Medien vor allem als »Brüsseler Bürokratie« oder »EU-Verordnungswahnsinn« ein Echo findet. Aber noch mehr ist diese so übergeordnete wie mehr oder weniger unsichtbare Macht weniger Regierung als Management, und dabei mehr noch Management keines Produktionszusammenhanges, sondern Management des Finanzkapitalismus. Schlechtes Management obendrein, was uns deswegen nicht weiter verwundert, als dieser ökonomisch-politische Machtknoten offensichtlich aufgrund des Überschusses der politischen Klassen in den Teilnehmerländern entsteht, und weil er noch weiter eine Enthebung von der menschlichen Realität bedeutet (der sehr reale Ort, an dem irrealerweise versucht wird, verschiedene Irrealitäten real miteinander auszugleichen, was realistisch gesehen gar nicht gelingen kann).

78

Die Hauptaufgabe des Staates nach innen sei sozialer Ausgleich, Gerechtigkeit und Verteilungsklugheit. Bonus-Zahlungen für Bankmanager, hört man, werden unbeirrt fortgesetzt. Die Schere zwischen arm und reich öffnet sich weiter denn je, offensichtliche Klientelentscheidungen der Regierung bevorzugen bei Steuererleichterungen die Reichen. Der freie Zugang zur Bildung wird für die unteren Schichten illusorisch. Es gibt humane Katastrophen wie Kinderarmut, Altersarmut, Zweiklassen-Medizin, Verwahrlosung, No-Go-Areas, Analphabetismus... Und der demokratische Staat muss erklären, dass er andere Sorgen hat.

»Es steht zu befürchten, dass die Finanzkrise die Demokratie weiter beschädigen wird, weil die Finanzkrise absehbar in eine Fiskalkrise des Staates umschlagen wird. Der Handlungsspielraum der Politik wird auf Jahre hinaus gering sein. Das bedeutet, egal wer regiert, wird wenig unterschiedliche Akzente setzen können. Bis zu 75 - 80% des Bundeshaushaltes sind jetzt schon verplant für feste Ausgaben, nicht zuletzt für den Schuldendienst, aber auch für Zuschüsse zur Rente usw. Da kann man nur ganz schwer etwas ändern, d.h. der Politik sind die Hände weitgehend schon jetzt gebunden. Dadurch dass die Verschuldung so immens ansteigen wird, verschärft sich diese Situation noch. Ich befürchte, dass dadurch das Gefühl noch weiter um sich greift, dass Politik keinen Unterschied macht, dass Politik machtlos ist. So dass ich befürchte, dass die Folgen der Finanzkrise zu weiterem Ansehensverlust der Politik führen und damit auch der Demokratie« (Armin Schäfer).
Schließlich ist es Aufgabe des Staates, einen Teil der Komplexitätsreduzierung zu übernehmen, das politische System verständlich, erzählbar, im wahrsten Sinne des Wortes mitteilbar zu machen. Diese Aufgabe kann ein demokratischer Staat nur erfüllen, wenn er sich als Motor der Demokratisierung in der Gesellschaft versteht und nicht zulässt, dass sich immer weitere Subsysteme vom Projekt der Demokratie abkoppeln.

Indes: In der Schule hört die Demokratie auf. Beim Militär hört die Demokratie auf. In der Fabrik hört die Demokratie auf. In einer Discounter-Filiale hört die Demokratie auf. Beim Profisport hört die Demokratie auf. Im Fernsehen hört die Demokratie auf. In der Arztpraxis hört die Demokratie auf. In der Universität hört die Demokratie auf. Bei öffentlicher Ruhestörung hört die Demokratie auf. Beim Geld hört die Demokratie auf. Einen postdemokratischen Staat erkennt man unter anderem daran, dass er das Wachsen nicht-demokratischer und sogar anti-demokratischer Inseln in der Gesellschaft zulässt, fördert, verschweigt und vor dem allgemeinen Diskurs verbirgt. Ein postdemokratischer Staat lässt im Sinne der ökonomischen Oligarchien Dunkel- und Grauzonen der Entdemokratisierung zu (Zonen mithin, in denen Freiheit, Gerechtigkeit und Solidarität abgebaut werden).

»Mehr Demokratie wagen« nannte Anfang der 70er Jahre der damalige Bundeskanzler Willy Brandt seine Vision. Schon Brandts Nachfolger Helmut Schmidt erklärte: »Wer Visionen hat, soll zum Arzt gehen.«

Und noch einen Schlüsselsatz können wir heute als Übergang von Demokratie zur Postdemokratie erkennen. Kanzler Schmidt bekundete öffentlich, dass ein Politiker, der sich mit der *Bild*-Zeitung anlegt, so etwas wie Selbstmord begeht. Zusammengenommen könnte man diese beiden Sätze als Ausdruck hanseatischer Nüchternheit und klares Bekenntnis zum politischen Realismus begreifen. Oder aber, bewusst oder unbewusst programmatisch: der Staat verabschiedet sich von der großen Erzählung von Freiheit und Demokratie und überantwortet die Aufgaben von Komplexitätsreduzierung und Sinnstiftung an die populistischen Medien – und überdies an solche, die sich um erzdemokratische Werte wie Menschenwürde, Fairness und offene Debatte nie sonderlich geschert haben. Der demokratische Staat hat dann nur noch die Aufgabe, den ökonomischen Status quo zu verwalten und für genügend Privatfernsehen zu sorgen. Davon, mehr Demokratie zu wagen, ist kaum mehr die Rede. Viel mehr davon, welche Einschnitte man in die Bürger- und Menschenrechte vornehmen muss, um genau diese zu verteidigen.

»Das Potenzial ist natürlich angelegt, dass auch über demokratische Verfahren demokratische Rechte eingeschränkt werden können. Allerdings haben wir in der Demokratie einige Schutzmechanismen: im Bereich innere Sicherheit setzen die Parteien durchaus unterschiedliche Akzente und zum anderen das Bundesverfassungsgericht, das sich immer mehr als Hüter der Grundrechte bewährt und immer wieder die Politik in die Schranken weist. Gefährlich ist ein Diskurs, der immer sagt, die Bedrohung nimmt zu: vor diesem Hintergrund lässt sich so gut wie jeder Eingriff rechtfertigen. Aber ich wäre nicht so pessimistisch, das sich das ohne weiteres durchsetzen lässt – gegen Bundestag, Bundesverfassungsgericht, Europäischen Gerichtshof. Es gibt rechtliche Instanzen, die da vielleicht ein Schutzschild sein können« (Armin Schäfer).

Es ist schon eine seltsame Situation, dass der Bürger einer freien Gesellschaft Schutzschilde gegenüber seinem demokratischen Staat benötigt. Ebenso seltsam ist es, dass ein demokratischer Staat Schutzschilde gegenüber seiner freien Gesellschaft benötigt, die ihn wahlweise abschaffen, austricksen oder einfach ignorieren will. Wahrscheinlich kann man es nur so drastisch sagen: Der demokratische Staat, so wie er sich derzeit versteht und präsentiert, erfüllt seine prinzipiellen Aufgaben für einen viel zu großen Teil der Gesellschaft nur noch unzureichend oder gar nicht mehr. Die tief greifende Entfremdung zwischen demokratischem Staat und freier Gesellschaft ist daher kaum allein durch neue Angebote und Kommunikation zu überwinden – zum Beispiel mehr »direkte Demokratie«, wie wir sie aus der Schweiz kennen, oder durch eine Art Internet-Demokratie, die neue, schnellere Teilhabe an Entscheidungsprozessen bieten könnte. Die Krise der Demokratie muss auf der sozialen Ebene angegangen werden.

» Wir müssen ansetzen bei den tiefgreifenden Ursachen der Bedrohung der Demokratie, das sind Sachen, die der Demokratie vorgelagert sind: z.B Probleme im Bildungssystem, wie sich Ungleichheiten fortpflanzen – wir wissen durch zahlreiche Studien, dass Deutschland im internationalen Vergleich da sehr schlecht abschneidet, dass es keine durchlässige Gesellschaft ist, die Bildungsvorteile der Eltern werden auf die Kinder übertragen. Das bedeutet, dass wir das produzieren, was in einer Friedrich-Ebert-Studie »das abgehängte Prekariat« genannt wurde. Das ist kein schöner Begriff, der aber schon die Situation von einem nicht unerheblichen Teil der Bevölkerung beschreibt. Wir müssen dafür sorgen, dass sich solche Probleme nicht immer weiter fortpflanzen. Dass wir jetzt schon wissen, wir erzeugen die nächste Gruppe der Arbeitslosen, die jetzt keinen Schulabschluss schaffen und keine Ausbildung, die werden natürlich irgendwann gar nichts mehr von der Politik erwarten« (Armin Schäfer). Die Aufgaben eines Staates, der den Weg von der Postdemokratie zurück zum Projekt der Demokratisierung finden will, sind also schnell zu benennen: soziale Gerechtigkeit, Frieden und Ehrlichkeit in der Selbstbeschreibung des politischen Systems. So einfach wäre das – und in so weiter Ferne ist es.

Vom Wesen der Korruption. Wenn wir den Weg zu einer inhumanen Gesellschaft zurückverfolgen und ihn in seiner augenblicklichen Etappe zu beschreiben versuchen, scheint als zentrales Motto immer wieder ein eher unscharfer Begriff auf: Korruption. Vielleicht kann man bei der Korruption eines Systems (oder eben: zweier Systeme, nämlich Postdemokratie und Finanzkapitalismus) drei Formen unterscheiden:

- die Korruption *der Elemente* im System (die Korruption konkreter Menschen etwa)
- die Korruption *der Beziehungen* zwischen den Elementen (die Korruption von Institutionen, Sub-Systemen, Beziehungsvorschriften etc.)
- die Korruption *des* Systems (eine Regierung, zum Beispiel, kann nachhaltig korrupt sein, ohne dass sich ihre Mitglieder der persönlichen Korruption schuldig machen müssen, und damit Postdemokratie einerseits als System der Korruption, andererseits aber auch als korruptes System festigen).

Die Methoden der Korruption sind immer gleich und denkbar einfach: Man bekommt einen Vorteil (Macht, Geld, Ruhm, Sex oder »Identität«) und man muss dafür etwas »zahlen«. Man kann dafür »eine Leistung erbringen«, »eine Anstrengung unternehmen«, »ein Opfer bringen« etc., man kann dabei aber auch eine Gefälligkeit mit einer Gefälligkeit begleichen. Im Jargon heißt so etwas euphemistisch gern »Win-Win-Situation«. Anders gesagt: Korruption entsteht, wenn ein Vorteil damit bezahlt wird, dass von den drei großen Werten Freiheit, Gerechtigkeit, Solidarität etwas (Entscheidendes) weggenommen wird. Der korrupte Mensch ist kein freier, kein gerechter und kein solidarischer Mensch mehr, die korrupte Politik nimmt ihren Untertanen Freiheit, Gerechtigkeit und Solidarität weg. Praktisch ist die Frage entscheidend, wie viel davon weggenommen wird (offensichtlich sind gewisse Dosierungen in etwa so »akzeptabel« wie gewisse Kontaminierungen unserer Lebensmittel); theoretisch indessen die Frage, welche Ursachen, welche Formen und welche Folgen auch die »kleinen« Korruptionen haben.

Die Großgeschichte der Korruption in Deutschland führt über bestimmte Skandale als *plot points* zu einer Perfektion des Systems jenseits kritischer und juristischer Widerstände. Von der Bestechung geht der Weg zur »Kooperation«: Bei der »Flick-Affäre« trat zu Tage, dass der Unternehmer einen Steuervorteil von etwa einer halben Milliarde Euro für seine Spenden an die Parteien erhalten hatte. Damals, in den achtziger Jahren, kam das Wort von der »Pflege der politischen Landschaften« durch die Oligarchien auf. Natürlich war dies wieder erst möglich durch ein neues Überschuss-Kapital, das nach Verwertung und Nachhaltigkeit suchte. Aus der Sicht des Kapitals handelt es sich beim Tausch Parteispende gegen Steuervorteil um die Verwandlung von »leichtem« in »schweres« Geld. Das Geld wird nicht nur gewaschen und beschwert, sondern wirkt auch in der Beziehung einer verlässlichen Komplizenschaft in der Politik. Während sich die Macht der ökonomischen Elite durch die Verwandlung von leichtem in schweres Geld stärkt, stärkt sich auch die Macht der Parteien durch solche Spenden, unter anderem, indem sie ihre »Anliegen« – zum Beispiel in den Stiftungen und politischen Akademien, aber auch publizistisch, und zwar nun erneut durch Formen der strukturellen Korruption – »unters Volk« bringt. Denn auch das Geld, das eine Partei erhält, will irgendwo hin. Helmut Kohl investierte schließlich offensichtlich solches durch Spenden akkumuliertes Geld in einen Eingriff in den Wahlkampf der DDR im Jahr 1990; so griff »Pflege« schon um sich, kaum war man in der Demokratie der westlichen Art angekommen.

82

Mindestens so bedeutsam wie »nacktes« Geld ist der Austausch von Information. In der rot-grünen Regierung wurden in einem »Personalaustauschprogramm« nicht bloß »Leihbeamte« aus der Wirtschaft den Ministerien zur Verfügung gestellt, sondern diese waren auch nichts anderes als Informationen in Menschengestalt. So wirkten, das immerhin galt dann doch als ein wenig »skandalös«, Mitarbeiter von Deutsche Bank, BASF, Siemens, Lufthansa und anderen oligopolen Institutionen an Gesetzen mit, die ihre eigenen Firmen betrafen, und versorgten im Gegenzug die Ministerien mit Informationen, die ihr Expertentum belegten. Doch der Preis für dieses zunächst unauffällig agierende ökonomisch-juristische Expertentum waren nicht nur wirtschaftsfreundliche Gesetze, offensichtlich funktionierte der Infomationstransfer auch in die andere Richtung. Erst in der schwarz-gelben Nachfolgeregierung wurde dieses System der Leihbeamten (das der Bundesrechnungshof zunächst aus eher pekuniären Gründen beanstandet hatte), das im Kern ein System des »unterirdischen« Informationsaustausches zwischen Regierung und Ökonomie darstellt, durch eine Besoldungsdokumentation legalisiert. Wie Helmut Schmidts Kernsatz gelautet hatte, man könne Deutschland nicht gegen die *Bild*-Zeitung regieren, formulierte Gerhard Schröder so knapp wie verräterisch: »Man kann dieses Land nicht gegen die Wirtschaft regieren« (wer oder was aber ist »die Wirtschaft«?). Damit besiegelte er einen letztlich anti-demokratischen Pakt: »Es gibt heute eine Fülle von Informationen, die der Staat mit der Wirtschaft teilt, ohne dass Dritte sie zu Gesicht bekommen. Zum Beispiel die Berliner Wasserverträge, um deren Offenlegung jahrelang gekämpft wurde. Dass dem Staat aber nicht alle Informationen, die er braucht, ohne Gegenleistung preisgegeben werden, ist demokratietheoretisch nicht nachvollziehbar. Denn die Wirtschaft ist keine Intimsphäre. Ihr Existenzrecht erschöpft sich darin, dass sie die Gesellschaft zu versorgen hat. Wenn dieser Vorgang der Regelung bedarf, muss der regelnde Staat jede Möglichkeit haben, sich kompetent zu machen« (Michael Jäger).

Diese neue Form der Informationskorruption hat längst alle Subsystem der Gesellschaft befallen: Auch die Beziehung zwischen Politik und Journalismus ist auf diese Weise von wechselseitiger Informationsabhängigkeit geprägt, auch hier gibt es, wenngleich anders konstruiert, ein den »Leihbeamten« ähnliches System (der Wechsel von »unabhängigen« Journalisten in die Pressestellen der Politiker und zurück, nur zum Beispiel), das eine zweite Ebene für den Informationsverkehr als Gegengeschäft eröffnet.

Informationskorruption herrscht zwischen Wissenschaft und Wirtschaft, zwischen Kultur und Politik, zwischen den unterschiedlichen Ebenen der Politik, der Wissenschaft, der Wirtschaft und der Kultur. Sie löst im übrigen natürlich nicht einfach die »alte« Korruption durch Geld und Macht ab, sondern bildet vielmehr einen perfekten Deckmantel dafür; nur irre Zocker oder verhaltensauffällige Menschen stören das System gelegentlich, indem sie einen »Skandal« bilden (der aber auch sehr nützlich sein kann, wenn es um die Maskierung der systemischen Korruption geht).

Es entstand also ein Korruptionsdreieck, gebildet aus den Größen Geld, Karriere und Information. Die »politische Klasse« und die »wirtschaftliche Elite«, die postdemokratische Herrschaft mehr oder weniger unter sich aushandeln, funktionieren mit- und ineinander, indem beständig das eine in das andere verwandelt wird. So ist Karriere, im Gegensatz zur alten »Meritokratie«, nichts anderes mehr als eine besonders erfolgreiche Form von »Informationsverarbeitung«, und Geld ist nichts anderes als eine besonders erfolgreiche Form von Information (während man umgekehrt, auf der »unteren Stufe« von Karriereleitern, sich bemüht, Information zu Geld zu machen).

Im Alltag wissen wir nur zu gut, dass man gleichsam seriell in Situationen der Double-Bind-Korruption gerät (wir nennen Korruption eine »Störung eines moralischen Systems«): Die Organisation des Lebens lässt nicht die Wahl zwischen dem korrupten und dem nicht-korrupten Verhalten, sondern nur zwischen verschiedenen Formen der Korruption.

Längst verhält es sich in der Beziehung zwischen Staat und Gesellschaft nicht anders. Kein nicht-korrupter Zustand wird mehr erträumt, sondern allenfalls eine Balance zwischen akzeptablen und inakzeptablen Formen der Korruption (in der Praxis eher: zwischen ungefährlichen und gefährlichen Formen der Korruption).

Alles politische Handeln in einer Postdemokratie, das noch auf klassisch diktatorische Mittel der Unterdrückung verzichtet, ist auf diesen Schlüsselbegriff hin bezogen: Korruption. Herrschaft durch Korruption (und Korruption durch Herrschaft). Korruption als einziges verlässliches Mittel, den Staat (und wie er sich transformiert haben mag) und den Kapitalismus (in seinem jetzigen Zustand) noch miteinander in Beziehung zu setzen. Dass es den Staat noch gibt im Neoliberalismus, verdankt er seiner Fähigkeit zur Korruption. Dass eine Wirtschaft noch »frei« ist, verdankt sie ihrer Fähigkeit zur Korruption. Aber, wie das Beispiel Russland zeigen mag, ist Korruption keine Garantie dafür, dass Staat und Ökonomie, miteinander verknüpft, nicht zu absoluter und diktatorischer Herrschaft streben.

84

So wollen wir es uns und dem postdemokratischen Staat und seiner Gesellschaft als die Basis für jeden Dialog vorschreiben:

ES GIBT KEINE GUTE FORM VON KORRUPTION.

Wenn es »nützliche« Formen von Korruption gibt, dann sind sie nützlich für einige und lebensbedrohlich für andere. Das gilt für Menschen, für Institutionen wie für Staaten. Wenn Korruption »uns« nützt, dann schadet sie anderswo, und noch stets ist der Schaden der Korruption um ein vielfaches höher als der Nutzen. Korruption ist eine Droge, welche die Abhängigen zu immer höheren Dosierungen zwingt.

Gleichgültig welches konkrete politische Ziel ein Akt von Protest, Dissens, Widerstand und Kritik haben mag, der wahre Gegner der gesellschaftlichen Geste in Bezug auf die menschlichere Gesellschaft ist immer die Korruption.

Erste Annäherung: Korruption als Lebensgrundlage Die erste Frage ist, ob Korruption – und dann präziser: welche Art von Korruption – Bestandteil des Systems ist (wie die »Schattenwirtschaft«) oder das System grundsätzlich in Frage stellt. Anders gefragt: Ist Korruption eine »Abkürzung« oder aber eine Vernichtung der Kommunikationswege und Codes eines Systems? Unzweifelhaft hebt sich dort, wo Korruption herrscht, der ur-demokratische kreative Widerspruch zwischen Regierung und Opposition und natürlich auch der zwischen distinkten Koalitionspartnern auf. Unter korrupten Politikern gibt es weder eine Gegnerschaft der Interessen noch eine der Ideen, sondern nur noch die neue, allerdings dringliche Gegnerschaft zwischen den korrupten und den nicht-korrupten oder wenigstens zwischen den mehr und den weniger korrupten Impulsen. Das korrumpierte Element eines Systems ist mit seiner Korrumpierung (nebst ihrer Vertuschung) mehr beschäftigt als mit der Erhaltung oder der anpassenden Veränderung des Systems selber. Im karikaturhaften Extremfall werden wir also von Politikern regiert, die mit nichts anderem beschäftigt sind, als sich selber Geld und Vorteile in die Aktentaschen (oder Plastiktüten) zu stopfen. Aber dieser Extremfall, nicht wahr, ist eher selten und meistens woanders. Schon wesentlich schwieriger zu bestimmen: Wo fängt Korruption eigentlich an? Und gibt es eine Form von Korruption, die ebenso verheerend wirkt wie die klassisch-mafiose, aber subjektiv vollkommen ehrbar daher kommt?

Die einfachste, direkteste und natürlich für die Beteiligten auch gefährlichste Form der politischen Korruption ist der »Stimmenkauf«. Wenn ein Abgeordneter der Opposition für Geld seine Stimme im Sinne der Regierung abgibt, dann dürfte das in einer breiten Mehrheit der Gesellschaft als kriminelle und unverzeihliche Handlung gelten (aber natürlich gewöhnen wir uns in berlusconistischer Politik auch daran). Er begeht nämlich nicht nur einen persönlichen Verrat, sondern sabotiert das ganze System, vom Instrument gewordenen »Wählerwillen« bis zum Prinzip des Checks & Balances. Hier entsteht ein Bruch zwischen den Elementen der Wahl, der Präsentation und des Rechts. In diesem Sinne gekaufte Abgeordnete würden sehr schnell das ganze System ad absurdum führen und schließlich vernichten. Deshalb ist im Sinne des Systems ein korrupter Staat »besser« als ein Staat der Korrupten (und wieder beweist uns der angewandte Berlusconismus, dass dieser Unterschied gar nicht nachhaltig sein muss).

Schon ambivalenter wird die Sache, wenn es nicht um direkte und persönliche Zahlungen geht, sondern um Vorteile etwa für die eigene Partei oder die eigene »Sache«, ja sogar im Sinne der eigenen Wähler und, natürlich, der Unterstützer dieser Sache kann ein Element korrumpiert werden (übrigens verzichten wir ganz bewusst auf die Einführung des Begriffs des »eigenen Gewissens«, da es, streng genommen, nichts anderes bedeutet, als dass das System am Ende für seine Korruption nicht zuständig sein will). Längst gang und gäbe ist die Praxis, dass eine Partei die Zustimmung zu einem Gesetz mit einem Kompromiss der Gegenseite auf einem ganz anderen Feld der Politik erkauft. Die Vertreter einer solchen Partei werden daher nicht bloß von keinem schlechten Gewissen geplagt, sie empfinden sich gar als erfolgreich im Sinne ihrer Ideen, ihrer Wähler, ihrer Position in der Gesellschaft. Mehr und mehr werden politische Entscheidungen zu einer Ware, die man auf einem virtuellen Markt handelt, und die man in gewisser Weise wertet – »rated« –, um ihren Tausch zu regulieren. Die »Nachrichtenbörse« ist dann nichts anderes mehr als ein Barometer für den Wert von politischen Entscheidungen (oder mehr noch: dem Verzicht auf Entscheidungen).

Die Grenze zwischen »Korruption« und »Deal« ist fließend, zumal wenn als ausgemacht gilt, dass gewisse politische »Deals« den Augen der Öffentlichkeit tunlichst entzogen werden. Und man darf wohl, ohne des Zweckpessimismus gescholten zu werden, behaupten: Die Grenze zwischen Deal und Korruption hat sich im vergangenen Jahrzehnt entschieden verschoben. Im Endstadium des angewandten Berlusconismus existiert sie nicht mehr.

Korruption in der Wirtschaft gilt seit jeher als eher lässliche Sünde (oder wenigstens als ein Phänomen, dem gegenüber Staat und Wirtschaft machtlos seien). So wie in der Politik das System von Regierung/Opposition durch jede, auch die »kleine« Art von Korruption ernsthaft gefährdet ist (und damit natürlich nicht nur das »Funktionieren«, sondern auch die Legitimität der parlamentarischen Demokratie), so hebelt Korruption in der Ökonomie die Prinzipien von Angebot und Nachfrage, von Preis und Leistung, ja sogar von bezahlten und nicht-bezahlten Waren und Dienstleistungen aus: Virtuelle Dienstleistungen werden bezahlt, Güter tauschen, weil Mittelsmenschen bestochen wurden, ohne Preisausgleich den Besitzer; und bei alledem – die uns allen geläufigste Form der Korruption – wird der Beitrag an die Öffentlichkeit oder an den Interessenausgleich unterschlagen, einmal in der Form der »Steuerhinterziehung«, das andere mal aber auch in der Privatisierung von Profiten, die es »eigentlich« in einer Gruppe wie einer Belegschaft zu verteilen gälte (so verstehen wir einen Staat als korrupt, der die Steuerhinterziehung bekämpft, mit strukturellen Blindstellen nebenbei, aber Verteilungsgerechtigkeit nicht einmal denkt). Mit der Korruption verliert der Kapitalismus als Marktwirtschaft also nicht nur die Fähigkeit zum Funktionieren, sondern auch, wenn er sie je hatte, die »Legitimation«. »Das regelt der Markt« ist daher, im Bewusstsein einer Herrschaft der Korruption, nicht nur eine dumme, sondern auch eine kriminelle Aussage.

Korruption in der Kultur und insbesondere in den Mainstream-Medien funktioniert »praktischerweise« gleich auf zwei Ebenen, nämlich auf der Ebene der Repräsentation und der Funktionalisierung (in den Medien wird Korruption zugleich praktiziert und dargestellt; der populäre Medienmensch ist der Darsteller seiner Korruption). Und auch hier geht es um die Auflösung bestimmter Diskurspaare wie zum Beispiel Veröffentlichen/Verschweigen, oder Fiktionalisieren/Realisieren oder Werbung/Nachricht oder Propaganda/Information oder Meinung/Interesse. Auch was die Medien anbelangt ist der einfache und eindeutige Fall der direkten Bestechung eines Medienmenschen immer noch gesellschaftlich geächtet (wird aber schon, im allgemeinen, als »natürliche« Begleiterscheinung der wild gewordenen Medialisierung akzeptiert); die »Deals« etwa die Finanzierung von Filmen durch Produktwerbung, den Zusammenhang zwischen redaktioneller Beachtung von Gütern und Performances in direkter Abhängigkeit vom Schalten von Anzeigen, die Doppelfunktion als Entertainer und als Werbeträger, der Sportstar als lebende Reklametafel, die Verflechtung von journalistischer und PR-Arbeit und vieles mehr, also eine Reihe von Phänomen, denen man objektiv keinen anderen Begriff als den der Korruption zuordnen könnte, gelten längst als vollkommen normale Bestandteile unserer Medienkultur. Damit freilich werden noch die übergeordneten Diskurspaare einer demokratischen und bürgerlichen Gesellschaft außer Kraft gesetzt: Politisches Handeln/Kritische Kontrolle oder Marktgeschehen/Verbraucherschutz oder Information/Unterhaltung.

Von höchster struktureller ebenso wie direkter Korruption befallen sind auch die gesellschaftlichen Subsysteme der zweiten Reihe: Das Gesundheitssystem, die Universität, das Militär, die Kirchen, vom Sport war ja schon die Rede. Korruption meint dabei immer wieder auch den inneren wie äußeren Angriff auf die Selbstregelungs- und Selbstkontrollmechanismen eines Systems. Es verliert im Äußeren die Autonomie: die Zeitung ist nicht mehr unabhängig, weil sie von Anzeigen abhängig ist, die die Anzeigenkunden zunehmend nicht nur mit der Auflagenhöhe, sondern auch mit genehmem Inhalt verknüpfen; die Universität ist nicht mehr unabhängig, wenn sie auf Spenden und »Fremdmittel« angewiesen ist; und eine politische Partei ist unter den gegebenen Umständen nichts anderes als eine Organisation der strukturierten und mehr oder weniger kontrollierten, mehr oder weniger aber auch unkontrollierbaren Korruption. Die »Parteienfinanzierung« ist ein Schlüssel für den Übergang der Demokratie zur Postdemokratie; in der Region, wie man so sagt, kann man längst deutlich beinahe jede politische, vor allem jede politisch-ökonomische Entscheidung von den direkten und indirekten, legalen und nicht so legalen Spenden der »interessierten« Wirtschaft ableiten.

Korruption lässt sich semiotisch wohl auch sehen als heimliche und antidiskursive Übertragung von Codes und »Werten« von einem System ins andere. Diese Form der Meta-Korruption beobachten wir in Phänomenen wie dem Gestaltwechsel der System-Stile: Ein Staat wird *wie* ein (privates) Unternehmen geführt; ein Politiker erscheint *wie* ein Pop-Star; eine Werbebotschaft erscheint *wie* eine Medienerzählung; eine politische Inszenierung erscheint *wie* eine familiäre Glücks-Inszenierung und so weiter. Ein System oder Sub-System importiert Regeln aus einem anderen, die einigen seiner Elemente vorteilhaft erscheinen, und da dieser Import nicht als Wertewandel oder »Vertrag« erscheint, sondern als (moralische) Verschiebung von Geschmacks- und Stilfragen, kann es auch nicht verhandelt werden. Es geschieht in einer eher flüssigen Form, die am Ende nicht einmal mehr nennenswerten Widerstand möglich macht, wenn, nur zum Beispiel, Sportwettkämpfe *wie* gescriptete Soap Operas oder Wirtschaftsunternehmen *wie* Mafia-Zellen geführt werden.

Wir tun also gut daran, Korruption auf drei Ebenen zu analysieren: auf der der persönlichen Bestechung (ein Element eines Systems wird durch ein anderes korrumpiert, sei es eines des eigenen oder eines anderen Systems: ein Politiker besticht den anderen Politiker oder ein Wirtschaftler besticht einen Politiker), auf der Ebene der strukturellen Abhängigkeiten und der Deals (ein Subsystem wird von Vertretern oder von den Codes eines anderen Subsystems korrumpiert) und schließlich auf der

Ebene der hierarchischen Ordnung (ein ganzes System wird von einem Element oder einem Subsystem korrumpiert wie im Berlusconismus/Guttenbergismus).

Das System, das korrumpiert wird (in der Form des »dunklen« Geldes und der »dunklen« Dienstleistungen oder in Form der verqueren Öffnung der Codes und Werte), und das Interesse des Korrumpierenden, der sich in dem jeweiligen System einnisten oder behaupten will oder dieses zu verändern oder zu übernehmen trachtet, sind nicht immer so synchron wie es Angebot und Nachfrage wären (wenn man sie von Korruption verschonte, was unseres Wissens noch nie geschah). Daher gibt es keine Korruption ohne Gewalt und Angst. So wie in der klassischen Korruption die Angst vor der Entdeckung, aber auch die Angst vor einander die »Partners in Crime« aneinander schweißt, lädt sich auch das strukturell korrumpierte System mit Angst auf. Daher ist verständlich, dass ein korruptes System keine Kritik verträgt. Denn jede Kritik ist primär nichts anderes als die Offenlegung seiner Korruption. Und Elemente, die sich durch Korruption in einem System einnisteten (der Wirtschaftslobbyist in der Politik ebenso wie der Intimismus in der Öffentlichkeit) können vor Gewalt nicht zurückschrecken, um ihre Position zu sichern. Natürlich ist die erste Gewalt diejenige, die sie der Sprache antun. Wenn Horst Seehofer nach dem Rücktritt von Guttenberg die eigene Partei als »politische Familie« definiert, die sich um ein »Mitglied in Nöten« zu scharen hat, dann kann er damit nur zugleich eine Forderung nach Korruption der Systeme Parlamentarische Demokratie und Rechtsstaat meinen und eine Drohung gegenüber Parteimitgliedern aussprechen, die sich an den »korrumpierten Code« der familialisierten Politik nicht halten.

Das heißt nun aber, und dies erhöht drastisch den Ausbreitungsfaktor von Korruption, dass jede Form der praktizierten Korruption, individuelle wie strukturelle, strafbare wie legale, zu einer sekundären Korruption, nämlich der Korruption der Sprache führt. In der wiederum einfachen und barbarischen Form der Korruption durch Geld und Gewalt geht es vorwiegend um die Ómertà, das Gesetz des Schweigens oder vielleicht genauer das des kommunikativen Beschweigens. Um sich sozusagen im Code des Schweigens auszudrücken, entsteht daher eine Sprache der Korruptionen (das »hilfst du mir, so helfe ich dir, und die anderen werden nichts davon erfahren« in unendlichen Variationen; der Euphemismus des Angebote, die Subtilität der Drohungen) und andererseits entsteht eine korrupte Sprache (wir lernen sie in *Bild* und RTL unserethalben). Korrupte Sprache verständigt sich informell darüber, was gesagt werden darf und soll, was verschwiegen werden soll und vor allem was entweder kommunikativ beschwiegen – also zugleich ausgedrückt und verleugnet – und was semiotisch verschoben werden muss. Korrupte Sprache unterscheidet sich von anderen politischen Sprachen, zum Beispiel der »diplomatischen« Sprache, in der man sich gegenseitig unangenehme Wahrheiten in kleinen Dosierungen, in Wendungen, die ihren Gehalt an Gewalt verleugnen, in, »Gesicht-wahrender« Form übermittelt, vom »Nullsprech« von Aussagen, die gar keine sind und die gleichsam kommunikative Leerstellen erzeugen, von denen wir wissen, dass sie irgendwann (und sei's durch die Kraft des Faktischen) gefüllt werden müssen, aber eben gerade jetzt, hier und von diesem politischen Subjekt nicht, und schließlich von der bloßen Propaganda, der Sprache der Selbsterhöhung und Feind-Erniedrigung. Korrupte Sprache sagt weder »nichts« noch sagt sie etwas Falsches, sie sagt vielmehr etwas anderes, als sie sagt. Wir mögen uns empört vom »Geblubber« unserer Politiker abwenden, vor allem gekränkt davon, dass sie uns offensichtlich für Idioten halten. Aber warum zeigt dieses Geblubber durchaus seine Wirkung? Etwa weil alle außer mir selber und ein paar meiner Freunde tatsächlich Idioten sind? Oder doch weil das »andere« dieses Sprechens seine Empfänger erreicht?

Es ist in den letzten vierzig Jahren unseres Wissens nicht ein einziges Mal vorgekommen, dass ein Politiker oder eine Politikerin mit dem Halbsatz »Ich gebe Ihnen mein Wort« etwas anderes eingeleitet hätte als eine faustdicke Lüge. Eigentlich müsste dies in den Erfahrungsschatz einer Gesellschaft eingehen. Doch offensichtlich gibt es drei ganz unterschiedliche Arten der Reaktion: die fatalistische (»die lügen doch eh immer, da kann man nichts machen, da gewöhnt man sich dran«), die naive (»aber der, der mit der Brille und dem gegelten Haar, der lügt nicht, auch wenn es alle anderen tun – und wenn er es doch tut, dann kann er nichts dafür, die anderen machen es ja auch«) und schließlich die einverständig-korrupte Art (»Ich und der Gegelte, wir wissen beide Bescheid, wir sind Komplizen des Bescheißens, wir wissen, wie man sich durchsetzt«). Korrupte Sprache macht den Empfänger einer Aussage zum Mitwisser und Mittäter. Und korrupte Sprache, wiederum, transportiert Codes und Werte aus einem System ins andere, sie ist Teil des »wie«, von dem die Rede war (hilft unter anderem dem Politiker dabei, sie wie ein Entertainer zu inszenieren).

Entgegen den Vorstellungen eines wirtschaftlichen Liberalismus, der Korruption, wenn nicht als Schmiermittel so doch als in Kauf zu nehmendes Übel des Wachstums ansehen darf, macht Korruption ein System nicht nur böse, sondern auch (im »technischen« Sinne) schlecht. Korruption vernichtet nicht nur die Hoffnungen auf die Idee der Freiheit, Gerechtigkeit und Solidarität, sie verhöhnt sie auch. Aber es sind fünf Eigenschaften eines korrupten Systems, die es entweder in eine vollständige (verdinglichte) Lähmung oder aber zum Zusammenbruch führen:

1. Die Unberechenbarkeit. Jedes einfache System funktioniert nach Regeln und in Codes, erkennt seine Elemente und ihre Beziehungen und die eigenen Dimensionen. Repräsentative Demokratie und Rechtsstaat sind – theoretisch – einfache, rationale Systeme mit linearen Beziehungen zwischen ihren Elementen. Ein unberechenbares System verweigert schon jeden demokratischen Zutritt, noch bevor es diesen selbst unter Verdacht stellt. Noch mehr ist das unberechenbare auch ein unkontrollierbares System (so tendieren allzu korrupte Systeme am Ende dazu, auch noch die korrupten und korrumpierenden Elemente selbst zu attackieren: Das korrupte System ist stets ein System auf dem Weg zur Selbstvernichtung).

2. Die Vernichtung der Qualitätsmaßstäbe. Ein System ist dann »gut« (es funktioniert harmonisch und verlässlich, wenn man so will), wenn seine Elemente am richtigen Platz sind und die richtigen Beziehungen untereinander haben. Es ist schlecht – oder »böse« –, wenn sich Nutzen und Schaden der einzelnen Elemente bis zur Unkenntlichkeit durchdringen. So verliert das System die inneren Zuordnungen, und wir können nicht mehr erkennen, was »gut« ist, da das System selber die Mehrdeutigkeit zum Prinzip erhob: Die Kriterien von Effektivität, Moral und Interesse driften auseinander, ebenso die Kriterien von Aktion und Repräsentation, so dass etwa im Zweifelsfall politische Sympathie jenem zufließt, der das Interesse am anschaulichsten repräsentiert (wie Berlusconi oder Guttenberg es taten), während sie sowohl nach dem Prinzip der Effektivität (des politischen Handelns) als auch nach dem Prinzip der Moral eigentlich »indiskutabel« wären. Die (scheinbare) Prinzipienlosigkeit der Politiker kann nur Ausdruck einer Gesellschaft sein, die aufgrund ihrer Korruption nicht nur die Maßstäbe zur Beurteilung verloren hat, sondern auch die Sprache, sie zu formulieren. Zweifellos ist nicht-korruptes Verhalten im Sinne dieser Herrschaftsform systemschädlich (und wird ganz entsprechend von einer postdemokratischen Regierung bereits als »linksextrem« eingestuft).

3. Die Erzeugung der inneren Gewalttätigkeit. Korruption wird in aller Regel durch »Gefälligkeit« erzeugt, und durch Gewalt gesichert. Jeder, der einen anderen korrumpiert, muss auch ein Drohpotenzial aufbauen, mit dem er verhindert, dass etwas »verraten« wird. Der »Aussteiger« muss mit allen Mitteln am Reden gehindert werden, und das schließt am Ende den Mord noch stets ein, mag das alles auch mit ein klein wenig Erpressung beginnen: Die Gefälligkeit hat doch den Empfänger selbst schon angreifbar gemacht. Daher gibt es am Ende auch keine »nette« oder »harmlose« Form von Korruption, selbst wenn wir uns im Alltag, als Gebende wie als Nehmende, durchaus daran gewöhnt haben.

Freilich gibt es dazu auch das paradoxe Gegenbild, nämlich die Belegung jeder Art von Freundschaft mit Korruptionsverdacht. Wann ist es menschlich und wann ist es korrupt, einen Freund zu »bevorzugen«? Wiederum verdanken wir den Blödmaschinen eine Deutung von Korruption unter dem Diktat des Geschmacks. Das heißt in der Regel: Korruption wird dort als inakzeptabel empfunden, wo sie sich mit den Bildern und Emotionen aus der Unterhaltung aufladen lässt (Luxusvilla! Sex! Chauffeur!), und sie ist dort akzeptabel, wo sie »effektiv« und vernünftig zu sein scheint (der paradoxe Auswuchs dieser Konstruktion besteht darin, dass wir »kleine« Korruption im Bereich des Persönlichen als Skandalon ausbreiten, große Korruption, selbst wenn ihre Folgen in Form von Kriegen, Umweltzerstörung und sozialen Desastern unübersehbar sind, aber hinzunehmen bereit sind).

4. Die Isolation. Ein korruptes System kann mit anderen Systemen nur kommunizieren, indem es von ihnen Korruption verlangt. Lange Zeit konnte man, was die deutsche Wirtschaft und ihre Exportstrategien anbelangt, meinen, sie folge einem einfachen Modell: daheim Korruption möglichst in Grenzen halten (weniger aus Gründen der Moral als aus den erwähnten der Effizienz), im »unterentwickelten« Ausland dagegen alle Kanäle der Korruption benutzen, die sich nur bieten. Die Strategie der (scheinbar) kontrollierten exportierten Korruption wurde auch von der Politik unterstützt (zum Beispiel, indem es ohne weiteres möglich war, Korruptionsaufwendungen von der Steuer abzuziehen).

Transparency International, die Organisation, die sich die Bekämpfung der Korruption zum Ziel gesetzt hat, definiert zunächst einmal sehr einfach Korruption als den (heimlichen) Missbrauch von öffentlichen oder privatwirtschaftlich organisierten Stellungen oder Machtpositionen zum privaten Nutzen oder Vorteil. Hier also geht es nicht so sehr um das korrupte System, sondern vielmehr um die individuelle Korruption, die ein System entweder geschehen lässt oder nicht (die Metapher einer »Krankheit« namens Korruption, von der ein »Organ« wie die Wirtschaft, die Regierung, der Sport oder das Entertainment befallen werde, ist allenthalben präsent). Zwei Hauptformen der Korruption werden dabei unterschieden: Die Beeinflussung des Handelns (Beispiel: Man kauft sich einen korrupten Fußballspieler bzw. einen korrupten Verein, um ein Spiel so zu manipulieren, dass ein »todsicherer« Wettgewinn folgt) und die Beeinflussung der Dar-

92

stellung (man kauft den Journalisten bzw. die Zeitung, in der er publiziert, damit auch über die offenkundigste Manipulation hinweg gesehen bzw. ein offenkundig langweilig-manipulatives Spiel als dramatisch-schicksalhaftes geschildert wird).

Der griechische Mafioso Makis Psomiadis kaufte sich einen Fußballverein, blieb bemerkenswert unbehelligt, und als man ihn schließlich verhaftete und der Prozess gegen ihn ein Signal für die moralische Erneuerung des Landes im Jahr 2011 werden sollte, ließ ihn ein sehr offensichtlich bestochener Richter frei – und Psomiadis tauchte sofort unter. Wiederum wirkte die Offensichtlichkeit des Vorgangs beinahe inszeniert, so als solle nicht nur ein Mafioso vor dem Gesetz geschützt, sondern der Gesellschaft auch ihre korrupte Durchdringung vor Augen geführt werden.

Jede Korruption beginnt damit, dass die Grenze zur Korruption so sehr wie die Grenze in der Korruption verschleiert wird. Das heißt, bezogen auf den Individualfall: Der zu korrumpierende Mensch wird durch kleine Gefälligkeiten »angefüttert«, die er in der Form ebenso kleiner Gefälligkeiten zurückgeben soll. Ist in der Steigerungslogik dabei eine gewisse Qualität bzw. Quantität erreicht, kommt ein Schuldzusammenhang hinzu. Die Geheimhaltung wird zu einer mit hohem Energieaufwand zu bewältigenden Aufgabe, die in aller Regel notwendig macht, weitere Menschen ins System der Korruption mit einzubeziehen. In der nächsten Phase tritt neben die »Belohnung« für die Korruption die Bedrohung durch die Strafe. Wer »aussteigen« will, muss mit einer doppelten Bestrafung rechnen, nämlich einerseits durch die Gesellschaft – das motivierende Außen, von dem in der Systemtheorie die Rede war – und andererseits durch die korrumpierenden Kräfte selber, die nicht nur den Korrumpierten zum »weitermachen« zwingen, sondern auch diesen selbst dazu, andere Menschen, die er nicht in seinem Korruptionssystem einbinden kann, zu bedrohen. Korruption beginnt unmerklich und endet zwanghaft mit Gewalt. So fördert Korruption (selbst der bescheideneren Art) stets gleichzeitig auch die Gewaltkriminalität (auch eine »sanfte« Form der Korruption kann auf Dauer nur in einer dialektischen Einheit mit einem Drohpotential verwirklicht werden). Die fünfte negative Eigenschaft der Korruption also ist

5. Korruption erzeugt Angst. Das heißt: Nicht nur das System als solches funktioniert »schlechter«, sondern auch die bilateralen Beziehungen von Elementen (Menschen) in einem System, die nicht (ausschließlich) durch die Beziehung der Korruption miteinander verbunden sind. In einer bürgerlichen Gesellschaft – und in ihrem Nachklang in »Tatort«-Krimis – ist das dramaturgische Modell dafür klar: Ein korrupter Mensch zwingt seine Familie entweder zur Komplizen-schaft oder sie bricht unter dem moralischen Gewicht zusammen. Diese Meta-pher weist nur allzu deutlich darauf hin, dass Korruption nie auf einen einzelnen Lebensbereich zu begrenzen ist, auch wenn es die Partialisierung der Gesellschaft stets verspricht (der korrupte Unternehmer ist zugleich Mäzen von Kunst, Wissenschaft und Wohlfahrt).

Es gehört daher zu den vornehmsten Aufgaben eines demokratischen Staates, sich selber und seine Mitglieder (»Untertanen«) vor Korruption zu schützen. Diese Aufgabe, noch mehr aber die Kontrolle über die Erfüllung oder Missachtung dieser Aufgabe, wird erschwert durch die dialektische Beziehung zwischen dem System der Korruption und dem System der Korrupten (persönliche Korruption und institutionelle Korruption schließen einander moralisch kurz, wie wir es eben auch im richtigen Leben gewohnt sind: Derjenige, der sich durch Korruption persönlich bereichert, wird ganz und gar anders begriffen als derjenige, der das »Unternehmen«, den »Verein« oder eben schließlich »die Partei« durch etwas schützt, was nun nicht mehr Korruption heißt).

Transparency International bezeichnet das »Kaufen politischer Entscheidungen« als »Königsdisziplin« der Korruption (wir würden mittlerweile wohl das Kaufen ganzer politischer Entscheidungsfelder für noch »königlicher« erachten), womit nicht nur das direkte »Geschäft« des Bezahlens etwa einer Stimmabgabe in einem Entscheidungsvorgang gemeint ist, sondern die »Einwirkung von Sonderinteressen auf den Willen des Gesetzgebers«. Das Milieu dafür bietet eine »Lobby-Arbeit«, an die sich die Menschen des postdemokratischen Kapitalismus erstaunlich umfassend gewöhnt haben, da sie offensichtlich von der Annahme ausgehen, die Lobby sei zugleich so etwas wie ein weiterer repräsentativer Resonanzraum der Gesellschaft, zu dem mehr oder weniger jede Form von organisiertem Interesse Zugang finden könnte, wenn auch eher mit taktischen als mit demokratischen Mitteln. Aber natürlich erschöpft sich diese Königsdisziplin nicht in der Lobbyarbeit; von den Umwegen der Korruption über Wirtschaft, Kultur, Freizeit, Familie, Tradition und organisiertem Verbrechen sind die Erzählungen unserer politischen Kultur übervoll.

Korruption, so gehört es zum allgemeinen Wissen unserer Gesellschaft ist einerseits schlecht und verwerflich und andererseits notwendig und unvermeidlich. Es entsteht, was Michael Schefczyk das »Paradoxe« der Korruption nennt, die abgelehnt und angewandt zugleich werden muss.

Mit solchen Paradoxien umzugehen ist nun freilich in verschiedenen Bereichen der Gesellschaft unumgänglich. Sie erzeugen diverse relativistische Gedan-

94

kenketten, die den Vor- oder Nachteil haben, irgendwann stets in kabarettisti-schem Nebel zu verschwinden. Zum Beispiel: Die Parteien sind im systemischen Sinne korrupt und sind dies mit einer gewissen Unumgänglichkeit. Das ist definitiv schlecht. Die Demokratie ist selbst in ihrer etwas glanzlosen Spätzeit offenbar immer noch das für alle Beteiligten angenehmste politische System. Es ist definitiv gut (bzw. immer noch besser als alles andere). Die Demokratie, die wir zu »haben« glauben (wie eine Versicherungspolice oder ein besonders komfortables Automobil), ist vom Wirken der Parteien abhängig. So kann etwas definitiv als gut Erachtetes nur durch etwas erhalten werden, das definitiv als schlecht erachtet wird. Weiters wird ein Paradoxon eröffnet, wenn wir noch viel tiefer ins Fundamentale gehen. Dann wäre nämlich am Ende Demokratie nichts anderes als die »bestmögliche« Organisation der Korruption. Oder um das Paradoxe auf die Spitze zu treiben: Demokratie ist das »offenste« System zur Organisation un- bzw. anti-demokratischer Elemente.

Dabei liegt die Gefahr gar nicht einmal so sehr in der »Natur« dieser Paradoxien, von denen das Verhältnis von Demokratie und Korruption nur eines jener Beispiele ist, die man als wacher Zeitgenosse beständig auch am eigenen Leibe ebenso wie in den Medienbildern erfährt; die noch größere Gefahr besteht darin, dass diese Paradoxien zu etwas erklärt werden, was wiederum seinerseits reichlich paradox erscheinen muss, nämlich zu einem Halb-Tabu (natürlich sollte es ein Halb-Tabu in einer aufgeschlossenen Gesellschaft so wenig geben, wie es Halb-Gangster in einem Rechtsstaat geben sollte, und ebenso wie wir nachgerade eine Herrschaft der Halb-Gangster spüren, so spüren wir auch die Herrschaft von Halb-Tabus).

Das Halb-Tabu besagt, dass man es wissen kann, aber nicht wissen *soll*. Es ist nicht opportun, es ist nicht mainstreamfähig, es ist nicht medialisiert. Man kann es nicht direkt beschreiben, darf aber indirekte Ableitungen erzeugen. Die politische Sendung darf nicht vermitteln, dass wir von Halb-Gangstern regiert werden, der Krimi davor (oder stattdessen) zeigt indessen die Auswirkung der Herrschaft der Halb-Gangster bis in jede bürgerliche Biographie hinein (und dieser Krimi macht auch noch etwas zusätzliches, für das Halb-Tabu sehr bezeichnendes: Er erklärt uns zu Mitschuldigen).

Genau genommen handelt es sich bei der Konstruktion der Halb-Tabus um den Umgang mit »gefährlichem Wissen«. Aus jedem Mafia-Thriller wissen wir, was gefährliches Wissen ist. Doch ist das gefährliche Wissen in der Postdemokratie exakt jenes um die mehrfache Belastung des Systems durch Korruption.

Das Halb-Tabu besagt nun nichts anderes, als dass man einerseits mit der Korruption umgehen muss, sie andererseits aber nicht zur Sprache bringen soll, denn dann droht die doppelte Gefahr, von der wir nicht wissen, welche von beiden Seiten schrecklicher ist: Der persönliche Ausschluss (selbst harmlose Kulturkritiker können ihre Karrieren an den Nagel hängen, wenn sie gewisse Korruptionskreisläufe durchbrechen) oder der Zusammenbruch des Systems. Die Meta-Drohung hinter dem Pakt zwischen postdemokratischer Regierung, medialen und institutionellen Blödmaschinen und oligopoler Ökonomie besteht in der »Systemrelevanz« einer gemeinsamen Erzählung: Würde man das System, in dem wir leben, genauer ansehen, dann würde es zusammenbrechen – und was dann? So wie man Banken retten muss, so muss man auch »Erzählungen« retten. Darum, so schließen sich die Kreise, organisieren die Medien auch wieder ein lustiges Rating der Korruption (was, nebenbei, zugleich eine durchaus problematische Definition von Korruption einschließt): Leben wir nicht in einem Staat, der drei Punkte besser in der Korruptionsskala abschneidet als der Nachbar?

Das heißt also: Diese Gesellschaft ist nicht nur korrupter, sondern an dieser Korruption auch schon wesentlich semantisch erkrankt. Man muss da einiges gleichsam vor sich selbst geheim halten, in der Psychoanalyse nennt man so etwas wohl »Verdrängung«. Womit das nächste Paradoxon schon unabdingbar ist: Die aufrechten, pragmatischen Verteidiger der Demokratie müssen, aus Furcht vor ihren Gegnern, den Zustand ihrer Erkrankung weitgehend vor sich selber und vor der Öffentlichkeit geheim halten. Niemand kann »aufrecht« unsere Demokratie zugleich verteidigen und die Wahrheit über sie sagen.

Wer aber sind die »Feinde der Demokratie«? Wie werden sie konstruiert und wie wird ihnen begegnet? Die beiden kritischen Pole innerhalb einer eben paradox oder gar nicht funktionierenden Demokratie sind die Zyniker und die Fundamentalisten. Die Zyniker sind bereit, mit der »dreckigen« Wahrheit der realen Demokratie im Neoliberalismus zu leben, aber sie lassen sich nicht ausreden, diese »Wahrheit« auch öffentlich zu machen. Konsequente Neoliberalisten zwischen Berlusconi und Westerwelle verscherzen es sich ja bei den »aufrechten« Demokraten nicht allein wegen ihrer Taten und ihrer Entscheidungen, sondern auch wegen ihrer Worte, die, sieht man es richtig, womöglich auf eine bestimmte Weise »ehrlicher« sind als die der aufrechten Demokraten, die gern für den guten Zweck ein wenig, nun ja, das Bild korrigieren oder seine Flecken übersehen wollen. Wenn ein deutscher Politiker sagt, dass mit einem Krieg, der sehr weit weg von der Heimat geführt wird, wirtschaftliche Interessen verbunden sind, was, wie wir alle nur zu gut wissen, nichts anderes als die reine Wahrheit ist, dann fegt ihn ein Empörungswind an, der vom Halb-Tabu des Wissens/Nicht-Wissens bzw. des Wissen-Wollens/Nicht-Wissen-Wollens erzeugt wird (möglicherweise verteidigt eine Mehrheit unter den Demokraten bereits nicht einmal mehr die Demokratie, sondern »nur« das Bild bzw. Selbstbild davon).

Das andere sind eben jene Fundamentalisten, die der Demokratie eine moralische Integralität abverlangen, die sie gar nicht zu leisten imstande ist. Ihre Empörung führt sie an den Rand des Systems oder darüber hinaus (und übrigens natürlich auch stante pede in neuerliche Paradoxien, spätestens dort, wo sie sich darüber klar werden, dass ihre Kritik an der korrupten Praxis der Demokratie mit vollständig demokratischen Mitteln allein nicht mehr zu Gehör gebracht werden kann: Ein Verteidigungswall der korrupten Herrschaft von Postdemokratie und Neoliberalismus besteht darin, ihre Gegner nicht allein zu unterdrücken, zu manipulieren, zu kriminalisieren, sondern auch sie einem enormen Korruptionsdruck auszusetzen).

Fundamentalopposition, gleichgültig ob sie sich in »anarchistischen« Ausbrüchen der Gewalt im Inneren zeigt oder als Terroranschläge von außen, wirkt immer ein wenig so, als hätte man das, wäre es nicht tatsächlich geschehen, blitzrasch erfinden müssen, um einen gekonnten (gleichwohl: paradoxen) Aufruf zur »Verteidigung der Demokratie« lancieren zu können, und jedenfalls erklären zu können, warum »mehr Demokratie wagen« derzeit keine Option sein kann. So wird der Kritiker zum »Gegner der Freiheit«, und der wahrhaft Attackierende dagegen zum Stabilisator.

Tatsächlich besteht für das System der paradoxen Korruption nebst Herrschaft der Halb-Gangster und im Zeichen der Halb-Tabus eine wesentlich größere Gefahr durch jene, die das System verbessern wollen, als durch jene, die es abschaffen wollen. So entsteht das neuerliche Paradoxon, dass die Postdemokratie mit ihren inneren Kritikern bösartiger umgeht als mit ihren Fundamentalgegnern, der nicht-aufgeklärte Kapitalismus geht im Inneren wie im Äußeren leichter Allianzen mit Kräften ein, die für Diktatur, Tyrannei, Unrecht stehen. Wie im Fall Mubarak etwa ist die Erklärung einfach: Die Stabilität der Verhältnisse erscheint wichtiger als die Demokratisierung, und auch dieses geopolitische Statement (mag es schon in sich töricht sein) ist weitgehend korrumpiert durch die wirtschaftlichen Interessen, die sich damit verbinden, denn offensichtlich ist mit »Stabilität« stets eine ökonomische, weniger eine politische und schon gar keine soziale gemeint.

Berlusconismus (bei dem wir ja streiten, ob es sich um einen großen »Ausrutscher« oder aber um einen Modellfall für die weitere Entwicklung handelt) ist demnach nicht mehr allein ein System, in dem es Korruption (und zwar eine Menge) gibt, noch ein korruptes System (so wie wir die postdemokratischen Regierungen wie die deutsche mit ihrer unverblümten »Hörigkeit« gegenüber der Wirtschaft beschreiben können), sondern es ist bereits Korruption *als* System (wir sehen einmal mehr, wie sehr der negative Freiheitsbegriff des Neoliberalismus selber bereits »Korruption« meint).

Natürlich können wir sagen: Systeme verändern sich, und sie tun das auch, wenn einige ihrer Elemente dabei geopfert werden. Sicher ist unter den Bedingungen des neuen Kapitalismus auch das System Demokratie Veränderungen unterworfen, ebenso wie es sich durch den Einfluss der Medialisierung und der Maschinisierung auch des sozialen Lebens verändert. Doch in der Halb-Tabu-Phase, in der wir uns zu befinden scheinen, sind offenbar einige Fragen vollständig »verboten«:

1. Wem nützen und wem schaden Veränderungen im Zusammenhang mit: Wer erzeugt die Veränderungen und wer erleidet sie?

2. Dürfen wir einen Punkt annehmen, an dem die Veränderung des Systems so unumkehrbar ist, dass wir der Ehrlichkeit zuliebe aufhören sollten, es »Demokratie« zu nennen?

3. Lassen die Begriffe, Bilder und Erzählungen, die das System von sich selber erzeugt, noch so viel an Aufklärung und Kritik zu, um eine »Mitsprache« im Diskurswechsel überhaupt zuzulassen (wie ist es mit einer Demokratie bestellt, wenn etwa der griechische Regierungschef »seinem« Volk ein Referendum über den »Rettungsschirm« und die damit verbundenen Belastungen anbietet, was dieses nur allzu deutlich als Farce und Intrigenspiel entlarvt? Postdemokratische Regierungen schaffen demokratische Einrichtungen und »Ereignisse« nicht ab, sie entwerten sie vielmehr)?

4. Erzeugt das System »Demokratie« im Stadium der Postdemokratie zu viele Auslagerungen und Ausschließungen (antidemokratische Bad Banks gleichsam, in denen sich das nicht-demokratische Potenzial bündeln und erproben darf)?

5. Wie weit ist die Korruption, die offenbar struktureller Teil des Systems (auch im Austausch mit anderen) ist, noch unter einer allgemeinen Kontrolle und einer moralischen Reflexion?

Die Dramaturgie, die wir für die Korruption eines einzelnen Menschen skizziert haben (und die zu belegen ist nicht nur anhand der Traum- und Trauerarbeit in den Medien, sondern auch durch die Fall-Sammlungen aus der Realität), gilt offenbar ganz analog auch für Systeme. Aus der »kleinen« Anfälligkeit entwickelt sich ein Bedrohungspotential.

Nachdem zu Beginn der zehner Jahre in den entsprechenden Umfragen klar wurde, dass die Bürgerinnen und Bürger der Bundesrepublik mehrheitlich die Politik als »verseucht« vom Lobbyismus ansahen, kam für eine Zeit ein »Lobbyisten-Register« ins Gespräch (so wie es in den USA existiert). Es wurde mit einer mittlerweile gewohnten Mischung der Argumente »Es nützt sowieso nichts« und »Es schadet der Wirtschaft« beiseite geschoben. Und auch andere Maßnahmen wie die Ratifizierung der UN-Resolution gegen Korruption scheitern an der Mehrheit des Parlaments: Ein System verhindert da ziemlich offensichtlich seine Selbstaufklärung. Gegenmaßnahmen bieten Veröffentlichungen von »Lobby-Control« und vor allem »LobbyPlanet« sowie »LobbyPedia«, wo mehr oder weniger ausgefeilt erklärt wird, welche Lobbyisten die Politik bestimmen. Mühsame, dankenswerte Kleinarbeit, gewiss, doch ist sie die Grundlage jeder neuen Soziologie der Macht in der Postdemokratie.

Im Jahr 2006 hatte das TV-Magazin »Monitor« aufgedeckt, wie viele kostenlose Mitarbeiter aus der Industrie und aus den Interessenverbänden in Ministerien der Bundesregierung arbeiten. Erst seitdem wird auch der Bundesrechnungshof zur Überprüfung dieser Phantomstellen des angewandten Radikallobbyismus tätig, den man euphemistisch als »externe Beratung« bezeichnete. Aber nachdem diese externe Beratung an gewissen neuralgischen Stellen verknappt wurde, war schnell wieder Ruhe eingekehrt, obwohl sich die Ministerien selber weitgehend zurückhalten, was demokratische Wachsamkeit gegenüber »Interessenkonflikten« angeht: »Laut neuem Bericht des Innenministeriums sitzt etwa in Dirk Niebels Entwicklungsministerium immer noch ein Mann vom BDI. Doch hilft dieses Wissen wenig. Der Draht zwischen BDI und den FDP-geführten Ministerien ist so eng, dass die dort verfassten Gesetzentwürfe ohnehin erst über die Schreibtische des Industrieverbands gehen dürften, bevor sie das Parlament erreichen« (Ulrike Winkelmann).

Die Karrieren der Politiker, die in den letzten Jahren unser Geschick bestimmten, sind die entsprechenden Geschichten dazu. Nach seinem Ausscheiden als EU-Kommissar gründete zum Beispiel Gunter Verheugen neben diversen Beraterjobs eine eigene Lobbyagentur; Roland Koch wechselte in die Baubranche, Andrea Fischer berät Pharmaunternehmen, auch Gerhard Schröder und Joschka Fischer, einst die »New Boys« der deutschen Politik, sind als Lobbyisten und Berater tätig. Der Übertritt von der Politik ins aktive Lobbyistentum geschieht in aller Regel nicht nur mit dem Tag des Ausscheidens, sondern schon fließend (entsprechend weisen die Politiker die Forderung von LobbyControl nach einer Karenzzeit von drei Jahren zurück. Wir sehen, wie sich ein System schon gegen minimale Reformen verhärtet).

Eines der zentralen Transmissionswerkzeuge zur Erzeugung der Postdemokratie ist diese Milde und Blindheit gegenüber den Interessenkonflikten, was natürlich nicht allzu sehr verwundert, wenn man die Karrieren in der politischen Klasse ansieht: Die Zeit, in der Regierungsmacht unter dem Einfluss der Lobby angewandt wird, ist die Vorbereitung auf die (besser bezahlte) Funktion als Lobbyist zur Beeinflussung der nächsten Regierung. Wer kann sich gegenüber »externen Beratern« behaupten, der seine berufliche Zukunft selbst als »externer Berater« sieht?

»You can't be half a gangster, Nucky. Not anymore.«

»Boardwalk Empire«

Darf es ein bisschen Korruption sein?

Gar kein Zweifel: Demokratie kann es nicht geben ohne bestimmte gemeinsame moralische Grundüberzeugen und moralische Projekte, denn die (gewaltigen) Löcher der Kontrolle der Macht durch die demokratischen Institutionen können in der Praxis nur durch etwas gefüllt werden, dem wir im richtigen Leben den Begriff »Vertrauen« zuordnen. Auf der anderen Seite sind wir, ebenfalls im richtigen Leben, daran gewöhnt, dass nichts so nervt wie »Moralismus« (einer von den unschärferen –ismen, die allesamt nerven).

So entstanden in den verschiedenen politischen Kulturen der westlichen Demokratien unterschiedliche Ersatzhandlungen. Die Sexualisierung der politischen Moral in den puritanisch geprägten (und zugleich durchpornographisierten) Vereinigten Staaten von Amerika, die Nationalisierung der Legitimation oder auch die religiöse Fundamentalisierung. In Deutschland scheint am ehesten eine Art bürokratischer Kleinkariertheit zum moralischen Ersatztheater geworden zu sein. Man verzeiht (repräsentiert durch die Mainstream-Medien, um genau zu sein) einem Politiker ohne weiteres, dass seine gesamte Amtsführung zu einem Gutteil darauf ausgerichtet gewesen sein mag, nach deren Ende einen lukrativen Posten in der Wirtschaft zu erlangen; man verzeiht ihm hingegen nicht, mit dem Dienstwagen zum Shoppen zu fahren.

Man muss wohl von zwei grundsätzlichen Systemen der Korruption aus-gehen – auch und gerade, wenn man den Begriff »Korruption« nicht allein in einem moralischen, sondern auch in einem systemtheoretischen Sinne begreift: Danach ist Korruption die strukturelle Kopplung zweier (oder auch mehrerer) Systeme, das heißt: Elemente eines Systems werden durch Bedin-gungen und Kräfte gelenkt, die nicht dem eigenen System angehören. Wenn also Regierung und Wirtschaft Teile eines Systems wären, wäre Korruption im moralischen Sinne einfach der Normalfall, wären sie aber zwei Systeme, dann wären alle strukturellen Verflechtungen, die persönlichen wie die metaperso-nalen, im systemtheoretischen Sinne (und eben auch im historischen Sinne): Korruptionen.

Wie behilft man sich? Im Sowohl-als-auch, das wir gewohnt sind. Man könnte also sagen: Wir sprechen nicht von einer Grenze zur Korruption, sondern wir sprechen allenfalls von einer Grenze in der Korruption. Die Grenze zur Kor-ruption wäre so dezidiert wie Jimmys Ausspruch im Pilotfilm der Serie »Board-walk Empire«: Man kann nicht »halb Gangster« sein. Die Grenze in der Korrup-tion indes ist eine sowohl fließende als auch bewegliche:

2010 erklärte Eginhard Vietz, Inhaber einer Maschinenbaufirma in Nieder-sachsen mit Schwerpunkt Pipelines in einem Interview mit dem *Handelsblatt* sehr freimütig, was mit der Titelzeile »Der Kampf gegen Schmiergeld ist reine Heuchelei« belohnt wurde:

HB: An wen zahlen Sie das Schmiergeld?

Vietz: An das obere Management im Einkauf. Also die Leute, die entscheiden, wer den Auftrag bekommt. Das sind meist Beamte, man hat es in diesen Ländern ja viel mit Staatsfirmen zu tun.

HB: Und wie wird gezahlt?

Vietz: Das läuft in der Regel ganz ordentlich. Da kommt dann eine Rechnung, auf der steht: Vermittlungsprovision. Und dann ist da ein Konto in der Schweiz ange-geben, und dahin wird das Geld überwiesen.

HB: Das heißt, Ihre Marge wird geschmälert.

Vietz: Nein. Der Bestechungsbetrag wird natürlich vorher auf das Angebot drauf-geschlagen. Das rangiert so zwischen fünf und zehn Prozent der Auftragssumme.

HB: Sie erzählen das jetzt relativ gelassen.

Vietz: Das ist ja auch kein Weltwunder. Sie müssen sich mal anschauen, vor wel-chem Hintergrund das abläuft. Die Leute, mit denen man da zu tun hat, sind rela-tiv schlecht bezahlt. Ich war selbst in deren Wohnungen. Da lebt eine dreiköpfige

Familie auf 30 Quadratmetern. Und solche Leute entscheiden dann über die Vergabe von Millionenaufträgen.

Diese öffentliche, realistische Einschätzung der strukturellen und offenbar allseits geduldeten Kriminalität (und Förderung der Kriminalität in anderen Ländern) in seiner Branche macht nun Eginhard Vietz mitnichten zu einem weniger gern gesehenen Gast am Tisch der Politik (wie immer: allenfalls den »großen Mund« würde man sich gern verbieten): »Dass Vietz gern mal Schmiergeld zahlt, ist Außenminister Guido Westerwelle (FDP) und seinen Ministerialen spätestens seit Ende August vorigen Jahres bekannt: Edda Müller, Vorsitzende der deutschen Sektion von Transparency International, einer Organisation, die weltweit gegen Korruption kämpft, hatte Westerwelle schriftlich über den Fall Vietz informiert und um Stellungnahme gebeten. Es sei ›verwunderlich, dass das Auswärtige Amt sich so um Unternehmer bemüht, die sich in Zeitungsinterviews zu Schmiergeldzahlungen bekennen‹, so Müller. Ihre Organisation vermisse ein ›klares Bekenntnis‹ des Auswärtigen Amtes (AA) gegen die Auslandskorruption«, so berichtete der *SPIEGEL*.

Karriere als Korruptionsspiel.

Wer macht in diesem System Karriere? Wir schlecht gelaunten Zyniker wissen es natürlich: Immer derjenige, der am meisten Korruption anwenden kann. Was wir im alltäglichen Umfeld als leider unnütze Gewissheit mit uns herumschleppen, ist diskursiv nur wenig zu fassen. Denn es geht dabei nicht allein um das Verschieben von Geld, Gefälligkeiten und Posten, sondern um eine mikrophysische Ausbeutung eines Systems, das eben durch diese Form der Ausbeutung nicht nur höchst böse und ungerecht wird, sondern auch von einer sozialen Maschine zur Produktivität zur leeren Profitierungsmaschine wird. So schwer es sein mag, dazu, wie man so sagt, »belastbare« Erkenntnisse zu sammeln, so einfach ist es, Nachweise in der Kommunikationsstruktur des Systems selber zu finden, zum Beispiel im höchst einträglichen Geschäft des »Coaching« und der »Karriereberatung«. Beziehen wir uns dabei auf einen Star dieses Gewerbes, Svenja Hofert, die das Herz von Redakteuren der Deckblätter von Stellenangebotsseiten deutscher Zeitungen offenbar dermaßen erweicht hat, dass sie daraus nicht wegzudenken ist: »Die Kunst ist es, Arbeit geschickt zu verteilen und hinterher trotzdem den Erfolg abzukriegen.«

Auch Svenja Hoferts Kollege Theo Bergauer, »Coach in Ratingen«, ist, was dies anbelangt, um trickreiche Ratschläge nicht verlegen: Wie wird man eine

Arbeit los, die einem unangenehm ist oder nichts einbringt? Auf den Kollegen deuten und »man kann ja sagen: ›Der hat das letzte Woche schon gemacht und ist da schon drin‹« (wir sind ja vielleicht ungerecht, jene »mehr als 20 erfolgreichen Ratgeber und Sachbücher – mehr als 1.000 Presseveröffentlichungen in den letzten 10 Jahren« von Frau Hofert und ihren Kollegen enthalten wohl Stellen, die irgendwie ironisch gemeint sind, wer weiß).

Ein wichtiges Element jeder vernünftigen Karriereplanung, so Bergauer, ist ein taktisches Sich-dumm-Stellen: »Wenn ich eine Sache gut mache, muss ich sie das nächste Mal wieder machen.« Das ist schlecht. Deshalb ist es gut, sich gegenüber dem Kollegen (natürlich nicht gegenüber dem Chef, Dummie!) saublöd zu stellen. »Der andere denkt sich dann: Bevor ich dem das erklärt habe, mache ich es lieber selbst.« Prima (Die einzige Frage: Was mache ich mit der gewonnenen Zeit, außer Geschäftig-Tun?)!

Frau Hofert zeigt auch in diesem Zusammenhang, warum sie so tausendfach Presse-vervielfältigt wird: »Bei einfachen Aufgaben doof stellen – und sich für höhere Aufgaben empfehlen«. Doch wissen auch Karriereberater, dass dieser »neue Klassenkampf« in den Betrieben tobt, entstehend aus abstrusen Maßnahmen der Firmenleitungen gegen ihre subalternen Mitarbeiter (von Bagatellkündigungen bis zum »freiwilligen« Verzicht auf Weihnachtsgeld, damit sich das mittelständische Unternehmen einen »anständigen« Unternehmensberater leisten könne), abstrusen Konkurrenzkämpfen jenseits aller Fairness und Produktivität im Mittelbau sowie nicht minder abstrusen Formen der parasitären Teilhabe: Svenja Hofert beschreibt in ihrem Buch »Jeder gegen jeden« etwa den Fall einer Computerspezialistin, die über geraume Zeit unentdeckt ihren Vorgesetzten brillante Lösungen für Probleme vorsetzte, die sie entweder selbst geschaffen oder auch nur erfunden hatte.

Auf der Ebene der organisatorisch-wirtschaftlichen Einheiten hat das System längst damit begonnen, sich selbst zu kannibalisieren. Das Problem für den Einzelnen innerhalb dieses Systems freilich ist nicht nur, zu überleben oder vielleicht sogar mit einem Rest von Anstand und Selbstachtung zu überleben, sondern es rührt auch daher, dass er mit einem entsprechenden Bewusstsein den öffentlichen Raum betritt. Kann ein so korrumpierter und zugerichteter Mensch glauben, kaum habe er den Wahnsinnsraum seiner Firma verlassen, zeige sich die Gesellschaft von ihrer helleren, menschlicheren und demokratischeren Seite?

Das Coaching für Karriere-Menschen im Allgemeinen und »Powerfrauen« insbesondere sieht auch vor, Macht ohne Verantwortung zu konstruieren. Sich eigenverantwortlich zwischen zwei Aufgaben zu entscheiden, dies wiederum ist ein guter Rat von Hermann Refisch, »Karriereberater aus Frankfurt am Main«, das sollte tunlichst vermieden werden. Stattdessen wende man sich nach oben, entweder mit einem unterwürfigen »Chef, was hat jetzt Priorität?« oder aber mit einem trickreichen »Bitte sagen Sie mir, was ich dafür liegen lassen soll. Darf ich das dann an den Kollegen abgeben?«. Eine Arbeit ist nur so viel wert, wie sie von den diesbezüglich bedeutenden Menschen auch wahrgenommen wird: »Wenn ich mir denke, das merkt eh keiner, ob ich das mache, kann ich das ebenso gut nicht machen.«

In einem festlichen Vortrag zum Thema »Kultursponsoring« hörten wir, wir lügen nicht, noch vor wenigen Jahren einen Fachmann dazu raten, Politiker würden sich gern »Spendierhosen« anziehen, wenn man ihnen, nur zum Beispiel, in Aussicht stellen könnte, mit einer schönen schwarzen Opernsängerin Essen gehen zu dürfen (nein, wir lügen wirklich nicht).

Wir können dieses Coaching zur Karriereplanung letztendlich auf wenige Grundsätze reduzieren:

1. Vermeide die Arbeit, reproduziere sie stattdessen auf ein soziales Schauspiel von Arbeit, lass stattdessen andere die Arbeit machen und verhindere, dass dieser ein soziales Schauspiel von Arbeit erzeugt.

2. Diene nicht dem System (der Gruppe, der Firma, der Gesellschaft etc.), sondern sorge dafür, dass das System dir nutzt.

3. Erzeuge eine virtuelle Realität von »Arbeit«: »Auch mit einem vollen Outlook-Kalender kann man prima Eindruck schinden« (Hofert).

Der »Karrierist« und die »Karrieristin« im Neoliberalismus sind Menschen, die das Prinzip der Ausbeutung umzukehren verstanden haben. Es herrscht sozusagen ein Prinzip der Seitwärtsausbeutung neben dem Prinzip der hierarchischen Ausbeutung, und im Managerkapitalismus geht es nicht mehr darum, dass die Firma ihre Mitarbeiter ausbeutet, sondern darum, dass eine Firma nichts anderes mehr ist als ein Instrument, interne Ausbeutungsvorgänge zu strukturieren und zu maskieren (schon deswegen darf es uns nicht verwundern, dass eine Bank, die gerade bankrott gegangen ist und vom Staat mit Steuergeldern wieder »flott gemacht« wurde, ihren Managern weiterhin die obszönen Boni bezahlt: Diese Manager *missbrauchen* das System nicht, es ist schon längst das ihre!).

An anderem Ort können wir fragen, warum dieses Prinzip der radikalbourgeoisen Ausbeutung in unserer Medienöffentlichkeit wie in den internen Kommunikationsnetzen so vorzugsweise ein weibliches Gesicht hat. Offensichtlich verbindet sich mit diesem Wandel ein vages Gefühl des »soften« Übergangs.

Der Abgang von Verteidigungsminister Guttenberg war ein Schauspiel der geopferten Werte. Als die deutsche Kanzlerin öffentlich bemerkte, sie habe keinen Doktoranden, sondern einen Verteidigungsminister eingestellt, beleidigte sie nachhaltig ausgerechnet das Subsystem, aus dem sie selber stammt und aus dem sie sich ansonsten immer wieder legitimiert, das Subsystem der Wissenschaft, als eben eines jener Subsysteme, deren Werte in der realpolitischen Sphäre nicht taugten. Der Abgang von Guttenberg war schließlich die Folge einer Rebellion dieses Subsystems, das eine dreifache Beleidigung (durch Guttenberg selber, durch die bizarren Äußerungen der Kanzlerin und schließlich durch die Guttenberg-freundliche Presse) nicht hinnehmen konnte.

Daraus ist zweifellos eine Lehre für den zivilen Ungehorsam zu ziehen: Ein beleidigtes, entwertetes und schließlich abgeschnittenes Subsystem hat Fähigkeit und Energie, in die politische Sphäre zurück zu wirken, wenn es Kräfte mobilisieren kann, die ansonsten eher neutral wirken (und sei es aus der Angst vor dem eigenen Untergang: Wenn die Politik die Spielregeln des wissenschaftlichen Betriebes einfach vom Tisch fegen könnte, verkämen diese zur Farce).

Mit dem Staat verhält es sich derzeit, was die Bürgerinnen und Bürger jenseits der ökonomischen Elite anbelangt, so wie es sich mit anderen Dienstleistungsunternehmen auch verhält: Das Monopol oder Oligopol versetzt ihn in die Lage, für immer weniger Leistungen immer mehr Gebühren zu verlangen und dem Gegenüber immer mehr Rechte abzuerkennen. So ist es kein Widerspruch, dass derselbe Staat, der auf der einen Seite von einer Sammel- und Kontrollwut gegenüber seinen Bürgern erfasst scheint, sich auf der anderen Seite von immer mehr Fürsorgepflichten verabschiedet. So hat sich der Staat, wie der Arbeitsrechtler Jens-Peter Hjort aus leidvoller Erfahrung berichtet, »aus der Kontrolle der Arbeitsbeziehungen verabschiedet«, was nichts anderes bedeutet, als dass der Staat die Konzerne bei der Ausbeutung seiner »Mitarbeiter« weitgehend gewähren lässt, vor allem da, wo sie sich des Rechtssystems in einem ungleichen Kampf nicht bedienen können. Insbesondere »400-Euro-Kräfte gehen typischerweise gar nicht zum Anwalt, weil sie nicht den Impetus haben oder die Hürden zu hoch sind« (Hjort).

Die Schaffung des Prekariats, das zwischen der Reservearmee der Arbeitslosen und der schrumpfenden Zahl der abhängig Beschäftigten eine dritte Masse nahezu »kostenloser« Arbeitskräfte insbesondere für die Bedürfnisse der Konzerne – und natürlich auch der selber prekären kleineren Betriebe – bildet, konnte nur mit Hilfe eines Staates geschehen, der sich an der Oberfläche als »schwach« zu erkennen gibt (unter anderem, weil er in seiner eigenen Schuldenfalle sitzt und sich in der »Privatisierung« seiner letzten Steuerungs- und Stabilisierungsinstrumente begab).

Pressefreiheiten in der Postdemokratie.

Natürlich ist Pressefreiheit in einer kapitalistischen Gesellschaft ein paradoxer Mythos und selbst in demokratisch besseren Zeiten als der unseren haben die Kritiker festgestellt, dass Pressefreiheit vor allem die Freiheit der Medienunternehmer ist. Immer wieder haben diese nicht bloß ihre Meinung durchgesetzt, sondern auch eine Wirklichkeit hergestellt, nach ihren und den Bedürfnissen des Marktes: Sie haben wie Randolph Hearst einst Kriege produziert, sie haben ihre Feinde erzeugt, ihre Verbrecher und ihre Strafen, sie haben Politiker an die Macht gebracht und gestürzt. Derzeit gehen sie einen nächsten Schritt weiter: Sie erzeugen einen strukturellen Bürgerkrieg, sie erzeugen neue Klassen von »Unberührbaren«, und sie erzeugen sich lausige Propheten wie Thilo Sarazin oder Karl-Theodor zu Guttenberg.

In der Regel genügt die Übermacht der Unterhaltung gegenüber der Information, um die Interessen von Wirtschaft und Politik nachhaltig gegen unziemliche Einmischungen der Öffentlichkeit zu schützen. Die Oligopolisierung des Medienmarktes tut ein Übriges; einige wenige Zentren (und das heißt am Ende auch: einige wenige Menschen) entscheiden am Ende, was die deutsche Gesellschaft von der Regierung und von sich selbst wissen kann und was nicht. Dabei ist die demokratisch gebotene »Meinungsvielfalt« nicht wirklich verboten, man setzt nur andere Attraktoren. Zeitungen und Zeitschriften sind, eine gewisse Verbreitung und ein gewisser Aufwand vorausgesetzt, abhängiger von ihren Anzeigenkunden als von ihren Lesern. Anzeigen und PR-Kampagnen sind ein probates Mittel, die öffentliche Meinung zu steuern, darüber hinaus spielen sie auch eine Rolle in der Gewichtung der medialen Angebote: Anzeigen »wandern« von den Zeitungen ins Fernsehen und von dort ins Internet. Sie erzeugen mikro- und makropolitischen Sog, der das Medium in eine ebensolche dramatische Abhängigkeit von den Interessen der wirtschaftlichen Oligarchie bringt, wie es zwischen Medium und Politik eine bislang nicht gekannte Einheit gibt. Das politische Comeback eines Karl-Theodor zu Guttenberg konnte nur als mediale Inszenierung gelingen, und so, wie es bei einem Polizeieinsatz ratsam ist, sich die Befehlskette genau anzusehen, so mag es ratsam sein, die an der Kampagne beteiligten Medien auf ihre Interessen- und Besitzverhältnisse hin zu untersuchen.

Im postdemokratischen Diskurs haben sich zwei Formen des Interessen-Journalismus besonders heftig ausgebreitet: Der Informationsdeal und die Kampagne. Eine Presse-Kampagne kann in mehreren Formen auftreten. Die klassische Form ist die Spreitzung der immergleichen Story mit den immergleichen Botschaften über einen längeren Zeitraum mit dem Ziel, eine größere Erzählung mit einer mehr oder weniger eindeutigen Bewertung zu erzeugen. Ein Beispiel dafür ist etwa die Kampagne der *Bild*-Zeitung gegen die »faulen Griechen« und für die Entsolidarisierung (frühere Ziele waren etwa schmarotzende Rentner oder Sozialhilfeempfänger). Eine solche Kampagne schafft, parallel zu Überlegungen in den Politikerverlautbarungen, ein Klima der Missgunst, das Entscheidungen vorbereitet, die man erfreut aufnimmt, obwohl man sie anders möglicherweise als unmoralisch oder unvernünftig ansehen würde. Andere Formen des Kampagnen-Journalismus widmen sich dem Aufbau – oder wie im Fall Guttenbergs – der »Wiederkehr« eines Politikers oder einer Politikerin. Merkwürdige Häufungen von Interviews, Homestories, »Begegnungen« und Kommentaren sind in aller Regel nicht allein dem Nachahmungseffekt bei einem einmal entdeckten Thema bzw. einer erkannten »Personality« geschuldet, sondern dienen einem gemeinsamen Ziel. Dabei positionieren sich Medium und Politiker gegenseitig: der Aufstieg eines von einem Medium (oder einer Gruppe von Medien) »gemachten« Politikers macht auch das Medium. Die Bedeutung in den Diskursen steigt für beide (während umgekehrt die Bedeutung des Mediums der Kritik sinkt); sie teilen sich den Erfolg bei der Dominanz der Diskurse.

Aber selbst diese flächendeckende strukturelle Zensur mit den Mitteln der Marktwirtschaft genügt dem postdemokratischen Fürsten nicht. In den Jahren seit Ende des Jahrhunderts häufen sich auch hier die Fälle von Einschüchterung, Verbot und Verfolgung jeder unliebsamen Recherche. Ein besonders bizarres Beispiel bot die Münchner Staatsanwaltschaft, die im Zuge der Skandale um die Milliardenverluste der Bayern Landesbank und der Hypo Alpe Adria gegen den österreichischen Journalisten Kurt Kuch und zwei Kollegen ermittelte, die aus den Ermittlungsakten zitiert hatten, um den Lesern die Wesenszüge dieser Affäre zu vermitteln. Da dies in Österreich ein erlaubtes Verfahren ist, in der deutschen Rechtssprechung aber verboten, stellte der Münchner Anwalt Ulrich Wastl Strafanzeige gegen das Magazin *News*. Wastl vertrat auch den deutschen Finanzmakler Tilo Berlin, mittlerweile in Kärnten ansässig, der einst Vorstandschef der Hypo Alpe Adria und am Verkauf der Kärntner Bank nach Bayern indirekt beteiligt war. Auch gegen ihn wurde von der Münchner Staatsanwaltschaft ermittelt, wegen des Vorwurfs, die Bayern LB habe die Hypo Adria zu einem irreal überhöhten Preis gekauft. Wastl argumentierte nun, dass *News* auch in Deutschland in der Print-Version wie im Internet zugänglich seien und die wirtschaftlichen Aktivitäten seines Mandanten dadurch beeinträchtigt würden. Danach hatte die Affäre durchaus Züge einer Farce: »Die Münchner Ermittler stellten fest, dass *News* zwar nicht im Stadtgebiet, aber am Flughafen erhältlich ist, leiteten ein Verfahren ein und baten die Wiener Kollegen um Rechtshilfe, inklusive der Daten und einer Vernehmung von Kuch. Die österreichische Justiz wollte offenbar erst Amtshilfe leisten, besann sich dann jedoch eines Besseren, nachdem die dortigen Medien heftig protestiert und von einem ›Eingriff in die Pressefreiheit‹ gesprochen hatten. Österreichische Journalisten könnten doch nicht in Deutschland wegen eines Deliktes verfolgt werden, das in Österreich keines sei, sagt Kuch. Wenn man das weiterdenke, könne am Ende auch bei Berichten über Ungarn auch noch die dortige Regierung mit ihrem ›diktatorisch anmutenden Mediengesetz kommen‹ und gegen ausländische Journalisten vorgehen« (Klaus Ott).

Eine Posse, gewiss, deren Konsequenzen die Staatsanwaltschaft aus dem Weg ging, indem sie die Sache bis zur Verjährung verschleppte. Und doch genügend symptomatisch für das Funktionieren postdemokratischer Mechanismen, in denen sich noch stets neben allgemeinen Strategien der Vernebelung und Manipulation jene Form des Terrors zeigt, die sich diese Regierungsform in einer Light-Version leistet. Dass sie nur so selten angewandt werden muss, dafür sorgt, was man mittlerweile schon länger die »Schere im Kopf« nennt, eine »Erziehung« der Medienmenschen zu einem dem System dienlichen Verhalten.

Nach der staatsanwaltschaftlichen Durchsuchung bei der VM Vermögens-Management GmbH des Baron von Finck veröffentlichte das *Handelsblatt*, nicht gerade ein linkes Medium, im Oktober 2011 einen Artikel unter der Überschrift »Razzia bei Baron von Finck«, in dem von einer Steuer-CD die Rede war, die »nun auch den ersten Prominenten in Bedrängnis« bringe. Der damit Gemeinte, August Baron von Finck junior, reichte dagegen im November 2011 Klage ein, in der er für den durch den Artikel entstandenen »materiellen und immateriellen Schaden« einen Schadensersatz von sage und schreibe 15,25 Millionen Euro verlangte. Der Streitwert des Prozesses wurde auf 16,25 Millionen festgesetzt (dagegen erscheinen die 1 350 000 Euro, auf die Berlusconis respektive Senatspräsident

Renatos Schifanis Anwälte den Dichter Antonio Tabucchi verklagten, weil er in einem Zeitungsartikel auf dessen offensichtliche Verstrickungen mit der Mafia hinwies, schon fast moderat).

Möglicherweise mögen die Summen phantastisch genug sein, sie signalisieren indes, wie das Leben in zwei pekuniären Welten politisch instrumentalisiert werden kann. Man stelle sich vor, wie »kleinere« Unternehmen oder Einzelpersonen auf solche Drohungen reagieren. Das Geld der Oligarchen wird also nicht allein »hinter den Kulissen« und nicht allein im System genutzt (man kann sich halt »die besten Anwälte« leisten), sondern auch vor dem Vorhang als gezielt und bewusst eingesetztes Drohpotential (welche Schadenersatzsumme könnte ein in einem Zeitungsartikel »materiell und immateriell geschädigter« Arbeiter erwarten?). Es geht also hier, wie bei den Schauprozessen um »Bagatellkündigungen«, um ein öffentliches Schauspiel und symbolische Politik. Wenn die am 18.10.2011 im *Handelsblatt* veröffentlichte »Klarstellung« das eigentliche Ziel des Vorgehens gewesen ist, so ist durch die alleinige mediale Verbreitung der gespenstischen Zahl eine Meta-Nachricht in den Medien und zugleich gegen sie entstanden.

Die strukturelle und alltägliche Abhängigkeit dagegen wird mit anderen Mitteln realisiert. So ist in aller Regel der Verlag einer Zeitschrift von den Anzeigenkunden abhängig, und die verlangen im Austausch oft unverholen eine positive »redaktionelle Berücksichtigung«, weshalb im DVD-Magazin Ihrer Wahl nur selten wirklich schlecht über eine DVD geurteilt wird, zu der auf der letzten Seite eine Anzeige zu finden ist, während in der »Alles-für-die Frau-und Fernsehprogramm«-Zeitschrift ein launiger Bericht über eine Ferienregion häufig mit einer Anzeige eines Reisebüros gekoppelt erscheint, deren Fotografien sich verdächtig ähneln. Das Problem ist auch hier, dass dem einzelnen Journalisten die Akzeptanz eines solchen Zusammenhangs regelrecht verboten ist, so dass am Ende auch die Verantwortung nach unten hin abgegeben werden kann.

In den verschiedenen Kontexten entwickeln sich mediale »Klumpen«, die weitgehend Politik bestimmen können. In der Ära von Schmidt und Kohl war es bereits klar, dass man in Deutschland nicht gegen die *Bild*-Zeitung regieren könne, in den letzten Regierungen ist daraus gefolgert, dass man *mit* der *Bild*-Zeitung am besten regiert, und Politiker der nächsten Generation wie Guttenberg regieren schon *durch* die *Bild* (bzw. *Bild* regiert durch sie). So ist *Bild* eine Art des halbamtlichen Schweinejournalismus geworden; Regierung und *Bild* (mit einem gewaltigen Hof um dieses Leitmedium) bilden bereits eine dialektische Einheit: Das eine ist ohne das andere nicht denkbar, man ist zugleich aufeinander angewiesen und instrumentalisiert einander. Die Einheit von Regierung und Medium bildet bereits eine neue Form der postdemokratischen Herrschaft. Da *Bild* zugleich die »niederen Instinkte« und das Gefühl der Beteiligung (des »Mitredens«) stimuliert, kann wohl kaum aus der Leserschaft selber eine irgendwie geartete Kritik oder Distanz erwartet werden (die letzten Gewissensbisse eines gewesenen Citoyens und jetzigen *Bild*-Lesers werden ja durch die Akzeptanz des »Revolverblatts« in den Leitmedien und in der Politik getilgt).

Besonders unrühmlich waren die Angriffe auf die Pressefreiheit in den beiden Ländern besonders autokratischer Postdemokratien, in Italien und Frankreich. Nur ein Beispiel: Nachdem der Journalist und Schriftsteller Denis Robert in Fernsehsendungen und Büchern behauptet hatte, die Firma Clearstream sei ein Instrument der Geldwäsche, und dies auch mit genügend Faktenmaterial untermauerte, überzog man ihn mit Prozessen und Schadensersatzforderungen. Seine Bücher wurden verboten und er selbst in den persönlichen und beruflichen Ruin getrieben. Erst nach zehn Jahren wurden alle vorherigen Urteile aufgehoben und die Seriosität seiner Arbeit bestätigt. Die Bücher wurden wieder aufgelegt. Für eine Fortsetzung der aufklärerischen Arbeit indes war es zu spät.

Als Marco Bellocchio 2011 einen Film »über die gegenwärtigen Machtverhältnisse in Italien« drehen wollte, die Geschichte eines jungen Mädchens, das in die Fänge der Politik gerät und irgendwann bei einer wüsten Party in einer Villa auf Sardinien landet, fand er überall bei Produzenten und Geldgebern verschlossene Türen, zu deutlich waren die Bezüge zu Berlusconi, der es zur gleichen Zeit verstand, darauf hin zu wirken, nur die Filme seiner eigenen Produktionsfirma *Medusa* ins Rennen um die Auslands-»Oscars« in Hollywood zu schicken, auch wenn andere Filme offensichtlich bessere Aussichten gehabt hätten.

Während zur gleichen Zeit kritische Journalisten kaum noch eine Chance erhalten, steigt die Macht jener Presseerzeugnisse, die sich mit den Mächtigen verflechten, ins Groteske, wie der Aufstieg von Rupert Murdoch und seiner *News of the World* zeigte, der erst durch einen nicht mehr zu vertuschenden Abhörskandal zu Fall kam. Zwar wurde schließlich das Medium selbst geopfert, an der Macht des »Imperiums« seiner Unternehmungen aber änderte das kaum etwas, und auch die politischen »Opfer«, die man brachte, hielten sich in engen Grenzen.

Alles hat ein Ende, nur die Pressefreiheit, die hat zwei.

Auf der einen Seite hat die Konzentration der Presse in den Händen weniger Konzerne ein absurdes Ausmaß erreicht, der die europäischen Gesetzgeber offensichtlich nichts entgegenzusetzen bereit sind. Im Jahr 2011 begann der Springer-Konzern mit der Übernahme der WAZ-Gruppe, die ihrerseits den österreichischen Pressemarkt dominiert und etwa 50% an der Kronen-Zeitung hält, die sich Mühe gibt, die deutsche *Bild* an politischer und menschlicher Niedertracht zu übertreffen. Springer besitzt bereits ähnliche Blätter in Polen. 1,4 Milliarden Euro betrug das Springer-Gebot, dem sich allerdings die Familie Dichand widersetzte, die die übrigen 50% an der *Kronen Zeitung* hält und ein Vorkaufsrecht an den WAZ-Anteilen besitzt. Die WAZ-Gruppe ihrerseits ist mit 1,2 Milliarden Umsatz einer der größten Regionalzeitungsverlage Europas (und Regionalzeitungen haben in der Regel für ihren Markt monopolartige Stellungen). Der Springer-Konzern, dessen Übernahme als durchaus unfreundlich angesehen wurde, muss indes mit seinem Potential (der Umsatz stieg im Jahr 2010 um 12% auf 1,53 Milliarden Euro, das Unternehmen ist praktisch schuldenfrei) irgendwo hin. Der Gewinn vor Steuern und Abschreibungen stieg um 11% auf 289 Millionen. Auch auf dem Presse- und Medienmarkt sind die ungleichen Verteilungen von Gewinn und Verlust zu einer enormen Gefahr für die »Balance« der Angebote geworden. Die Medienkonzerne verdienen so viel durch ihre Marktdominanz, dass sie eine extreme Gier nach Expansion, nach neuen Märkten und neuen Medien entwickeln. Damit ist am Ende sogar noch das Nischendasein von unabhängigen Medien gefährdet, zumindest dann, wenn diese Anzeichen von Erfolg zeigen (auch die *Huffington Post* wurde schließlich der Konzernmacht geopfert).

So wenig es politische Instanzen gibt, die uns vor der erdrückenden Monopolmacht von »Pressezaren« und »Verlagshäusern« beschützen, so wenig gibt es offensichtlich politische Instanzen in Europa, die uns vor der feindlichen Übernahme durch Regimes wie das ungarische unter Ministerpräsident Viktor Orbán zu schützen vermögen. Die EU-Kommission, die die entwürdigenden und entmündigenden neuen Pressegesetze des Landes zurückwies, erreichte gerade einmal die Änderung dreier besonders abstruser Passagen, mehr Kosmetik als Eingriff.

Postdemokratie bedeutet nicht nur eine Einebnung der Unterschiede in Programmen und Zielsetzungen der Parteien untereinander, die Systeme und Subsysteme laufen weitgehend ohne Rücksicht und Widerstand ihrer Elemente (»Wie geschmiert«, ist man versucht zu sagen). So verdankt die Partei »Die Grünen« dem zivilen Ungehorsam der Bevölkerung gegenüber dem Stuttgarter Bahnhofsprojekt einen Gutteil ihres Wahlsieges in Baden-Württemberg. Im Gegenzug bot die neue grün-rote Regierung einen Volksentscheid an, der jedem informierten Menschen als die tückische Falle erscheinen muss, die er ist: »Das Scheitern nach Artikel 60 der Landesverfassung ist wegen der hohen Quotenhürden programmiert. Die Grünen haben sich ohne Not und ohne eingrenzende Bedingungen auf einen Volksentscheid eingelassen, der fast wie ein lackiertes Kuckucksei der Stuttgart 21-Befürworter aussieht: Weder wird die Überschreitung des Kostenrahmens insgesamt angetastet noch der Volksentscheid von einem Minderheitenschutz der Menschen in der Stuttgarter Region abhängig gemacht«, so der Politikwissenschaftler Peter Grottian.

Der erwähnte Artikel 60 lautet wie folgt:

1 Eine durch Volksbegehren eingebrachte Gesetzesvorlage ist zur Volksabstimmung zu bringen, wenn der Landtag der Gesetzesvorlage nicht unverändert zustimmt. In diesem Fall kann der Landtag dem Volk einen eigenen Gesetzentwurf zur Entscheidung mitvorlegen.

2 Die Regierung kann ein vom Landtag beschlossenes Gesetz vor seiner Verkündung zur Volksabstimmung bringen, wenn ein Drittel der Mitglieder des Landtags es beantragt. Die angeordnete Volksabstimmung unterbleibt, wenn der Landtag mit Zweidrittelmehrheit das Gesetz erneut beschließt.

3 Wenn ein Drittel der Mitglieder des Landtags es beantragt, kann die Regierung eine von ihr eingebrachte, aber vom Landtag abgelehnte Gesetzesvorlage zur Volksabstimmung bringen.

4 Der Antrag nach Absatz 2 und Absatz 3 ist innerhalb von zwei Wochen nach der Schlußabstimmung zu stellen. Die Regierung hat sich innerhalb von zehn Tagen nach Eingang des Antrags zu entscheiden, ob sie die Volksabstimmung anordnen will.

5 Bei der Volksabstimmung entscheidet die Mehrheit der abgegebenen gültigen Stimmen. Das Gesetz ist beschlossen, wenn mindestens ein Drittel der Stimmberechtigten zustimmt.

6 Über Abgabengesetze, Besoldungsgesetze und das Staatshaushaltsgesetz findet keine Volksabstimmung statt.

So entsteht eine Form der postdemokratischen Herrschaft, die sich der demokratischen Institutionen bedient, statt sie zu erfüllen: Die Hegemonie über die »Meinungen«, den »Geschmack« und die »Diskurse« wird also von zwei Zentren bestimmt, der ökonomischen Oligarchie, aber auch der postdemokratischen Regierungen selber, die sich die Zugriffsmöglichkeiten nicht nehmen lassen wollen. Daher gibt es neben der Komplizenschaft – bis hin zur Verschmelzung der Interessen im Berlusconismus – auch eine gewisse Konkurrenz. Konservative Spielarten der Postdemokratie nutzen diese Form der Zensur nicht zuletzt zur Abwehr gegen Einflüsse von außen, wie das autoritäre Fidesz-Regime in Ungarn, das am 1. Januar 2011 ein nationales Mediengesetz erließ, nach dem eine »Medien- und Infokommunikationsbehörde« (NMHH) sowohl die öffentlich-rechtlichen als auch die privaten Medien auf »politische Ausgewogenheit« hin untersucht. Im Protest der ungarischen Intellektuellen gegen die Wiedereinführung der Zensur war ein zentraler Punkt der Verlust des Prinzipes der Gewaltenteilung. Wäre es freilich tatsächlich so, dass die Presse ein Teil der demokratischen Gewaltenteilung ist, so wäre es bereits ein Versagen der Postdemokratie, sie kampflos den Interessen der Ökonomie zu überlassen.

Die Beziehungen im Kampf um die Dominanz der Diskurse im globalen Bilder- und Nachrichtenmarkt sind komplizierter, als es den Anschein haben mag. Die »David-gegen-Goliath«-Mythologie bekam ihre Risse, als zum Beispiel bekannt wurde, dass die Organisation »Reporter ohne Grenzen«, die sich dem weltweiten Kampf gegen Zensur und gegen die Verfolgung, Inhaftierung und Ermordung von Journalisten verschrieben hat, Geld von der amerikanischen »National Endowment for Democracy« (NED) erhielt, die von der Reagan-Administration gegründet worden war, um inoffiziell amerikanische Interessen zu verfolgen. Die fallende Profitrate zwingt die Medien gleichsam automatisch zu zwei für einen kritischen Journalismus destruktiven Strategien: im Bereich von Personal und Organisation zu sparen und bedingungslos populistisch Aufmerksamkeitsmanagement und Unterhaltung zu bedienen.

Zensur findet zwar weniger autoritär und »intelligent« statt als vielmehr algorithmisch, das heißt als vernetzte Durchsetzung von Interessen gegenüber Reiz erzeugenden Agenten, aber sie hat damit nicht ihren Macht-erzeugenden und Macht-erhaltenden Charakter verloren.

Einschüchterungen und Schikanen gegenüber unliebsamen Meinungen sind in den »demokratischen« Gesellschaften des Westens nicht weniger verbreitet, so etwa der Fall der »Linksaktivistin« Andrea Stauffacher in Zürich, die von Schweizer Ermittlungsbehörden mithilfe eines von der deutschen Firma DigiTask gelieferten »Trojaners« elektronisch ausgespäht wurde.

Der »Staatstrojaner« aus der gleichen Softwareschmiede war 2011 auch Thema in der deutschen Medienwirklichkeit, als das bayrische Landeskriminalamt eine Software auf den Computer eines Verdächtigen eingeschleust hatte, die dessen Privatleben in die Tiefen verfolgen konnte. Zwar wurden die illegalen Tiefen dieses Ausspähens diskutiert, nachdem der Chaos Computer Club die Wirkweise des Trojaners offengelegt hatte; das Ergebnis freilich war, dass der Bund nun die Leitung bei der Online-Durchsuchung und der »Quellen-Telekommunikationsüberwachung« übernimmt und die entsprechenden Programme selbst schreiben lässt.

Medienpopulismus, oder Die Entwertung des Parlaments.

Im Jahr 2010 wurde ein Volksentscheid über das Projekt Stuttgart 21 mit dem Hinweis abgelehnt, er widerspreche der Budget-Hoheit des baden-württembergischen Parlaments. Zur gleichen Zeit aber gewährte die Regierung von Baden-Württemberg den Banken eine Milliarden-Bürgschaft für den Ankauf der Anteile des französischen Konzerns Électricité des France (EdF), ohne sich im Geringsten um die gesetzlich vorgeschriebene Budget-Hoheit dieses Parlaments zu kümmern. Der Eindruck musste sich natürlich aufdrängen, dass das Parlament für solche Regierungen kein gleichwertiges Organ der Demokratie mehr ist, sondern ein Instrument, dem man sich nach Belieben bedient.

Das Problem scheint in einem Diskurswechsel der allgemeinen Teilhabe zu liegen: Der Wahltag (mit seinem enormen Suspense-Potential) scheint darauf ausgerichtet zu sein, der einen oder der anderen Seite eine »Vollmacht« zu erteilen, mit der sie dann in aller Regel eine Wahlperiode lang macht, was sie will. Was vor allem bedeutet: konspiratives Aushandeln mit den ökonomischen Gruppierungen und obrigkeitsstaatliches »Durchregieren« im Fall von Widerständen.

Die Presse in der Postdemokratie steckt in einer Zwickmühle aus Interessen der Verleger, die wiederum die Interessen der Anzeigenkunden mit beinhalten und den Interessen der Abonnenten und Leser, die sich offensichtlich von »ihren« Medien immer mehr statt Warnungen und Informationen Bestätigung und »Beruhigung« verlangen. »Es gibt Themen, die mögen Leser nicht. Und Journalisten mögen Sie auch nicht«, beginnt Heike Faller einen Artikel im *Zeitmagazin*, der erklären soll, warum Zeitungen und Zeitschriften in Deutschland ihrer Aufgabe nicht gerecht wurden, die Menschen vor dem »Gift« der neuen Finanzprodukte zu warnen, die sehr folgerichtig dann die erste große Krise des neuen Jahrhunderts auslösten.

Roberto Saviano hat in Bezug auf die italienische Situation gesagt (aber das gilt gewiss auch für die verschiedenen Stadien der Postdemokratie in den verschiedenen europäischen Ländern): »Der demokratische Neo-Totalitarismus funktioniert also so: Solange du deinen kleinen Blog hegst, ist alles in Ordnung. Aber sobald du darüber hinaus wirkst, muss man dich stoppen, ausbremsen, sogar beschmutzen.«

Klassenpolizei? Klassenjustiz?

Dass die deutsche Justiz auf dem rechten Auge blind und auf dem linken »funkelnd« schaut, dass sie »bürgerliche« Vergehen weniger streng ahndete als »proletarische«, dass sie schließlich offensichtlich gegenüber Mächtigen in besonderer Weise nachgiebig war, ist einer der Umstände, an die man sich gewöhnt hat. Doch mit der Häufung jener Urteile, die Arbeitgebern in vollkommen absurden Bagatellfällen das Recht auf fristlose Kündigungen bestätigten, schien sich eine neue Form von Klassenjustiz abzuzeichnen, wenn vielleicht auch noch nicht in dem Maße, wie man es in Großbritannien nach den Unruhen des Jahres 2011 erlebte. Der Labour-Abgeordnete Gerald Kaufman, der vom Staat die nicht unerhebliche Summe von 8750 Pfund für die Heimkinoanlage seines Anwesens ergaunert hatte, wurde, als der Betrug aufgeflogen war, 2009 zu nichts anderem als zur Rückzahlung verurteilt. Der 23jährige Arbeitslose Nicolas Robinson, bislang unbescholtener Bürger, wurde wegen des Diebstahls eines Kanister Wassers während der Unruhen 2011 zu sechs Monaten Gefängnis verurteilt.

Polizei und Justiz in der postdemokratischen Herrschaftsform dienen dazu, die Unterschicht als Bande von latent Kriminellen, Arbeitsscheuen und Sozialschmarotzern zu deklarieren, denen auch die geringste staatliche Fürsorge statt Hilfe nur Bestätigung von Faulheit und Schmutz bringe. Die Denunziation der neuen Unterschicht wird durch die Medien weiter getrieben, die ein Modell des »Mittelstands« verteidigen, zu der alle außer den Sozialschmarotzern unten und ein paar übertrieben »gierigen« Heuschrecken oben gehören.

Scharfe Abgrenzung auf der einen Seite, Entdifferenzierung auf der anderen (was die CDU unter »Mittelstand« versteht in ihrer »Mittelstandsvereinigung«, ist ein Kapitalismus unterhalb der Megakonzernschwelle). Der Hass der Bürger auf die Arbeiter wird ganz einfach in einem Hass auf die Arbeitslosen fortgesetzt; möglicherweise formulieren es Deutschlands Mainstream-Medien nicht gar so hemmungslos wie der Kolumnist des Londoner *Daily Telegraph*, Simon Heffer:

»Was man die achtbare Arbeiterklasse nennen könnte, ist so gut wie ausgestorben. Was die Soziologen mit Arbeiterklasse bezeichnet haben, arbeitet heutzutage in der Regel gar nicht mehr, sondern wird vom Sozialstaat durchgefüttert.«

Die »Sozial Ausgegrenzten« sollen, so die neoliberale Ideologie, an ihrer Ausgrenzung selber schuld sein. Aber in dieser Zeit zeigte sich, dass diese neoliberale Ideologie den Ausgegrenzten gegenüber nicht bloß Verachtung und Gleichgültigkeit an den Tag legt, sondern mehr als bereit ist, mit den alten und neuen Mitteln, Polizei und Justiz, Medien und Blödmaschinen, einen Bürgerkrieg von oben zu führen.

Wer das Glück hat – oder das Pech, wie man es nimmt –, quer durch Europa zu reisen, während in Raststätten, in Cafés und in Supermärkten Bilder vom Einsatz deutscher Polizistinnen und Polizisten gegen die Demonstranten gegen die Atommülltransporte nach Gorleben diskutiert werden, mag ein wenig erstaunt sein über den Symbolgehalt dieser merkwürdigen Botschaft: Während die deutschen Mainstream-Medien die Sache eher nach hinten schieben, schon mal »Fehler« einräumen lassen, aber auch die Polizeigewerkschaft zitieren, die sich doch sehr wundern muss über »Hass und Aggression«, die den Freunden und Helfern entgegen schlagen, darf man sich als deutscher Reisender Kommentare anhören wie »Und diese Prügel-Nazis wollen uns beibringen, wie Demokratie in der Krise funktioniert«, »Die führen Krieg gegen das eigene Volk, gegen die eigene Jugend, wie in Nordafrika«, oder »Da zeigt die Merkel-Regierung mal ihr wahres Gesicht«.

Und da war noch ein Kommentar zu den Polizeieinsätzen in Gorleben, geäußert in einer italienischen Bar: »Vielleicht wachen ja jetzt auch die Deutschen mal auf«.

Mehr zur Abschaffung der Freiheit

»Zu den krassesten Widersprüchen in der Geschichte der westlichen Gesellschaften zählt die Tatsache, dass die Freiheit in ungemein erhabener und sublimer Weise auf philosophischer Ebene abgehandelt wurde, während die konkrete Wirklichkeit stets von den brutalsten Formen der Unfreiheit durchsetzt gewesen ist«, sagt Angela Davis. Um zu verstehen, was Freiheit ist, muss man möglicherweise ihren Verlust erlebt haben oder in Konflikt mit jenen geraten, die sie nehmen. Anders, und noch einmal mit Angela Davis gesprochen: »Wenn die Theorie der Freiheit in der Isolierung von der Praxis der Freiheit verbleibt, oder richtiger: von der Wirklichkeit Lügen gestraft wird, muss an dem Konzept irgendwas falsch

sein«. So ist nichts richtig an einer Theorie der Freiheit, wenn es keine praktische Umsetzung für alle gibt.

In Ableitung von Angela Davis' These könnte man auf den krassen Widerspruch verweisen zwischen dem Stolz unserer »Zivilgesellschaft« auf ihre Freiheit und der Leichtfertigkeit, mit der Freiheit genommen oder verweigert wird, wenn tatsächlich oder scheinbar eigene Interessen auf dem Spiel stehen.

Neoliberalismus im Allgemeinen und Berlusconismus im Besonderen versteht sich auf die Kunst, die Freiheit aus den Negationen abzuleiten. Im Kern steckt in dieser Definition der Freiheit ein Angriff auf das Fundament der Demokratie, der Gewaltentrennung von Gesetz, Regierung und Parlament. Während der neoliberalistische Volkstribun vor allem eine Justiz angreift, die seine »Entfaltung« behindert – »Richter sind anthropologisch anders als andere Menschen«, behauptete Berlusconi in seinen populistischen Hasspredigten, und: »um Richter oder Staatsanwalt zu werden, muss man verrückt sein« –, greift der Technokrat an der Regierung vor allem die Kompetenz des Parlaments als »Hemmschuh« an. Der neoliberalistische Populist und sein direkter Nachfolger (in einem möglicherweise beständig sich wiederholenden Austausch), der technokratisch-wissenschaftliche Krisenmanager des Staates, sind sich insofern einig, als sie die innere Ordnung einer Demokratie außer Kraft setzen, der Neoliberalist im Sinne eines radikalen Subjekts (der Entfaltung von Freiheit in Form von Geld und Macht), der Technokrat im Sinne eines radikalen »Objektivismus«.

Aber auch was die Beziehung zwischen Regierung und Ökonomie anbelangt, sind die Technokraten und die neoliberalen Populisten die zwei Gesichter derselben Sache. Um zu begreifen, wie diese neue Form der Gouvernance funktioniert, muss man sich nur den Werdegang eines Vertreters dieser »Übergangsregierungen« in der Krise näher ansehen: Lukas Papademos, der griechische Ministerpräsident dieser »Expertenregierung«, studierte am Massachusetts Institute of Technology (MIT) bei dem Wirtschaftswissenschaftler Franco Modigliani, der zusammen mit seinem Kollegen Robert Solow wiederum die Doktorarbeit von Mario Draghi betreute, mittlerweile Präsident der Europäischen Zentralbank. Bei Solow studierte als Doktorand Ben Bernanke, nun Chef der amerikanischen Notenbank Federal Reserve. Der wiederum unterhielt eine gemeinsame Firma mit Professor Mervyn King, später Gouverneur der Bank von England. Kurzum: Expertenregierungen setzen sich aus global vernetzten Vertretern nicht nur eines wissenschaftlich-ideologischen Zusammenhangs, sondern auch aus einer Denkfabrik der ökonomisch-politischen Kampfzone zusammen, nicht unähnlich dem

117

Einfluss, den wir einst bei den »Chicago Boys« am Beginn der Neoliberalisierung der Welt diagnostiziert haben.

Wenn die »Technokraten« der Übergangsregierungen wieder durch gewählte, demokratisch mehr oder weniger legitimierte Politiker ersetzt werden (oder aber auch durch den nächsten Berlusconi), wird ihr Einfluss deswegen ganz gewiss nicht über Nacht wieder verschwinden. Die vernetzten Ökonomie-Technokraten vom MIT bilden im Gegenteil wohl mittlerweile eine Art von Schatten-Weltregierung, die in den technokratischen Übergangsregierungen nur besonders sichtbar werden muss. Das Instrument dieser Schattenregierung ist nicht die Performance (die möglicherweise durch politische Clowns wie Berlusconi, Guttenberg, Sarkozy bei kritischen Bürgerinnen und Bürgern erheblich in Misskredit geraten ist), sondern »das Wissen« (das Wissen, genauer gesagt, um die eigene Vernetzung). Diese Technokraten darf man mit einem gewissen Recht auch schon eine geheime Internationale der Post-Neoliberalisten nennen – immerhin hat Mario Monti, Ministerpräsident der italienischen Technokraten-Regierung, bei eben jenem James Tobin studiert, der die Finanztransaktionssteuer vorschlug, die sich Bewegungen wie Attac zum Programmpunkt kürten (wären wir für einen Augenblick einigermaßen optimistisch, würden wir dieser neuen globalen Elite regierender Ökonomen so etwas wie einen »aufgeklärten Neoliberalismus« zuordnen, so wie wir einem Berlusconi einen »primitivistischen Neoliberalismus« unterstellen dürfen). Ein Mario Monti ist also, im Gegensatz zu seinem Vorgänger, nicht mehr ohne weiteres als »typischer« Vertreter der Allianz von Medien, Postdemokratie und Neoliberalismus zu identifizieren. Er steht sogar, mit einem Schatten seiner selbst immerhin, im Lager der Kritiker und auf der Seite der Dissidenten.

Doch der Traum, die Geschäfte der Menschen nach »rein wissenschaftlichen« Kriterien ordnen zu können, ist so fatal wie jener, die Geschäfte der Menschen nach »rein menschlichen« Kriterien zu ordnen. Entsprechend gestaltet sich die Herrschaft einer politischen Gestalt wie Kanzlerin Merkel, die gleichsam einen Kompromiss (viel eher aber eine mythisch-performative Einheit) von Elementen der »Technokraten« und der »Primitivisten« darstellt (das »Alternativlose« der Technokratie und das »Subjektive« der Herrscherrede, zum Beispiel, der »Sachzwang« in Verbindung mit dem You-tube-Auftritt der Kanzlerin, die eine Hitparade der am meisten gestellten Bürgerfragen abarbeitet). Das, was einst als Demokratie gedacht war, wird freilich zwischen beidem zerrieben.

Die generelle Frage ist die nach der »Freiheit des Denkens« und der »Freiheit des Handelns« sowie nach dem Zusammenhang zwischen beidem. Wäre ersteres absolut, so wäre ein Gefängnis wohl der ideale Ort der Freiheit (und nicht wenige

Gefangene konnten sich mit dieser »inneren« Freiheit über den Verlust der äußeren hinwegtrösten, jedenfalls eine Zeit lang). Wäre das zweite absolut, dann wäre sie ohne Verantwortung, sadistisch (oder doch Sade-isch) und destruktiv.

So wie Aristoteles nur von der Freiheit in seiner engen Gruppe von Gleichgestellten sprechen konnte, die Nicht-Athener (Nationalismus), Frauen (Sexismus), Nicht-Griechen (Rassismus) und natürlich Sklaven und andere »Leibeigene« (Feudalismus) aber ausschloss, so wie die amerikanischen Gründerväter nur von der Freiheit der ihren, nicht aber von der Freiheit der Indianer und nicht von der Freiheit der Sklaven, die aus Afrika verschleppt wurden, sprachen, so könnten wir nur von der Freiheit in der »bürgerlichen Gesellschaft« sprechen (natürlich sind wir diesem Denkrahmen gegenüber skeptischer geworden, aber dürfen wir uns anmaßen, sonderlich weit über ihn hinaus zu gelangen, nur weil wir gegenüber einer anderen Gesellschaft murren, die ihren Mitgliedern unsere Idee von Freiheit nicht zubilligt?). Wenn wir nach der Zahl und erst dann nach der Eigenschaft der von der demokratischen Freiheit in unserer Gesellschaft Ausgeschlossenen fragen, so wird sich wohl ein eindeutiges Bild ergeben: Wir haben es in unserem Alltagsleben mit mehr Menschen zu tun, die sich der demokratischen Freiheiten nicht bedienen können, als mit solchen, die es tun. Und diese Zahl ist immer noch groß genug, wenn wir die »natürlichen« Kriterien des Ausschlusses in Rechnung stellen (die Kinder, die Geisteskranken, die Durchreisenden, die Kriminellen, denen man das demokratische Recht aberkannt hat etc.).

Wessen Freiheit »darf« man einschränken, ohne in einen moralischen Widerspruch zu gelangen (der Mensch ist entweder von Natur aus frei oder hat ein natürliches Recht auf seine Freiheit, so dass nicht-frei immer auch unmenschlich bedeutet, sei es als unmenschliches Wesen, sei es als unmenschlich behandeltes)? Innerhalb der eigenen Gesellschaft, negativ (das heißt nachhaltig und auf ein »unfreies Ende« hin): des Verbrechers, des Wahnsinnigen, desjenigen, der seinerseits die Freiheit der anderen bedroht, und desjenigen, der das System der Freiheit insgesamt bedroht, aller, die eine Gefahr für die anderen oder für sich selbst sind); neutral (das heißt weder als Strafe noch aus Fürsorge, sondern einfach deswegen, weil sich die Freiheit nicht recht realisieren oder auch einfach nur nicht abgefragt wird): des Kranken, des Fremden (der »sich nicht auskennt«, der den Raum unserer Freiheit nur durchmessen soll), des Trägen (der ja gar nichts *will*), des Ängstlichen etc.; und »positiv« (als Hinführung, Behütung, Fürsorge): des Kindes, des Unmündigen, des Verwirrten, des »Behinderten« (mit Hoffnung auf Besserung und Emanzipation).

Freiheit definiert sich entweder an dem, was ein Mensch ist (wer kein vollständiger Mensch ist, der kann auch keine vollständige Freiheit haben, aber umgekehrt ist wohl auch einer, der nicht vollständig frei sein kann, kein vollständiger Mensch) oder an einem sozialen Status (nur Bürger – Bourgeois und Citoyen, wir haben uns an die Teilung gewöhnt – können vollständig frei sein) oder gar an einer Nation (vollständig frei können in Deutschland nur Deutsche sein). Unglücklich, in steigender Vehemenz, ist dies alles genug.

Die Freiheit (des Denkens, des Sprechens, des Handelns) und ihre Folgen (Verantwortlichkeit, Reflexion, Konflikt und Kompromiss) lassen sich in drei Grunddiskursen behandeln, die wir in aller Regel sträflich vermischen:

a) Freiheit als Wert in und für sich: Der Mensch ist erst Mensch, wo er frei ist, und koste dies auch einen Preis an Effizienz, Ordnung und Sicherheit.

b) Freiheit ist die beste Form der Problemlösung in einer komplexeren Gesellschaft: In der »Summierungsthese« behauptet Aristoteles, dass das miteinander in Beziehung gesetzte Wissen der Vielen besser geeignet sei, ein Problem zu lösen als das Wissen der »Experten« und die Macht der Autokraten zusammen.

c) Freiheit mag weder den Einzelnen glücklicher machen, noch den natürlichen, technischen und ökonomischen Problemen am besten begegnen, sie ist indessen dennoch Voraussetzung für eine sich ausgleichende und befriedende Gesellschaft.

Umgekehrt also mag jede Form von Freiheit von drei Impulsen bedroht sein (sofern sie sich unter bestimmten Bedingungen als Wert, Hoffnung und »Gut« überhaupt entwickeln konnte): Von der »radikalen« Freiheit Einzelner, die Freiheit definieren als Fähigkeit, sich im möglichst ungeregelten Wettbewerb durchzusetzen; von der Expertokratie, die entweder behaupten mag, die Probleme besser und in Bezug auf »objektive« Fakten zu lösen, oder aber, dass die Probleme so überwältigend geworden sind, dass nur diese »objektive« Notbremse nutzt; und schließlich von einem populistischen Wohlfühl-Versprechen, das wärmende Gemeinschaft an die Stelle der »kalten« (und intellektuell anstrengenden) Freiheit setzt. Diese Dreiheit von Freiheit bzw. Unfreiheit macht den Umgang mit ihr auch moralisch kompliziert.

Freiheit in der bürgerlichen Gesellschaft steht in der Geschichte dieser strukturellen Ungleichheit in der Verteilung von Freiheit sowohl in der Zeit als auch im Raum. Die Spaltung der relativen, sozial organisierten Freiheit in eine Expertenherrschaft auf der einen Seite, in eine wärmende soziale Konstruktion von Gemeinschaften (nicht ohne den Ausschluss der »anderen«!) ist ein so offensichtliches Symptom der ökonomischen Krise, dass man versucht ist, die Beziehungen von Ursache und Wirkung in Frage zu stellen. Die »Abschaffung der Freiheit« mag eine Reaktion auf die Krise sein, die Krise mag aber auch perfektes Instrument dieser Abschaffung sein.

Wenn der Technokrat die Macht übernimmt, ist es eine Bankrotterklärung der Demokratie und eine Eindämmung des Populismus; wenn der Populist die Macht übernimmt, ist es eine Bankrotterklärung der Demokratie und eine Eindämmung des Expertentums. Der Technokrat arbeitet im Namen von etwas, das über der Gesellschaft steht (im augenblicklichen Fall stehen die Technokraten-Regierungen, je nach Blickwinkel, im Dienste von »Europa« oder im Dienste des – von der MIT-Denkschule ausgehenden – moderierten Finanzkapitalismus).

Natürlich arbeiten nicht nur Politik und Ökonomie an der Abschaffung der Freiheit, sondern auch eine Wissenschaft, die sich dem »positiven Denken« und der Effizienz verschrieben hat. Für sie ist Freiheit eine Schimäre, die sich als Deckphantasie für neuronale, genetisch vorprogrammierte, systemimmanente Vernetzungen ergeben.

So gibt es eine dritte Variante der Freiheitsberaubung – nach dem terroristischen, feudalistischen »Halten« von Sklaven und Leibeigenen und dem strukturellen, ökonomischen Verhältnis.

Feudalistisches Verhalten lässt sich als Alltag in einer Form der semiotischen Freiheitsberaubung beständig erkennen: Der »Vorgesetzte« gegenüber dem »Untergebenen«, auch wenn er nun »Mitarbeiter« heißt, benutzt eine Sprache, die von kleinen »inoffiziellen« Demütigungen durchsetzt ist (»Könnten Sie einmal kurz...« ist eine Befehlsform, die zugleich die erwartete Dienstleistung und Unterwerfung zurückstuft, »Machen Sie mal...« bedeutet, dass der Untergebene jederzeit seine Arbeitskraft zur Verfügung zu stellen hat, und so weiter).

Natürlich wäre es vermessen und respektlos, das Abhängigkeitsverhältnis eines Sklaven von seinem »Herrn« und Besitzer zu vergleichen mit dem Abhängigkeitsverhältnis eines Arbeitnehmers von seinem Arbeitgeber, eines Hartz IV-Empfängers von seiner Behörde, eines Staatsbürgers von seiner Regierung zu unserer Zeit. Es verhält sich vielmehr genau anders herum: Die »softe« und unscharfe Abhängigkeit und Unfreiheit der postdemokratisch-kapitalistischen Gegenwart ließe sich nur überwinden, wenn man an die heroische Geste des Sklaven zurück denkt, der seinem Herrn das erste »Nein« entgegen setzte.

Der Sklave ist in dem Moment frei, als er sich widersetzt (angesichts der drohenden Strafe und sogar des drohenden Todes), aber mindestens ebenso bedeu-

tend ist das Wissen. Jedes Wissen ist am Ende ein Wissen über Abhängigkeits-
und Machtverhältnisse (es schlummert sogar noch im »unnützen Wissen«, im
»leeren Wissen«, in der »toten Bildung«). Daher ist es für den Sklavenhalter entscheidend, dem Sklaven das Wissen unter allen Umständen zu verweigern Fre-
derick Douglass etwa erzählt von einem Sklavenhalter im Süden der USA, der
mit Folgendem auf die Zustimmung von seinesgleichen rechnen konnte: »Reicht
man einem Nigger den kleinen Finger, nimmt er die ganze Hand. Lernen verdirbt
den besten Nigger der Welt. Wenn er lernt, die Bibel zu lesen, wird ihn das für
immer untauglich zum Sklaven machen. Er sollte nichts anderes kennen als den
Willen seines Herrn und lernen, ihm zu gehorchen.«

Moderne (oder postmoderne) Unfreiheit beginnt mit den beiden Grundkon-
stanten der Sklavenhalterei: Der unabdingbaren Unmöglichkeit, Nein zu sagen
gegenüber dem Befehl des »Herrn«, und der Unmöglichkeit, Wissen zu erwerben. Wie bei der postdemokratischen Regierung das Verhalten der Regierten
wird auch in der neuen Sklaverei des Neoliberalismus kaum physische Gewalt
angewandt, und auch ein Subjekt als »Herr« und als »Sklave« ist nur in bestimmten (meist übrigens durchaus symbolisch inszenierten) Ausnahmefällen sichtbar. Das Ideal der bürgerlichen Gesellschaft, sein eigener Herr und sein eigener
Knecht zu sein, ist gleichsam extrem verschärft, man ist, zumindest in der Mittelschicht, zugleich sein eigener sadistischer Herr und sein eigener unterworfener
Sklave.

Der Entzug von Wissen kann durch direktes Verbot und materielle Verweigerung der Mittel geschehen, aber auch durch ein Übermaß an Information und
chaotischen Botschaften. Es gibt neben der Religion (die der Sklave nicht durch
den Text, sondern durch seinen Herrn erfährt) auch die Ideologie, die das Wissen
unterdrückt und verbietet: Die Kultur des Anti-Intellektualismus ist nichts anderes als eine solche Ideologie des Nicht-Wissens in kleiner Dosierung.

Freilich geht es auch um eine Neubestimmung von Wissen überhaupt. Der
Sklave sollte nicht wissen, was in Gefahr stand, ihn selbst an der Gegebenheit
seines Sklavenstatus zweifeln zu lassen. Der Proletarier sollte nicht Anteil an der
bürgerlichen Kultur haben, deren Wissen und strukturelles Nicht-Wissen ihr
die Herrschaft über die Produktionsmittel garantierte. Der »positiv denkende«
Insasse des Neoliberalismus soll nicht wissen, was ihm »nichts bringt«. Natürlich ist das letzte Argument jenes, was dem eigensüchtigen Subjekt am einsich-
tigsten ist. Was nützt mir das Wissen über das System, wenn ich doch wissen
will, wie ich in ihm reüssiere. In der *F.A.Z.* interpretiert Manuela Lenzen den

»Agnotologen« (der sich mit dem »Nichtwissen« beschäftigt): »Unwissen müsse so verteilt werden, dass nur diejenigen unwissend bleiben, für die das Wissen keine Rolle spielt.« Nun dürfen wir uns fragen, welches Wissen für wen keine Rolle spielt. Offensichtlich war es ja ein demokratischer Traum, das Wissen nicht nur jederfrau und jedermann zur Verfügung zu stellen, sondern auch zu freiem Gebrauch.

Die Auflösung von Regierung, einst in mehr oder weniger bürokratische Fachabteilungen geordnet, in eine mehr herrschende als regierende Staatsmacht und ein mehr legitimierendes als erkennendes »Expertentum« ist die politische Seite dieser Neuordnung von Wissen und Nicht-Wissen. Wenn es auf den ersten Blick scheint, dass sich die postdemokratische Regierung dabei eher in die Hände der Wissenschaft begibt, zeigt die nähere Betrachtung genau das Gegenteil: Wissenschaft ist nun einerseits in der Hand des ökonomischen Oligopols und andererseits in der der postdemokratischen Macht. Es wird mithilfe einer Wissenschaft regiert, die ihr Wissen »positiv« verwaltet, also nach Effizienz und Nutzen.

Die strukturelle Erzeugung von Nicht-Wissen (etwas ganz anderes als Un-Wissen!) ist Teil der Macht-, Identitäts- und Informationspolitik der postdemokratischen Strategien:

1. Die Entstehung von Wissen verhindern.
2. Entstandenes Wissen unterdrücken
3. Die Verbreitung von Wissen verhindern. Der seltsame Fall der Berliner Universitäten, die sich im Zusammenhang mit einer Stiftungsprofessur in Finanzmathematik mehr oder weniger mit Haut und Haar der Deutschen Bank verkauften und diesem Oligarchen auch gleich die Rechte über die Forschungsergebnisse und ihre Publikationen einräumten, ist gewiss, wie man so sagt, die Spitze des Eisbergs.
4. Entstandenes Wissen kontaminieren, unlesbar machen, denunzieren.
5. Entstandenes Wissen durch Gegen-Wissen (Gegen-Unwissen) konterkarieren.
6. Filtermaschinen des Wissens errichten, die es »natürlich« und selbstverständlich machen, dass bestimmtes Wissen durchkommt und anderes Wissen nicht. Die deutschen Feuilletons, man mag ansonsten von ihnen halten, was man mag, funktionieren zum Beispiel für das, was an kulturellem Wissen Mainstream werden kann und was nicht, als perfekte Filtermaschine: Man schreibt über dieselben Bücher, dieselben Künstler, dieselben wissenschaftlichen Entdeckungen, dieselben Filme, dieselben Moden, und beschweigt kommunikativ dieselben anderen Wissens-Vorschläge. Was dann die nach-

geschalteten Filtermaschinen, sagen wir das Fernsehen, noch passiert, ist bereits ein Einheitswissen, komplett mit einer Einheitsmeinung dazu

7. Wissen an Bedingungen knüpfen: Es ist kein Wunder, dass ein Wissen, das an das Nützliche gebunden ist, genau dann verschwindet, wenn es das Nützliche zu stören scheint. Ist nicht in Japan das Wissen der Seismologie, dass ein schweres Erdbeben in diesem Jahrzehnt extrem wahrscheinlich sei, durch die simplen Hinweise auf die ökonomische »Notwendigkeit« der Atomkraft verdrängt worden.

8. Die Übertönung des entstandenen Wissens durch Sensationen und Skandale. Es ist vermutlich kein Zufall, dass sich in denselben Jahren, da sich in einer kritischen Öffentlichkeit Theorien und Polemiken gegenüber einer Demokratie, die diesen Namen kaum noch verdient, häufen, die Zahl der Sex-Skandale um mächtige Politiker offensichtlich exponentiell steigt, mal ohne (Berlusconi), mal mit (Strauss-Kahn) entscheidenden subjektiven Konsequenzen.

Ziviler Ungehorsam bezieht sich also in hohem Maße auf die Verteilung von Wissen und Nicht-Wissen.

Die Abschaffung der Bürgerrechte und die Transformationen des »demokratischen Fürsten«

Der Neoliberalismus begreift »seine« Freiheit aus der Negation heraus: Die freien Bahnen der ökonomisch Tüchtigen sollen nicht gestört werden. Daher ist ohne weiteres akzeptiert, die positive Freiheit einzelner Bürger zu beschränken, wenn es um dieses Interesse der »freien« Unternehmungen geht. Der Bürger (zurück zu Aristoteles) hat Teil an einer öffentlichen Sache, deren Verlauf er mitbestimmt und deren Folgen er mit »erleidet«. Der populistische Anteil der Postdemokratie verspricht seinen Followern, das Erleiden gegen Null zu fahren, indem man auch das Mitbestimmen ins Vage verschiebt. Genauer gesagt ist bereits die sanfte Verschmelzung von Gestalten und Erleiden ein probates Mittel, das Bürgerrecht und die bürgerliche Freiheit zu reduzieren. Der Schlüssel dafür mag zunächst der Begriff »Verantwortung« sein. So wie diese Rhetorik das Gestalten professionalisiert und das Erleiden (in einem Brei der »Unterhaltung«, zum Beispiel) verschwinden lässt, so spaltet er von bürgerlicher Verantwortung die »Schuld« ab (sie liegt natürlich »bei den anderen«). Jener Bürger, jene Bürgerin wird um Bürgerrechte nicht kämpfen, der oder die vorher verlernen musste, Verantwortung zu empfinden. Dem demokratischen Konsens mag dabei immer noch Genüge getan sein, wenn der Bürger sich »repräsentiert« fühlen kann (etwa in einer gewählten Regierung, die auf irgend eine Weise glaubhaft machen kann, dass ihr Interessen und Meinungen dieser Bürger nicht gleichgültig sind). Doch selbst diese Repräsentanz, die noch lange nicht für eine demokratische Mitbürgerlichkeit ausreicht, ist in Gefahr: »Die Repräsentanz hört auf, wenn dem Bürger klar wird, dass man ihn zum Untertanen oder Klienten einer unbeweglichen politischen Klasse degradiert« (Paolo Flores d'Arcais). Vielleicht würde man mittlerweile von einer Seitwärts-Bewegung dieser Klasse in die Ökonomie hinein sprechen.

Demokratie ist, vielleicht ein wenig entgegen landläufiger Meinung, nicht in erster Linie das »Mehrheitsrecht« bzw. das Recht der Mehrheit. Weit vor dieser Praxis steht das Recht jedes einzelnen Bürgers und jeder einzelnen Bürgerin – jedenfalls in einem positiven Verständnis der Freiheit. »Der nicht einverstandene Einzelne (Dissident) konstituiert eine besondere und entscheidende Meta-Norm liberaldemokratischer Herrschaft« (Arcais). Dieser Dissident ist der »Prüfstein« der Demokratie

Als Helmut Kohl sich beharrlich weigerte, angeblich wegen eines persönlichen Ehrenwortes, die Namen der Parteispender zu nennen, von denen Prinz Casimir Wittgenstein behauptet hatte, es handele sich um »jüdische Vermächtnisse« (jener Prinz, der Weihnachtseinladungen an Polizisten auszusprechen beliebte), setzte er, ohne weiter dafür belangt zu werden, das Recht seiner Person über das Recht des Staates. Die Tür, die damit geöffnet wurde, wollte sich nicht wieder schließen, und die Ungeheuerlichkeit des Vorgangs (einschließlich der noch ungeheuerlicheren Erklärung) führte zum ersten Mal in der Nachkriegsgeschichte die Ohnmacht der Rechtsstaatlichkeit und Demokratie auch ihren glühenden Verfechtern vor Augen.

Man kann wohl eine direkte Linie ziehen von den Konservativen der Kaiserzeit bis zur Gegenwart des Guttenberg: Es gibt keine Hemmung, die Öffentlichkeit zu belügen, da man den Staat ohnehin nach eigenem Gutdünken zu lenken meint (mit welchen Allianzen auch immer). Die Solidarität innerhalb der eigenen Klasse und der eigenen Kultur ist – dürftig als »Ehre« maskiert – wichtiger als das demokratische Recht.

Die Abschaffung der Gerechtigkeit

Ungleichheit untergräbt die Demokratie.

George Packer

Was ist eigentlich Gerechtigkeit, und warum ist die Antwort auf diese Frage schon lange nicht mehr so einfach, wie es irgendwann mal schien? Ursprünglich war, wie beinahe alles, was zwischen den Menschen vor sich geht, auch die Gerechtigkeit eine Sache der Götter. Die Antike kannte die Erinnyen oder Furien als reichlich grausame Göttinnen sowohl der Gerechtigkeit als auch der göttlichen Rache, da machte man keinen großen Unterschied. Die drei grausamen Schwestern mit feurigem Atem und giftigem Blut – Alecto, »die Böse«, Megaera, »die Widerwillige« und Tisiphone, »die Rächerin« – pflegten Verursacher von Missetaten oder Ungerechtigkeiten hartnäckig zu verfolgen, sogar bis ins Totenreich. Erst nach viel Leid und Schmerz folgte die Erlösung in bitterer Reue. Man nennt so etwas wohl »ausgleichende« Gerechtigkeit. Für das Gute gibt es irgendwann eine Belohnung, aber viel wichtiger: Für das Böse gibt es irgendwann eine Strafe.

Kurzum: Gerechtigkeit war nicht unbedingt das, was der Mensch sich ersehnte, es war das, was er fürchten musste. Und auch als aus den vielen Göttern der Antike der eine Gott der Neuzeit geworden war, schien den Menschen nur zu klar, dass ein gerechter Gott immer auch ein zorniger Gott sein musste. Um also der göttlichen Rache zu entgehen, erklärte sich der Mensch bereit, selber ein wenig für Gerechtigkeit zu sorgen, als individuelle Tugend einerseits, als Regelung der Gemeinschaft andererseits. Gerechtigkeit war doppelt geboren als moralische Haltung eines rechtschaffenen Menschen und als Text für die Gesetze für gerechte Herrschaft und gerechte Staaten.

»Ursprünglich bedeutet Gerechtigkeit Übereinstimmung mit geltendem Recht, bis heute heißt das Gerichtswesen Justiz«, sagt Otfried Höffe, Professor für Philosophie an der Universität Tübingen und unter anderem Verfasser des Buches »Gerechtigkeit – eine philosophische Einführung«. *»Die enge Beziehung zum Recht gibt die Gerechtigkeit nie auf, aber seit längerem hat sie eine umfassende und stärker moralische Bedeutung: Gerechtigkeit meint in erster Annäherung sowohl inhaltliche Richtigkeit des Rechtes als auch Rechtschaffenheit einer Person, einmal objektive Gerechtigkeit, also Gerechtigkeit als Inbegriff des richtigen Rechtes, das andere Mal subjektive Gerechtigkeit, als Tugend eines Einzelnen.«*
Die Tugend der Gerechtigkeit bestand anfänglich also darin, die bestehen-

den Gesetze zu respektieren und die Ordnung im Himmel und auf Erden nicht zu stören. Ein gerechter Mensch im Mittelalter pflegte dem Fürsten zu geben, was des Fürsten ist, Gott was Gottes ist, und jedem Stand, was ihm gebührt. Auf die Idee, Bauern und Ritter, Männer und Frauen, Christen und Heiden müssten in irgendeiner Weise gleich behandelt werden, wäre wohl auch der gerechteste Mensch damals nicht gekommen. Dafür aber kannte er eine andere Tugend, die sich gelegentlich über Gesetze und Ordnungen hinwegsetzen konnte: die Barmherzigkeit. Barmherzigkeit freilich zeichnet sich dadurch aus, dass aus ihr kein Recht abgeleitet werden kann. Der gerechte Mensch wollte ganz einfach Leiden lindern, Hunger stillen, Krankheiten heilen. Nicht weil er es als ungerecht empfand, dass die einen leiden und die anderen nicht, sondern weil Leiden an sich nicht hingenommen werden soll, weder bei Fürsten noch bei Bettlern, weder beim Freund noch beim Feind.

Dies ist bis heute ein Argument gegen die egalitäre Form der Gerechtigkeitsphilosophie geblieben: Eine barmherzige Gesellschaft braucht kein Gleichheitsgebot, denn sie lässt keinen Menschen leiden und sie lässt niemanden Mangel erdulden. Und umgekehrt: Ist eine Gesellschaft von Gleichen nicht unbarmherziger als eine aus eigenem Wille gerechte Gesellschaft, weil sie alles Ungleiche und Eigenwillige verachten oder verfolgen muss? Sind nicht aus dem unbedingten Willen zur sozialen Gerechtigkeit der Terror und der Totalitarismus entstanden? Gerechtigkeit, so scheint es, ist als Tugend so schön, wie sie als Dogma gefährlich ist.

Die enge Verknüpfung von Gerechtigkeit und Gleichheit ist eine relativ neue Erscheinung. Sie entwickelte sich erst mählich in den Umwälzungen und Revolutionen der abendländischen Moderne. Georg Fülberth, emeritierter Professor für Politikwissenschaft an der Universität Marburg:

»Der Begriff der Gerechtigkeit hat im Laufe von Jahrhunderten eine Wandlung des Inhalts erfahren. Wenn wir als moderne Menschen von Gerechtigkeit sprechen, ist der Begriff der Gleichheit ganz nahe. Die Verbindung von Gleichheit und Gerechtigkeit ist eine recht junge Angelegenheit, seit 1789, als sie zentrale Forderung der französischen Revolution war: Freiheit, Gleichheit, Brüderlichkeit. Da war noch nicht von Gerechtigkeit die Rede, weil Gerechtigkeit ist ein alter Begriff, er bedeutete, dass einer vorgegebenen Ordnung entsprochen werden müsse. Im Mittelalter gab es auch Gerechtigkeit, die war hierarchisch verordnet: ›Gebt dem Kaiser, was des Kaisers ist‹. Dann kam die französische Revolution, da war Gleichheit so gedacht als juristische Gleichheit, alle Staatsbürger sind vor dem Recht gleich, unabhängig von

ihrem materiellen Zustand. Gleichheit war in dieser frühen Phase der bürgerlichen Gesellschaft identifiziert mit Gerechtigkeit. Ein neuer Begriff der Gerechtigkeit also.«

Das heißt unter anderem: In der bürgerlichen Gesellschaft musste der Mensch lernen, Gerechtigkeit ohne die Hilfe der Götter zu praktizieren, im Namen der Vernunft und im Namen der Menschlichkeit. Das Maß der Gerechtigkeit entstammt nicht dem Jenseits, sondern der Praxis im Umgang mit dem Mitmenschen. So angenehm es sein mochte, keine Erinnyen mehr fürchten zu müssen, so kompliziert war die Sache nun geworden.

Für die Gerechtigkeit gibt es nämlich nun keine letzte Instanz mehr. Das Gesetz ist zwar bindend, für den Fürsten wie für den Bauern, aber es ist menschlich, also ungenau, fehlbar und korrumpierbar. Und Menschen sind auch jene, die es auslegen und anwenden, die Richter. Ottfried Höffe:

»Gehen wir aus von Gerechtigkeit als Prinzip des Gerichtswesens, dann muß das Gerichtswesen insofern gerecht sein, als es Fachleute als Richter hat und die unparteiisch urteilen müssen, das unparteiische Urteil setzt aber die Rechtschaffenheit der einzelnen Personen voraus. Insofern wird die persönliche Rechtschaffenheit zur Funktionsbedingung eines gerechten Gerichtswesens. Da man sich nicht ganz drauf verlassen kann und will, gibt es dann noch Verfahren auf Seiten des Gerichtswesens, um die Gerechtigkeit zu besorgen: die Möglichkeit, dass man Einspruch erhebt gegen ein Urteil und diese höhere Instanz gegebenenfalls das Urteil berichtigt. Also gibt es einen Anreiz innerhalb des Systems, dass ein Richter unparteiisch nach bestem Wissen und Gewissen urteilt.«

Wie sich die Gerechtigkeit von einem hierarchischen Prinzip, das von einer göttlichen Ordnung ausgeht und sich von oben her, vom Kaiser über den Fürsten und den Staat und seine Beamten bis in den Alltag des geringsten unter den Bürgern erstreckt, in ein sich selbst regelndes und korrigierendes System entwickelt, können wir als erstes im Justizwesen beobachten. Dieses wird, mit der Fülle der zu entscheidenden Fälle und seiner eigenen Geschichte, immer komplizierter, und zugleich werden immer neue Methoden entwickelt, es zu beschleunigen und eben »effizienter« zu machen. Eine dieser Methoden ist der »Deal«, eine Verabredung vor Gericht und durch das Gericht, die nicht mehr dem absoluten Prinzip der Gerechtigkeit gehorcht, sondern dem einer pragmatischen Auslegung. Es ist gleichsam eine »ökonomische« Abwägung von Ungerechtigkeiten, in Deutschland bekannt vor allem in Fällen, da »Aussage gegen Aussage« steht und das Gericht den Kontrahenten nahelegt, auf Teile ihrer Ansprüche (auch der Ansprüche auf Wahrheit) zu verzichten. Es ist naheliegend, dass ein »Deal« denjenigen benachteiligt, der weniger Ressourcen hat, um die Folgen eines Gerichts-urteils zu tragen; in der Regel heißt es nicht viel anderes, als dass der Reichere dem Ärmeren einen Teil der »absoluten« Gerechtigkeit abkauft. Und man mag auf diese Weise einen Verdächtigen zum Geständnis zwingen, der sich damit, selbst wenn er unschuldig ist, vor einem noch krasseren Fehlurteil freikauft.

»Wurden dem Angeklagten im Mittelalter die Folterwerkzeuge gezeigt, um ihn zum Geständnis zu bewegen, so werden ihm heute die ›eigenen Interessen‹ vor Augen geführt. Geht er nicht darauf ein und bestreitet die Tat, läuft er Gefahr, den Groll des Gerichts auf sich zu ziehen, dem er zumutet, seine Pflicht zu tun. Nur ein sehr tapferer Angeklagter wird da dem Lockruf der Dealer und der Aussicht auf eine milde Sprache widerstehen – selbst dann, wenn er die Tat nicht begangen hat« (Sabine Rückert).

Und im Justizwesen erkennen wir erstens, dass das System der Gerechtig-keit zwar möglicherweise stets verbessert werden kann, aber nie das Stadium der Perfektion erreicht. Daher müssen die Menschen zweierlei lernen. Erstens: Dass Gerechtigkeit nichts Gottgegebenes ist, was sich von selbst einstellt und nur gegen mutwillige Störungen von innen und außen verteidigt werden muss. Vielmehr ist Gerechtigkeit nur durch ein hartes Stück Arbeit zu erzielen. Und wenn man nicht darauf achtgibt, droht sie sehr rasch wieder zu verschwinden. Zweitens muss man wohl lernen, mit einem mehr oder weniger ausgeprägten Rest von Ungerech-tigkeit zu leben. Nicht jede erlittene Ungerechtigkeit darf dazu führen, dass ein Mensch sogleich selbst zur Furie wird, um jene Gerechtigkeit, die ihm die zivi-lisierte Gesellschaft verweigert, als barbarische Rache zu vollziehen. Auch wenn wir von einer solchen Rückkehr des Rache-Prinzips gerne gelegentlich träumen, mit Michael Kohlhaas oder Djangos Rache, auch wenn wir gelegentlich dem so genannten Schicksal einigermaßen unbarmherzig dankbar sind, wenn es einen offensichtlich ungerechten Menschen mit Krankheit und Leid bestraft.

»Michael Kohlhaas ist insofern eine wirklich tragische Figur, als ihm Unrecht getan wird und seine Versuche, das Unrecht zu Recht rücken zu lassen, misslingen. Andererseits ist er eine Figur, die meint, er könne die Recht- und Gerechtigkeits-Aufgabe selber in die Hand nehmen, und damit widerspricht er einem Grundgedan-ken der Gerechtigkeit: Dass über Gerechtigkeit dritte Unparteiische urteilen müssen, dass eine Privatjustiz, die wir in schlimmerer Form kennen von Mafia oder Blutra-che, wieder Unrecht schafft. Damit ist dieser Mensch, der als Gerechtigkeits-Fana-tiker angetreten ist, am Ende jemand, der ein hohes Maß an Ungerechtigkeit und Unrecht in die Welt bringt« (Höffe).

Gerechtigkeit gibt es nicht, außer man schafft sie. Und dabei kann eine Menge schief gehen. Gerechtigkeit ist eine stets gefährdete Sache, nicht nur, weil es so viele Ungerechte und so viel Ungerechtigkeit gibt, sondern auch, weil Gerechtigkeit, nimmt man sie zu sehr beim Wort, andere Tugenden bedroht: die Freiheit, die Barmherzigkeit, das Augenmaß, die Vergebung und so weiter. Und schließlich: Gerechtigkeit ist ein widersprüchlicher, unvollkommener und vorläufiger Wert. So einfach ist das. So kompliziert ist das.

Die gerechte Gesellschaft.

Die drei furchtbaren Schwestern, die Erinnyen, die einst das Prinzip von Rache und Gerechtigkeit verkörperten, kümmerten sich vermutlich weniger um Nachbarschaftsstreitereien oder Verkaufsverträge. Ihr feuriger Blick war vielmehr aufs Große und Ganze gerichtet. Auch die Philosophie der Gerechtigkeit hat zunächst mit dem, was wir soziale Gerechtigkeit nennen, nämlich einer Harmonisierung und Anpassung der Lebensverhältnisse, nur am Rande zu tun.

»Auffällig ist, dass der bedeutendste Autor zu Gerechtigkeit, der im Abendland jahrhundertelang die Debatte vorbestimmt, nämlich Aristoteles, den Ausdruck soziale Gerechtigkeit gar nicht kennt. Da gibt es Straf-Gerechtigkeit, Tausch-Gerechtigkeit, korrektive Gerechtigkeit, aber keine soziale Gerechtigkeit. Wo taucht der Begriff auf? Im 19. Jahrhundert, wo man einerseits die sogenannte soziale Frage hat, also dass ein Großteil der Bevölkerung als Arbeiter relativ schutzlos dastand und bedroht war von Arbeitslosigkeit, Unfall und Krankheit, wenn nicht gerade die Familie einspringen konnte. Die vorherrschenden Weltanschauungen, nämlich Sozialismus oder Kommunismus einerseits, Liberalismus andererseits, waren damals ablehnend gegen den Gedanken der Gerechtigkeit. Weder Kommunisten, federführend Karl Marx, noch liberale Denker wie John Stuart Mill waren bedeutende Vertreter des Gerechtigkeit-Gedankens. Die Katholische Kirche führt dagegen ihren Mittleren Weg ein und betont gerade den Gedanken der Gerechtigkeit. Der Gerechtigkeits-Begriff löst sich von der konfessionellen Bindung, auch andere Kirchen übernehmen ihn. In einer schwierig zu überschauenden Ideengeschichte entwickelt er sich zu einem Zentralbegriff, der heute wieder ganz unangefochten dasteht, leider häufig verkürzt wird auf den Begriff der sozialen Gerechtigkeit und hier wiederum die soziale Gerechtigkeit verkürzt wird auf Umverteilung, was wiederum nur ein kleiner Bestandteil dessen ist, was eine gerechte Gesellschaft oder einen gerechten Menschen auszeichnet« (Höffe).

130

Wer das Los der Menschen verbessern will, zielt wohl in erster Linie darauf ab, ein menschenwürdiges Dasein zu garantieren, und erst dann auf soziale Gerechtigkeit. Wer ein erfülltes, freies und glückliches Leben führt, hat in aller Regel wenig Interesse daran, nachzuprüfen, ob der Nachbar nicht womöglich noch erfüllter, freier und glücklicher lebt. Mit anderen Worten: Soziale Gerechtigkeit wird vor allem dort gefordert, wo die Lebensaussichten nicht nur subjektiv ungleich sind, sondern auch objektiv menschenunwürdige Zustände herrschen. So musste, wie einst Aristoteles, auch Karl Marx bei der Beschreibung seiner Gesellschaft die soziale Gerechtigkeit gar nicht als zentralen Begriff einführen, um sie gleichsam als Nebenprodukt allgegenwärtig sein zu lassen.

»Gerechtigkeit kommt bei Marx vor und sie kommt wieder nicht vor. Im Kapitalismus wird am Anfang erörtert, wie der Gewinn entsteht. Gewinn entsteht, indem der Arbeiter seine Arbeitskraft als Ware verkauft an den Unternehmer. Dieser nutzt diese Ware, indem er produzieren läßt und erzielt Gewinn. Marx ging von einem zwölfstündigen Arbeitstag aus: Um seinen eigenen Lebensunterhalt zu verdienen, müßte ein Arbeiter z.B. sechs Stunden arbeiten, er arbeitet aber zwölf Stunden. Der Ertrag der Stunden 7-12 geht an den Unternehmer. Ist das gerecht oder ungerecht, fragt Marx. Er kommt zu einem paradoxen Ergebnis: eigentlich ist es gerecht, aber ungleich. Denn der Arbeiter bekommt den Wert seiner Arbeitskraft zurück, der ist in sechs Stunden verkörpert. Der Unternehmer hat die Arbeitskraft gekauft, mit Eigentum kann man machen, was man will, er kann es auch zwölf Stunden arbeiten lassen. Die Arbeiter können nach sechs Stunden nicht nachhause gehen, weil sie die Möglichkeit, ihren Lebensunterhalt in sechs Stunden zu verdienen, nur bekommen haben, weil sie sich vertraglich verpflichtet haben, zwölf Stunden zu arbeiten. Marx sagt: Hier steht Recht gegen Recht. Und wer darüber hinausgehen will, muß zum Mittel der Gewalt greifen, indem er den Unternehmer enteignet. Der Zustand der Ungleichheit, der erstmal unter kapitalistischen Verhältnissen ein Zustand der Gerechtigkeit ist, wird durch eine neue Gerechtigkeit aufgehoben, in der die Arbeiter die Fabriken besitzen. Da gab es im 19. Jahrhundert Sozialisten, die gesagt haben, jeder Arbeiter wird nun den gleichen Lohn erhalten, das wäre ja gleich. Marx fragt: Ist das auch gerecht? Das wäre das Leistungsprinzip, jeder arbeitet und erhält nach seiner Leistung. Zwei Arbeiter erbringen die gleiche Arbeitsleistung und würden den gleichen Lohn bekommen. Aber einer ist verheiratet und hat Kinder, der gleiche Lohn wird für ihn ein ungleicher Lohn sein, weil ein Teil an seine Familie geht. Also ist Gleichheit und Gerechtigkeit auch wieder nicht dasselbe. Gleicher Lohn für gleiche Arbeit für Personen, die unterschiedliche Bedingungen haben,

ist nicht gerecht. Es ist leistungsgerecht, aber nicht bedarfsgerecht. Also müsste man den Begriff der Gerechtigkeit mit ganz vielen anderen Begriffen verbinden: leistungsgerecht, bedarfsgerecht. Also spielt der Begriff Gerechtigkeit bei Marx eine Rolle? Ja und nein, weil Marx immer von den Umständen ausgeht« (Fülberth).

Nun also ist die Verteilungsgerechtigkeit, von der wir zur Zeit so viel sprechen, schon ein kleiner Teil der sozialen Gerechtigkeit, und diese wiederum ist nur ein Teil von Gerechtigkeit in einem weiteren philosophisch-moralischen Sinne. Jetzt müssen wir auch die Verteilungsgerechtigkeit noch einmal aufteilen in Leistungsgerechtigkeit und Bedarfsgerechtigkeit. Also, zum Beispiel, in den Lohn für meine Arbeit, der gerecht ist in Bezug auf meine Leistung, mein Engagement, meine Produktivität, und in den Betrag, den ich benötige, um mich und vielleicht meine Kinder oder einen pflegebedürftigen Angehörigen, angemessen zu ernähren, zu bilden und zu beheimaten. Mit einer bloßen Gleichheit kämen wir da also nicht viel weiter.

Außerdem haben wir da ein kleines Werte-Problem in unserer kapitalistisch-demokratischen Gesellschaft. Wir interessieren uns nämlich ziemlich gleich stark für zwei Werte, die einander oft genug in die Quere kommen. Gerechtigkeit und Konkurrenz. Oder anders gesagt: Gleichheit und Wettbewerb.

Gerechtigkeit in unserer Gesellschaft wäre demnach nichts anderes als die Kunst, Gleichheit und Wettbewerb in eine halbwegs funktionierende Balance zu bringen, mit menschlichem Augenmaß und einem fürsorglichen Eingreifen des Staates und seiner Gesetze. Das funktionierte, solange sich die Vertreter der jeweiligen Extreme gegenseitig in Schach hielten. Verlangte eine Seite mehr Egalität, nicht nur vor dem Gesetz, sondern auch vor Bankschaltern und Einkaufsparadiesen, schrie die andere Seite: Sozialistische Gleichmacherei! Verlangte die andere Seite allzu unbarmherzig »Freie Bahn dem Tüchtigen«, dann rief die eine Seite: Neoliberalistische Heuschrecken!

Das Empfinden von Gerechtigkeit in der kapitalistisch-demokratischen Gesellschaft basiert daher auf einem Begriff, der zumindest hierzulande gegenüber dem schweren Begriff der Gerechtigkeit einen etwas leichteren, spielerischen Klang hat, zumal er aus der Parallelwelt des Sports stammt: der Begriff der Fairness. Fairness ist die wundersame Balance von Gleichheit und Wettbewerb.

Fairness bedeutet Chancengleichheit im Wettbewerb. Fairness bedeutet gleiche Ausgangspositionen, gleiche Regeln, gleiche Bedingungen für alle Konkurrenten, Fairness bedeutet den Wettbewerb einander mehr oder weniger gleichwertiger Gegner, die keine unverschuldete Schwäche des Gegners ausnutzen. Eine gerechte Gesellschaft hätte demnach für nichts anderes zu sorgen, als dafür, dass es keinerlei Diskriminierung in Bezug auf Rasse, Religion, Alter, Geschlecht oder sexuelle Identität gibt, welche den Start im Wettbewerb unfair behindern könnte. Man hätte dafür zu sorgen, dass es Ausgleich für Handicaps gibt, und dafür, dass es genügend Felder für den Wettbewerb gibt, dass für jedes Temperament, Talent und Interesse etwas dabei ist. Umgekehrt wäre dafür zu sorgen, dass es keine unfairen Vorteile gibt, wie zum Beispiel den Vorteil eines Familienerbes, eines großen Namens oder Titels, den Vorteil von Parteizugehörigkeiten, von Elitenbildungen, von kulturellen Hegemonien. Dass niemand wegen seines guten Aussehens oder seiner rhetorischen Begabung allein bevorzugt wird. Von den mafiosen Unterwanderungen und Auflösungen aller Strukturen der Gerechtigkeit ganz zu schweigen.

Der amerikanische Philosoph John Rawls, der im letzten Jahrhundert die einflussreichste Theorie der Gerechtigkeit für die demokratisch-kapitalistischen Gesellschaften entwickelt hat, stellte auf den ersten Blick sehr einfache Regeln für ein faires System sozialer Kooperation auf:

»Jede Person hat den gleichen unabdingbaren Anspruch auf ein völlig adäquates System gleicher Grundfreiheiten, das mit demselben System von Freiheiten für alle vereinbar ist.«

» Soziale und ökonomische Ungleichheiten müssen zwei Bedingungen erfüllen: erstens müssen sie mit Ämtern und Positionen verbunden sein, die unter Bedingungen fairer Chancengleichheit allen offenstehen; und zweitens müssen sie den am wenigsten begünstigten Angehörigen der Gesellschaft den größten Vorteil bringen.«

Wichtig ist: Die erste Regel hat Vorrang vor der zweiten, und der erste Teil der zweiten Regel hat wieder Vorrang vor dem zweiten Teil. Auf diese Weise soll gewährleistet sein, dass die Förderung der sozialen Gerechtigkeit nicht zu Lasten der Freiheit geht oder sich in gewisser Weise selbst auffrisst – nämlich indem die Rücksichtnahme auf die am wenigsten begünstigten Gesellschaftsmitglieder das ökonomische und kulturelle Niveau der gesamten Gesellschaft sinken läßt. Mit seiner »Theorie der Gerechtigkeit« ist es John Rawls 1971 gelungen, einem Wirtschaftssystem, das von Fortschritt und Selbstverwirklichung besessen schien, den Wert der Gerechtigkeit wieder vor Augen zu führen und zugleich Wege zu ihrer praktischen Verwirklichung aufzuzeigen. Kein Wunder also, dass diese »Theorie der Gerechtigkeit« derzeit, wo Fairness in Ökonomie und Politik nicht sonderlich hoch im Kurs zu stehen scheint, so aktuell wirkt.

»John Rawls ist die wichtigste Person in der Gerechtigkeit-Debatte der letzten 50 Jahre, man kann von einem Paradigmenwechsel sprechen. In der Philosophie stand im Vordergrund eine sogenannte Meta-Ethik, die sich nicht direkt mit ethischen Fragen befasste, sondern ethisch neutral sein wollte mit Überlegungen zur Begrifflichkeit: Was heißt Moral, was heißt gut, was Gewissen? Gerade in der englischen Welt herrschte der Utilitarismus vor, eine moralphilosphische Richtung mit den Hauptvertretern Jeremy Bentham und John Stuart Mill. Nach dem Utilitarismus kommt es an auf das größte Glück der größten Zahl an, kurz auf das maximale Wohlergehen der Betroffenen. Offen bleibt dabei die Frage, auf wen dieses Wohlergehen verteilt werden soll? Zum Beispiel: 20 Personen bekommen eine Kiste mit 20 Äpfeln, wie soll man die verteilen? Der Utilitarismus sagt, das kommt darauf an, wo kollektives Wohl maximiert wird, also naheliegenderweise dort, wo jeder einen Apfel bekommt, das Gesetz des abnehmenden Grenznutzens. Aber der Einwand von Seiten der Gerechtigkeit-Theoretiker lautet: Das ist doch keine empirische Frage, sondern es gibt gewisse Rechte, die der Mensch hat, die jedem einzelnen zukommen, unabhängig davon, ob damit das Kollektivwohl gesteigert wird. Man darf z. B. keinen Unschuldigen bestrafen, auch wenn eine hysterische Situation entsteht. Wir dürfen niemanden foltern, niemandem das Recht auf Leib und Leben, auf Eigentum, auf Glauben- und Gewissensfreiheit usw. nehmen. Deswegen, das ist Haupteinwand gegen den Utilitarismus, brauchen wir den Gedanken der Gerechtigkeit. Rawls gelingt es, gegen den Utilitarismus den Gerechtigkeits-Gedanken wieder in den Vordergrund zu schieben« (Höffe).

Gegen die Gerechtigkeitstheorie von John Rawls und anderen Philosophen, die diesen Wert ins Zentrum stellen, lässt sich dieses und jenes einwenden. Theoretisch und vor allem praktisch, denn wie es scheint, haben sich im letzten Jahrhundert sowohl die Ökonomie als auch die Regierungen große Mühe gegeben, genau das Gegenteil dessen zu machen, was Rawls von einer gerechten Gesellschaft verlangt hat. Da klafft die Schere von Arm und Reich immer weiter auf. Im vergangenen Jahrzehnt sanken laut *Spiegel* die Reallöhne um 4 Prozent, während die Unternehmen ihre Gewinne um 60 Prozent steigerten. Das Geldvermögen der privaten Haushalte stieg laut Bundesbank zwischen 2000 und 2007 um 30 Prozent. Da stehen exorbitante Managergehälter und Bonuszahlungen für Investment-Banker einer neuen Unterschicht gegenüber, deren Chancen im ökonomischen Wettbewerb gegen Null tendieren. Da verdienen Frauen immer noch gut 20 Prozent weniger als Männer. Und immer fand man mehr oder weniger vernünftige Ausreden dafür, vom Ideal der sozialen Gerechtigkeit abzurücken: der Wettbewerb auf dem Weltmarkt, die Verknappung der Rohstoffe und der Arbeitsplätze, die Bedrohung durch Terrorismus. Schließlich kam alles nur noch verpackt in Worthülsen wie systemrelevant und alternativlos daher. Und was Kultur und Alltag anbelangt, sieht es offenbar noch düsterer aus. Betrachtet man mit John Rawls Prinzipien im Ohr unser Fernsehprogramm mit Casting- und Gameshows wie »Der Schwächste fliegt raus«, könnte man wohl von einer allgemeinen Einübung der Ungerechtigkeit sprechen. Nun sehen wir uns um, nach den Finanzkrisen und den immer offenkundigeren Bewegungen zu sozialer Ungerechtigkeit – von der neuen Unterschicht ist die Rede, deren Chancen im ökonomischen Wettbewerb gleich null sind, von einer Zweiklassenmedizin, von einer Generationenungerechtigkeit, ganz zu schweigen davon, dass die ökonomische Gerechtigkeit zwischen den Geschlechtern oder gegenüber Migranten nicht wirklich vollendet ist, und plötzlich sind auch die dreisten Managergehälter und Bonuszahlungen für Banker ein kontroverses Thema, die uns herzlich egal sein könnten, wären wenigstens die Grundelemente von Rawls Vorschlägen zur Gerechtigkeit erfüllt.

Etwas fehlt, das haben wir am Anfang festgestellt. Jedenfalls ist es nicht im versprochenen Maße vorhanden. Die Gerechtigkeit im Allgemeinen, die soziale Gerechtigkeit im Besonderen. Und wenn wir ehrlich sind, sind wir nicht unschuldig am Mangel an Gerechtigkeit im Allgemeinen, an sozialer Gerechtigkeit im Besonderen. Unter dem Dauerfeuer neoliberaler »Jeder ist für sich selbst verantwortlich«-Propaganda ist uns offensichtlich das Gerechtigkeitsempfinden abhanden gekommen. Unsere Kultur scheint vergessen zu haben, wie schön Gerechtigkeit sein kann. An ihre Stelle getreten ist eine Kultur der Niedertracht, der Ausgrenzung und der Häme. Während man sich in der Philosophie streitet, ob in John Rawls Theorie der Gerechtigkeit zu viel oder zu wenig Egalitäres stecke, ob er den Bereich des Privaten und die individuelle Leistung vernachlässigt habe und am Ende mehr Gerechtigkeit doch weniger Freiheit bedeuten könnte, fragen sich immer mehr ganz normale Menschen: Wo sind denn Tugend und Gerechtigkeit geblieben? Und wer zum Teufel könnte sie uns zurückbringen?

Wer sorgt für Gerechtigkeit und wem würden wir eine solche Aufgabe noch anvertrauen? So wenig wir bei der Realisierung von Gerechtigkeit noch auf die Hilfe der Götter vertrauen können, so wenig ist es hilfreich, auf eine Natur der Gerechtigkeit zu bauen. Die Natur, was immer das sein mag, ist nicht gerecht, das Leben als solches ist nicht die Spur gerecht, und auch der Mensch ist nicht von Natur aus gerecht. Jedenfalls nicht mehr, seit er aus dem Paradies vertrieben worden ist.

Aber Menschen haben doch offensichtlich eine Sehnsucht nach Gerechtigkeit. Sie schätzen gerechte Menschen und gerechte Verhältnisse, und wenn sie von einer besseren Zukunft träumen, dann träumen sie von einer gerechteren Gesellschaft. Wenn Menschen Romane oder Theaterstücke schreiben, Bilder malen oder Filme drehen, dann scheinen sie vor allem um das Thema Gerechtigkeit zu kreisen: um den Mangel an Gerechtigkeit und die mehr oder weniger symbolische Gestalt, von Robin Hood bis Che Guevara, die ihr Leben dafür einsetzt, Gerechtigkeit wieder herzustellen. Scheitern inklusive.

Jede Form von Gerechtigkeit braucht indes eine machtvolle Instanz: Justiz, Gericht, Schiedsrichter, Staat, Regierung, Behörden, die sie erzeugen und überwachen. Sehen wir von einem Utopia ab, in dem alle Menschen gut, frei und gerecht sind, so ist die Voraussetzung dafür, dass man in gerechten Verhältnissen lebt – man kann auch sagen in Verhältnissen, in denen es sich lohnt, gerecht zu sein –, dass alle Menschen etwas von ihrer subjektiven Macht abgeben an eine Instanz, die die Gerechtigkeit garantiert. Mochte man einst diese Macht gern einem gerechten Herrscher übertragen, so kann es in der bürgerlich-demokratischen Gesellschaft nur darum gehen, möglichst viele einander wiederum gegenseitig kontrollierende Instanzen zu haben. Aber zur gleichen Zeit brauchen wir auch eine Einheit dieser Instanzen der Gerechtigkeit, denn jede Gerechtigkeit ist am Ende nur so viel wert, wie sie für alle gilt.

»Der Staat steht dabei nach wie vor im Zentrum. Ich meine damit den Staat als Inbegriff der öffentlichen Gewalten, d.h. Legislative, Judikative, Exekutive. Allerdings gibt es viele andere Institutionen wie Familien, Kirchen, Jugendverbände, Gewerkschaften, Arbeitgeberverbände u.a., die ebenfalls für Gerechtigkeit zuständig sind. Eine weitere Einschränkung ist: Staaten haben Nachbarstaaten, heute in Zeiten der Globalisierung sind Nachbarstaaten mit vielen fern liegenden Staaten vernetzt. Das Ganze ist ein Kooperations- und leider auch Konfliktnetz, in dem es überstaatliche Verantwortlichkeiten ebenso gibt. Die EU ist ein nicht unmisslungener Versuch dazu, auch Verteidigungsbündnisse, Weltgesundheitsorganisation, Welthandelsorganisation usw. Auf Dauer müssen wir das machen, was überragende Gerechtigkeits-Theoretiker wie Immanuel Kant gesagt haben: Wir brauchen neben einem gerechten Gemeinwesen und neben einer gerechten Staatsordnung noch einmal gerechte Verhältnisse zwischen diesen Staaten, also am Ende eine gerechte Weltrechtsordnung« (Höffe).

Eine gerechte Weltordnung setzt voraus, dass Institutionen der Gerechtigkeit miteinander verhandeln, die zum einen unser Vertrauen genießen – wir vermuten einmal, dass korrupte Tyrannen oder rassistische Fanatiker nicht die geeignetsten Vertreter für ein Projekt der Weltgerechtigkeit sind – und die zum anderen neben dem Willen auch die Stärke dazu haben. Leider scheinen sich die Voraussetzungen für beides eher zu verschlechtern.

Das Vertrauen zwischen den Regierungen und der Bevölkerung schwindet: da den allgegenwärtigen Medien nichts mehr verborgen bleibt, kommt weniger die politische List als vielmehr die charakterliche Unzulänglichkeit von Volksvertretern geradezu erbarmungslos ans Licht der Öffentlichkeit. Und die Eigendynamik der Machtkämpfe deutet darauf hin, dass es auch in einer Demokratie offensichtlich einigermaßen schwierig ist, als gerechter Mensch an die Spitze zu gelangen. Zum anderen scheint die Vorherrschaft des Ökonomischen zu einer Schwächung der Regierungen geführt zu haben, die es ihnen kaum noch möglich machen würde, für mehr soziale Gerechtigkeit einzutreten, selbst wenn sie es denn wollten.

»*Ursprünglich in der frühen Neuzeit beruhte die Legitimation des Staates darauf, dass er Frieden schafft, nicht Gerechtigkeit. In der Situation nach den fürchterlichen Bürgerkriegen im 30-jährigen Krieg, in England im 17. Jahrhundert, kommt bei John Locke die Vorstellung: Wir brauchen eine Instanz, die so stark ist, dass sie widerstreitende Interessen zum Frieden zwingt. Dann kommt die französische Revolution: Der Staat ist berechtigt, Frieden zu stiften, aber auf der Basis von Freiheit, Gleichheit, Solidarität. Dazu braucht man einen starken Staat, der Autorität hat. Die Geschichte der Staatsautorität ist sehr wechselhaft: Im 20. Jahrhundert haben wir die Vorstellung des Staates, die auf den Theorien von John Meynard Keynes basiert, eines Staates, der auch in die Wirtschaft eingreift und die Anhebung niedriger Einkommen erzwingt, der durch Umverteilung von oben nach unten mehr Gleichheit herstellt, mehr Chancen-Gerechtigkeit. Das war ein nicht nur politisch und militärisch, sondern auch wirtschaftlich und sozial starker Staat. Dieser starke Staat ist verschwunden seit der neoliberalen marktradikalen Wende der Wirtschaftspolitik Mitte der 70er Jahre: Der Staat hat kaum noch ökonomische Interventionsmöglichkeiten, also auch keine Chance mehr auf mehr soziale Gerechtigkeit. Dazu wird er ausgehungert, indem sich eine Politik der Steuersenkungen durchsetzt: Ein Staat, der kein Geld mehr einnehmen und keines mehr ausgeben kann, ist ein schwacher Staat – bis zu dem Punkt, wo man sich fragt, ob der moderne Staat, der für Ausgleich, für gesellschaftlichen Frieden und Gerechtigkeit sorgen kann, nicht völlig im Verschwinden ist*« (Fülberth).

Kein Wunder, dass die Menschen nach Alternativen suchen angesichts eines Staates, der es immer weniger als seine Aufgabe zu sehen scheint und immer weniger in der Lage ist, soziale Gerechtigkeit zu garantieren. Die einen verlagern ihre Hoffnung auf Gerechtigkeit erneut in ein Jenseits. Die anderen suchen Zusammenhalt und Gemeinschaft in symbolischen Inszenierungen, im Sport, in der Unterhaltung, in Kult oder Subkultur. Wieder andere versuchen, achtbar genug, Gerechtigkeit wenigstens im privaten und persönlichen Umfeld zu praktizieren: in der Familie, in der Nachbarschaft, im Verein. Mehr als jeder dritte Deutsche über 14 engagiert sich ehrenamtlich. Eine ungerechte Gesellschaft ist eben nicht unbedingt eine Gesellschaft, in der es keine gerechten Menschen gibt. Und Gerechtigkeit ist kein abstrakter Wert, dem man sich verpflichtet, sondern eine sinnliche und leidenschaftliche Praxis. Mit anderen Worten: Je weniger man sich auf eine starke Institution verlassen kann, die Gerechtigkeit garantiert, desto höher im Kurs steht Gerechtigkeit wiederum als persönliche Tugend. Vielleicht gibt es ja Menschen, die eine besondere Begabung für Gerechtigkeit haben, vielleicht ist Gerechtigkeit ebenso ansteckend wie in unseren Medien der sadistische Genuss von Ungerechtigkeit ansteckend zu sein scheint. Mehr noch aber scheint sich die Erkenntnis durchzusetzen, dass eine Gesellschaft ohne Gerechtigkeit am Ende nicht mehr funktionieren oder in der einen oder anderen Form von Terror enden wird.

»Was genau meint Gerechtigkeit als soziale Erfordernis: Gerechtigkeit ist der Inbegriff dessen, was die Menschen einander schulden. Diese geschuldete Sozialmoral ist zu unterscheiden von dem, was die Menschen sich selber gegenüber schulden, und von dem, was man als eine verdienstliche Mehrleistung betrachten kann. Gerechtigkeit ist nicht identisch mit Wohltätigkeit, es besteht oft die Gefahr, dass man im Namen der Gerechtigkeit, dieser geschuldeten Sozialmoral, faktisch auf Wohltätigkeit u.a. zurückgreift. Natürlich gibt es Menschen, die für Gerechtigkeit sensibler sind, die sich gegen ungerechte Eigenbehandlung wehren, aber auch sensibel sind gegenüber der Ungerechtbehandlung anderer. Und andere, die mehr an sich selber denken, denen ist das weniger wert. Aber deshalb ist Gerechtigkeit eine persönliche Tugend – und Menschen, die tatsächlich gerecht, unparteiisch, objektiv die Welt beurteilen, sind eine Seltenheit. Ob es Kulturen gibt, denen Gerechtigkeit mehr oder weniger wichtiger sind? Ich habe mal ein Ethik-Lesebuch zusammengestellt mit Texten von Ägyptern und Babyloniern bis heute, da finden wir ein Loblied auf die Gerechtigkeit in allen Kulturen, ein Loblied auf Rechtschaffenheit von Individuen. Allerdings wird even-

tuell die Reichweite und die Anspruchstiefe unterschiedlich definiert. Deshalb finde ich, die Gerechtigkeit gehört zu dem, was ich Weltmoralerbe nennen möchte. Ein gerechter Richter wird in vielen Kulturen ganz hoch geschätzt« (Höffe).

Das »Weltmoralerbe« Gerechtigkeit ist indes immer beides zugleich, Hoffnung und Verpflichtung, die sich die Menschen aller Kulturen und Religionen am Ende nicht nehmen lassen, aber auch eine Gefährdung, die sich um die furchtbare und leider auch derzeit virulente Idee entwickelt, Gerechtigkeit für einen überschaubaren Teil der Menschen könne erreicht werden, wenn dieser andere Teile der Menschen fundamental ausgrenzt. So entstehen neuer Nationalismus, neuer Rassismus, neuer Sexismus ausgerechnet aus dem Impuls der Gerechtigkeit heraus. Wer sich selbst ungerecht behandelt fühlt, sei es, weil er tatsächlich unverschuldet Nachteil erduldet, sei es aber auch, weil man es ihm einredet, und wer sich dabei von den traditionellen Instanzen der Gerechtigkeit im Stich gelassen fühlt, tendiert gelegentlich dazu, sich den Heilsversprechungen populistischer oder religiöser Führer anzuschließen. Nirgendwo sonst ist so viel von »Gerechtigkeit« die Rede als in den Hasspredigten auf allen Seiten. Und niemand scheint sich so traumwandlerisch ungerechte Menschen als Führer zu wählen wie Menschen, die sich ungerecht behandelt fühlen.

»Der Wunsch nach Gerechtigkeit und Gleichheit bei den Menschen, die sich ungerecht und ungleich behandelt sehen, ist offensichtlich nicht mehr aus der Welt zu treiben. Das ist wirklich eine Errungenschaft der Moderne: Die Menschen wollen gleich und gerecht behandelt werden. Wenn dieses Bedürfnis auf demokratische Weise nicht befriedigt wird, wird man sich andere Instanzen suchen. Wir haben eine starke Bewegung des Rechtspopulismus in Europa, meist angeführt von sehr reichen Männern, die schrecklicherweise bei armen Menschen sehr viel Anklang findet. Man will soziale Gerechtigkeit zu Lasten Anderer, Schwächerer. Ich will soziale Gerechtigkeit für mich, dann muss der nationale Rahmen so eng gezogen werden, dass es für alle reicht, also Ausländer raus. Es wird Gleichheit in einer vorher definierten, meist nationalen Grenze gefordert, die neue Ungerechtigkeit hervorbringt – das ist das europäische Phänomen. Wir sehen, dass in der islamischern Welt die Forderung nach Gerechtigkeit nicht mehr an den Staat gerichtet wird, weil man ihn für korrupt hält, dann ist es eben die religiöse Gemeinschaft. Der Begriff der Gerechtigkeit hat nur Sinn, wenn er universell ist. In dem Moment, wo man Gerechtigkeit nur für eine bestimmte Menschengruppe, Rasse, Geschlecht, Nation fordert, schafft man scheinbare Gerechtigkeit im kleinteiligen Bereich, schafft statt universeller Gerechtigkeit universelle Ungerechtigkeit« (Fülberth).

Gerechtigkeit 2.0 oder wie man gerecht ist in einer hochkomplexen Gesellschaft

Der Großteil der Bevölkerung, der politischen Klasse und der gegenwärtigen Philosophie wird sich in der ersten, einfachen Beantwortung der Frage »Was ist Gerechtigkeit?« einigermaßen einig sein: Gerechtigkeit bedeutet die Schaffung gleicher Lebensaussichten für alle Menschen. Das bezieht sich auf die politischen Rechte, die Möglichkeit, seine eigenen Angelegenheiten zu regeln, seine Lebenswelt zu gestalten ebenso wie auf die Fähigkeit, gerechten Lohn für seine Arbeit zu erhalten und sich für diesen Lohn einen angemessenen Teil von Dingen und Dienstleistungen, von Besitz und Vergnügungen leisten zu können. Und es bezieht sich auf das Recht, sich nach eigenem Entschluss zugehörig zu den anderen zu fühlen.

Noch einfacher lautet die Grundforderung des egalitären Ansatzes in der Gerechtigkeitstheorie: »Niemand soll aufgrund von Dingen, für die er nichts kann, schlechter dastehen im Leben als andere.«

Was dies anbelangt, so scheint unsere Gesellschaft nicht bodenlos ungerecht, aber doch bemerkenswert verbesserungswürdig. Ob sie auch verbesserungsfähig ist, muss sich weisen. Noch einmal zurück auf Anfang: Niemand soll aufgrund von Dingen, für die er nichts kann, schlechter dastehen im Leben als andere. Wenn wir diese sehr vereinfachte Formel als Kernstück des Weltmoralerbes Gerechtigkeit ansehen, dann scheint uns eines klar: Mit etwas gutem Willen, ein wenig organisatorischem Geschick und einer Anzahl von Instanzen, die stark genug sind, wäre Gerechtigkeit durchzusetzen. Im Großen wie im Kleinen. Und wie gesagt: Nicht als Dogma, sondern mit Augenmaß und genügend Selbstkritik, um zu wissen, dass es nicht um das Rigorose und Perfekte geht, nicht um Gerechtigkeit als absoluten Wert, sondern darum, heute etwas mehr Gerechtigkeit zu haben als gestern, und morgen vielleicht noch mehr. Was spricht denn eigentlich so sehr gegen die Gerechtigkeit, dass wir uns statt auf sie zu von ihr wegbewegen?

Vielleicht sollten wir erst einmal, in Bezug auf die Entwicklung der Gerechtigkeit nicht – äh, ungerecht sein.

»Wie gerecht unsere Gesellschaft ist, muß man an der Frage entscheiden, womit man sie vergleicht. Wenn wir die heutige Gesellschaft vergleichen mit dem Nationalsozialismus, dann ist sie unendlich gerechter geworden, weil jetzt eine unparteiische Jusitz existiert, weil das Grundgesetz in hohem Maße elementare Rechts- und Gerechtigkeits-Grundsätze unserer Verfassung sichert, weil wir mit Gerichtswesen und Bundesverfassungsgericht Instanzen haben, die für deren Durchsetzung sor-

gen und weil wir in einer halbwegs funktionierenden Demokratie ein Rechtssystem, ein Demokratiesystem haben, was sich immer wieder um Verbesserung der Gerechtigkeit sorgt. Wir haben ein Schulwesen, das im Prinzip allen Begabten und Willigen hohe Chancen gibt, wir haben ein Gesundheitswesen, das auch denen zugute kommt, die nie eingezahlt haben, wir haben eine relativ gute auch materielle Infrastruktur. Wir sollten da die Gesellschaft nicht zu skeptisch betrachten, verglichen sowohl mit unseren Nachbarländern als auch mit den Generationen vorher leben wir in einer in hohem Maße gerechten Gesellschaft. Gerade weil wir in Gerechtigkeits-Fragen sensibel geworden sind, sehen wir immer wieder noch da und dort kleine Schwächen, Lücken, Grenzen, die wir zu beheben versuchen. Aber zu glauben, dass wir in einem im Wesentlichen ungerechten Staat leben, wäre ein verblendeter Blick auf unsere Wirklichkeit« (Höffe).

Tatsächlich: Die Schamesröte treiben uns erst ganz andere Vergleiche ins Gesicht, zum Beispiel der, inwieweit die Ungerechtigkeit in der Welt durch unsere sehr eigensüchtigen Interessen gefördert wird, oder der, wie weit die Gerechtigkeit in unserer Gesellschaft entwickelt ist im Verhältnis zu dem, wie weit sie entwickelt sein könnte. Vielleicht gehen wir ja von einem erfreulich hohen Ausgangspunkt an sozialer und politischer Gerechtigkeit aus. Aber wo gehen wir hin?

»In der Finanz- und Wirtschaftskrise 2007-2009 war der Staat plötzlich wieder da, aber als was? Nicht als Staat, der die Verhältnisse, die ungleich und ungerecht sind, wieder ordnet, sondern als Staat als Geisel der Ökonomie. Die großen Finanzinvestoren haben sich verzockt, haben riesige Verluste gemacht. Eine Möglichkeit wäre gewesen zu sagen: Na gut, ihr werdet enteignet, dann stellen wir eine gerechtere Wirtschaftsordnung her. Aber die Machtverhältnisse waren nicht so, im Gegenteil. Wenn man gesagt hätte, die großen Zocker sollen ihre Verluste selbst tragen; große Banken, die anderen faule Kredite aufgezwungen haben, sollen für ihre Kredite grade stehen. Aber die Banken konnten geltend machen: Wir haben viele Einlagen von kleinen Sparern, auch von Sparkassen. Wenn du Staat uns jetzt hängenläßt, dann trägst du nicht nur zur Vernichtung unserer Vermögen bei, sondern auch zur Vernichtung deiner Wähler. Insofern war der Staat außerordentlich gehorsam und hat den Banken geholfen ohne Gegenleistung. Das heißt, gerade in der Weltwirtschaftskrise hat sich gezeigt, dass die ungerechte Wirtschaftsordnung auch mit Krisen ganz ausgezeichnet in ihrem eigenen Interesse zurechtkommt« (Fülberth).

Die Gerechtigkeit hat ihre Grenzen, und zwar dort wo sie die Freiheit berührt, und dort wo sie die Entwicklung des Systems als ganzes berührt. Was wir offensichtlich stets fürchten, das ist ein egalitärer Unrechtsstaat, der scheinbare soziale Gerechtigkeit auf Kosten der individuellen Freiheit verwirklicht. Oder ein Umverteilungsstaat, der so lange Güter und Rechte von oben nach unten verteilt, bis alle gemeinsam nicht mehr ihren Reichtum, sondern ihren Mangel mehr oder weniger gerecht teilen. Was wir nun zu fürchten beginnen müssen, ist ein Staat, der so sehr Geisel in den Händen der Wirtschaft oder sogar nur eines Zweiges der Wirtschaft ist, dass er selber tatsächlich keine anderen Entscheidungen mehr treffen kann als eben diese: systemrelevant und alternativlos. Dieser schwache Staat, der sich manchmal betont stark gibt, entwickelt sich von der Demokratie so sehr fort wie von der sozialen Gerechtigkeit. Müssen wir also, was die soziale Gerechtigkeit anbelangt, zufrieden sein, wenn wir die Balance zwischen Gleichheit und Wettbewerb auf einigermaßen faire Weise geregelt haben? Müssen wir zufrieden sein, nicht allzu viel vom einmal Erreichten wieder zu verlieren? Dabei sind wir ja sogar bereit, ein paar Abstriche zu machen. Gehört es nicht zum Wesen des Tüchtigen, der schließlich die gesamte Gesellschaft dadurch voranbringt und damit auch die weniger Tüchtigen, dass er clever genug ist, schon mal einen Schiedsrichter oder seine Mit- und Gegenspieler zu täuschen, fragen die einen. Gehört es nicht zum Tüchtigen, das System nicht nur zu benutzen, sondern auch zu überlisten? Ist es also gerecht gegenüber einer dynamischen Gesellschaft, die Tüchtigen durch zu viele Fairness-Gebote zu bremsen? Und die anderen halten dagegen: Wenn ein Mensch faul, querulantisch oder ungeschickt ist, dann mag das womöglich in seinen Genen liegen, in frühkindlichen Traumata oder sogar in einer tiefen spirituellen Weisheit begründet sein. Ist es da fair, einen Menschen wegen seiner körperlichen Anlagen oder weil er das Aufstieg-Erfolg-Hamsterrad verweigert, zu benachteiligen? Ist umgekehrt der puritanisch erzogene, auf Erfolg getrimmte und fetischistisch fixierte Neurotiker die Idealbesetzung für den Gewinner im System? Dann gehörte es zur wenigstens vorgestellten Gerechtigkeit, dass der arme Typ, der gemütlich seine Siesta hält, glücklicher ist als der Besitzer einer Yacht, der wie ein Hund darunter leidet, dass seine Yacht einen halben Meter kürzer ist als die seines Konkurrenten. Gerechtigkeit bedeutet nach John Rawls eine Ordnung, »die die Zufälligkeiten der natürlichen Begabung und der gesellschaftlichen Verhältnisse nicht zu politischen und wirtschaftlichen Vorteilen führen lässt«.

Der Adressat einer Gerechtigkeitskonzeption ist also nicht jemand, der irgendetwas ist oder eben nicht ist, sondern jemand, der etwas draus macht, mit einer Mischung aus Fleiß, Phantasie und ein bisschen Hilfe durch seine Freunde. Man kann sagen: Die Rawlsche Gerechtigkeit ist an der Intention gemessen, nicht am Ergebnis. Es kommt darauf an, wie viel Mühe man sich gibt, nicht wie viel Talent man mitbringt.

Spätestens hier wird klar, dass wir bestimmte Sphären von Politik und Kultur nicht vollständig dem Prinzip der Gerechtigkeit unterwerfen. Möglicherweise ist unsere Gesellschaft im Diskurs von Gerechtigkeit, Gleichheit und Individualität auf eine besondere Weise dreigeteilt. Im unteren Segment herrscht strikt egalitäre Vorschrift: Alle Menschen haben Anspruch auf Nahrung, medizinische Versorgung und Bildung. Das gilt auch für Menschen, die in anderen Lebensbereichen ausgegrenzt sind, Arbeitslose, Straftäter, Asylsuchende usw. Das Prinzip Gerechtigkeit ist hier vollständig durch eine Art bürokratisierter Barmherzigkeit ersetzt. Man wird hier definitiv nicht gerecht behandelt, weder in Bezug auf eine mögliche Leistung noch in Bezug auf einen Bedarf. Stattdessen wird ohne Unterschied ein Beitrag für die Grundsicherung geleistet. Wenn ein Staat, der sich seine Gerechtigkeit zugute hält, auch hier noch zu sparen beginnt, wird es noch beschämender. Das mittlere Segment setzt an die Stelle egalitärer Grundversorgung die erwähnte Balance von Gleichheit und Wettbewerb, kurzum also das Prinzip der Gerechtigkeit in den unterschiedlichsten Formen und Begründungen. In diesem Segment ist Gerechtigkeit gleichsam die Kraft, die alles zusammen hält. Der Mittelstand trägt einen Großteil der Steuerlast, gleichzeitig droht dem, der seinen Arbeitsplatz verliert, ein schneller Abstieg nach Hartz IV. Kein Wunder, dass man hier am Empfindlichsten auf die allfälligen Verletzungen der Gerechtigkeit reagiert.

Und im oberen Segment der Gesellschaft gibt es keine egalitären Prinzipien mehr und auch Gerechtigkeit spielt keine wesentliche Rolle. Hier geht es um die Faszination der Macht und die Einzigartigkeit ihrer Repräsentanten. Gerechtigkeit würde hier den Laden nur aufhalten. Die Dynamik einer Gesellschaft wie der unseren, ihre innere Anpassungsfähigkeit, bis zu einem gewissen Grad aber auch die Mischung aus Moralismus und Skrupellosigkeit, die sie antreibt, entsteht also offenbar aus einer Gleichzeitigkeit von Sphären der Gerechtigkeit und solchen der Ungerechtigkeit, aber auch von Sphären, in denen Gerechtigkeit etwas ganz anderes bedeutet als in den anderen.

Die Sehnsucht nach Gerechtigkeit, das Weltmoralerbe, von dem Otfried Höffe spricht, besteht nun offensichtlich auch darin, diese unterschiedlichen Sphären wenigstens im großen und ganzen wieder unter ein Dach zu bringen, eine Idee von Gerechtigkeit zu entwickeln, die für wirkliche Alle einigermaßen verbindlich sein könnte. Die Idee der Gerechtigkeit setzt offensichtlich ein ganz bestimmtes Menschenbild voraus. Sehr einfach gesagt: Es ist ein Mensch mit einem freien Willen. Ein Mensch, der zwar Veranlagungen hat und Lebensbedingungen vorfindet, der aber doch genügend Spielraum besitzt, um sehr unterschiedliche Dinge mit den gleichen Voraussetzungen anzufangen. Und es ist ein Mensch, der mindestens so viel wie für sich selbst für die anderen denkt, fühlt und handelt. So einer, freilich, denkt sich unser System, denkt sich unser populäre Kultur, denkt sich die Phantasie von Wachstum und Profit, ist schön dumm.

»In einer Gesellschaft, die in erster Linie von wirtschaftlichen Gesichtspunkten geleitet ist, wird Gerechtigkeit allenfalls betrachtet als Ressource oder als Hemmnis. Wird Chancen-Gerechtigkeit dazu führen, dass sich Menschen stark entfalten können, wird mehr produziert, werden mehr Gewinne erzielt, dann wird gesagt, Chancen-Gerechtigkeit ist eine gute Sache. Stellt sich heraus, dass Gerechtigkeit nicht nur von oben gegeben werden kann, sondern von unten erzwungen wird, kommen plötzlich Gesichtspunkte ins Spiel, die mit Produktion und Wachstum gar nicht so viel zu tun haben. Wenn z. B. Gerechtigkeit auch bedeutet, dass Frauen gleiche Chancen am Arbeitsplatz haben sollen, andererseits aber auch Kinder kriegen sollen und wollen, dann ist das etwas, was der wirtschaftlichen Dynamik im Wege steht. Und wenn Wachstum die zentrale Kategorie ist, dann ist Gerechtigkeit etwas, was von Fall zu Fall nur behandelt wird, ist eine abhängige Variable wirtschaftlicher Interessen.«

Und dann wird wieder deutlich, dass etwas sehr Einfaches bzw. sehr Kompliziertes fehlt in unserer Gesellschaft: Gerechtigkeit.

Dummer Reichtum, dumme Armut. Die soziale Gerechtigkeit ist ein Teil der allgemeinen Gerechtigkeit, und von ihr wiederum ist »Verteilungsgerechtigkeit« nur ein Teil, der freilich in den letzten Jahren in besonderer Weise in den Mittelpunkt von Diskussionen und Projektionen geraten ist (so ist etwa von allen Ländern der OECD, also mehr als 80 Industrie- und Schwellenländern, in Deutschland die soziale Ungleichheit am stärksten und am schnellsten gestiegen: Die Fallhöhe von einem Land mit eher egalitären Zügen zum ungerechtesten in Europa wäre wohl noch spürbarer, wenn sie nicht von einem so hohen Niveau aus erfolgt wäre. Den Prozess deutlich beschleunigt hat die »Agenda 2010«, mit der ein besonderer Druck auf den Niedriglohn-Sektor und auf die Arbeitslosen ausgeübt wurde, vermeintlich mit der Absicht, dadurch mehr Beschäftigung zu erzwingen. Das Ergebnis war eine groteske Umverteilung des gesellschaftlichen Reichtums nach oben).

Im gängigen Bild ist der »schwache Staat« (der sich als starker nur zu gern gibt) unfähig und unwillens, die von der ökonomischen Entwicklung und der sozialen Machtverteilung provozierte Umverteilung von unten nach oben zu unterbinden. Tatsächlich ist der postdemokratische Staat aber geradezu maßgeblicher Teil dieses Prozesses, insofern er selber darauf angewiesen ist, trotz seiner »Steuergeschenke« genügend Geld aus der Bevölkerung zu »konfiszieren«, um sich selbst am Leben zu erhalten. Dieser Vorgang ähnelt bizarrerweise jenem, den angeblich Wladimir Iljitsch Lenin als ebenso einfaches wie sicheres Mittel erklärte, den Kapitalismus zu bezwingen, nämlich die Währung zu ruinieren; das »willkürliche Konfiszieren« führe zu einer raschen Umverteilung des Reichtums, bei der auch Teile des Bürgertums verarmen (und dies in Teilen schneller und nachhaltiger als der wiederum mehr oder weniger verbürgerlichte Teil des Proletariats). John Maynard Keynes hat seinerzeit angemerkt (in seinem Essay über die Inflation), dass Politik und Wirtschaft aus Dummheit eben dies täten, was Lenin als strategische Waffe gesehen hätte (und vielleicht hat er die Idee Lenin nur gern unterstellt, um seine Zeitgenossen nachhaltig genug zu warnen, irgendwo sonst belegt ist sie nämlich nicht): »Indem die Inflation voranschreitet und der Wert der Währung von Monat zu Monat schwankt, werden alle permanenten Beziehungen zwischen Schuldner und Gläubiger, welche letztlich die Basis des Kapitalismus bilden, so in Unordnung gebracht, dass sie beinahe bedeutungslos werden und der Prozess der Vermögensbildung zu Glücksspiel und Lotterie degeneriert. Der Prozess bringt alle versteckten Kräfte der ökonomischen Gesetze auf die Seite der Zerstörung und tut dies auf eine Weise, die nicht einer von einer Million zu diagnostizieren in der Lage ist«. Mit dem Spiel der Konfiszierungen und der Inflation freilich werden Staaten im Währungsverbund selber zu Spekulationsobjekten: Eine Staatsanleihe wird um so mehr Zinsen ertragen, je größer die Gefahr ist, dieser Staat könne zeitweilig oder endgültig seine finanziellen Verpflichtungen nicht mehr erfüllen und gar »bankrott« sein. In dieses Spiel greifen nun die international bedeutenden »Rating Agenturen« ein, die die Kreditwürdigkeit von Staaten nach etlichen Kriterien bewerten, von denen einige ihrerseits durchaus irrational oder spekulativ sind, andere dagegen eine Extrapolation vorhandener Daten bedeuten, die nicht gegen »unvorhergesehene Ereignisse« gefeit sind. Die Kritik am Rating-System war schon in den dreißiger Jahren unüberhörbar gewesen, und nun, nachdem das System in der Finanzkrise so offenkundig versagt hat, ist es wenigstens ins Medien-Gerede gekommen. Die Macht dieser Institutionen wie Standard & Poor's oder Moody's ist indessen nicht nur ungebrochen, sondern nimmt in rapidem Maße zu. Sie verfügen über ein staatlich garantiertes und gefördertes Oligopol, und das verleiht die Fähigkeit, jederzeit auch politische Entscheidungen zu beeinflussen (nehmen wir Steuer- und Sozialpolitik nur als die naheliegendsten Beispiele).

Im Jahr der Krise 2010 strichen von der Familie des italienischen Premierministers an Dividenden aus den Holdings von Fininvest ein: Silvio Berlusconi 118 Millionen Euro, Marina Berlusconi 12 Millionen Euro, Barbara, Eleonore und Luigi (die Kinder von Veronica Lario) jeweils 10 Millionen Euro und Piersilvo Berlusconi 5 Millionen Euro (bei einer persönlichen »Liquidität« von 213 Millionen Euro). Die acht Holding-Firmen von Berlusconi verfügten in diesem Jahr über ein freies Kapital von 1,2 Milliarden Euro (im Jahr 1994 waren es ganze 164 Millionen). Das ist nur ein kleiner Teil des realen Reichtums einer Familie, die ein Land beherrschen kann, aber eben jener Teil, der am schnellsten nach »Verwertung« drängt.

Man weiß nicht recht, wozu ein solcher Reichtum gut sein soll, auch jenseits der moralischen Fragen nach seinem Erwerb, seiner Wirkung und seiner Kehrseite, dem Mangel an anderem Ort. Was kann man sich dafür kaufen, außer dass man solches Geld hortet, nur um anderen Menschen damit Kaufkraft zu nehmen und unter seinesgleichen noch als erster zu gelten (Reiche, die aus keinem anderen Grunde mehr noch reicher werden müssen, als weil andere auch reicher werden)? Wird das Kapital »erhaben«, wenn es in »unvorstellbaren« Summen daherkommt?

Oligarchisierung als Politik-Ziel .

Die Reichen werden immer reicher, die Armen immer ärmer, die Leute in der Mitte immer weniger – das ist eine fast schon konsensuelle Beschreibung der – wenn auch nicht unbedingt so bezeichneten – Postdemokratie in Bezug zum Finanzkapitalismus. Doch erscheinen in diesem Bild Arme und Reiche, im weiteren auch »Mächtige« und Ohnmächtige, als allzu amorphe und »organische« Gruppen. Möglicherweise indes entstehen auch hier zwei neue Eliten, die allerdings in weitaus höherem Maße als früher verzahnt sind, die mit immer neuen Privilegien versorgt werden. So durften deutsche Haushalte im Dezember 2011 per Rundschreiben ihres Stromversorgers das Wesen der §19-Umlage in dankenswerter Klarheit erfahren:

»Nach Änderung des §19 der Strom Netzentgeltverordnung (vom 28. Juli 2011) schlägt die Bundesnetzagentur vor, zum 01.01.2012 erstmals eine Umlage einzuführen, die die stromintensive Industrie, sowie atypische Verbraucher von Netzentgelten ermäßigt oder sogar komplett befreit. Die Umlage dient der Erhaltung des Wirtschaftsstandortes Deutschland und soll eine Abwanderung der großen Industriebetriebes in das Ausland verhindern.«

Müssen wir das Wesen einer Strompreiserhöhung für die normalen Verbraucher zugunsten von Konzernen noch weiter erläutern? Was es zu erläutern gilt, ist die unverfrorene Offenheit, mit der hier Oligarchisierung betrieben wird. Die »Sensibilisierung« der Bevölkerung in der Krise ging offenbar nie so weit, um einen Zusammenhang in der Politik der Oligarchisierung von Politik und Wirtschaft zu sehen.

Kapitalismus gegen Bürgerlichkeit.

In den zehner Jahren war es kaum mehr zu übersehen, dass in der Klasse der Manager und Oligarchen ein neuer »Adel« entstand und das postdemokratische System einen Nebeneffekt der »Refeudalisierung« aufwies. Die neue Klasse des ökonomischen Adels zeichnete sich, so etwa Sighard Neckel, durch eine »ständische Privilegierung« aus, in der das Leistungsprinzip ausgedient habe und sich die Angehörigen dieser neuen Klasse stattdessen in einen absurden Macht- und Konsumwettbewerb untereinander begeben, während man weitgehend die Beziehung zur Realität »da unten« verliert. Die Privilegien werden, wie einst unter den Adeligen, schamlos in den Familien weiter gegeben und ebenso schamlos ausgestellt. Von den Gewinnern der Krisen in Griechenland schreibt Kostas, dass sie es nie über sich bringen konnten, ihre Kinder mit gewöhnlichen Verkehrsmitteln zur Schule fahren zu lassen. »Bürgerlichkeit« in ihrer ursprünglichen Form – niemandes Knecht, niemandes Herrn – wird hier zu einer verachteten »spießigen« Lebenseinstellung. »Als paradoxe Folge hiervon entsteht ein moderner Kapitalismus nicht nur ohne, sondern gegen die Bürgerlichkeit« (Neckel).

Der »entbürgerlichte« globale Kapitalismus indes kann mit dem verbliebenen Bürgertum noch nicht nach Belieben verfahren. Einerseits ist man immer noch auf dessen Arbeitskraft, auf dessen Kontrollkraft (moralische und wissenschaftliche Diskurse) und, am Ende, auf dessen Wählerstimmen angewiesen. Auf der anderen Seite muss man ein neues Konfliktpotenzial fürchten: Die neue Klasse der Manager und Oligarchien und ihre Entourage müssen das alte Bürgertum nun fürchten, auch wenn sich dieses nur in bescheidenem Maße an aktivem Widerstand beteiligt.

Es ist nun unübersehbar: Die neue »feudale« Klasse führt einen Wirtschafts- und politischen Krieg gegen die »bürgerliche Kultur«; die Schließung von Theatern »in Zeiten knapper Kassen« gehört genauso zu diesem Krieg wie die Verwandlung einstiger »bürgerlicher« Medien in Instrumente des Entertainments (in »Blödmaschinen«, wie wir an anderer Stelle zu zeigen versuchten).

Die Analogie zu einem neuen »Adel« trifft allerdings möglicherweise zwar politisch und ökonomisch, keineswegs aber kulturell und semiotisch zu. Zwar entstand diese Klasse aus dem Prinzip der Selbsterhaltung (einmal erworbene Privilegien werden untereinander verteilt, getauscht und verstärkt und zur gleichen Zeit gegen Angriffe von außen verteidigt, so dass diese Klasse immer stärker und geschlossener wird, je länger die postdemokratische Politik sie gewähren lässt), aber sie verfügt über keinerlei »Metaphysik«. Sie leitet ihre Privilegien von nichts anderem als davon ab, dass sie sie nun einmal habe. Ihre Angehörigen versprechen dem Rest der Nation oder dem Rest der Welt nichts anderes, als dass, die entsprechende Rücksichtslosigkeit vorausgesetzt, durchaus auch »neue« Mitglieder der Kaste aufgenommen werden würden. Das stimmt, nach dem Prinzip der Privilegien-Verstärkung, zwar nur sehr bedingt, doch ist es eine Aussage der Oligarchie der neuen Klasse, dass es zumindest keine kulturellen Schranken zwischen den Klassen gibt. Kulturell gesehen stehen, um es genau zu sagen, die neue Oligarchie und die neue Unterschicht einander näher als beide dem »alten« Bürgertum und natürlich dem »alten« Proletariat. Das »Einkommen« der neuen Oligarchien – zumindest in den ersten Generationen ihrer Herrschaft – ist weniger eine absurde Steigerung des bürgerlichen Einkommens, das sich aus Meritokratie und Spekulationsgewinn zusammen setzen mag, als das es sich am exponentiellen Reichtum aus den Sparten des Entertainment zusammen setzt. Berlusconismus als Medienspiel bedeutete nichts anderes als die Verbindung zweier Formen des »unproduktiven« Teilnehmens am Spiel, dem Geschmack der neuen »unbürgerlichen«, neofeudalistischen Manager- und Oligarchenklasse und der der fernsehenden und gierig »Prominenz«, »Sex« und »Glamour« aufsaugenden neuen »Unterschicht«.

Das Phantasma, hier wie dort, ist der »plötzliche Reichtum«. Daher genügt, hier wie dort, kein linearer Zuwachs an Einkommen, die Nachfolge der Metaphysik tritt ein »explosives« Aufsteigen an (die Privilegien der neuen Klasse sind deshalb auch in der familiären Weitergabe über die Generationen prekärer als in den *grandes familles* zuvor). Dem »plötzlichen Reichtum« entsprechen »Großprojekte« wie Stuttgart 21, von denen nur zu offenbar ist, dass und wie sie »Geld in die Taschen spülen«. Die Privilegien der Klasse führen dazu, dass sich bestimmte Interessen nicht mehr stoppen lassen wollen, weder durch Mittel der »alten« bürgerlichen Demokratie noch durch Mittel der neuen, »direkten« Demokratie. Man hätte im Jahr der Krise 2008 durchaus sehen müssen, dass ein solches Projekt aus den Mitteln der Steuerzahler zumindest grundlegend hätte überdacht werden müssen. »Es hat aber nicht nur mich überrascht«, meinte der Rechnungsprüfer Martin Ruoff, »dass die Projektpartner wenige Monate danach, im Frühjahr 2009, die maßgebliche Finanzierungsvereinbarung unterzeichnet haben. So, als sei überhaupt nichts gewesen. Eine Vereinbarung im Übrigen, die – kaum vorstellbar – keinerlei Kündigungsbestimmungen enthält und um die jetzt so heftig gestritten wird«.

Die Abschaffung der Solidarität

Aristoteles, ein so rechtschaffener wie irdischer (indes in unserem Sinne wohl kein demokratischer) Denker, bemerkte zur Frage nach dem Wesen des Besitzes: »Für das Eigne sorgt man vorzugsweise, für das Gemeinsame aber weniger oder doch nur soweit es den Einzelnen berührt, denn außer anderen Gründen vernachlässigt man dasselbe schon deshalb mehr, weil hier jeder denkt, ein anderer kümmere sich darum«. Der das sagte, nebenbei bemerkt, war als Nordgrieche nach Athen gekommen und hatte deshalb als »Fremder« nicht das Recht auf eigenen Besitz. Was aus seinem Gedanken folgert, ist erst einmal sehr einfach die Suche nach einer harmonischen Beziehung zwischen dem Eigenen und dem Gemeinsamen. Man könnte weiter folgern: Um die Sorge der Menschen um die Welt und ihre Dinge zu stützen, muss man dem Einzelnen Besitz geben oder das Gemeinsame so konstruieren, dass es den Einzelnen »berührt«. Andererseits bliebe, um das Gemeinsame wohl zu versorgen, nichts anderes als der Zwang (im Extremfall würde ein striktes Verbot des Besitzes entweder für eine ganze Gesellschaft oder aber für Klassen, Kulturen, Rassen oder Generationen die »Sorge« für das Gemeinsame erzwingen). Letztendlich also lässt sich die Entwicklung der Gesellschaft für den Anfang beschreiben als verschiedene Versuche, mit dem Eigenen und dem Gemeinsamen auf eine politische Weise umzugehen. Zur Gerechtigkeit in einer bürgerlichen Gesellschaft gehört es schließlich nach John Rawls, dass keine Gruppe davon ausgeschlossen werden soll, sich Besitz, das Eigene für die Sorge zu schaffen (ein Eigenes, das in gewisser Weise, da es alle haben, auch wieder etwas Gemeinsames ist). Dies war das große Versprechen des demokratischen Kapitalismus nach dem Zweiten Weltkrieg, der in der Bundesrepublik Deutschland den Namen »soziale Marktwirtschaft« erhielt: Wenn auch differenziert und abgestuft soll jeder in der Gesellschaft die Möglichkeit haben, sich von den mehr oder weniger gemeinsam erarbeiteten Gütern ein Eigenes zu schaffen, dem die Sorge (und daher auch das Glück) entsprechen soll. Sagen wir

149

es so ehrlich wie möglich: Es war nicht die Idee der Freiheit, sondern es war die Vorstellung vom kleinen bescheidenen Eigenen, und umgekehrt sollte der Besitz des Eigenen – »Eigentum verpflichtet« – stets so gestaltet werden, dass es der Gemeinschaft dient und dem jeweils anderen Eigenen nicht die Luft zum Atmen und das Licht zum Wachsen nimmt. Sagen wir es so ehrlich wie möglich: Es war nicht die Idee der Freiheit, sondern es war die Vorstellung vom kleinen bescheidenen Eigenen, was die Nachkriegsgesellschaften des Westens – neben dem kommunistischen Feindbild natürlich – im allgemeinen, die postfaschistische Gesellschaft Westdeutschlands im besonderen in die »Gemeinschaft der Demokraten« brachte.

Wenn es hoch kommt, dann war es ein eigenes Haus, aber es begann mit den Dingen des täglichen Bedarfs aus dem Neckermann-Katalog. Das Automobil wurde zum Inbegriff eines dynamischen Eigenen und der Sorge dafür: Die Sorge für das eigene Automobil (und dahinter: das eigene Leben) war es, was das Gemeinsame, den Verkehr (und dahinter: die »mobile Gesellschaft«) ermöglichte. Armut ist demnach nicht allein der direkt empfundene Mangel und auch mehr als bloß jene Abwertung in der sozialen Hierarchie, die man in der »relativen Armut« ausdrückt, es ist, da nun einmal das Verhältnis von Eigenem und Allgemeinem über die marktwirtschaftliche Dynamik geregelt ist, Ausschluss zugleich mit dem Eigenen vom Allgemeinen. Demokratie und Markt regelten gemeinsam eine »Teilhabe«, die für den Verlust einer größeren inneren und äußeren Ordnung entschädigte. Der arme Mensch also ist nicht allein unfähig, sich zu distinguieren, er ist zugleich auch unfähig, sich zu integrieren. Anders herum: Eine Gesellschaft, die bestimmten Menschen oder bestimmten Gruppen die Integration verweigern will, verbietet diesen in erster Linie die Schaffung von Eigenem (und zwar insbesondre von jenem Eigenen, das den größten symbolischen Anteil am Allgemeinen aufweist). In der Zerstörung von Eigenem erweist sich auch dann die Brutalität des Staates, wenn er sich ansonsten eine »liberale« Gestalt zu geben bemüht: Man muss, nur zum Beispiel, daran denken, wie die europäischen Staaten mit den »Nomaden«, etwa den Sinti und Roma umgehen: Wenn ihre »illegalen« Lager zerstört werden, dann achten in der Regel Polizei und Administration darauf, dass alles, was sie sich an kargem Eigenem geschaffen haben, symbolisch zerstört wird (auch die Linke hat dabei ihre Geschichte der Schuld: Immerhin war es der linke Bürgermeister Walter Veltroni, nur zum Beispiel, der in seiner Amtszeit mehrere Lager der »Nomadi« nebst allem bescheidenen Hab und Gut vernichten ließ).

150

Wir kennen den etwas zynischen Spruch: Jede gute Tat erhält ihre Strafe. Die Postdemokratie hat aus diesem Spruch Politik gemacht. Jeder Akt tätiger Nächstenliebe wird entweder direkt bestraft (insofern er dem Staat nicht genügend eingebracht hat) oder aber er wird gnadenlos angeeignet: Finden sich Menschen, die freiwillig und sogar mehr oder weniger unentgeltlich soziale Aufgaben übernehmen, dann zieht sich der Staat postwendend aus der Verantwortung dafür zurück (höchstens dass er ein paar Feierstunden fürs Ehrenamt finanziert, damit man ins Fernsehen kommt). Man könnte wohl sagen: Für jede gute Tat, die ein Mensch im Neoliberalismus vollführt, findet sich am anderen Ende einer, der sich ihren WERT so oder so aneignet. Solidarität, noch bevor man entscheidet, ob es sich um Akte individueller Barmherzigkeit handelt oder um bewusste politische Handlungen im Sinne der Gerechtigkeit, wird im System von Postdemokratie und Neoliberalismus also nicht nur entwertet, sondern gespalten: Zum einen in eine Schattenökonomie, in der die realen Taten solcher »Nächstenliebe«, von den »Tafeln« in den deutschen Städten bis zur Kleiderspende in »unterentwickelte« Regionen der Welt, die hier und da ein unangebrachtes »Feelgood« in den Mittelschichten erzeugen, vor allem dazu dienen, den Grundpakt zwischen einem demokratischen und sozialen Staat und seiner Bevölkerung aufzulösen und regionale Märkte zu ruinieren. Die Gewinner dieser mehr oder weniger organisierten Akte der »Solidarität« sind vor allem die Discounter und Konzerne, das Ganze ist nichts anderes als eine human verklärte Weise, den anderen zu zwingen, im und vom Abfall des eigenen Systems zu leben. Zum zweiten wird, was möglicherweise Solidarität werden wollte, zu einem öffentlichen Spektakel, zu jener Gala der »guten Taten«, in der sich nicht nur die Prominenz aus Politik, Business und Entertainment selber feiern darf (Image-Erzeugung einkalkuliert), sondern die auch Gesellschaft, Staat, Medium und Zuschauer als eine magische Einheit feiert; egal ob es sich dabei erkennbar um eine Schmierenkomödie der »Charity« handelt. Und zum Dritten werden in solchen Ritualen Grenzen sehr genau und bösartig gesetzt und gefestigt: Wer »Charity« empfängt, soll nicht nur dankbar sein, sondern auch »seinen Platz« akzeptieren. So wird deutlich, warum eine Charity-Veranstaltung für »die Armen« stets zugleich der größten Prunk- und Luxusentfaltung dienen muss. Es handelt sich dabei keineswegs bloß um eine Geschmacklosigkeit, wenn beim Spenden für die Armen die Luxuskarossen vorfahren, Sekt und Kaviar kredenzt, Rituale von Diener und Herrschaften, Juwelen und Designer-Kleidung vorgeführt werden. Es ist im Gegenteil die große Feier der

Distinktion, der gesellschaftlichen Konstruktion von Bildern von »Armut« und »Reichtum«.

Wir spotten gern über das Gutmenschentum, in einer freilich sonderbaren Mischung aus cooler Herablassung, peinlichem Berührtsein, Neid und einem Quantum berechtigter Kritik (denn »Gutmenschentum«, das als solches sichtbar ist, dient ja nicht selten der Selbstrechtfertigung oder Selbsterhöhung): Der öffentlich gute Mensch, der zu den Zeiten der Antike das höchste Ideal verkörpert haben mochte, erscheint im Neoliberalismus auf doppelte Weise suspekt: Einerseits trauen wir seiner Uneigennützigkeit nicht, und was dies anbelangt haben wir in den Promis, die nicht ins Dschungelcamp gehen, sondern zu Spenden für Hilfsprojekte aufrufen, die Blaupause auch für den Gutmenschen nebenan. Setzt er seinen Ruhm oder auch nur seine soziale Netzwerke für den guten Zweck ein oder ist nicht vielmehr der gute Zweck ein Mittel, seinen Ruhm bzw. seine soziale Vernetzung zu mehren? Und ist solch öffentliches Gutmenschentum nicht eine Art medialer Ablasshandel für die Sünden von Manipulation und Konkurrenz? In der Kultur des Neoliberalismus ist der Gutmenschen-Geste also nicht zu trauen (und das gilt, obwohl es durchaus immer wieder Menschen gibt, die ihre guten Werke mit Wahrhaftigkeit und Selbstverständlichkeit verbinden).

Doch schwerer als dieses Misstrauen gegenüber dem Subjekt der Caritas wiegt das Misstrauen gegenüber dem System. Es bläst private und gesellschaftliche Solidarität zum Medienereignis auf, vor allem um zu vertuschen, dass die für den Ausgleich und die Hilfe zwischen den Staaten und Kontinenten zuständigen staatlichen und gesellschaftlichen Stellen – die Basis-Instrumente zur Schaffung der internationalen Gerechtigkeit und der Solidarität, die man einmal »Zärtlichkeit zwischen den Völkern« genannt hat – so kläglich versagen müssen (als Beleg mag dienen, dass man gern »Entwicklungshilfe« an den Höfen von Diktaturen und in Militärausgaben versickern lässt, deren Umfang von der Schuldenlast des »beschenkten« Landes um ein vielfaches übertroffen wird. Und dass ein deutscher »Entwicklungshilfeminister« jener Partei, die gerade noch das Amt und seine zugehörigen Aufgaben abschaffen wollte, sein Ministerium vorzugsweise dazu benutzt, Partei- und anderen Freunden gut bezahlte Posten zu schaffen, ist nur ein weiteres Symptom für eine neoliberale Aneignung der Instrumente der Solidarität und ihre innere Entleerung). Im Kern geht es darum, interne und externe Soziallasten auf den üblichen Teil der Bevölkerung abzuwälzen: Was Regierung und Opposition nur noch symbolisch (aber zu eigenem Vorteil) vollführen, müssen die Lohnabhängigen am Ende bezahlen, so oder so. Dabei drückt gerade auf sie eine mehr oder weniger unterschwellige Kraft der Entsolidarisierung: Dass die Lohnabhängigen die Folgen der Entsolidarisierung in der Gesellschaft und zwischen den Staaten zu bezahlen haben, das formt das Medium der Niedertracht, die *Bild*-Zeitung, in ein nationalistisches Phantasma um: »Deutschland« müsse für »die faulen Griechen« zahlen, die anständigen Arbeiter und Angestellten für die »Sozialschmarotzer« etc. Die aktive Entsolidarisierung von Regierung und ökonomischer »Elite« führt im Mittelstand zur Entsolidarisierung als Ideologie.

Ein Staat, der sich viel mehr Sorgen um sein Territorium als »Finanzstandort« denn um das Leben seiner Bürger macht (und folgerichtig bereit ist, für wirtschaftliche Interessen Krieg zu führen), muss zwangsläufig versuchen, alle sozialen Lasten dem Bürger selbst aufzubürden. Entsolidarisierung im Inneren wie im Äußeren führt schon für sich zu einem Politikwechsel – und auch hier gibt es kaum Unterschiede zwischen den »sozialdemokratischen«, den »konservativen« und den »liberalen« Fraktionen der postdemokratischen Parteienherrschaft. Der Diskurs wird nationalisiert, dessen Grundlage im wesentlichen nichts anderes als eben die Entsolidarisierung selber ist: Für »Deutschland« wird jene politische und ökonomische »Gerechtigkeit« eingefordert, die man in der Gesellschaft abgeschafft hat (wir haben es wohl schon erwähnt: Jede Form der Postdemokratie hat den Faschismus in sich, in neuer oder alter Form, nicht als »Keim«, sondern als noch ungeborenen Zwilling) .

Der postdemokratische mitteleuropäische Staat funktioniert dabei freilich anders als ein neoliberaler Staat wie, sagen wir, der US-amerikanische, indem er versucht, den Bürger zugleich zu belasten, wie es ein »Wohlfahrtsstaat« tut (wir denken an das skandinavische Modell der siebziger Jahre mit einer Steuerpolitik, die schließlich überschnappte), ihn aber allein lässt wie ein Laisser-faire-Staat. Diese Doppelgesichtigkeit von bürokratischem Wohlfahrtsstaat und sozialer Kälte gegenüber jeder Art von »Verlierern« hat sich mit der Wiedervereinigung in Deutschland zwangsläufig noch verschärft – einschließlich einer »gefühlten« neuen politischen Kultur: Dieses neue Deutschland, ökonomisch ein Akt des Kannibalismus, ist zugleich auch ein Amalgam: Es vereint das Schlimmste beider Systeme, die bürokratische Arroganz des einen mit der ökonomischen Brutalität des anderen (hybride Unternehmen wie die Deutsche Bahn etwa, mit ihrer militanten Mischung aus Inkompetenz, Arroganz, Werbeverlogenheit und Geldgier, sind hierfür offene Symptome).

Über die staatliche Produktion von Gewalt.

Bizarrerweise klagten nach dem Einsatz zum 1. Mai in Berlin 2011, den die Medien bereits als business-as-usual oder gar besonders harmlos einstuften – und schon beschrieb man die »Mai-Krawalle« als urbane Folklore in der Hauptstadt –, Polizisten in Zivil (man kann sie »undercover agents« nennen, weil man »agents provocateurs« natürlich nicht sagen darf) gegen ihre uniformierten Kollegen wegen des »grundlosen« Einsatzes von Faustschlägen und Pfefferspray, dessen Opfer sie geworden waren. Und das, obwohl SPD-Innensenator Erhart Körting sich öffentlich gegen jeden erdenklichen Vorwurf gewandt hatte, der Einsatz am 1. Mai sei »unverhältnismäßig« gewesen, wie es etwa die Sanitäter taten, die dabei bis zu 200 Verletzte gezählt hatten. Ist es »gute Übung« des demokratischen Fürsten, sich in jedem Fall »schützend« vor »seine« Polizei zu stellen?

Die Polizei, die wie der Geheimdienst, das Militär oder die Schule zu den in sich undemokratischen Mitteln eines demokratischen Staates gehört, mit denen er sich gegen angebliche oder reale Feinde zur Wehr setzt, kann für eine humane, bürgerliche Gesellschaft nur ein notwendiges Übel sein. Technische Abrüstung und ein Zuwachs an sozialer Kompetenz, weniger Bedrohung und mehr Hilfe, das wären Anzeichen für eine innere Demokratisierung einer Gesellschaft. Für einen wahrhaft demokratischen Politiker wäre jeder gewaltsame und »gelungene« Massen-Einsatz der Polizei ein Grund zur Trauer und ganz sicher keiner zu jener Art von Triumphalismus, mit dem, erneut, der Übergang der Demokratie zur Postdemokratie medial besiegelt wird. Wenn für die Öffentlichkeit »die Wirtschaft«, der alles beherrschende große Andere, der wahre Führer geworden ist und der postdemokratische Politiker der Garant seiner »Güte« und seines Wohlwollens, dann verwandelt sich am Ende auch die Gewalt dieses Staates, insbesondere die seiner Polizei. Sie wird recht eigentlich zum Instrument dieses großen anderen, sie verteidigt und erzwingt nicht mehr die Rechte des Bürgers in seinem öffentlichen Raum und das Gemeinwohl auch in Form des Gemeineigentums, sondern sie erzwingt die Durchsetzung »rechtlicher« Interessen der Ökonomie. Der entsolidarisierende Staat entdemokratisiert seine Instrumente, und wenn die undemokratischen Mittel des »demokratischen Fürsten« schon bedenklich genug sind, so sind die undemokratischen Mittel in den Händen des »postdemokratischen Fürsten« nichts weniger als brandgefährlich.

Im schwachen Staat verwandelt sich das Regieren wieder in das Herrschen, denn während das Regieren mit den Interessen der ökonomischen Oligarchie in

Konflikt geraten kann, ist das Herrschen (das Demonstrieren von Macht in der Inszenierung von »Güte« einerseits und »Härte« andererseits) diesen Interessen gerade recht. Herrschaft – im Gegensatz zum Regieren – beinhaltet eine Dimension der Willkürlichkeit. Herrschaft entsteht aus Willkürlichkeit und erzeugt Willkürlichkeit.

Eine Reihe von Diskurswechseln der staatlichen Gewalt freilich müssten dabei früher oder später auch an die Kontrollinstanzen eines Rechtsstaates oder einer Regierung mit Augenmaß zurückfließen.

1. Nicht nur dem demographischen Wandel allein ist es geschuldet, dass bürgerlicher Protest nicht mehr so sehr eine Sache von Jugendlichen oder jenen sein muss, die von der Gegenseite gern als »Berufsdemonstranten« bezeichnet werden (es mag sich dabei um Menschen handeln, die schon ein wenig Erfahrung mit Polizeieinsätzen haben); man könnte sagen, nicht nur die berufliche, sondern auch die altersmäßige Zusammensetzung des zivilen Widerstands ändert sich. Daher geraten Polizisten zunehmend in die Situation, Gewalt auch gegen ältere Menschen anzuwenden (dass die meisten von ihnen damit kein Problem zu haben scheinen, beobachtete der Bundestagsabgeordnete Hans-Christian Ströbele am Rand der Mai-Demonstrationen in Berlin 2011).

2. Die »härteren« und gefährlicheren Waffen eines Polizeieinsatzes wie Schlagstock und Pfefferspray sollten in einer demokratischen »Ordnungsmacht« am ehesten der Selbstverteidigung oder als »letztes Mittel« der Durchsetzung dienen, in zunehmendem Maße indes scheint es toleriert zu werden, dass die Polizei ihre Waffen offensiv und zum Teil ohne die vorgeschriebenen vorherigen Warnungen einsetzt. Insbesondere der Einsatz von Pfefferspray ist umstritten. Oesten Baller, Professor für Polizeirecht an der Berliner Hochschule für Wirtschaft und Recht, erklärt gegenüber der *taz*: »Der Einsatz ist zulässig, wenn dringliche polizeiliche Maßnahmen anders nicht durchgesetzt werden können. Das setzt voraus, dass eine polizeiliche Anordnung durch Lautsprecher erfolgt ist oder ein Polizist zuvor direkt angegriffen wurde«. Zudem ist auch die Einstufung von Pfefferspray als »mildes Mittel« höchst fragwürdig, weil die gesundheitlichen Folgen (nicht nur für Asthmatiker und Allergiker) nie weiter erforscht wurden. Pfefferspray als Grundausrüstung bei Einsätzen gegen Demonstranten ist eine neue Polizeiwaffe, die niemals in der Öffentlichkeit diskutiert worden ist (als benötigten wir noch Hinweise auf die Postdemokratisierung auf diesem Sektor).

3. Die juristischen Nachspiele offenbaren zunehmend etwas, das wir einmal »Verbundenheit« der beiden Institutionen Polizei und Justiz nennen wollen, Verbundenheit in einem höheren Ziel des Staatstragenden und Gesellschaftskonformen.

4. Bemerkenswerterweise scheinen die empörten Bürger »ihre« Medien nicht wirklich auf ihre Seite bringen zu können, sehen wir von einer eher oberflächlichen »Sympathie« für die Occupy-Bewegung und die »bürgerliche Rebellion« einmal ab. Die drei wesentlichen klassischen Informationsmedien der bürgerlichen politischen Kultur, die »seriösen« Tageszeitungen, die Nachrichtenmagazine oder Wochenzeitungen und die Nachrichtensendungen der öffentlich-rechtlichen Radio- und Fernsehsender sprechen eher die Sprache der postdemokratischen Regierungen als der kritischen Öffentlichkeit (einschließlich der Doppelstrategie geheuchelter Sympathie und realer Machtausübung). Sie werden zu Komplizen des Ignorierens, wie etwa die mittlere Bürokratie zu Komplizen der Vertuschung werden muss, wenn, wie im Fall des Großprojektes Stuttgart 21 der politischen Seite (der Regierung von Baden-Württemberg) durchaus bekannt sein musste, dass die ökonomische Seite (die Bahn) bei den Finanzierungsgesprächen mit solch geschönten Zahlen arbeitete, dass die Vereinigung »Juristen zu Stuttgart 21« den Verdacht des »Betruges in einem besonders schweren Fall« aussprachen: Die Verantwortlichen bei der Bahn hätten demnach von einer Kostensteigerung um eine Milliarde gewusst, sie aber verschwiegen, während auf der anderen Seite die kritischen Stimmen in den Ministerien zum Schweigen gebracht wurden. Die juristische Behandlung des Falles brachte einer, zugegeben begrenzten, Öffentlichkeit den Umstand zu Bewusstsein, dass ein Wissen um zu erwartende Kostensteigerungen grundsätzlich »rechtlich nicht offenbarungspflichtig« ist. Man könnte wohl sagen, dass damit etwas, das wir moralisch als Betrug werten müssen, in diesen Sphären rechtlich unbedenklich ist. »Das wiederum, sagen die üblichen Verdächtigen, also die kritischen Juristen der Gegenseite, sei ›ein Freibrief für jeden Architekten oder Planungsingenieur, durch Vorspiegeln zu geringer Kosten oder durch Verschweigen ihm bekannter Kostensteigerungen einen Geldgeber zum Abschluss eines Finanzierungsvertrags zu verleiten‹. Gesagt, geschrieben und de facto ignoriert. Kein unabhängiges Gericht kann ohne Anklage darüber befinden, weil eine Staatsanwaltschaft die Vorwürfe bewertet, ohne ihnen nachzugehen. Es gibt kein Ermittlungsverfahren« (Meinrad Heck).

Natürlich sind wir Schufte, wenn wir Böses dabei denken, dass die Bahn ihrerseits einer der größten Sponsoren der Parteien ist, mit Ständen bei Parteitagen so sehr wie mit Anzeigen in der Parteipresse vertreten, auch das Sommerfest der Regierung wurde 2011 mit nicht unerheblichen Zuwendungen der Deutschen Bahn finanziert.

Lehrstück Stuttgart 2.
Schlichtung – eine jesuitische Re-Installation.

Dass es sich um einen Aufstand vor allem aus dem Bürgertum handelt, der sich gegen Projekte wie Stuttgart 21 und die Laufzeitverlängerung von Atomkraftwerken richtet, ist vollkommen verständlich. Wie aber sieht es auf der anderen Seite aus? Die Ignoranz zum Beispiel von Bahnchef Grube, der den Kontrahenten schlicht das Widerstandsrecht absprach, der Stuttgarter Politiker und der Polizeiführung wirkt, als habe man sie regelrecht erfunden, um die Bürger und vor allem die Bürgerkinder zu empören, ja es scheint, als habe man es geradezu darauf angelegt, eine neue Protestwelle, einen neuen Feind zu erzeugen. Wenn Karl-Theodor zu Guttenberg erklärte, es gehe gegen eine »außerordentliche Opposition«, die »so tut als ob wir in einer Diktatur leben«, dann weckte er offenbar ganz bewusst die Erinnerung an die »außerparlamentarische Opposition«, die zu hassen seinerzeit ja erlaubt war.

Carl Schmitt, der Hausgott der Konservativen, hat einmal zackig erklärt: Politik ist nichts anderes als die Unterscheidung von Freunden und Feinden. Ob er damit Recht hat oder nicht – bei seiner Klientel findet der Satz Anwendung hinter den Fassaden, während die Propagandamaschinen exakt das Gegenteil beschreiben und an einem Weltbild arbeiten, in dem es nicht mehr links und rechts, keine Klassen und keine Ideologien mehr gäbe (so als könne man einen Diskurswechsel dazu missbrauchen, den Diskurs selber zum Verschwinden zu bringen). Eine demokratische Ableitung und ein großer Schritt zur Humanisierung des barbarischen Freund-Feind-Diskurses freilich wäre eine politische Grammatik anhand dreier Fragen: Wer ist aus welchen Gründen wofür? Wer ist aus welchen Gründen dagegen? Und was ist, wenn man beides gegenüberstellt, eine demokratische Lösung?

Mehrheitsentscheidung, Kompromiss, Delegation, Debatte oder Aussetzen der Entscheidung – die Möglichkeiten sind ja beschränkter, als man sich wünschen würde. Beinahe unbeschränkt dagegen sind die Mittel, die schlichten Fragen zu vernebeln und zu verdrängen, Freund und Feind, mit anderen Worten, unsichtbar zu machen. Es ist eine jesuitische Politik der Entpolitisierung, die sich im Kampf der wirtschaftlichen gegen die menschlichen Interessen bewährt hat.

157

Die zweite, die ökonomische Ableitung bei einem Konflikt wie dem um Stuttgart 21 ist nicht viel weniger schlicht: Wer wird bei einer Entscheidung den Nutzen, wer den Schaden haben? Und gibt es eine Möglichkeit, Gewinn und Verlust ein bisschen gerechter zu verteilen? Auch die Ausweitung der politischen Grammatik ist klar: Welche Mittel stehen den Kontrahenten zur Verfügung, welche werden sie anwenden? Welche werden als legal, legitim und angemessen erachtet? Welche Allianzen werden sich bilden? Wie reagiert die »äußere« Gesellschaft? Und welche Diskurse werden nach der »politischen Entscheidung« übrig bleiben, wie wird »erklärt«, was da zustande gekommen ist, nämlich dass wieder einmal die mit dem Geld und mit der Macht gewonnen haben?

Der Traum der Demokratie sah so aus, dass in diesem Konflikt der Staat als Moderator vor allem darauf drängen würde, die Interessen jener zu schützen, die von der ökonomischen Macht bedrängt und unterdrückt werden, und dass Nutzen und Nachteil gerecht zu verteilen seine vornehmste Aufgabe im Inneren sei. Der postdemokratische Staat hat sich aus dieser Verantwortung mit einer schlichten Gleichung gestohlen: Das Gemeinwohl ist identisch mit der Prosperität der Wirtschaft. Damit ist klar, dass ein Projekt wie Stuttgart 21, das der ökonomischen Effizienz und dem »Wachstum«, kurz dem Fortschritt dienen soll, auch im Sinne des Gemeinwohls ist (dass nicht einmal dies stimmt, weil der Ökonomisierung der Planung längst die Privatisierung gefolgt ist, steht auf einem anderen Blatt). Gegner des wirtschaftlichen Fortschritts dürfen daher als Fortschrittsfeinde, also Feinde des Gemeinwohls, also des Staates angesehen werden.

Die Auseinandersetzung um Stuttgart 21 wurde von einem regionalen Geschehen zum politischen Schlüsselbild der postdemokratischen Verhältnisse, weil die Parteien wieder sichtbar wurden, erst einmal sozusagen aus Versehen. Weil, um in der barbarischen Sprache der Konservativen zu sprechen, für beide Seiten der »Feind« wieder ein Gesicht erhielt. Was bleibt – aus den Gesichtern und Worten von Ministerpräsidenten und Bahnchefs und ihrer Entourage zu lesen–, ist der Unwille und die Unfähigkeit, den demokratischen und ökonomischen »Feind« zu respektieren. Er muss, so sieht und hört man ihnen an, zum Schweigen gebracht werden. Koste es, was es wolle.

Wie macht man das? Erstes Mittel: Man ignoriert ihn. Das funktioniert dann nicht mehr, wenn in den Medien eine Legende zu diesen Fortschrittsfeinden entsteht, eine Erzählung von einem »bürgerlichen Aufstand«, von braven Akademikern, Rentnern und Schülern, von ordentlich gewaschenen, gut deutschen, gar besser verdienenden Rebellen; kurzum eine bislang ungewohnte Dissidenz, sozial gesehen eher der Gewinnerfraktion zugehörig und damit einigermaßen unantastbar. Das zweite Mittel: die Denunziation des Gegners. Die *Bild*-Zeitung spricht von »Revoluzzer-Opas«, die *F.A.Z.* beklagt die Unfähigkeit solcher Kleingeisterrebellen zum »großen Denken«.

Der Denunziation müssen drittens die Taten folgen. Das nach wie vor probate Mittel: Gewalt. Die »Demonstration von Härte«, die unten mit Wasserwerfern und Pfefferspray geführt wird, wiederholt sich in den Schnittpunkten von Macht und Ökonomie mit einer schlichten Rhetorik: Widerspruch ist zwecklos, was nutzen Argumente und »Leute« gegen eine Macht, die Tatsachen schaffen kann. Und wer nicht mitmacht, der soll sich dann nicht wundern, dass ihm vom Profit auch kein Krümel zukommt. Der Bürger als Feind soll verunsichert, verunglimpft und im Zweifelsfall auch verprügelt werden.

Aber all das, was sich so oft bewährt hat, fast täglich in jeder Provinz – die Mischung aus Brutalität, Korruption und Bigotterie, die wir »Lokalpolitik« nennen – und im Großen ohnehin, das funktionierte diesmal nicht wirklich. Einer der entscheidenden Gründe dafür war wohl, dass das Gesicht der Macht zu deutlich seine »Weltlichkeit« ausdrückte, Raff- und Machtgier, und zugleich wohl auch die intellektuelle Unfähigkeit, dem eigenen Vorhaben nicht nur eine menschliche Legende, sondern wenigstens auch einen Anschein der ökonomischen und technischen Vernunft zu verleihen. So blieb die auch für einen Bürger alter Schule unerträgliche Aussage: Es ist Unsinn, es ist hässlich, es ist gewaltsam – aber es bringt Geld. Das muss reichen.

Selbstverständlich reicht das nicht. Wenn also weder Ignoranz noch Propaganda noch Gewalt genügen, den Gegner zum Schweigen zu bringen, muss man sich etwas anderes einfallen lassen. Man kann das »Diplomatie« nennen, vor allem aber geht es um ein öffentliches Schauspiel. Denn nun kommt es nicht mehr allein darauf an, den Feind zum Verschwinden oder wenigstens zum Schweigen zu bringen, sondern auf die öffentliche Darstellung seiner Bekehrung. Und zu eben diesem Schauspiel benötigt auch der demokratische Fürst seine jesuitische Geheimwaffe. Eine Kraft, die am Ende nicht den Körper, sondern die Seele des Feindes unterwerfen will und die in aller Regel nicht anstelle der Schergen und Folterknechte auftritt, sondern dann, wenn diese ihr Handwerk verrichten. Eine Kraft wie Heiner Geißler.

Der ist ein jesuitisch »erzogener« Mensch, entscheidend für die politische Kultur ist sein vollständig »jesuitisches« Verhältnis zur Macht. Erinnern wir uns an den Schwur der Jesuiten; ihr Ziel soll es sein, »ketzerische, protestantische oder freiheitliche Lehren auf rechtmäßige Art und Weise oder auch anders auszurotten und alle von ihnen beanspruchte Macht zu zerstören«. Die beiden Kernaussagen jesuitischer Macht gegenüber dem »Feind« lauten also: Es sind auch andere als rechtmäßige Mittel erlaubt, und es gilt, nicht nur seine Macht nachhaltig zu zerstören, sondern auch deren Beanspruchung zu unterbinden. Natürlich leistet sich der demokratische Fürst nur einen Jesuitismus light, indes scheint ebenso klar, dass sich nahezu jede Partei ihren jesuitischen Manager leistet, also jemanden, der für ein höheres Ziel bereit ist, jedes Mittel, rechtmäßig oder nicht, offen oder verdeckt, einzusetzen.

Eine politische Schmierenkomödie, wie wir sie beim »Schlichterspruch« von Heiner Geißler erleben durften, braucht auch den richtigen Darsteller, da kommt diese jesuitische Allzweckwaffe des postdemokratischen Konservatismus gerade recht. Einst war er der rechte Hetzer, jetzt ist er der ökologische Ketzer seiner Partei – so wird er gerne vorgestellt. In der Eingangsrunde der Talkshow *Hart aber fair* erklärte Geißler freimütig: Nicht er habe sich geändert, sondern die Verhältnisse hätten es.

Die Geißler-Legende vom alten reaktionären Haudegen, der im Alter milde und weise geworden ist, ist ja auch zu schön und tröstlich. Denn etwas Einschneidendes ist sichtbar geworden: Der Konflikt um Stuttgart 21, ein Schlüsselbild von noch tieferen und umfassenderen Konflikten, ist mit demokratischen Mitteln gar nicht mehr lösbar. Das Verlangen einer Öffentlichkeit, die sich diesem Menetekel nicht stellen will, ist nicht auf eine Lösung gerichtet, sondern auf eine Versöhnung. Kollektiv beschwiegen werden muss das absehbare Scheitern des Projekts Demokratie, und daher muss das Spektakel ihrer Rettung inszeniert werden und sei's noch mit den Mitteln des Kasperletheaters.

Prompt erhält das Spektakel wahrlich traumhafte Einschaltquoten, Aufmerksamkeitswerte, Auflagenzahlen; es wird gefeiert, als wäre es die Rettung unserer Demokratie in letzter Sekunde oder sogar der Beginn einer Wiedergeburt demokratischer Kultur in diesem unserem Lande. Ignatius von Loyola hätte seine Freude an seinem Schüler Heiner Geißler gehabt! Die Schlichtung bietet nämlich nichts anderes an als eben das jesuitische Ziel von Folter und Predigt: die Unterwerfung unter den Willen der Macht, die im Gegenzug ein Heilsversprechen begleitet. Es wird »Gutes getan«, für Behinderte und Bäume zum Beispiel, aber viel wichtiger ist, und die kritische Presse erkennt es sogleich: Ab jetzt soll man wieder miteinander sprechen können, die Demokratie wieder als gemeinsame Messe zelebrieren. Der Bahnhof wird abgerissen, aber das Haus der Gesellschaft bleibt fest. Der soziale Friede des Herrn Geißler sei mit uns!

Geißler ist der Mensch, der es verstanden hat, die Mittel der Macht nach den Verhältnissen auszurichten. Das Jesuitische daran liegt nicht nur in der Kombination von Machtwillen, Inszenierungsgeschick und rhetorischer Gewandtheit, sondern in der vollständigen Unterordnung der Mittel unter die Zwecke. So wird für das Unternehmen sogar ein »Stresstest« versprochen. Am selben Tag, da man den Schlichterspruch auf den politischen Seiten bejubelt, wird im Wirtschaftsteil der *F.A.Z.* hämisch berichtet, dass sich die Stresstests bei den Banken »als nicht besonders hart herausgestellt« hätten.

Wenn sich ein »Stresstest« für »Stuttgart 21 plus« – Jetzt neu! Baumschonend und demokratiekulturell zertifiziert! – also machen lässt, ist damit zu rechnen, dass er sich auch »als nicht besonders hart herausstellt«. Denn um die Genesis einer politischen Entscheidung zu beschreiben, muss man nur erkennen, wer an einer Sache verdient, wer Karriere macht, wer einen Auftrag bekommt. Aber damit sind wir auch wieder genau da, wo wir angefangen haben. Bloß dass wir jetzt eine andere Erzählung haben. Und wer auf die jesuitische Inszenierung des Heiner Geißler nicht hereingefallen ist? Der ist jetzt aber wirklich ein Feind.

Nach der Schlichtung und einem »Moratorium« folgte die Wahl mit dem erwarteten Sieg der Grünen, die zusammen mit der SPD denn auch die Regierung von Baden-Württemberg stellen. Der Konflikt um Stuttgart 21 war damit indes natürlich nicht gelöst. Es verhielt sich nämlich genau anders herum, als ihre Gegner es formulierten: Nicht der Konflikt war Teil des Wahlkampfes, sondern umgekehrt der Wahlkampf war Teil des Konfliktes und darüber hinaus: Ein »Volksentscheid« würde nämlich nur eine weitere Konfliktlinie errichten, jene zwischen den Stuttgartern und den Bewohnern des Landes.

»Ich glaube«, sagte der Musiker Max Herre im April 2011, »in Baden-Württemberg steht die große Schlacht noch aus. Es stehen sich zwei Lager gegenüber. Und auch der Volksentscheid wird den Konflikt nicht lösen. Es gibt einfach ganz viele Menschen und ich würde sagen, die Mehrheit der Stuttgarter, die wollen S21 nicht. Das heißt, dass sich der Konflikt verschärfen wird am Ende. Und da gibt es auch die Baumschützer in ihren Bäumen. Ich glaube, das diese Auseinandersetzung ab einem Punkt auf die Straße kommt«.

Lehrstück 3:
Vom mehr oder weniger demokratischen Ende des Widerstandes.

Der Widerstand gegen das Stuttgarter Großprojekt und seine mediale Präsenz hatte nicht wenig zum Wahlsieg der Grünen in Baden-Württemberg beigetragen, die eine betont bürgerliche Regierung in Koalition mit der SPD bildeten und von vorneherein bestrebt waren, aus der »Falle« des Protestes herauszukommen. Die »Lösung« schien ein Volksentscheid, sicherheitshalber gleich im ganzen Land, was, vorhersehbar bei der Informationslage, eine Mehrheit für den Bau brachte. Damit war es also auch »legitimiert«, 6,5 Milliarden Euro auszugeben für den Neubau eines Bahnhofes mit einem gewaltigen Immobiliendeal im Hintergrund und mit einem vagen Versprechen auf eine Beschleunigung eines Zugverkehrs, der ansonsten unter ganz anderen Beeinträchtigungen leidet.

Am Ende ist es auch der Effekt der Zeit, der die soziale Bewegung zum Erliegen bringt, eine Ermüdung der Aufmerksamkeit.

Aber natürlich lässt sich diese Bewegung nicht einfach als gescheitert erklären. Die neue baden-württembergische Regierung etwa führte die Stellung einer Staatsrätin »für Zivilgesellschaft und Bürgerbeteiligung« ein, durch die die Einbindung der Bevölkerung in kommende Projekte gewährleistet wird. Auch ist beim Projekt Stuttgart 21 zweifellos der Druck gestiegen, die Fakten offen zu legen. Fraglich ist allerdings, was in der *taz* zusammengefasst wird: »Viele Ziele der damaligen Wutbürger sind also inzwischen erreicht« (Julia Rommel).

Sowohl die »Schlichtungsverhandlungen« als auch die Volksbefragung dürfen, mit den Worten von Arni Luik, getrost nicht nur als Farcen, sondern auch als »Entmündigung der politisch engagierten Bürger« mit medialen Nebeneffekten bezeichnet werden. Es wird ein Schauspiel von Partizipation und Transparenz abgespielt und gleichzeitig jede wirkliche Bürgerbeteiligung ad absurdum geführt: Die Ungleichheit der Informations«waffen«. Das von vornherein absurd hohe Quorum. Die Beteiligung aller Menschen im Land, die von den negativen Auswirkungen so wenig betroffen sind, wie sie die Vorgehensweise der Betreiber und ihrer Verbündeten vor Ort kennen. Die Drohung, wenn das Projekt nicht abgeschlossen werde, enorme Summen zu verlieren (ein klassisches neoliberales Propaganda-Instrument: Wir müssen gemeinsam wachsen, sonst habt ihr euer Geld verloren. Stuttgart 21 wird mit denselben Argumenten »dem Volk« ver-

162

kauft, wie es als Opfer in die Finanzkrise getrieben wurde: Aufhören ist immer
noch schlimmer als besinnungslos weitermachen).

Die große Erleichterung kam, als die Volksabstimmung nicht nur, wie vorgesehen, am Quorum scheiterte, sondern auch durch die simple Mehrheit (sogar in
Stuttgart selbst) die richtige »Stimmung« besorgte.

Der Abschied von der »Basta-Politik« führt gleichsam übergangslos in eine
Verneblungs- und Umgarnungspolitik. Auf das Lehrstück vom Demokratie-
Abbau folgt das Lehrstück der Postdemokratisierung, die Ersetzung der Demo-
kratie durch ein Demokratie-Spiel, das zwar nach formalen Regeln »stimmt«,
allerdings von vornherein auf ein bestimmtes Ergebnis hin berechnet wurde.
Die Drohung, dass ein Projekt auch bei anderem Ausgang der Befragung nach
Lage der Verträge und der Interessen realisiert wird, blieb im Übrigen beständig
im Raum.

Von der Postdemokratie zur Oligarchie

There is no such thing as a free lunch.
Milton Friedman

Aristoteles (und warum sollten wir zu dem alten Knaben nicht gelegentlich
zurückkehren wie zu Kant, Marx oder Foucault?) hat drei Formen der Verteilung
unterschieden, die aristokratische, die oligarchische und die demokratische. Die
Grundlage dafür ist die Beziehung dessen, was es zu verteilen gibt (Güter, Ämter,
Rechte und – sagen wir es allgemein – »Möglichkeiten«), zu einer Verteilungs-
grundlage. Die Frage lautet also: Wer bekommt was wofür/weswegen?

– In der aristokratischen Gesellschaft würde das, was einer oder eine
bekommt, abhängig von den Verdiensten sein, die er sich erworben hat und die
Ausdruck seiner moralischen und geistigen Kraft sind (man wird später, im plat-
ten Fall, reich, weil man sich für den Fürsten Verdienste erwirbt. Man wird aber
auch auf seinen Besitz stolz sein – zu Recht oder eher zu Unrecht –, weil er Ausdruck von Verdiensten in der Vergangenheit ist. Die Grundlage aristokratischer
Verteilung in der Zeit ist das Erbrecht, aber umgekehrt ist das Erbrecht stets ein
aristokratischer Widerschein in jeder anderen Form der Verteilung. Das Verer-
ben schließlich, von Besitz, von Ämtern, von Vernetzungen, von sozialem Status
etc. ist nicht zuletzt eine Form der moralischen »Wäsche« gegenüber dem Erwerben, schon in den ersten Erbschaftsschritten verwandelt sich unrecht erworbenes

Gut in rechtmäßigen Status, und Korruption und Gewalt scheinen, auf einer tieferen moralischen Ebene, gerechtfertigt, indem es »für die Kinder« ist).

▪ In der demokratischen Gesellschaft würde das, was einer oder eine bekommt, ausschließlich durch den Status als freier Bürger bestimmt (den aristotelischen »Frei Geborenen« übersetzen wir entweder als »Staatsbürger« oder, radikaler, als »Mensch«).

▪ In der oligarchischen Gesellschaft aber würde das, was einer oder eine bekommt, durch den Besitz bestimmt (so bekommt vor allem der, der schon hat).

Demokratie bedeutet also keineswegs allein »Wählen-Dürfen« oder »Sich-frei-bewegen/organisieren/informieren-Dürfen«. Vielmehr ist Demokratie neben der Gleichheit vor dem Gesetz auch von einer besonderen, »gerechten« Form der Verteilung des gesellschaftlichen Reichtums abhängig. Eine Gesellschaft mit einer grotesken Ungleichverteilung von Macht, Reichtum und Geltung darf sich guten Gewissens vielleicht »liberal«, nicht aber »demokratisch« nennen.

Ganz offensichtlich ist die aristotelische »demokratische« Verteilung stets durchsetzt oder überlagert von Elementen der beiden anderen Formen der Verteilung – und dazu kommen weitere, nicht unerhebliche Formen der strukturellen Ungleichheit: Rasse, Geschlecht, Generation, Kultur, Sprache... Der Status als »Mensch« scheint zunächst immerhin unveräußerliche Rechte und darin eingeschlossen einen unveräußerlichen Anspruch an Versorgung, Nahrung, Kleidung, Medizin und Hygiene, auch Bildung, Kultur und Information zu garantieren (mit einer »Gleichheit« von Ansprüchen und Befriedigungen hat das noch lange nichts zu tun). Aber selbst an dieser minimalen Forderung an demokratische Gerechtigkeit scheitert der postdemokratische Staat bereits. Bedürftigkeit selbst wird ihm unten zur Begründung der Ungerechtigkeit, wie Besitz oben zur Legitimation des Privilegs wird. So ist der »Flüchtling« allein wegen seiner Bedürftigkeit bereits »illegal« (so erklären wir ihn zum »Wirtschaftsflüchtling« und überantworten ihn unter anderem dem Angstneid des Populismus). Und die Forderung nach »Eigenverantwortung« in der Fürsorge ist nur das Negativ einer Verweigerung von Grundrechten und Grundversorgung jedes Menschen, die für eine demokratische Gesellschaft schlicht Voraussetzung wäre.

An einem demokratischen politischen Prozess (wie einer Wahl oder Formen der Meinungsbildung etc.) können nur Menschen sinnvoll teilnehmen, die sich entweder gerecht behandelt empfinden oder aber den Glauben daran, gerecht behandelt zu werden, noch nicht verloren haben. Daran, dass immer mehr Menschen an den demokratischen Prozessen nicht mehr teilnehmen, was weit über die dramatisch sinkenden Wahlbeteiligungen hinaus geht, lässt sich der Mangel an Hoffnung auf Gerechtigkeit ablesen: Kein Mensch würde freiwillig auf die Beteiligung an einer demokratischen Wahl verzichten, wenn er der Meinung wäre, dadurch seine Situation zu verbessern. Weder »Politikverdrossenheit« noch »Politikerverdrossenheit« ist die Erklärung für die »Wahlmüdigkeit« der Menschen in der Postdemokratie, sondern ganz einfach die Abwesenheit von Gerechtigkeit.

Mit Vorbedacht hat das deutsche Grundgesetz einen Riegel vor die Besteuerung des Besitzes gesetzt: Der Staat soll nicht das Recht haben, das Vermögen seiner Bürger aufzufressen. Man vergaß indes eine entsprechende Bremse in der anderen Richtung einzubauen. Offensichtlich ist es verboten, dass die Macht den Besitz auffrisst, nicht aber, dass der Besitz die Macht auffrisst. So begann die schleichende Verwandlung der aristokratisch-demokratischen Verteilung in eine oligarchische. Mittlerweile müssen wir wohl davon ausgehen, dass wir uns, im Sinne des Aristoteles, in einer überwiegend oligarchischen Form der Verteilung befinden.

Oligarchische Methoden zur Erhaltung und Mehrung von Macht und Besitz einer auf die eine oder andere Weise privilegierten Gruppe gibt es zuhauf in jeder Demokratie, und nicht alle sind so altmodisch wie die Verknüpfungen von Familie und Macht. Wie sich französische Oligarchen den Nachwuchs der »grandes familles« an den »grandes ecoles« exklusiv bildeten (und es immer noch tun), so funktionierten, nur zum Beispiel, nach wie vor und im Diskurswechsel des Neoliberalismus wieder um so mehr, die deutsche »Burschenschaften« und ihre Beziehungen zu den »alten Herren« als Selektionsprozess für den Nachwuchs der oligarchischen Wirtschaft und ihrer bürokratischen-juristischen-politischen Entourage.

Im Gegensatz zur aristokratischen und zur demokratischen Verteilung der Güter, beide umsäumt nicht nur von Theorie und Idealismus, sondern auch von einer begleitenden Kultur und Kunst, hat die oligarchische Verteilung weniger ideelle Begründung als überzeugende Praxis zu bieten. Sie erklärt sich, wie es die Ideologie des Marktes tut, weder als Vernunft noch als Moral, also nicht als politisch-ökonomische Kultur, sondern als »Natur der Sache«. Kaum jemand »bekennt« sich zu dieser Form offensichtlich unmoralischer, aber funktionierender Verteilung. Stattdessen wird sie leicht einmal mit der »menschlichen Natur« gleichgesetzt. Doch es ist gerade diese begründungslose, theorielose Praxis der

Oligarchie, die sie anfällig macht für die ideologischen Hysterien von Rassismus und Nationalismus, die wir als Ideologien der zweiten Ordnung ansehen können, Ab- und Umlenkungsideologien mit entsprechend gesteigerter Bereitschaft zu Hysterie und Gewalt. Im »gewöhnlichen« Fall indes können wir wohl behaupten, dass oligarchische Verteilung und Unterhaltungsmedien doppelt miteinander korrespondieren: Oligarchische Macht verwirklicht sich besonders effektiv (und für die Demokratie besonders gefährlich) in der »Medienbranche«, und Unterhaltung ist die perfekte Form einer aufgelösten Ideologie in dem, was wir an anderem Ort als »populäre Mythologie« beschrieben haben.

Das Problem besteht nun nicht allein darin, dass natürlich die Zuschreibung der Qualität von Bürger/Bürgerin bzw. Mensch nicht bedeuten kann, dass alle den gleichen Anteil am Verteilbaren erhalten (Ich möchte mir meine Nachbarin, so liebenswert sie auch ist, nicht als Finanzministerin vorstellen). Das Problem liegt vielmehr darin, dass über den »gerechten Anteil« wiederum demokratisch verhandelt werden müsste. So entsteht, womit Aristoteles offensichtlich nicht gerechnet hatte: eine Endlosschleife.

Gerechtigkeit ist paradoxerweise zugleich die Voraussetzung und das (am Ende mehr oder weniger »unlösbare«) Grundproblem jeder Demokratie. Es ist praktisch so schwer wie philosophisch, politisch so schwer wie ökonomisch zu lösen.[5] Wenn man sich für das demokratische Modell der Verteilung (in der Ordnung des Aristoteles) entscheidet, so ist damit noch längst nicht alles entschieden. Dabei könnte man also nicht davon sprechen, dass die »demokratische« Form der Verteilung (so weit weg wir von ihrer idealen Verwirklichung auch gewesen sein mochten) von einer oligarchischen »abgelöst« würde. Vielmehr *dreht sich* die demokratische so mählich wie scheinbar unaufhaltsam in die oligarchische Verteilung.

Zweifellos ist die »post-aristotelische« Entkoppelung des Verteilten vom Verteilungsprinzip, die Gerechtigkeit ausschließlich im Verfahren sieht (da Menschen nicht von Natur aus gleich sind, können sie auch keine Gleichbehandlung verlangen, allerdings muss jede Form der Ungleichbehandlung wohl begründet sein), genau so problematisch wie die etwas allzu lineare Vorstellung des alten Griechen. Denn wenn man das Augenmerk von den Gütern auf das Verfahren der Verteilung legt, erhebt sich die berechtigte Frage, wer denn nun darüber entscheidet, wie die Begründung von Ungleichbehandlung aussieht.

Für die Ungerechtigkeit der Verteilung haben wir mittlerweile fixe Bilder (ob sie den Kern der Sache treffen oder nicht, sei dahin gestellt; wir haben uns nun einmal mehrheitlich/markttechnisch für Medien der Vereinfachung, wenn nicht der Infantilisierung entschieden): Die schöne Regelmäßigkeit, mit der sich unsere Abgeordneten nur in einem Punkt allesamt einig sind, in der Erhöhung ihrer Diäten (bei gleichzeitig »zurückgefahrenen« Sozialleistungen). Die grotesken Gehälter und Beteiligungen für »Spitzenmanager« noch, wenn sie ihre Unternehmen in den Sand gesetzt oder krimineller Machenschaften überführt worden sind (während unten einer Pflegerin gekündigt wird, die sich ein »illegales« Wurstbrötchen machte und damit das »Vertrauen« des Arbeitgebers verriet). Und die unverfrorene Boni-Zahlung an jene Banker, die gerade eine Welt ins Verderben gestoßen hatten (während unten die kleinen »Kunden« Haus, Arbeit und Familie verloren).

Diese einfachen Geschichten, in die wir gerne unseren ohnmächtigen Zorn (über die ungerechte Behandlung unserer selbst) packen, weisen darauf hin, dass ein »unbewusstes Wissen« um die Entstehung einer Klasse der Unangreifbaren existiert, die mittlerweile aus sich selbst heraus und ohne Bezug auf andere Größen wie Tradition, Leistung oder Moral aus Geld Geld und aus Macht Macht und schließlich aus Geld Macht und aus Macht Geld macht. Die »Gerechtigkeiten« innerhalb und außerhalb dieser Klassen scheinen miteinander nicht mehr kompatibel: Die Oligarchie, der arbeitende Mittelstand und die neue Unterschicht können miteinander ganz einfach nicht mehr sprechen. Vom »leistungsbereiten« Mittelklasse-Menschen aus gesehen ist der absurde Reichtum in der Oligarchie ebenso obszön wie das Empfinden jenes Ghetto-Kids, der es »ungerecht« findet, dass er keinen Sportwagen und keinen Swimming Pool hat; für den Nachfahren des arbeitsethischen Mittelständlers gehen hier die Leistung/Lohn-Gleichungen nicht mehr auf, da er sich in einer aktiven Demokratie-Verteilung, zweifellos mit aristokratischen oder meritokratischen Zügen verbunden, wähnt, während sich der Ghettobewohner, die Konsumversprechungen der Medien vor Augen, möglicherweise um seine passiven demokratischen Verteilungsrechte betrogen sieht.

Das Problem freilich liegt nicht zuletzt in dem, was es zu verteilen gibt. Es scheint eine eindeutige lineare Hierarchie des Erstrebenswerten zu geben. Alles Erstrebenswerte scheint sich am Ende in Geld auszudrücken, gleichgültig ob es sich um Besitz, um einen Posten, um einen Status oder eine Fähigkeit handelt.

So unsinnig eine Forderung nach absoluter Gerechtigkeit ist, so unmenschlich ist auch eine zynische Akzeptanz der Ungerechtigkeit. Wir könnten daher behaupten: Demokratisch sein heißt unter anderem, an der Gerechtigkeit interessiert zu sein (und zwar, zum Beispiel, mehr als an der Effizienz, mehr als am Wachstum, mehr als an der »Konkurrenzfähigkeit«).

Politik ohne Empathie. »Auch Konservative sind möglicherweise bereit zuzugeben, dass mit dem Wechsel der Regeln auch die Spieler wechseln und schließlich die Herrschaftsform« (Paolo Flores d'Arcais). Den Wechsel der Regeln im Neoliberalismus haben wir zu beschreiben versucht. Einer strukturellen Korruption folgt definitiv der Aufstieg eines neuen Typus von Politikerin und Politiker. Sie zeichnen sich dadurch aus, dass sie mehr den Medien als den parlamentarischen Kulturen zugewandt sind, dass sie sich auf das Karriere-Spiel besser verstehen als auf das Regieren und dass sie sich weniger an Ideen als an Strategien orientieren. Sie sind nicht »böse«, sie sind dem Wechsel der Regeln angepasst und treiben den Wechsel selbst voran. Der neue Typus des Politikers könnte nicht reüssieren, wenn er nicht »ankäme«. Dieser neue Typus reflektiert die Herrschaft der medialen Blödmaschinen auch insofern, als er sich nichts aus »Bildung« macht. Er oder sie muss zwingend Teil der Medienkultur sein, nicht aber der »bürgerlichen Kultur«. Die Ferne von solcher Allgemeinbildung, die ja immer nicht nur ästhetische, sondern auch moralische Reflexion beinhaltet, wird allenfalls an der grotesken linguistischen und rhetorischen Minderleistung der neuen Politiker deutlich. Sie »sprechen die Sprache des Volkes« (genauer gesagt sprechen sie die Sprache von *Bild*-Zeitung und Fernsehen), aber ansonsten liegen sie gern nicht nur mit Fremdsprachen, sondern auch mit der eigenen Sprache in Dauerfehde (so liebte man es, den bayrischen Ministerpräsidenten Edmund Stoiber in Talk Shows zu hören, in denen er sich mit verlässlicher Regelmäßigkeit in einem Aussagesatz mit einfacher Logik zu verheddern pflegte; die Meta-Ebene seiner Komik aber bestand in der Unfähigkeit, einen sprachlichen Fehler zu korrigieren, anstatt ihn durch eine noch groteskere semiotische Entgleisung zu ersetzen. Seiner Popularität tat dies übrigens nur wenig Abbruch).

Die wohlfeile Distanzierung gegenüber einer »bildungsbürgerlichen Arroganz« gegenüber Politikern, die möglicherweise Wichtigeres zu tun haben, als sich mit sprachlichen oder geisteswissenschaftlichen Themen zu beschäftigen, löst sich rasch auf, wenn wir nur an so etwas Simples wie die Formulierung einfacher ethischer Grundsätze denken.

Was in den einzelnen europäischen Gesellschaften eingeübt wird, setzt sich in europäischen Strukturen in der so genannten »Schuldenkrise« fort. Ökonomien, die in Schwierigkeiten geraten, werden von den anderen offensichtlich nicht »entlassen«, sondern gezwungen, den Weg des Neoliberalismus bis zur absurden Konsequenz weiter zu gehen: Im Dienste der »Schuldenbremse« wird von den schwächeren Ökonomien Privatisierung, Sozialabbau, Lohndumping und nicht zuletzt Ausverkauf an die mächtigen Nachbarn gefordert. Nachdem, zum Beispiel, die griechische Regierung zur Erhöhung der Steuern (natürlich vor allem auf die Masseneinkünfte) und zum Abbau der Stellen im Staatsdienst gezwungen wurde, sank konsequenterweise die Nachfrage, was wiederum der griechischen Wirtschaft die letzten Überlebenschancen raubt (der Luxus-Import für die besser Verdienenden ist davon weniger betroffen). Daraufhin steigt die Arbeitslosenquote und die Produktivität sinkt stärker als die Einsparungen, ja stärker als die Neuverschuldung. Zur gleichen Zeit wächst die neue Unterschicht und ein Potential des Protestes, während in den reichen Ländern Politiker wie Günther Oettinger oder skrupellose Medien wie die *Bild*-Zeitung an der Karikatur eines unwillig-bürokratischen Landes mit einer faulen und störrischen Bevölkerung zeichnen. Das Opfer, das die reichen Länder von den armen fordern, ist ebenso barbarisch wie sinnlos: Man erzeugt, was Rudolf Hickel, Forschungsleiter am Institut Arbeit und Wirtschaft in Bremen, die »Elendsökonomien« nennt, wenn er fordert: »An die Stelle der Produktion von Elendsökonomien im Euroland muss eine Sanierungsstrategie mit folgenden Elementen treten: Reform des öffentlichen Sektors, effektive Besteuerung der Vermögenden – auch durch Bekämpfung von Korruption und Steuerhinterziehung -, vor allem aber gemeinschaftlich verantwortete Maßnahmen zur Stärkung einer ökologisch anspruchsvollen Wirtschaftsstruktur. Auch dafür wird derzeit in den Krisenländern demonstriert.«

Das heißt am Ende: die reichen europäischen Länder zwingen die armen in einen Krieg gegen die eigene Bevölkerung: Im Athen des Jahres 2012 müssen immer mehr normale Patienten wie zum Beispiel Diabetes-Kranke Zuflucht in den Krankenhäusern suchen, die die »Ärzte ohne Grenzen« einrichteten, ursprünglich um Flüchtlinge und Asylbewerber zu versorgen, was natürlich neue Konflikte verursacht.

3. Die Abschaffung der Solidarität

»Ein Mann ging von Jerusalem nach Jericho hinab und wurde von Räubern überfallen. Sie plünderten ihn aus und schlugen ihn nieder, dann gingen sie weg und ließen ihn halb tot liegen. Zufällig kam ein Priester denselben Weg herab; er sah ihn und ging weiter. Auch ein Levit kam zu derselben Stelle; er sah ihn und ging weiter. Dann kam ein Mann aus Samarien, der auf der Reise war. Als er ihn sah, hatte er Mitleid, ging zu ihm hin, goss Öl und Wein auf seine Wunden und verband sie. Dann hob er ihn auf sein Reittier, brachte ihn zu einer Herberge und sorgte für

ihn. Am anderen Morgen holte er zwei Denare hervor, gab sie dem Wirt und sagte: Sorge für ihn, und wenn du mehr für ihn brauchst, werde ich es dir bezahlen, wenn ich wiederkomme.«

So lautet die Legende vom barmherzigen Samariter. In der Bibel: Neues Testament, Lukas 10, 30-35. Oder im Wort zum Sonntag, in Kinderbüchern, Feuilletons, Politikerreden, moralphilosophischen Seminaren: Die Menschen, allen voran religiöse Würdenträger, Leute, die zu einer privilegierten Gruppe wie den Leviten gehören, helfen dem in Not geratenen nicht, aus Egoismus, Bequemlichkeit oder Berührungsangst stellen sie sich blind gegenüber den Elend eines Mitmenschen. Da bedarf es eines barmherzigen Samariters, also eines Angehörigen einer eher gering geschätzten vermischten Religionsgemeinschaft, die sich ein paar andere Götter neben dem Herrn erlauben. Der Samariter wurde zum Symbol einer Form von Solidarität, die nicht nach Gegenleistung, nicht nach kultureller Zugehörigkeit, nicht nach Verwandtschaftsgrad oder sozialer Beziehung fragt, sondern einfach nach dem Menschen. Menschen helfen Menschen – das ist einerseits Slogan einer karitativen Aktion, andererseits wäre es vielleicht das Urbild aller Solidarität, die aus einer praktizierten Form von »Menschenliebe« entstünde.

Nun kann man, wie schon Immanuel Kant betonte, diese Menschenliebe weder zum Gesetz noch zur Regel, vielleicht nicht einmal zur »Gewohnheit« machen: »Die Liebe gegen Menschen ist zwar möglich, kann aber nicht geboten werden; denn es steht in keines Menschen Vermögen, jemanden bloß auf Befehl zu lieben«. Wir würden dieser Aussage zumindest relativierend gegenüberstehen, da wir der Freiheit des Individuums noch stets die gesellschaftliche Produktion noch bis in die Gefühle, ja bis in die Körper hinein konfrontieren. Die »Liebe gegen Menschen« muss zwar wohl noch stets Widerstände von Eigennutz, Angst, Konformität und Bequemlichkeit überwinden, doch kann sie sich gewiss auch nur in einem gewissen Rahmen entfalten, so wie es zweifellos menschenfreundlichere und weniger menschenfreundlichere Gesellschaften gibt.

Allerdings: Was Solidarität eigentlich ist, darüber kann man schon sehr unterschiedlicher Meinung sein. Seitdem der Mensch nach der Vertreibung aus dem Paradies sein Brot im Schweiße seines Angesichts verdienen muss, beobachtet er argwöhnisch, ob der andere nicht weniger Schweiß vergießen muss oder ob sein Brot womöglich besser schmeckt. Und als einer auf die Idee kam, andere für sich arbeiten zu lassen, lernte er nicht nur, auf die verdammte Solidarität mit den anderen zu pfeifen, sondern auch, sich vor deren Solidarität zu fürchten. Dort unten freilich, wo man nichts als seine Arbeitskraft zu verkaufen hat, wurde Soli-

170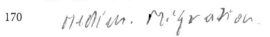

darität zu Trost und Hoffnung. Seit Spartakus die Sklaven, die sich zum Gaudium ihrer Besitzer als Gladiatoren gegenseitig umbringen sollten, zum solidarischen Aufstand gegenüber ihren Peinigern führte und die widerspenstigen Gladiatoren dabei Unterstützung und Ansporn bei anderen Sklaven fanden, ist für jedes Machtsystem die Solidarität seiner Ausgebeuteten das größte Bedrohungspotential. Macht haben heißt seitdem wohl immer auch, Solidarität anderer zu unterbinden oder, noch schlimmer, auf Ersatzziele und Sündenböcke umzuleiten. Solidarität war die größte Waffe der Arbeiterbewegung im neunzehnten und zwanzigsten Jahrhundert.

»Heute braucht das deutsche Proletariat keine offizielle Organisation mehr, weder öffentliche noch geheime; der einfache, sich von selbst verstehende Zusammenhang gleichgesinnter Klassengenossen reicht hin, um ohne alle Statuten, Behörden, Beschlüsse und sonstige greifbare Formen das gesamte Deutsche Reich zu erschüttern. Das einfache, auf der Einsicht in die Gleichheit der Klassenlage beruhende Gefühl der Solidarität reicht hin, um unter den Arbeitern aller Länder und Zungen eine und dieselbe große Partei des Proletariats zu schaffen und zusammenzuhalten« (Friedrich Engels: Bund der Kommunisten).

Solidarität aber ist nicht nur das Versprechen, eines nicht allzu fernen Tages die bedrückenden Verhältnisse zu verändern, und sei es mit Ungehorsam und letztlich Gewalt, sondern auch Trost im Alltag. »Mit 330.000 Mitgliedern im Jahre 1930 war der Arbeiter-Rad- und Kraftfahrerbund ›Solidarität‹ der größte Radsportverband der Welt. 1996 feiert dieser Sportverband seinen 100. Gründungstag. Im Mai 1896 beschlossen 18 Delegierte von Radfahr-Vereinen aus zwölf Städten auf dem 4. Kongress der Arbeiter-Radfahrer in Offenbach, sich zum Arbeiter-Radfahrerbund ›Solidarität‹ zusammenzuschließen. Schon drei Jahre zuvor in Leipzig wollten Arbeiter-Radfahrer, meistens Sozialdemokraten, einen Zentralverband mit einem explizit politischen Programm gründen. Der Bund wurde verboten, obwohl die Sozialistengesetze (1878 bis 1890) nicht mehr galten. Bei der Gründung in Offenbach hatte man das Programm weitgehend entpolitisiert. Mit dem Namen Arbeiter-Radfahrerbund ›Solidarität‹ jedoch dokumentierte der Verein die Zugehörigkeit zur Arbeiterbewegung. Als ›die roten Husaren des Klassenkampfes‹ machten die Arbeiter-Radler politische Geschichte« (Aus der Zeitschrift *Aktiv Radfahren*, Nummer 3, 1996).

Eigennutz oder Solidarität. Das sind die Impulse, die den modernen Menschen umtreiben. Und die Hoffnung, irgendwie beides in eine Harmonie zu bringen, z.B. das teuerste Mountain Bike sein eigen zu nennen und solidarisch zu radeln unter roten Husaren des Klassenkampfs. Vielleicht wären wir immer noch Jäger und Sammler, wenn wir nicht neben der Solidarität den Eigensinn, neben der Idee, einander zu helfen, auch die Idee entwickelt hätten, immer mehr zu haben als die anderen, immer besser, reicher, mächtiger, bedeutender oder klüger zu sein. Solidarität ist es bestimmt nicht, was einen Feldherrn siegreich, einen Unternehmer erfolgreich, einen Künstler genial, einen Politiker mächtig, ein System wie den Kapitalismus dominant macht. Eine Gesellschaft könnte womöglich funktionieren, wenn jede Aneignung von Macht und Reichtum durch die Wenigen durch eine Solidarität der Vielen beantwortet würde, die sich untereinander nicht nur wie barmherzige Samariter, sondern auch als aktive Interessengemeinschaft verstünden.

Manchmal kann man sich wünschen, wir wären Jäger und Sammler geblieben. Und ein bisschen solidarisch wenigstens.

Der Mensch, das Wesen zwischen Solidarität und Eigensinn.

Solidarität, schön und gut. Doch offenbar bezeichnet sie längst nicht mehr jene Ur-Solidarität des Menschen mit dem Menschen wie in der Legende vom barmherzigen Samariter, sondern vielmehr immer eine Konstruktion der Gleichen und eine Konstruktion der Anderen. Etwa in der Definition von Irene von Reitzenstein aus dem Jahr 1961:»Solidarität bedeutet ein gemeinsames soziales Handeln, bei dem eine Vielzahl von Menschen aus einer ihnen gleichen und gemeinsamen Lebenslage heraus und um gemeinsamer und gleicher Ziele willen, einem ›sozialen Gegenpart‹ gegenüber füreinander einsteht.«

Das ist ja noch vergleichsweise nett gesagt. Solidarität ist eine vernünftige Ausweitung des Egoismus von einem Individuum auf eine Gruppe. Man ist solidarisch, um gemeinsam Ziele zu erreichen, die allen Einzelnen wieder zugute kommen, man ist solidarisch, um die Verluste dabei gering zu halten, man ist solidarisch gegenüber einem Hindernis, das keiner allein überwinden könnte. Noch ungeschminkter hat es schon 1914 Robert Michels formuliert:»Zur Bildung eines Solidaritätskreises ist a priori die Existenz scharfer Gegensätze erforderlich; man ist nur solidarisch gegen jemand.«

Was man natürlich erheblich zu relativieren hat. Man kann doch nicht nur solidarisch gegenüber jemandem, sondern auch gegenüber etwas sein. Zum Beispiel gegenüber einer Naturkatastrophe, einer Hungersnot, in einer Katastrophe oder in einer Krise. Zum Beispiel könnten wir derzeit doch solidarisch reagieren auf die Finanz- und Schuldenkrise, doch das geht offenbar ganz und gar nicht: Entsolidarisierung ist nicht nur eine gesellschaftliche Praxis, sondern verkauft sich auch auf dem Medienmarkt bestens. Die Kluft zwischen den Gewinnern und den Verlierern darf wohl nicht zu groß sein, und das mit den gemeinsamen Interessen ist so eine Sache. Bleibt von der Solidarität also doch nur gemeinsam gegen etwas sein. Wie wir es aus der Geschichte unserer Gesellschaften wissen. Peter Ulrich, emeritierter Professor und langjähriger Direktor des Instituts für Wirtschaftsethik an der Universität St. Gallen:

»Im 19. Jahrhundert gab es diesen ›Großen Boom‹ von 1840-1875, der schnellste wirtschaftlicher Aufstieg jemals in Europa aufgrund der Entfesselung der Marktkräfte, vergleichbar China heute. Dieser Aufschwung wurde vorangetrieben vom liberal denkenden Bürgertum, die Botschaft war, dass was das Gemeinwohl bediene, allen zugute käme. Aber am Ende dieser hochdynamischen Phase ab 1870 tauchte die sogenannte soziale Frage auf. D.h. immer schon wurde ein exzessiver Wirtschaftsliberalismus begleitet von sozialer Desintegration, von einer sich öffnenden sozialen Schere. An diesem Punkt stand das Bürgertum vor einer entscheidenden Frage: Sollten sie ihr eigentlich universalistisch gedachtes Projekt einer freier Bürgergesellschaft aufrechterhalten, d.h. ihre Privilegien verbreitern in untere Schichten hinein oder gegen den Rest der Gesellschaft verteilen? Das Bürgertum entschied sich für das zweite und überließ den sozialen Fortschritt neuen sozialen Bewegungen, Arbeiterbewegung, Arbeiterklasse, Sozialdemokratie, Kommunismus. Ausdruck dieser Spaltung zwischen Wirtschafts- und Gesellschaftsprinzipien war und ist das heutige realpolitische Polaritätsspektrum zwischen links und rechts. Seither wird der Gegensatz zwischen marktwirtschaftlicher Sachlogik und Effizienz auf der einen Seite und sozialer Solidarität und Gemeinschaftlichkeit auf der anderen Seite so gedacht. Das gilt es zu überwinden, das ist aber eine konzeptionelle Herausforderung, dass wir Freiheit und Solidarität wieder zusammenzudenken lernen.«

Das scheint nicht besonders einfach, derzeit. Derzeit scheinen sich beide Lager ziemlich unversöhnlich gegenüber zu stehen, hier die sogenannten Liberalen, die jede Verpflichtung zum gegenseitigen Helfen von Menschen kategorisch ablehnen, da die Fanatiker der Solidarität, die sich oder doch lieber andere am liebsten für ihre Religion, ihre Rasse, ihren Verein oder ihre Subkultur in die Luft sprengen würden. Und in der großen Mehrheit der ganz normal wenig Solidarischen reicht die Solidarität gerade mal für die Teilnahme an Fernsehlotterien zu einem guten Zweck und zur Fürsorge für die eigene Familie. Vor allem, solange man statt eines Gegenübers einen Sündenbock hat: Die faulen Griechen! Die Heuschrecken! Die Achse Merkel/Sarkozy! Die Ausländer! Die Sozialschmarotzer! Der Neoliberalismus! Die Medien sind schuld! Die Banken. Der Staat. Die Ungläubigen.

Im Medienzeitalter wird auch Solidarität zu einem Phantom-Phänomen. Virtuelle Solidarität gegen fiktive Gegner, schniefende Barmherzigkeit in der Kitsch-Serie ihres Vertrauens. Alles, nur keine politische und ökonomische Praxis. Die Sehnsucht nach Solidarität taucht indes stets dort auf, wo die Katastrophe geschehen ist. Im Rahmen einer Naturkatastrophe, wo noch die selbstverständlichste gegenseitige Hilfe als großer Akt der Solidarität inszeniert wird, oder, noch drastischer, nach den politisch-historischen Katastrophen, nach massenhafter Vernichtung und Zerstörung der Welt.

Nach dem Ende des Zweiten Weltkrieges wurde Solidarität zu einem besonders viel beschworenen Begriff. Und nur auf den ersten Blick überraschend ist es, dass sich die politischen Parteien, ja sogar die Gesetzgeber eben jener Länder darauf bezogen, die das Desaster begonnen hatten. In Italien schrieb man »die unabdingbaren Pflichten der politischen, wirtschaftlichen und sozialen Solidarität« in die Verfassung, bedeutender noch als Freiheit und Gerechtigkeit. In West-Deutschland spielte der Begriff der Solidarität in den Grundsatzprogrammen beider Volksparteien, der CDU wie der SPD, eine besondere Rolle. Ganz zu schweigen von Gewerkschaften, Kirchen, Vereinen, Schulen und kulturellen Organisationen. Der Begriff »Solidarität« schien tröstlich und zukunftsweisend, so dass man ihn keineswegs den »sozialistischen Unrechtsstaaten« nebenan überlassen wollte; denen gegenüber übrigens die Staaten des Westens stets und immerdar Solidarität entfalten sollten – genau wie die sozialistischen Bruderstaaten gegenüber dem imperialistischen Westen.

Was ist davon geblieben? Nicht viel. Seit den siebziger Jahren scheinen die Menschen mehr und mehr davon überzeugt zu sein, dass Wettbewerb und Konkurrenz viel besser als Solidarität und gegenseitige Rücksichtnahme geeignet seien, die Ziele des Lebens zu erreichen, ein Haus, ein Auto, Fernsehen, Urlaub im Süden, und vielleicht noch bessere Bildungsaussichten für die eigenen Kinder. Spätestens im Neoliberalismus wurde klar, dass der Glaube an die Marktwirtschaft und der Glaube an die menschliche Solidarität nicht recht zusammenpassen.

»Der Markt selber als Koordinationsprinzip der Wirtschaft hat nichts Solidarisches an sich. Das Marktprinzip ist das des wechselseitigen Vorteilstausches: Da begegnen sich zwei wirtschaftliche Akteure, die sind nur an der Leistung des anderen und an ihrem eigenen Vorteil interessiert. Da kommen sie vielleicht ins Geschäft miteinander, schließen einen Tauschvertrag, der eine Käufer – der andere Verkäu-

fer. Am Gegenüber interessiert dann nicht die menschliche Qualität, es geht nicht um Gemeinschaft, um Verbundenheit, sondern ausschließlich um den eigenen Vorteil. Wenn diese Art von marktwirtschaftlicher Koordination quasi verabsolutiert wird zum einzigen und hinreichenden gesellschaftlichen Koordiationsprinzip, dann haben wir de facto das Gegenteil: Dann haben wir nicht mehr eine Marktwirtschaft, sondern eine Marktgesellschaft, die zur sozialen Desintegration tendiert, zum Auseinanderfallen im zwischenmenschlichen Sinn« (Peter Ulrich).

Genau dies, so scheint es, findet im Augenblick in den europäischen Gesellschaften und zwischen den europäischen Ländern statt. Mitglieder von Marktgesellschaften verhalten sich untereinander unsolidarisch und sogar unbarmherzig, marktgesellschaftliche Regierungen verhalten sich untereinander komplizenhaft, den Menschen gegenüber aber nicht minder unsolidarisch und unbarmherzig. Und der Begriff Solidarität verkommt zum bloßen Support, zerfällt seinerseits zwischen Zwangsabgaben und Benefizkonzerten.

Nun ja, alles was der Markt nicht regeln kann, muss eben solidarisch erledigt werden. Also möglichst wenig und möglichst unauffällig. Daher erhebt der Staat im wiedervereinigten Deutschland zum Beispiel einen Solidaritätszuschlag bei der Steuer. Wenn ein Fußballverein absteigt, hat das möglicherweise mit mangelnder Solidarität der Fans zu tun. Solidarisch retten die Steuerzahler Banken und Banker, und solidarisch retten die Staaten der EU den Euro in der Schuldenkrise, unter anderem durch solidarisches Einsparen von Sozialstaat und Arbeitsplätzen. Kurzum: In der politischen und ökonomischen Wirklichkeit hat der Begriff der Solidarität all seinen humanistischen Glanz und seine innere Freiheit verloren. Es sind offensichtlich die falschen Leute am falschen Ort, die in falschen Worten von Solidarität sprechen. Und wir müssen den Begriff erst einmal wieder dem Medien- und Politikerjargon entreißen.

Um dem Begriff der Solidarität also die Würde zurückzugeben, müssen wir ihn ganz anders erklären als mechanistisch und ideologisch, nämlich als frei gewählte, bewusste und reflektierte Haltung gegenüber den Mitmenschen. Vielleicht mit den Worten, die Paul Spicker, Professor für Public Policy im schottischen Aberdeen, im Jahr 1992 wählte: »Der Kern der Idee der Solidarität ist die Entwicklung und das Akzeptieren von Verantwortung für andere.«

Das hört sich doch ganz anders an. Unter Solidarität kann man also nicht das erzwungene Eintreten aller für ein politisches und ökonomisches System verstehen. Unter Solidarität kann man nicht eine gemeinschaftliche Suche nach einem Sündenbock verstehen. Unter Solidarität kann man nicht die Überlegung verstehen, dass man in einem Kollektiv manche Ziele schneller erreicht denn als Einzelner. Die Verantwortung für den anderen fragt nicht in erster Linie nach dem Nutzen und nicht in erster Linie nach der Gleichheit der Interessen. Sie fragt nach Bedürfnis und Ausgleich. Und sie ist nicht das Gegenteil, sondern der Ausdruck von Freiheit.

Solidarität als Gesellschaftsstruktur

Der Ursprung der Solidarität als zunächst juristischer und dann gesellschaftlicher Wert liegt im römischen Recht. Die Obligatio in solidum bedeutete nichts anderes als eine gemeinsame Verpflichtung oder gemeinsame Haftung. Das französische Recht leitete davon die »Solidarité« in ganz ähnlicher Funktion ab. In der Enzyclopédie der Aufklärer wird der Begriff noch ganz in diesem Sinne definiert: »Solidarité ist die Eigenschaft einer Verpflichtung, in der sich mehrere Schuldner bereit erklären, eine Summe, die sie geliehen haben oder die sie schulden, zurück zu zahlen.«

Mitte des achtzehnten Jahrhunderts deutete sich ein Bedeutungswandel des Begriffes an, genauer gesagt, es wurde eine zweite Bedeutung für »Solidarität« entwickelt. Zuerst in der Umgangssprache, dann auch im moralischen und philosophischen Diskurs wurde als »solidarisch« nun auch allgemein das Empfinden wechselseitiger Verantwortung verstanden. Solidarisch sein hieß demnach, eine Arbeit ebenso wie eine Strafe, den Ruhm ebenso wie die Schmach gemeinsam auf sich zu nehmen. In der französischen Revolution war es vor allem Danton, der darauf pochte: »Wir sind alle solidarisch durch die Identität unseres Verhaltens.«

Auch hier ist also eine gegenseitige Verantwortung durch das Prinzip der Gleichheit gemeint. Geben und Nehmen, Helfen und Strafen soll nicht mehr von oben nach unten, vom König über die Aristokratie und über das Bürgertum zum Volk, geschehen, sondern zwischen gleich gestellten, aber eben auch gleich gestimmten Bürgern. Und daraus ersteht die Idee eines Staates auf Grundlage der Solidarität.

»Eine zweite Wurzel des Begriffs der Solidarität ist seine Nähe zum modernen Verständnis von Demokratie, nämlich zur Bildung des allgemeinen Interesses aus der individuellen Autonomie der Akteure«, sagt Hauke Brunkhorst, Soziologe an der Universität Flensburg: *»Wenn man Solidarität demokratisch versteht, also die negative Freiheit, die Freiheit, nicht mitzumachen, dann spielt das Individuelle eine fundamentale Rolle für die Selbstbestimmung und damit auch für die Bildung des allgemeinen Interesses. Der Begriff des allgemeinen Interesses ist für die Demokratie zentral, denn es soll am Ende immer zu bindenden Entscheidungen für alle kom-*

men und alle, für die die Entscheidungen gelten, sollen an diesem Entscheidungs-
prozeß beteiligt sein. Das nennt man demokratische Gesetzgebung, und die richtig
verstanden enthält bereits den Begriff der Solidarität. Man muss dieser Idee demo-
kratischer Selbstbestimmung gar nichts mehr hinzufügen von außen und sagen:
Außerdem brauchen wir noch Sozialhilfe. Sondern die Sozialhilfe ist eben eine Frage
der Selbstgesetzgebung, der Selbstbestimmung geworden.«

Man könnte also sagen: Solidarität ist die Voraussetzung für das Funktionieren einer Demokratie. Und umgekehrt: Ein Mangel an Solidarität bedeutet noch
stets einen Mangel an Demokratie. Anders gesagt: Eine Demokratie kann nur so
gut sein, wie sie Solidarität nicht nur benutzt, sondern auch wieder erzeugt. In
einer unsolidarischen Gemeinschaft kümmert sich nämlich der Einzelne nicht
bloß nicht um das materielle und seelische Wohlergehen der Anderen, er kümmert sich auch nicht um die Rechte des Anderen: Was geht mich deine Armut
an, du Verlierer. Selber schuld. Deutschland zuerst. Sollen die Anderen sehen, wo
sie bleiben. Nicht jammern, weitermachen, denk positiv! Du kannst es schaffen!
Solidarität ist schön und gut, aber doch nicht mit denen, die gehören nicht zu
uns, die gehören hier nicht her. Bin ich meines Bruders Hüter? Jeder muss sehen,
wo er bleibt. Sei besser, sei erfolgreicher. Mir wird auch nichts geschenkt.

Der Soziologe Martin Brunkhorst über den Verlust der Solidarität als gesellschaftlichen Wert:

»Verschwunden ist er seit den 1980er Jahren, als Solidarität in Verruf geriet. Das
hängt mit einer systematischen Veränderung des gesamten Diskurses zusammen,
des Schemas, das die Akteure – Eliten, Massenmedien und Menschen – im Kopf
haben, wenn sie sich die Welt zurechtlegen. Da ist große Umstrukturierung im Zuge
des Neoliberalismus geschehen. Margret Thatcher hat das Ende der 70er Jahre schon
auf die Formel gebracht: »Ich kenne keine Gesellschaft mehr, ich kenne nur noch
Individuen.« Das war gegen die Solidarität als Leitformel der Gesellschaft gerichtet,
weil die Gesellschaft und die Societé und die Solidarité gehörten eng zusammen,
Solidarität meinte immer auch gesellschaftliche Solidarität. Es gibt nur noch Indi-
viduen, die an den verschiedenen Märkten – es ist ja alles Markt jetzt, Meinungs-
Markt, Bildungs-Markt usw. – ihren privaten Nutzen maximieren. Am Ende ist
dann das Versprechen, dass am Ende alle etwas davon haben. Es gibt da noch einen
Solidaritätsrest, erstmal muß man durch eine lange Krise, dann werden alle reicher.
Das ist ein altes Märchen, nur ein leeres Versprechen auf die Zukunft. Aber man
braucht dafür keine gemeinschaftlichen und solidarischen Anstrengungen überneh-
men, man muß nichts mehr tun für den schwächeren Teil der Gesellschaft, weil das

durch die Märkte alleine kommt. Diese Ideologie hat sich in der ganzen Gesellschaft verbreitet, das ist zu einer globalen Hintergrund-Ideologie geworden und hat die Handlungen der Akteure bestimmt. In dieser Zeit ist der Solidaritätsbegriff an den Rand gedrängt worden und kommt nur noch in Worten wie Solidarabgabe vor, die einfach eine Steuer ist, von der die meisten Leute gar nicht wissen, was sie eigentlich bedeutet. Dass es noch etwas mit nationaler Solidarität zu tun hat, das hat man den Leuten lieber gar nicht so deutlich gesagt, sonst hätte es gar nicht so funktioniert.«

Tatsächlich enthält das »Solidaritätszuschlaggesetz 1995 in der Fassung der Bekanntmachung vom 15. Oktober 2002 (BGBl. I S. 4130), das zuletzt durch Artikel 31 des Gesetzes vom 8. Dezember 2010 (BGBl. I S. 1768) geändert worden ist« kein Wort zum Zweck dieser pekuniären Solidarität, die uns übrigens wieder an den Ursprung des Wortes bringt: der Begleichung einer gemeinschaftlichen Schuld. Nur wer wem was und warum eigentlich schuldet, das ist nicht mehr herauszufinden. Auch auf diese Weise entsteht aus der Schuldenkrise eine Solidaritätskrise – und umgekehrt.

Schöne Theorie, furchtbare Praxis oder Furchtbare Theorie, schöne Praxis: Von den Zwängen und Hoffnungen im Bild der Solidarität. Zwei entscheidende Übergänge sind es, die die philosophische ebenso wie die politische Bedeutung des Begriffs veränderten. Der erste ist der Übergang von der christlichen Barmherzigkeit bzw. den entsprechenden Geboten in den anderen Religionen zu einer humanistisch-aufgeklärten Form der Solidarität. Der Barmherzigkeit wird vorgeworfen, sie sei viel zu sehr Pflicht und sie vollziehe sich, wie im Bild des barmherzigen Samariters auch, stets sehr einseitig und in gewisser Weise von oben herab. Wenn Barmherzigkeit dem Bettler eine milde Gabe überreicht, dann soll Solidarität dazu führen, dass erst gar niemand zum Bettler-Dasein gezwungen wird.

In der zweiten Hälfte des neunzehnten Jahrhunderts scheinen die Bürger und ihre Philosophen geradezu besessen vom Gedanken an Solidarität gewesen zu sein. Es schien das einzige, was die immer stärker zutage tretenden Widersprüche der bürgerlichen, industrialisierten Gesellschaften auflösen konnte. So wurde Solidarität verlangt zwischen dem Fabrikherrn und den Arbeitern, zwischen Männern und Frauen, zwischen Arbeitern der Faust und Arbeitern des Geistes, zwischen jung und alt, zwischen Bürgern und Bauern, zwischen Religion und Wissenschaft etc. Ganz, so scheint es, hat auch in der bürgerlichen Gesellschaft das Wort Solidarität nicht seinen eigenen Widerspruch auflösen können, nämlich den zwischen einem juristischen Prinzip der ökonomischen Haftung und dem moralisch-seelischen Empfinden gleichsam einer Barmherzigkeit auf Gegenseitigkeit.

»Es ist eine traditionsreiche kulturelle Errungenschaft, dass Menschen sich untereinander verbunden fühlen, das hat viel mit zwischenmenschlicher Gegenseitigkeit, mit Reziprozität zu tun, dass Menschen sich auf Augenhöhe begegnen, sich sympathisch sind, mitfühlen können, für anderen einstehen. Das alles lernen wir in der Kindheit mehr oder weniger« (Peter Ulrich).

Und nun offenbar immer weniger, denn an die Stelle des barmherzigen Samariters oder wenigstens unverbrüchlicher solidarischer Freundschaft wie zwischen dem Indianer Winnetou und dem Deutschen Old Shatterhand, die uns in die Kindheit schien, ist ein anderer Idealtypus getreten.

»Das Stichwort ist der berühmte homo oeconomicus. Das ist das Bild eines etwas einseitig begabten klugen Burschen, der hochrational seinen Eigennutzen maximiert, aber anderen Menschen gegenüber gleichgültig ist, es mangelt ihm an jeder Empathie, er hat kurz gesagt keine soziale Kompetenz. Dieses Homo-oeconomicus-Denken ist uns die letzten 30 Jahre gepredigt worden, das hat den Zeitgeist geprägt. Und wir sollten uns nicht wundern, dass eine ganze Generation, die unter diesem Zeitgeist aufgewachsen ist, das ein Stück weit als normale Mentalität verinnerlicht hat. Die Ökonomie, die so einen radikalen normativen Individualismus und Egoismus predigt, ist ein Stück weit zur self-fulfilling prophecy geworden. Das ist auch deutlich daran zu erkennen, dass Ökonomen als Experten einen immer größeren Einfluß auf die Politik nehmen und erhalten. Dieses Homo-oeconomicus-Denken, dieser radikale normative Individualismus ist schlicht das Gegenteil von Gemeinsinn, wie ihn gute Bürger haben sollten« (Peter Ulrich).

»Solidarität«, so der Soziologe Alfred Vierkandt, »ist die Gesinnung einer Gemeinschaft mit starker innerer Verbundenheit«. Und er erweitert diese Definition: »Solidarität ist das Zusammengehörigkeitsgefühl, das praktisch werden kann und soll«. Was sich, hoffentlich, geändert hat, das sind die Parameter für diese starke innere Verbundenheit. Noch bis weit in die Moderne hinein waren dafür die sechs Elemente der Identität zuständig: Rasse, Klasse, Geschlecht, Kultur, Religion und Nation. Als jeweils gut wurden dabei die Solidarität der Unterdrückten gegenüber den Unterdrückern angesehen, die Solidarität der Schwarzen gegenüber den Weißen, der Arbeiter gegenüber den Fabrikherren, der Frauen gegenüber den Männern, der religiösen Minderheiten gegenüber den Dogmatikern, der kleinen gegenüber den großen Nationen. Jedenfalls in der Theorie. In der Praxis bewährte sich noch stets die Solidarität der Starken gegen die Schwachen. Und da diese Merkmale der Identität auch untereinander verzahnt sind, können auch sehr furchtbare Formen der Solidarität herauskommen. Die Solidarität der Volksgenossen gegen die minderwertige Rasse, die Solidarität der Deutschen gegen die Ausländer, die Solidarität der Mafiosen gegen das Gesetz.

Die größte Sorge eines deutschen Menschen im Jahr 2011 scheint es zu sein, für andere zahlen zu müssen. Das gilt für den einzelnen und fast noch mehr für die Nation: »Mehrheit der Deutschen lehnt Solidarität mit EU-Krisenstaaten ab. 60 Prozent verweigern den europäischen Partnern die Unterstützung. Sechs von zehn Deutschen wollen keinen der europäischen Pleitekandidaten weiter aus EU-Mitteln unterstützen. Entsprechend sehen 43 Prozent der Bundsbürger die Aufstockung des Euro-Rettungsschirms mit Sorge. Jeder Dritte spricht sich ausdrücklich gegen diese Maßnahme aus.« presseportal.de, 8.3.2011

Solidargemeinschaften haben einen gehörigen Haken, wenn sie über ein gemeinsames Interesse hinausgehen und einen Innenraum ausbilden, der den Mitgliedern Hilfe und Unterstützung bietet, alle Außenseiter dagegen ausschließt und, wie im Falle einer faschistischen Solidargemeinschaft, sogar attackiert. Was als Barmherzigkeit begann, endet als Verschwörung.

»Solidarität mit den **deutschen** Gemüsebauern!« forderte die NPD Hamburg angesichts der Ehec-Darmkeim-Krise. Aber auch »Solidarität mit **deutschen** Fußballanhängern«, nämlich gegen anti-deutsche Fans, gegen Medienverleumdung und natürlich ausländische Kampagnen.

Kurzum: Solidarität kann auch ein sehr vergifteter Begriff sein. So ist ein zweiter Übergang möglich und notwendig, von einem begrenzten, ausschließenden und aggressiven zu einem neuen, umfassenden und offenen Verständnis. Vollzog sich der erste Übergang am Beginn der bürgerlichen Gesellschaft mit ihren Idealen von Freiheit, Gerechtigkeit und Solidarität, die man irgendwie mit Markt und Wettbewerb versöhnen wollte, zeichnet sich der nächste Wandel im Verständnis von Solidarität am Ende der alten bürgerlichen Gesellschaft ab, in dem nicht mehr Nationalstaaten, Klassenkulturen und Geschlechterhierarchie bestimmend sein können.

Im alten Sinne entsteht und realisiert sich Solidarität in einer Gruppe von gleichen oder aneinander gebundenen Individuen. Solidarität unter Familienmitgliedern. Solidarität unter den Menschen bestimmter Berufsgruppen. Solidarität von Menschen eines Ortes, einer Region, eines Staates. Solidarität unter Partei- und Vereinsmitgliedern, unter Mitgliedern offener oder geheimer Organisationen, vom Wanderklub bis zur Mafia. Und sie hat stets noch etwas, wogegen sie sich richtet, mal mehr mal weniger. Eine neue Solidarität, wie sie etwa der Soziologe Rainer Zoll fordert, überschreitet die Grenzen von ethnischen, sprachlichen, nationalen und kulturellen Zugehörigkeiten. Sie entsteht und entfaltet sich gerade über Differenzen hinweg und überwindet am Ende auch den Widerspruch zwischen der abstrakten juristisch-ökonomischen oder der politischen und der konkreten moralisch-menschlichen Verantwortung für den Anderen.

»Wir müssen nicht nur hinter dem verallgemeinerten Anderen jeweils auch den konkreten Menschen entdecken, sondern im konkreten Anderen jeweils auch den allgemeinen Anderen sehen. ›Organische‹ Solidarität kann nun neu definiert werden als Solidarität, die in einem ganzheitlichen Sicht konkrete Differenz und abstrakte Gleichheit zu ihrer Grundlage hat; sie sieht den konkreten und den verallgemeinerten Anderen in einer Person und vereinigt Gerechtigkeit und Fürsorge, Rechte-Haben und Verantwortung« (Rainer Zoll).

Unter den neuen Bedingungen muss Solidarität beides umfassen, menschliches Empfinden und einen rechtlichen Status der demokratischen Gesellschaft, und sie muss über eine Gruppe der Gleichgestellten, Gleichgestimmten und Gleichgesinnten hinausreichen. In der globalisierten, beschleunigten und nomadisierten Welt geht es nun einmal nicht mehr nur um Solidarität mit Seinesgleichen – schon gar nicht gegen die Anderen, sondern es geht um Solidarität gerade unter unterschiedlichen Menschen und Kulturen. Dantons Vorstellung ist: «Wir sind solidarisch aufgrund der Identität unseres Verhaltens«. Unsere Vorstellung ist: Wir sind solidarisch im Recht auf unterschiedliches Verhalten.

Neoliberalismus ist Freiheit minus Solidarität, Solidarität ist Freiheit plus Verantwortung.

Wahlweise in der Lindenstraße vom letzten Wochenende oder aber in Erinnerungen an die Fürsorglichkeit in realsozialistischen Gesellschaften kann man einen furchtbaren Nebeneffekt von solidarischem Verhalten studieren, nämlich Einmischung, Kontrolle und Dominanz. Es liegt ja schließlich auf der Hand: Wenn ich Verantwortung für einen anderen übernehmen soll, dann will ich auch wissen, was er so treibt, im ökonomischen Sinne will ich dann Einblick in seine Bücher nehmen, im sozialen Sinne Einblick in sein Verhalten. So nimmt es nicht Wunder, dass es Menschen gibt, die lieber auf einen Teil solidarischer Sorge verzichten, um sich die Freiheit zu bewahren, vielleicht im Sinne von Clint Eastwood: »Freiheit bedeutet, jeder kümmert sich um seine eigenen Angelegenheiten«.

Solidarität heißt also, ein gewisses Risiko einzugehen: ein finanzielles Risiko in jener Solidarität, die sich von der gemeinsamen Haftung ableitet, ein soziales

Risiko in jener Solidarität, die sich von der samaritischen Übernahme von Verantwortung für den anderen ableitet, ein politisches Risiko in jener Solidarität, die sich in der tätigen Unterstützung Verfolgter und Bedrängter ausdrückt.

Jede Form von Solidarität birgt aber auch einen Preis, der zu bezahlen ist, nämlich in der Umwandlung einer absoluten in eine relative Freiheit. Der solidarisch empfindende Mensch kann immer nur so viel Freiheit beanspruchen, wie auch der andere hat. Und Solidarität bedeutet am Ende nicht nur materielle Güter, Lebensmittel und Arbeitsbelastungen miteinander zu teilen, nicht, wie in der Idee der Gerechtigkeit, weil dies ein Wert in sich wäre, sondern weil man sich füreinander verantwortlich fühlt, sie bedeutet auch, wechselseitig verantwortlich zu sein für die Balance von Rechten und Pflichten.

Im Gegensatz zur klassischen Barmherzigkeit kann Solidarität freilich auch, was dies angeht, keine Einbahnstraße sein. Solidarität mag kein Geschäft sein, bei dem man beständig in der einen oder anderen Form eine Gegenleistung erwartet – und sei es ein Image-Gewinn durch einen öffentlichen Barmherzigkeitsbeweis –, aber sie muss unter Gleichwertigen und auf Augenhöhe vollzogen werden. Nichts ist furchtbarer, im täglichen Leben wie in der großen Politik, als die Erfahrung, sich solidarisch zu jemandem verhalten zu haben, der sich im Gegenzug vollkommen unsolidarisch verhält. Am zweitschlimmsten ist es aber, Solidarität von einer Seite bezeugt zu bekommen, von der man sie gar nicht verlangt hat. Was immer man also von Solidarität halten und wie man sie definieren mag – sie ist nach dem subjektiven Empfinden und der staatlichen demokratischen Gesetzgebung stets von etwas Drittem abhängig, von der gesellschaftlichen Verständigung. Und die wird schwieriger, wenn der Neoliberalismus weniger als ein Wirtschaftssystem und mehr als eine Art Religion gilt, in der Solidarität sowohl als subjektive Haltung als auch als Aufgabe des demokratischen Staates mit Argwohn, wenn nicht gar mit Verachtung betrachtet wird. Der erste Ansatz, die Solidarität wiederzugewinnen, ist die Erkenntnis, dass die Metaphysik des Marktes nicht die persönliche Verantwortung ersetzen kann.

»Ich habe vor 25 Jahren in St. Gallen auf dem ersten deutschsprachigen Lehrstuhl für Wirtschaftsethik an einer Wirtschaftsfakultät diese Aufgabe angepackt und habe sie nicht moralisierend verstanden und betrieben. Sondern ich habe gesagt, wir sollten Wirtschaftsethik als ein Stück nachholende Aufklärung verstehen. Wir sind heute angeblich ach so aufgeklärt, aber in Bezug auf unser Wirtschaftsdenken hat das nicht stattgefunden. Große Teile der Bevölkerung glauben nach wie vor an das, was ich die ›Metaphysik des freien Marktes‹ nenne, also die Vorstellung, der Markt

selbst sei ein harmonistisches Prinzip, das dafür sorgt, dass es allen gut geht – das
ist der Kern der wirtschaftsliberalen Doktrin, wie er uns jetzt Jahrzehnte lang gepre-
digt worden ist. Dagegen tut Aufklärung not, an allererster Stelle in der Ausbildung
derjenigen, die ein wirtschaftswissenschaftliches Studium machen. Sonst passiert
das Gegenteil, sonst wird dieses Studium zur Verklärung der Studierenden« (Peter
Ulrich).

Es war der Soziologe Emile Durkheim, der 1893 mit einer gewissen Verwun-
derung feststellte, dass die beiden Entwicklungen in der bürgerlichen, demokratischen und kapitalistischen Gesellschaft, die doch so widersprüchlich scheinen,
die Stärkung und Autonomisierung des Individuums und die steigende Rückbin-
dung an die Gesellschaft, stets parallel verlaufen: »Wie geht das zu, dass das Individuum, obgleich es immer autonomer wird, immer mehr von der Gesellschaft
abhängt? Wie kann es zur gleichen Zeit persönlicher und solidarischer sein?«

Der Schlüssel dazu liegt offenbar in der prekären Beziehung zwischen Freiheit und Solidarität. Denn erst in geteilter und verantworteter Form wird die
Freiheit praktikabel. Beide Felder bergen nicht nur Begrenzungen, sondern auch
erhebliche Quellen fürs Unglücklichsein. Begrenzen und bedingen sich nämlich
Freiheit und Solidarität auf diese Weise, werden sie, jeder utopischen Hoffnung
zuwider, stets auch miteinander in Konflikt geraten. So ergibt sich möglicherweise, wieder in schroffem Gegensatz sowohl zum barmherzigen Samariter als
auch zu den alten Formen der Solidarität, eine weitere Voraussetzung: Solidarisch
kann der freie Mensch nur mit Menschen, Systemen und Verhältnissen sein, die
sich ihm gegenüber auch als konfliktfähig erweisen. Um den öffentlichen Raum,
in dem sich kritische Solidarität nur entfalten kann, muss freilich mit einer radikalen Ökonomisierung gekämpft werden, die dem Prinzip der Solidarität nicht
nur den Wert abspricht, sondern auch seine Vermittlungsmöglichkeiten.

»Im Grunde sind die Börsennachrichten das Zentrum aller Nachrichten gewor-
den: Wenn die Börse steigt, ist das Gemeinwohl auf gutem Wege, wenn die Börse
fällt, auf schlechtem. Man hat das Gemeinwohl ganz nach der Lehre der neolibera-
len Schule identifiziert mit den Gewinnen der Aktionäre. Nun kann schon sein, dass
die manchmal vielen Menschen zugute kommen, die nicht Aktionäre sind. Aber in
der Regel entwickelt sich das anders, und das hat es auch. Die alten Solidaritäten
sind zerstört worden, indem man alle Bereiche nach marktwirtschaftlichen Model-
len umstrukturiert hat. Das hat man an der Universität tagtäglich beobachten kön-
nen, dass aus Kommilitonen jetzt Klienten geworden sind. Dadurch hat sich ihr
Status verändert: Sie gehören jetzt eigentlich nicht mehr zur Uni, sondern kommen

als Kunden von außen. Einerseits war das System für die Kunden da, andererseits wenn das Geld ausgeht, wird als erstes an den Kunden gespart. Mit diesem System konnte irgendwas nicht in Ordnung sein. Das waren ja vor allem sozialdemokratische Führer, Blair, Clinton und Schröder, die dafür gesorgt haben, dass Staaten umgewandelt wurden in riesige private public partnerships« (Hauke Brunkhorst).

Warum sind es gerade die Sozialdemokraten, die einer solidarischen Gesellschaft, Transferleistungen etc. so vehement entgegenstehen? Im Dezember 2011 brachten die Linken und die Grünen jeweils Anträge im Bundestag ein: Die Linken verlangten die Abschaffung der Sanktionen gegen Hartz IV-Empfänger, mit denen die »Jobcenter«die Arbeitssuchenden immer mehr unter Druck setzen und kontrollien, die Grünen immerhin verlangten nach einer Aussetzung. Im Sozialausschuss votierten die Sozialdemokraten gegen den Antrag der Linken und enthielten sich bei der Abstimmung über den Antrag der Grünen der Stimme, so dass beiden keine Chance blieb. Warum wollen Sozialdemokraten diesen »Krieg« gegen die Arbeitslosen? Nicht zuletzt wollen sie ihre vermeintliche Klientel, die Arbeitsplatzbesitzer gegen Transferleistungen schützen. Mit der Ökonomisierung und der Privatisierung haben sich die Parameter der Solidarität noch einmal drastisch verändert. Wir finden heute eher eine Solidarität der Gewinner gegen die Verlierer als den umgekehrten Fall.

»Demokratie heißt immer auch die Solidarität der Mehrheit gegen vermögende Minderheiten, und auf der Grundlage gleicher subjektiver Rechte darf dabei keine Minderheit unterdrückt werden. Aber dass Solidaritäten der Haves gegen diejenigen der Have-nots verteidigt werden sollen, also die Solidaritäten der Besitzenden gegen die Besitzlosen verteidigt werden sollen, das ist eigentlich nicht der Sinn der Demokratie« (Peter Ulrich).

Wenn wir also von der Wiederkehr der Solidarität sprechen, dann nicht zuletzt von der Suche nach dem verlorenen Sinn der Demokratie. Der Abbau der Solidarität im Neoliberalismus ist nicht allein eine Sache der Stimmungen, der theoretischen Begründungen oder der Erziehung. Auch in einem so technischen Feld wie zum Beispiel der Versicherung und Vorsorge – eine Grundlage jeder demokratischen Gesellschaft – erleben wir die Abschaffung des Solidaritätsprinzips zugunsten eines Äquivalenzprinzips.

In Deutschland beruht das Prinzip der Sozialversicherung, Kranken-, Unfall-, Renten-, Pflege- und Arbeitslosenversicherung auf der zugegeben einigermaßen abstrakten Solidarität der Mitglieder untereinander. Jeder zahlt etwas ein, damit dann der jeweils Bedürftige erhalten kann, was er braucht, eigentlich ohne Rücksicht darauf, was er eingezahlt hat. Weder dürfen das Alter noch die gesundheitliche Verfassung noch die Risiken des Berufs dabei eine Rolle spielen. Allerdings funktioniert dieses System vor allem durch das Gesetz und den Staat, der auf seine Einhaltung drängt, unter anderem durch eine Versicherungspflicht. In der Solidargemeinschaft werden Leistungen nur nach der Bedürftigkeit vergeben, man kann also nicht einfach etwas wieder herausnehmen oder sich zuschreiben lassen. Aber auch der Bedürftige ist in diesem System gehalten, nur das Notwendige zu fordern. Mehr Einzahlung bedeutet nicht mehr Anspruch. In einem strengen Sinne ist also eine Sozialversicherung nicht gerecht.

Die Pflicht, in diese Solidargemeinschaft einzutreten, betrifft nur die Arbeitnehmer im Rang von Arbeitern, Angestellten, aber nicht Beamte, Selbstständige oder Geschäftsführer, die in aller Regel als so genannte Privatversicherte offen oder heimlich Privilegien genießen. In der Privatversicherung herrscht das Äquivalenzprinzip, bei dem die zu erwartende Leistung im Bedarfsfall abhängig ist von der Höhe des eigenen Beitrags und dem eigenen Risiko. Bei einem Äquivalenzprinzip dürfen im Gegensatz zum Solidarprinzip Dinge wie Eintrittsalter, Berufsrisiko oder vorherige Erkrankungen berücksichtig werden. In der Solidargemeinschaft also versichert gleichsam jeder jeden, so dass alle gleich versorgt werden, so gut oder so schlecht, wie es das gesamte System erlaubt. In einem Äquivalenzprinzip dagegen versichert sich gewissermaßen jeder selbst und mehr oder weniger nur sich selbst. Was wir erleben, ist eine nicht einmal besonders schleichende Ersetzung des Solidaritätsprinzips durch das Äquivalenzprinzip. Letztendlich wird dabei ein auf Solidarität beruhendes Allgemeingut wie die medizinische Versorgung oder der menschenwürdige Altersruhestand nicht nur ökonomisiert, sondern auch radikal privatisiert. Entsolidarisierung vollzieht sich also im Alltag wie in den Beziehungen der Nationen, in der Lebensplanung wie im Berufsleben. Ein neoliberaler Staat, der sich die Entsolidarisierung zum Programm erhoben hat, erzeugt wiederum entsolidarisierte Bürger (wie etwa die entsprechenden Umfragen oder die Langzeitstudie des Bielefelder Soziologen Wilhelm Heitmeyer[6] zeigen). Und umgekehrt.

Den Teufelskreis der Entsolidarisierung zu durchbrechen, machen sich immer mehr Menschen auf. Es ist so sehr eine moralische wie eine ökonomische Revolte, und in ihr geht es nicht nur um die Verteilungsgerechtigkeit, sondern auch um das Recht auf Solidarität, im Nehmen wie im Geben. Rettet die Solidarität die Welt? Die Occupy-Bewegung, in der sich noch sehr diffuse, moralische, politische, ökologische und ökonomische Ideen formen, wird nicht zuletzt von einer Sehnsucht nach dem verlorenen Empfinden der Solidarität vorangetrieben.

»Ich glaube, dass möglicherweise dort neue Formen von Solidarität, möglicherweise sogar wirklich machtvolle und bedeutende neue soziale Bewegungen entstehen. Seit dem Zusammenbruch der Arbeiterbewegung gibt es da nichts, was die Macht hätte, dem System etwas entgegenzusetzen. Jetzt haben wir ein sehr interessantes Phänomen mit Occupy Wall Street, in einem sehr interessanten Jahr 2011: Die meisten sind Jugendliche, die sehr gut ausgebildet sind, die haben bis zu 30-40% Hochschulabschlüsse, die aber um ihre Zukunftsperspektiven betrogen sind und jetzt nach 30 Jahren neoliberalistischer Hegemonie erstmals angefangen haben, nicht mehr die Politiker in Washington, Berlin und Paris zu adressieren, sondern die neuen Machtzentralen, die Banken und die großen transnationalen Konzerne überall in der Welt« (Hauke Brunkhorst).*

Solidarität, soviel ist klar, muss auf eine gewisse Weise neu erfunden werden. Sie ist, wie es einst in einer poetischen Wendung hieß, nicht mehr allein »die Zärtlichkeit der Völker« und nicht mehr die Verbindung individueller Interessen zu einer gemeinsamen Aktion. Und schon gar nicht ist sie eine generöse Geste der wenigen Gewinner gegenüber den vielen Verlierern.

»Man muss unterscheiden zwischen einer eher traditionellen, feudalen Solidarität und moderner Solidarität. Die traditionelle Solidarität setzt auf korrigierende, kompensierende Umverteilung: Der Wohlhabende gibt in barmherziger Weise an Ärmere etwas ab. Das ist das alte Caritas-Modell. In der modernen Idee von Solidarität gibt es nicht dieses Gefälle von oben nach unten, sondern es begegnen sich Bürger auf Augenhöhe, denn sie haben gleichen Status und gleiche Grundrechte. Damit geht es primär nicht um die Umverteilung von Geld, sondern um die Verteilung von Rechten. Das ist etwas wesentlich anderes, es geht darum, den Einzelnen von Grund auf in eine Lage zu versetzen, dass er aus eigener Kraft ein menschenwürdiges, anständiges, gutes Leben führen kann. Das ist Gedanke einer modernen wohlgeordneten Gesellschaft freier und gleichberechtigter Bürger. Und in diese ist die Marktwirtschaft einzubetten und einzubinden. Damit ist auch gesagt, dass diese einbindende Solidarität eine Aufgabe des modernen Rechtsstaates ist, wir können das nicht mehr der Barmherzigkeit der Mächtigen und der Reichen überlassen. Bürgerrechte verbürgen einen Rechtsanspruch, es geht nicht mehr um milde Gaben, sondern um die gleichberechtigte Freiheit der Einzelnen. Da sind wir an einem Punkt, der sich derzeit stark entfaltet. Zum Beispiel hat der Menschenrechtsrat der UNO in diesem Sommer sogenannte ›guiding principles for bussines and human rights‹ in Kraft gesetzt. Das heißt, dass erstmals Menschenrechtsverpflichtungen nicht mehr nur an die Staaten und und an die Völkergemeinschaft adressiert werden, son-

dern an die Wirtschaftsakteure, insbesondere an die großen transnational aktiven Konzerne. Die werden eingebunden in die Pflicht, Menschenrechte zu respektieren, Komplizenschaft etwa mit schlechten Regierungen, die die Menschenrechte verletzen, zu meiden usw. Das ist ein sehr aktueller Ausdruck modern verstandener Solidarität, auch einer Art weltbürgerlicher Solidarität der Firmen aus den westlichen Ländern, die über Macht und Geld verfügen, mit den Menschen in weniger entwickelten Ländern, die sich oft in echter Lebensnot befinden und latent ausgebeutet werden von mächtigen westlichen Firmen« (Peter Ulrich).

Solidarität ist heute regional und global, zwischenmenschlich und gesellschaftlich, politisch und ökonomisch, psychisch und juristisch gleichermaßen bedingt. Das macht die Sache ein wenig komplizierter, als sie vielleicht früher war. Mit wem man Solidarität entwickelt und gegen wen, ist nicht mehr auf den ersten Blick und mit wenigen Worten zu bestimmen. Möglicherweise müssen wir beim Versuch, Solidarität neu zu erfinden und neu zu erlernen, auch ein paar Rückschläge hinnehmen. Doch Solidarität, auch und gerade, wenn sie ein paar Grenzen überspringt, ist nicht nur eine Pflicht, ein Recht und ein gutes Stück soziale Arbeit. Sie gehört auch zum Glück des Mensch-Seins. Mehr als eine Rating Agentur je herausbekommen wird.

Die Abschaffung der Solidarität in der Gesellschaft nun ist nicht zu denken ohne die gleichzeitige Verbreitung alltäglicher Korruption. Statt Verantwortung füreinander zu übernehmen, macht man sich voneinander abhängig, indem man bewusst gegen moralische und oft genug gegen juristische Gesetze verstößt, um einander Privilegien zuzuschanzen und die Taschen zu füllen. Auch hier wiederum ist die Beziehung der Politik zur Wirtschaft ein Lehrbeispiel. Ein besonderes Lehrbeispiel stellt die Beziehung zwischen einem einzelnen Politiker wie dem bayrischen Wirtschafts- und Verkehrsminister Otto Wiesheu und einem Unternehmen wie der Deutschen Bahn dar: Nachdem Wiesheu, unter anderem als Leiter der Arbeitsgruppe Verkehrspolitik, immer wieder für die Bahn günstige Bedingungen erzielt hatte, wurde er nach seinem Ausscheiden aus der Politik im Jahr 2006 Vorstandsmitglied der Deutschen Bahn, mit einem Jahresgehalt von über einer Million Euro. Nach dem Auffliegen des »Datenskandals« bei dem Staatsunternehmen gab er seinen Posten auf und wurde mit 2,4 Millionen Euro abgefunden. Der CDU-Politiker Georg Brunnhuber wirkte im Verkehrsausschuss des Bundestages und als Aufsichtsrat der Deutschen Bahn (Jahresvergütung zwischen 20 000 und 35 000 Euro) unermüdlich für die Privatisierung des Unternehmens, nun arbeitet er als »politischer Beauftragter« der Bahn.

Die Rückkehr der Verdinglichung. Für den klassischen moralischen Diskurs scheint es unabdingbar: Die »Verdinglichung« des Menschen, zu beobachten in den beiden vermutlich wichtigsten weil schöpferischsten Lebensbereichen, nämlich der Arbeit und der Sexualität, ist schlecht und böse. »Guter Sex« könnte demnach nur einer sein, bei dem der eine den anderen niemals zu einem »Ding« herabstuft, und tunlichst auch nicht sich selber. Pornographie, so musste es diesem Diskurs klipp und klar sein, ist nichts als die Feier der fundamentalen Verdinglichung (ob es sich dabei vor allem um die Verdinglichung des weiblichen Körpers handelt oder doch um die Verdinglichung des Körpers an sich, sei für den Augenblick dahin gestellt). Und nicht weniger unerträglich wäre der Körper, der zum Instrument in der Arbeit wird, eine fremdgesteuerte Mischung aus Material und Werkzeug, das nie und nimmer Subjekt seiner eigenen Schöpfungen werden kann (was nebenan in Sport und Freizeit mit dem Körper geschieht, wurde selten als etwas anderes denn als symptomatische Überhöhung angesehen, deren ideologischer Gehalt erst ruchbar wird, wenn man es mit der Mischung aus Reklame und Riefenstahlismus in der Präsentation übertreibt).

Im letzten Viertel des zwanzigsten Jahrhunderts schien sich indes herauszustellen, dass die Sache mit der Verdinglichung so einfach nicht ist. Der unverdinglichte Körper ist einerseits eine Schimäre, und andererseits kann Verdinglichung durchaus zu mehr Lust und zu mehr Effizienz führen. Möglicherweise aber schlug auch das übliche Pendel nur wieder in die andere Richtung aus, von der Gegebenheit zur Gemachtheit, von Natur zu Kultur, von der romantischen »Schwärmerei« zur rationalen Coolness.

Martha C. Nussbaum hat für die Verdinglichung sieben Wirkkräfte aufgestellt, die wir versuchen wollen, auch jenseits von Pornographie und Arbeitsausbeutung auf die Lebensbedingungen unter Postdemokratie und Neoliberalismus ausgeweitet zu beschreiben:

1. Instrumentalisierung. Der Mensch ist dem Menschen unendlich viel, Angenehmes und weniger Angenehmes, vor allem aber: Widersprüchliches. Der einfachste dieser Widersprüche ist im Bild von Macht und Begehren ausgedrückt. Man will mit dem anderen »zusammen sein«, so oder so, aber man will ihn zugleich kontrollieren, beherrschen und am Ende eben »benutzen«.

Unter diesem vielen Anderen also ist der Mensch dem Menschen auch »Material« und »Werkzeug«. Die drastischsten Bilder dafür sind Kannibalismus (verfeinert: Vampirismus) und Sklaverei. Dafür und davon gibt es unendlich viele

188

Ableitungen, hinauf in die »hohe Politik« (der Staat, der, nur zum Beispiel, seine Bürger »aussaugt«) und hinein in die intimste Sphäre, sofern es noch eine gibt (eine Beziehung, in der einer den anderen »auffrisst«). In dieser Beziehung also scheint »Kapitalismus«, insofern er sich zugleich entfaltet und »entfesselt«, ein System zur realabstrakten Institutionalisierung von Beziehungen des Kannibalismus und der Sklaverei. Es sind zwei sehr unterschiedliche moralische Fragen, die daraus entstehen:

a Ist es sinnvoll, vertretbar und regelbar, dass der Mensch dem Menschen Material und Werkzeug (also »Ding«) ist?

b Ist die Material- und Werkzeughaftigkeit des Menschen in einer Gesellschaft wenn nicht gerecht, so doch einigermaßen dynamisch-fair verteilt?

Zweifellos ist es das erste Projekt des Humanismus, den Menschen aus seiner »Instrumentalisierung« zu befreien, ganz unabhängig von der Grammatik dieser Form der Verdinglichung (also: Wer macht wen zum Instrument für was?). Und zweifellos ist es ein Projekt der Demokratie, in der wechselseitigen Behandlung als Material und Werkzeug, da sie nun einmal in einer gewissen Weise notwendig ist, eine Art von Fairness zu etablieren (gleichsam einen fairen Austausch der Dinghaftigkeit, im Sex, in der Arbeit, in der Konstruktion von Ordnung und Sprache).

Wir argwöhnen, dass es noch etwas unterhalb des »Dings« gibt, nämlich das unbrauchbare, das zu entsorgende, das überflüssige Ding, das Werkzeug, das nicht taugt (oder durch andere ersetzt wird), der Stoff, der nicht benötigt wird. Und wir argwöhnen weiter, dass das System des späten Kapitalismus nicht allein mit der radikalen Verdinglichung des Menschen, sondern sogar mit der speziellen Entdinglichung, der Verabfallung des Menschen droht.

Das innere Pendant zur äußeren Verdinglichung ist der Fetischismus (man *hat*, was man eigentlich *ist*: Das Ding in Form des Geldes und des Besitzes).

2. Leugnung der Autonomie. »Das Objekt wird von der verdinglichenden Instanz so behandelt, als fehle ihm jegliche Autonomie und Selbstbestimmung« (Nussbaum). Auch diese Ent-Autonomisierung kann man auf die unterschiedlichsten Weisen verwirklichen, durch manifeste Gewalt (ein Mensch, der Angst haben muss, kann nicht mehr vollständig autonom sein) ebenso wie durch eine strukturelle Infantilisierung. Autonomie und Selbstbestimmung, das macht die Verhältnisse schon mal kompliziert, können nicht nur weggenommen werden,

189

sie können auch (mehr oder weniger) freiwillig abgegeben werden (jede Diktatur der Moderne, sieht man von den durch den Krieg eingesetzten ab, ist ja am Beginn von einer freiwilligen, manchmal sogar rauschhaften Abgabe der Autonomie und Selbstbestimmung eines großen Teils der Bevölkerung geprägt).

3. Trägheit. Das »Objekt« erscheint als passiv und handlungsunfähig. Man kann dem Menschen, dem man die Verdinglichung antun will, als politische, als ökonomische wie als sexuelle »Maßnahme«, diese Trägheit einfach unterstellen, man kann sie erzwingen (durch die Produktion seiner Lebensumstände, durch den Ausschluss von allen Impulsen der Aktivität etc.), man kann sie aber auch »erkaufen«. Die gewöhnliche Ware, die verspricht, das Leben einfacher zu machen, ist immer auch eine Verführung zur Trägheit, denn nicht die Befreiung von Energie, Zeit und Potenzial allein wäre für die Entfaltung des Menschen von Vorteil, sondern erst die Möglichkeit, mit dem Gewonnenen zu agieren. Ein Mensch, der durch eine Waschmaschine Lebenszeit gewinnt, diese aber zu nichts anderem verwenden kann, als sich im Fernsehen eine Seifenoper nebst Waschmaschinenwerbung anzusehen, hat noch nicht wirklich viel gewonnen (sein Trägheitsanteil indes ist enorm gestiegen). Der einzige Fortschritt, den wir diesbezüglich in den letzten Jahrzehnten verzeichnen, ist, dass diese Pseudo-Befreiung nicht mehr allein weibliches Schicksal sein muss: Männer wie Frauen können in ihrem Innenbereich Trägheit produzieren.

Tückischerweise reproduziert sich solche Trägheit selber. Die Produzenten der Leitmedien verachten ihre Konsumenten. Das werden sie immer in der Öffentlichkeit verleugnen – der Standardsatz, beinahe eine Art Grußformel unter Medienproduzenten: »Die Zuschauer/Leser sind gar nicht so blöd« – und sie werden es zwanghaft (die Autoren wissen, wovon sie reden) in »fortgeschrittener Stunde« einander zulachen, um es mit den Worten des Zirkusgründers Barnum zu sagen: Den Geschmack des Publikums kann man gar nicht schlecht genug einschätzen. Diese Doppelstrategie, den Adressaten zugleich als ein menschliches Gegenüber zu sehen und als ein »Ding« von bemerkenswert wenig Verstand, ist die Voraussetzung für das Funktionieren der »populistischen« Medien. Sie interessieren sich schließlich am Ende nicht für den Menschen, sondern für die Quote; in diesem Rating ist der Mensch noch einmal zur Zahl verdinglicht.

Mittlerweile funktionieren auch die Wahlen weitgehend nach demselben Muster: Der Adressat wird einerseits angesprochen als menschliches (durchaus auch: »allzu menschliches«) Wesen, das einen Hang zur Sentimentalität und dann auch gleich wieder zur Brutalität hat und beides gern gefüttert sieht, interessiert am Ende aber nur als Zahl. Die Abgabe der Stimme ist demnach beides zugleich, eine Erhöhung des Bürgers zum entscheidenden Souverän (für fünf Minuten) und eine Erniedrigung zum Zählding; die abgegebene Stimme hat nichts mehr mit dem Menschen zu tun (weshalb man sie ebenso gut kaufen, erpressen oder abschwindeln könnte, wie man es bei einem anderen Tauschakt gewöhnt ist: Ganz direkt bei den »Barbaren« nebenan, strukturell und medial in der eigenen politischen Zivilisation). Denn die Wahlen finden, ganz im Widerspruch zu den Ideen ihrer Erfinder, nicht mehr in den beiden Systemen statt, die sie kreativ entscheidend machten, nämlich einmal im Rahmen der Diskurse (als Wettkampf der Ideen, der Projekte, der Werte und der Entscheidungen) und das andere Mal im Rahmen der sozialen Systeme (die unterschiedlichen Klassen, Schichten, Generationen, Milieus, Lebenswirklichkeiten etc. entsenden ihre jeweiligen Vertreter in die politischen Arenen). Stattdessen funktionieren die (nicht mehr ganz so) demokratischen Wahlen an der Oberfläche nach den Regeln der Unterhaltungsindustrie, als Beliebtheitswettbewerbe, als Kunst des »Sich-Verkaufens«, als Bildung von Mehrheits-Klumpen durch die Dominanz der Diskurse und die Steuerung von Angst und Begehren. Der »Gewählte« ist nicht mehr so sehr jener Mensch, dem man zutraut, die Probleme am besten zu bewältigen, er ist vielmehr jener Mensch, der die Lebenswirklichkeit der Mehrheit am besten zu repräsentieren scheint. Ein Berlusconi wird nicht gewählt, weil man glaubt, er könne irgendeines der Probleme der italienischen Gesellschaft lösen; er wird gewählt, weil er öffentlich genau so ist, wie *wir* in Wirklichkeit sind oder wenigstens sein wollen (man wählt sich einen Komplizen). Natürlich gilt dasselbe für eine Kanzlerin Merkel oder einen Staatspräsidenten Sarkozy, wenn auch mit unterschiedlichen Strategien der Schamlosigkeit.

Erst unter dieser Oberfläche setzen sich die wahren Kämpfe um Macht und Beziehungen (vor allem der zwischen Politik und Wirtschaft) fort, von denen wir alle wissen (ohne es aussprechen zu können), dass sie wesentlich mehr mit mafiösen Strukturen als mit demokratischen Checks & Balances zu tun haben. Verdinglicht ist daher nicht nur der Wähler (der nicht anders behandelt wird, als Barnum seine Zirkus-Besucher behandelte), verdinglicht ist auch und noch mehr die Politik an sich, unter anderem, weil das Nussbaumsche Prinzip der »Verträgung« in beide Richtungen gilt. Wer nicht als Problemlöser, sondern als Repräsentant des mythischen Ist-Zustandes gewählt wird, behält seine Macht am ehesten durch Trägheit (das »Aussitzen« von Helmut Kohl, die »Alternativlosigkeit«

des »Watt mutt, dat mutt« von Angela Merkel etc.), und selbst »überraschende« Kurswechsel (der Atomausstieg nach Fukushima bei der deutschen Regierung) erweisen sich im Nachhinein als Prinzip der Besetzung von Diskursfeldern nach dem Trägheitsprinzip.

4. Austauschbarkeit. Das Objekt wird behandelt, als könne man es jederzeit durch ein anderes ersetzen. Mit der Aussage: »Draußen warten genügend Arbeitslose, die geil auf Ihren Job sind«, nimmt der neoliberale »Arbeitgeber« strukturell und rhetorisch eine Verdinglichung seines »Mitarbeiters« vor. Aber jedes Ritual in einer Quizshow des Fernsehens ist eine Dramaturgie von »persönlicher Ansprache« und »Austauschbarkeit«: Gerade noch hat der Moderator seinen Gast so herzlich empfangen und »einfühlsam« mit ihm gesprochen, da wendet er sich auch schon dem nächsten Gast zu, und, wenn die Kameraregie nicht aufpasst, sehen wir da einen Menschen vor uns, der wie ein unnützes Ding in den Kulissen steht oder wie ein ausgetauschtes Teilchen einer großen Maschine darauf wartet, entsorgt zu werden.

5. Verletzbarkeit. Dem Objekt der Verdinglichung soll immer wieder gezeigt werden, dass der andere Teil auf die Grenzen des Körpers und des Schmerzes keine Rücksicht nehmen muss. Natürlich sind nahezu alle militärischen Rituale Mechanismen der Verdinglichung. Aber auch in der Freizeitindustrie, vom Sport bis zu den »Wetten dass«-Ritualen, werden Bilder der Verletzbarkeit seriell produziert (am Ende werden auch Terror und Folter in diesen Diskurs einbezogen), und zur gleichen Zeit werden Phantasmen der Unverletzbarkeit produziert, der autarke, in einen Panzer, in eine Waffe, in eine Maske verwandelte Körper scheint der einzige, der der Verdinglichung durch die Demonstration der Verletzbarkeit entgehen kann.[7]

6. Besitzverhältnis. Es ist dem verdinglichten Menschen klar, dass er einem anderen mit Haut und Haar »gehört«, etwas, das man ebenso kaufen wie verkaufen kann. Das ist auf der einen Seite jene Tendenz, die wir als (post-) moderne Form der Sklaverei ausmachen: Die schwächsten und gefährdetsten Menschen in den globalen Strömungen, also jene, die entweder zur Flucht gezwungen in unsichere und feindliche Lebensumstände kommen (zum Beispiel nach Deutschland) aber auch jene, denen die Machtverhältnisse den Weg der Flucht versagen. Aber diese extreme unmenschliche Form der »Besitzverhältnisse« an Menschen ist nur die eine, die »schmutzige« und mindestens generell illegale Form. Die ver-

breitete und legale Form der Verwandlung von Menschen in Besitz liegt in der
»Flexibilisierung« der Arbeitsmärkte selber. Die arbeitenden Menschen haben
weder zu ihren Arbeitsplätzen noch untereinander eine tiefere soziale Bindung
mehr, wenn sie einerseits jederzeit ersetzbar (oder »freisetzbar«) sind und andererseits keine vernünftigen »Laufbahnen« mehr erkennbar sind.

7. Leugnung der Subjektivität. »Das Objekt wird von der verdinglichenden Instanz als etwas behandelt, dessen Erleben und Fühlen (sofern vorhanden) nicht
berücksichtigt zu werden braucht« (Nussbaum).

Die Verdinglichung des Menschen ist in der jüngsten Zeit in ein weiteres Stadium geraten, nämlich in jenes, in dem es neben einer sozialen eine technische
Machbarkeit gibt. Das heißt, nun wird der Mensch nicht mehr allein metaphorisch und in der sozialen Praxis zum Ding, sondern ganz buchstäblich; er verlän-
gert, ersetzt, variiert Körper und technische Elemente.

Das Problem, das sich bei der einfacheren Übertragung von Martha C. Nuss-
baums Kräften der Verdinglichung ergibt, ist die notwendige Konstruktion einer
»verdinglichenden Instanz«. Solange wir einerseits den ausbeuterischen Fabrikherrn und andererseits natürlich das männlich-chauvinistische Schwein als eine
solche verdinglichende Instanz identifizieren können, und damit natürlich das
verdinglichte Objekt als Opfer, das es wahlweise zu beschützen oder zur Revolte
anzustacheln gilt, ist alles einigermaßen einfach. Doch wie, wenn verdinglichen-
des Subjekt und verdinglichtes Objekt sich in einer Person begegnen, und wie,
wenn Verdinglichung nicht als Pein, sondern als Lust empfunden wird (gewiss
gibt uns die Psychoanalyse hier ein paar Instrumente in die Hand, Maskierungen
der Unterwerfung zu durchschauen)? Und wenn, nur zum Beispiel, ein Mensch
keinen sehnlicheren Wunsch hat, als ein »Sexualobjekt« zu werden (was ja in der
Tat lohnender sein mag, als in der Fischfabrik zu arbeiten)?

Dass dem verdinglichten Mensch auch das vermenschlichte Ding gegenüber steht, ist nicht allein an den Science Fiction-Phantasien vom Kampf der
Maschinen gegen die Menschen abzulesen, sondern auch an der ganz alltäglichen Beobachtung, dass Menschen unter unseren Bedingungen dazu tendieren,
Dinge weniger »verdinglicht« zu behandeln als Menschen. So etwas wird natürlich umso drastischer, je mehr die Simulation als Verknüpfung ins Spiel kommt,
so dass es ein leichtes ist, eine Sexpuppe wie einen Menschen zu behandeln, während man einen Menschen wie eine Sexpuppe behandelt (jedenfalls handeln etliche pornographische wie anti-pornographische Phantasien genau davon).

193

Die Erzählungen des Neoliberalismus (die wir in kleinen Happen jeden Tag in unseren Medien über uns ergehen lassen müssen) handeln demnach nicht allein von der Großartigkeit des Geldes, der Märkte, der Börsen, sondern von der Wertlosigkeit des Menschen. Es ist nur konsequent, dass sich am Ende das Geld von seinem Medium, dem Menschen emanzipiert; es geht nicht mehr darum, jenen Menschen allzu sehr zu feiern, der das Geld »hat«, denn eben dieser ist ebenfalls längst austauschbar (zumal, wenn er sich nur einen Augenblick der Trägheit leistet).

Es ist, so scheint es, in der Gesellschaft des Neoliberalismus nicht mehr allein erstrebenswert, das Ding zu *haben* (in Form von Geld und Ware zum Beispiel, in Form eines beseelten Dinges, wie eines Automobils, das offensichtlich nicht allein »Wert«, sondern auch Autonomie hat, bis es »verreckt«).

Berlusconi als Beispiel.

Silvio Berlusconi ist auf der einen Seite schlicht der Mann, der Italien ruinierte, und das nicht nur in Gestalt des »Burlesquoni«, des bösen Kaspers der Korruption und des schlechten Geschmacks, nicht nur als Karikatur eines vermeintlichen »Nationalcharakters«, der nun einmal Anmaßung, Schadenfreude, Heuchelei und Schamlosigkeit hinter der bella figura geschickt zu verbergen wisse, und schließlich nicht nur als Gespenst des Immobilien-, Unterhaltungs- und Finanzkapitalismus ohne Grenzen. Sondern auch als immens geschickter Protagonist einer Bewegung zur Umformung der repräsentativen Demokratie in eine mediale, präsidiale und »privatisierte« Postdemokratie. Nicht nur Italien ist ein anderes Land geworden durch ihn und die Seinen, auch das europäische Projekt der aufgeklärten, rechtsstaatlichen und parlamentarischen Grundordnung als work in progress ist durch seine Politik tief gestört worden.

So wird es Zeit, das einzig Gute an Silvio Berlusconi zu nutzen, nämlich die strategische, taktische und rhetorische Offenheit, mit der er die Mikro- wie die Makrophysik der Macht beherrschte und bediente, um eine neue Form der postdemokratischen Regierung zu etablieren, für die man noch keinen anderen Begriff gefunden hat als eben »Berlusconismus«. Und so »italienisch«ein Silvio B. auch sein mag, so exportierbar und national variierbar ist der Berlusconismus. Ihn zu verstehen bedeutet nicht nur zu verstehen, was in Italien war, sondern auch das, was hierzulande kommen kann und kommen will.

Das aufregendste Buch dazu, wenn auch zunächst einmal die etwas schwieriger erscheinende Lektüre, ist wohl Giuliana Parottos »Silvio Berlusconi – Der doppelte Körper des Politikers«, das erhellend und jenseits aller Klischees erklärt, wie der postdemokratische Politiker als Verkörperung und insbesondere in einer sexuellen und gleichzeitig religiösen Metaphorik funktioniert. Spätestens hier wird auch dem Skeptiker klar, dass Berlusconi kein italienisches Phänomen ist, sondern ein Symptom eines politischen und gesellschaftlichen Diskurswechsels.

Für viele Beobachter, sogar in Italien selbst, mehr noch aber auf unserer Seite der Alpen, schien Berlusconi eine vorübergehende Entgleisung, eine absurde Episode in einer an absurden Episoden und bizarren Figuren nicht eben armen politischen Geschichte. Die zähe Dauer dieser Herrschaft und die nachhaltige Spaltung der Gesellschaft in ein Berlusconi-Lager und ein Anti-Berlusconi-Lager, deren Vertreter ganz einfach miteinander nicht mehr sprechen können, überraschte Freund und Feind: Skandale, Verfehlungen, Peinlichkeiten, Sottisen, tausend Dinge, die überall anderswo das politische Aus bedeutet hätten, schienen dem populistischen und, nun ja, charismatischen Politiker nichts anzuhaben. Vielleicht sogar im Gegenteil.

So festigte sich der Eindruck, gegen einen wie Berlusconi könne man letztlich nichts machen. Parlamentarische Kontrolle? Wird durch ein für ihn günstiges Wahlrecht und den Postenschacher und, wenn es sein muss, auch mit einigermaßen offenem Stimmenkauf unterlaufen. Kritische Öffentlichkeit? Wie soll sie entstehen, wenn einerseits Berlusconi selber so viele Schlüsselmedien gehören, das Niveau überall auf kreischend-hysterische Titten-, Geld- und Skandalshows heruntergefahren ist und den kritischen Medien per Steuer- und Marktregelung die Luft abgedreht werden kann? Eine linke oder wenigstens redlich-demokratische Gegenfigur? Einen »vernünftigen Populisten« gibt es nicht, sagt Friederike Hausmann, jede Gegenfigur zu Berlusconi hätte nur eines zu bieten gehabt: unangenehme Wahrheiten. Mit jedem Tag der Berlusconi-Herrschaft aber wären diese unangenehmen Wahrheiten unerträglicher geworden. Das System Berlusconi funktionierte also einigermaßen perfekt; er hatte nur drei Dinge wirklich zu fürchten: ein Anschwellen des zivilgesellschaftlichen Widerstands über das Maß, das er in seinen Medien zum Verschwinden bringen konnte; einen Angriff der unabhängigen Justiz auf seine kriminellen Verstrickungen, seine Korruptionsspiele und seine Sex-Skandale; und vor allem hatte er sich selber zu fürchten. Für Silvio B. gibt es an Berlusconi nur einen Skandal, nämlich, dass man sich zwar liften und kosmetisch verjüngen lassen kann, aber immer noch nicht unsterblich wird.

Berlusconi ist ein Vertreter der postdemokratischen Allianzen. Sein eigenes politisches Ziel ist nicht verborgen: Eine negative »Liberalität«, die die Menschen, die es zu etwas bringen wollen beziehungsweise die es zu etwas gebracht haben, möglichst wenig durch Gesetz, Moral und Kritik behindert. Der Unterschied zwischen Berlusconi und einem FDP-Politiker besteht darin, dass Berlusconi keine »Klasse« der Besserverdienenden, sondern die verbreitete Sehnsucht nach dem Besserverdienen anspricht: Es ist egal, wo man herkommt – und wo das Geld und die anderen Mittel herkommen – Hauptsache man kommt nach oben.

Als Problem erweist sich bislang die Abschaffung oder wenigstens präsidiale Zähmung der unabhängigen Justiz, die in der Tat in Italien anders funktioniert als etwa in Deutschland, nämlich als eine vollkommen eigenständige politische Kraft. Man mag als kritischer Zeitgenosse Berlusconi endlich den entscheidenden Prozess an den Hals wünschen (und den einen oder anderen mutigen Staatsanwalt bewundern), sich mit der Justiz zu identifizieren, fällt dagegen schwer, und gänzlich unmöglich ist es, in diesem schwerfälligen und widersinnigen Apparat ein Instrument zur Erneuerung der Politik zu sehen.

Der Weg Berlusconis also ist im Großen die Umwandlung einer parlamentarischen und rechtsstaatlich kontrollierten repräsentativen Demokratie in ein populistisches, präsidiales und mediales System der postdemokratischen Herrschaft, und auf diesem Weg hat er einige Stationen der Unumkehrbarkeit passiert. Im Kleinen bedeutet das die Herrschaft des Prinzips »Mein Sach gehört mir«, wie Friederike Hausmann das charakterisiert: Es sollen im Betrieb und in der Firma die großen, durch nichts anderes als durch ihren Erfolg legitimierten »Persönlichkeiten« bestimmen, und auf sie soll alles ausgerichtet sein – überflüssig zu sagen: Im authentischen Berlusconismus ist diese Rolle nur männlich zu besetzen. Man könnte dies eine Art des neuen Führer-Prinzips nennen, das, zumindest nach außen hin, auf die beiden »endgültigen« Verfestigungen des Faschismus verzichtet: auf die Etablierung eines Terrorsystems und auf die Abschaffung auch der demokratischen Formalien.

Parteien scheinen in diesem Stadium nur noch kurzfristige Markenbezeichnungen. So entstand der neue Politiker der »personenkultigen« Postdemokratie aus den Medien heraus. Skandalös im Blick einer traditionellen Vorstellung von Gewaltentrennung und Checks and Balances erscheint es vor allem, dass Berlusconi zugleich als Unternehmer die wichtigen Privatsender besitzt sowie als Parteivorsitzender und Ministerpräsident (mindestens) über zwei der mehr oder weniger staatlichen Sender der RAI gebietet. Tatsache ist, dass diese Monopolstellung in einem Land wie Italien, das vom gemeinsamen Fernsehen mehr geprägt ist als von der gemeinsamen Sprache, die Sache für die Opposition und die unabhängige Kritik zwar einigermaßen ausweglos macht, nicht aber die Ursache des Phänomens ist, wie der Fall Guttenberg in Deutschland zeigt: So sehr sich ein populistischer Politiker seine Medien machen kann, so sehr können sich die Medien auch ihren populistischen Politiker machen.

Im Vakuum, das nach dem Zusammenbruch des alten Parteiensystems mit seiner absurden Balance der Macht entstand, inszenierte sich Berlusconi als »das Neue«. Bemerkenswerterweise konnte Berlusconi dieses Phantasma des »Neuen« über Jahrzehnte hin aufrechterhalten, nicht obwohl, sondern gerade weil den meisten seiner Anhänger klar genug ist, dass es genau um das Gegenteil geht, nämlich das alte System (der Korruption) mit neuen Mitteln gegen die radikale Reform der mani pulite und der kritischen Zivilgesellschaft zu erhalten. So konnte Berlusconis Un-Partei zum Sammelbecken für die Konservativen, die Nutznießer, die Aufstrebenden und sogar die Unzufriedenen werden. Und wer es noch deftiger haben wollte, der wählte und unterstützte eben seine Partner, die neuen Faschisten und die neuen Rassisten.

Die Polyvalenz dieses Bündnisses entspricht der Polyvalenz ihrer Zentralfigur. Und damit gelangt man zur tiefenpsychologischen Dimension des Berlusconi-Bildes, das konstruiert erscheint wie eine Mischung aus TV-Star, Harlekin und Heiligem: »Die Ambivalenz des Sakralen findet ihren Widerhall im medialen Körper, der als Symbol des ›Negativen‹ das Vorzeichen wechselt« (Giuliana Parotto). Das macht, dass das Kriminelle, das Peinliche, das Obszöne – das Schmutzige gar – diesem politischen Körper nichts anhaben kann, sondern ihn im Gegenteil stärkt. Dieser mediale Politiker ist zugleich »heilig« und »unrein«. In diesem neuen heilig-schmutzigen, medialen Politiker-Körper steckt eine durchaus »diabolische« Verführung, wie die Parotto schreibt. Er entzieht sich dem kritischen Diskurs und der Aufklärung, dafür spaltet er die Gesellschaft in zwei Lager – in eine emotional berauschte, dem Argument unzugängliche und offensichtlich für die Ideen von Rechtsstaat und Demokratie verlorene Hälfte und in eine empörte, ohnmächtige und an ihrer eigenen und der Hilflosigkeit des kritischen Wortes krankende Hälfte. Diese psychopolitische Diagnose des Berlusconismus ist furchtbar. Aber ohne sie wird man nichts lernen aus dem Leben, der Erscheinung und der Macht des Silvio B.

Das Ende des Berlusconismus bedeutet nicht allein eine Art Zusammenbruch des Staates, sondern auch den eines Industrieimperiums aus Bankgeschäften, Versicherungen, Entertainment, Medien, Im Jahr seines Rücktritts verloren die Aktien der Fininvest um 33% an Wert. Die »Seilschaften«, mit denen er das

Imperium errichtet hatte, brachen auseinander. Seine »Partei« war nicht zuletzt auf den Trümmern der Sozialistischen Partei errichtet, die sein Freund Bettino Craxi hinterlassen hatte, als er nach seinen Betrugsgeschäften vor der Strafbehörde floh. Seine Firmen leiteten seine Kinder und sein Bruder.

In der Hoch-Zeit des Berlusconismus verfügten Berlusconis Mediaset-Sender über einen Marktanteil von mehr als 50%, mittlerweile sind es nur noch wenig über 35%. Sogar hierein spielt wieder die Verflechtung mit dem Privatleben; einer seiner Schlüsselmänner in der Nachrichtenabteilung muss sich nun dafür verantworten, dass er Berlusconi mit Prostituierten versorgt hat. Ein Rattenschwanz von Gerichtsverfahren wird diese Erosion des Familienunternehmens weiter beschleunigen – allein 564 Millionen Euro »kostet« Marina Berlusconi als Chefin von Fininvest und Mondadori, dass seine Bestechung eines Richters im Konkurrenzkampf ruchbar wurde. Der Niedergang dieses Imperiums scheint damit besiegelt, dass alle Beteiligten das Auftreten und die politische Rhetorik des Vaters imitieren, statt sich einsichtig zu zeigen: Wenn Berlusconi die Karikatur des bösartigen italienischen Kleinbürgers war, der absolut keine Skrupel kennt, wenn es darum geht, »nach oben« zu gelangen, so sind seine Kinder, was ihre öffentlichen Auftritte anbelangt, schon Karikaturen der Karikatur. Und im Haus der Berlusconis, deren Besitz auf 5 Milliarden geschätzt wird, hat der Kampf um das Erbe bereits begonnen. Der Scheidungsprozess mit der zweiten Ehefrau wird gewiss ein großer öffentliches Schauspiel, und gewiss mehr Farce als Drama. Das Gespenst Berlusconi bleibt, so oder so, erhalten.

III
Reclaiming our lives: Zivilgesellschaft, Dissidenz und ziviler Ungehorsam

Zivilgesellschaft, Bürgertum und Empörung

Die aufstrebende Klasse am Ende des 17. und durch das 18. Jahrhundert verlangte nach einer »bürgerlichen Gesellschaft«, die nicht von einem »Despoten«, sondern »von sich selbst« regiert werden sollte. John Locke formulierte als »Civil Society« den Zusammenschluss freier und vor dem Gesetz gleicher Individuen, welche ihren Lebensunterhalt weder durch die Ausbeutung bezwungener »Feinde« noch durch die Aneignung der Arbeitskräfte anderer erhielten. Jede Form von Besitz war demnach auf dem Wert der eigenen Arbeit aufgebaut, und was zwischen den freien Individuen an Austausch von Waren und Arbeitsleistungen geschah, war eine *Ökonomie der Freien* (auch in diesem Zusammenhang also wird klar, dass die bürgerliche Erhebung, einschließlich des größten Teils dessen, was man »links« nennt – und was die »Konservativen« sogar »linksextrem« nennen –, vor allem eine Bewegung darstellt, die an den Ursprung der Zivilgesellschaft zurück will).

Doch natürlich entwickelte sich in eben dieser bürgerlichen Gesellschaft eine neue post-feudale Form der Aneignung fremder Arbeitskraft. Der »Gewinn«, der nicht durch die eigene Arbeit, sondern durch die Arbeit anderer erzielt wird (und der davon abhängig ist, wie sehr man den Lohn dieser anderen niedrig halten kann), und dieser wiederum war an den Besitz wenn nicht von Ländern und Ländereien, so doch von Maschinen und Fabriken gebunden. Die »Civil Society« entwickelte sich von der Gemeinschaft der Freien zu einer immer wieder einmal bis an den Rand der Selbstzerstörung brutalen Klassengesellschaft, die sich gelegentlich indes ihrer Urbilder erinnerte.

Seitdem freilich ist immer wieder fraglich geworden, worin denn nun das Wesen einer solchen »Civil Society« oder »bürgerlichen Gesellschaft« bestehe. Nach Karl Marx ist ihr Wesen die Produktion von Mehrwert in den Abhängigkeitsverhältnissen, über die der Einzelne keineswegs frei bestimmen kann; Recht, Kultur, Politik und sogar Religion verhalten sich dazu als »Überbau«. Mit einem Hauch von Selbstekel verwandelte sich die Vorstellung von der Gesellschaft des Mehrwerts über die »Tauschgesellschaft« zur »Konsumgesellschaft« (von der Zivilgesellschaft zur Zuvielgesellschaft), mehr und mehr aber schien deutlich zu werden, dass diese immer kapitalistische Gesellschaft durch einen bloßen Akt der staatlichen Machtübernahme nicht im geringsten zu verändern war, allerdings auch nicht durch ökonomische Umverteilungen und Enteignungen. Die Zivilgesellschaft zugleich als »Mantel« und als »Kern« der kapitalistischen Produktionsweise war so tief in den Alltag, die Psyche, die Mode, die Sprache, die Narrative, die Bilder etc. eingesickert, dass schließlich ein »außerhalb« gar nicht mehr vorstellbar schien. Zugleich aber zerbrach die große (oder vielleicht schon nicht mehr so große) Erzählung der bürgerlichen Gesellschaft; Politik, Kultur, Militär, Wirtschaft und Religion ließen sich nur noch mit der Gewalt absurder Lügen und Mythen unter ein Dach der Sinnproduktion bringen. Das Schizophrene, die »Doppelmoral«, das ironische Neben-sich-Stehen ist keineswegs eine Errungenschaft der so genannten Postmoderne, es ist vielmehr die Grundlage einer Gesellschaft, die sich gleichsam von ihrem Beginn an, der Gründungslegende der bürgerlichen Gesellschaft eben, in die verschiedensten Richtungen gleichzeitig und dabei immer auch »in ihr eigenes Gegenteil« entwickelte. Unlösbar dabei auch der Widerspruch zwischen den Problemen des Einzelnen und den Problemen der Gemeinschaft, und natürlich auch der Widerspruch der Erklärungssysteme. »Die uns allen vertraute Differenzierung der Disziplinen Psychologie und Soziologie und mehr als hundert Jahre fachverschiedener Forschung haben zu einem nicht mehr integrierbaren Wissen über psychische und soziale Systeme geführt. In keinem der Fächer überblickt irgendein Forscher den gesamten Wissensstand; aber so viel ist klar, dass es sich in beiden Fällen um hochkomplexe, strukturierte Systeme handelt, deren Eigendynamik für jeden Beobachter intransparent und unregulierbar ist« (Niklas Luhmann). Der vorletzte Versuch, die Auseinanderentwicklung der beiden Sinnsysteme zu überwinden, geschah womöglich in der Zeit der »Neuen Linken«, mit dem Unterfangen, etwa Freud und Marx zusammen zu denken (ein berühmtes Bild aus einem Film von Jean-Luc Godard zeigt den Vorschlag, das Sexuell-Individuelle mit Marx und das politische Bewusstsein, die Rationalität mit Freud zu »behandeln«); der letzte Versuch ist womöglich die »Markt-Erzählung« des Neoliberalismus und sogar die Behandlung seiner Krise durch Phantasmen wie »Gier« als Ursache einer Systemkrise.

Das Wesen des In- und Durcheinanders in den Derivaten der westlichen Zivilgesellschaften bestand zu einem großen Teil darin, für möglichst viele (allerdings niemals alle) Mitglieder attraktiv zu sein. Mit dem Scheitern des Staatssozialismus (das man ohne weiteres auch als ein Scheitern an der eigenen unterdrückten Zivilgesellschaften beschreiben kann, im negativen wie im positiven Sinn) war die (Post-)Zivilgesellschaft »universal« geworden, nicht mehr bedroht von Kräften, die sich als Motor der Geschichte begriffen, allerdings von solchen, die aus den unterschiedlichsten Gründen zu einer Art Notbremse gegen die weitere Entwicklung dieser kapitalistisch-demokratischen Zivilgesellschaft griffen.

Diese Gesellschaft konnte nun ja lange Zeit im Großen und Ganzen auf ein Mittel verzichten, was zuvor unabdingbarer Teil der Herrschaft gewesen war: die staatliche Repression (die Bekämpfung der sozialen Empörung durch Terror, um es genau zu sagen). Stattdessen waren neue wissenschaftliche, politische und mediale Formen von Macht und Kontrolle (einschließlich der Macht über den eigenen Körper und die so genannte Selbstkontrolle) entstanden, in endlosen Vernetzungen weitgehend ohne Zentralsubjekt. Nun ist in dieser Zivilgesellschaft ja allerdings die Ausbeutung nicht weniger geworden, doch die Mittel zu ihrer Absicherung sind neu verteilt worden. Der Staat hat die Repression nicht einfach abgeschafft, sondern sie in den unterschiedlichsten Instrumenten neu verteilt, in die Justiz, in die Medien, in die Macht der Oligarchen selber, aber auch in die inneren und äußeren Bedrohungsszenarien. Die Disziplinierung der Menschen in der »neuen« Zivilgesellschaft funktioniert durch allfällige Überwachung, durch Medizin, durch »Unterhaltung«, durch allgemein verbindliche Codes und die Erzeugung von Konsens-Meinungen und –Verhalten. Wie Antonio Gramsci bemerkte, werden nun auch die unteren Schichten Teile dieser »bürgerlichen Gesellschaft«, indes auf eine gespaltene Weise. Sie sind als Arbeiter und Konsumenten Teil der »societá borghese« (der Gesellschaft der Warenzirkulationen, die zunehmend zur Sinn-Zirkulation wird), aber nicht unbedingt Teil der »societá civile«, einer Gesellschaft der Rechte, Werte und Freiheiten (wir ahnen, wie sich einmal mehr der Citoyen/Bourgeois-Widerspruch ereignet). Die Aneignung des einen aus dem anderen heraus wäre demnach ein erster Akt der Emanzipation, doch ist im politisch-kulturellen Diskurs der Gegenwart wohl eher das Gegenteil zu fürchten: Eine Auflösung der *societá civile* in der *societá borghese*. Der »Arbeiter« und die »Arbeiterin« durften Teilhaber der Bourgeoisie werden (wenngleich in bescheidenen Maßen), unter der Voraussetzung, dass sie auf Emanzipation zum Citoyen verzichteten (so versteht sich die Kränkung eines jeden »Linken« angesichts jener Arbeiter, die in ihrem Wahl- und Sprachverhalten noch bourgeoiser sind als der authentische Bourgeois und anfällig für die Einflüsterungen auch der extremen Rechten).

Ein herrschendes Bürgertum, wenn es so etwas noch gibt, verzichtet auf seine Kultur, nicht aber auf seine ökonomischen Privilegien. Der »Bildungsbürger«, der ja unter vielem anderen auch so etwas wie ein Wächter der Zivilgesellschaft wäre, insoweit sie Anderes und Besseres verspräche als die bürgerliche Gesellschaft, ist nur noch eine allseits belachte Schimäre. Unsere Form des Neoliberalismus, wenn man sie als kulturelle und semiotische Praxis ansieht, könnte man wohl beschreiben als kapitalistische Gesellschaft ohne Zivilgesellschaft. Gramscis Albtraum!

Gerade umgekehrt aber wird der Begriff zur Waffe des Neoliberalismus, insofern er zunächst einer Kette von Ableitungen unterworfen wird: Aus einer Gesellschaft ohne einen Despoten wird eine Gesellschaft ohne zu viel Staat, und aus der Emanzipation der Bürger wird eine Freisetzung der ökonomischen Kräfte. Zivilgesellschaft war das, was in den achtziger Jahren beim Zusammenbruch der sozialistischen Staaten in Osteuropa übrig bleiben sollte, Zivilgesellschaft ist nun das, was in den Staaten des Nahen Ostens nach den Revolten übrig bleiben soll (wenn es um die westlichen Projektionen und Projektionen der Westlichkeit geht). Es handelt sich natürlich jeweils darum, dass Gesellschaften nach unserem Vorbild entstehen soll; unglücklicherweise aber entstand an vielen Orten zwar die »societá borghese« (aus Kapitalismus, Konsum und Unterhaltung), aber keine »societá civile«. Anders gesagt: Es scheint zwar unmöglich, eine Zivilgesellschaft zu begründen, ohne zugleich eine bürgerlich-kapitalistische Gesellschaft zu begründen; der umgekehrte Vorgang aber scheint keine allzu großen Probleme zu bereiten (jedenfalls nicht mehr als mit einer geballten Ladung von Medienbefeuerung und gezielt eingesetzten Repressalien zu bewältigen ist).

Der Weg zu einer inhumanen Gesellschaft, in der der Kapitalismus die Zivilgesellschaft nicht mehr vorbereitet, sondern sie gleich ersetzt, wird in solchen Transitstaaten vorgeführt, und die »traditionellen« Staaten, in denen zivilgesellschaftliche und kapitalistische Elemente austariert schienen, beginnen sich mehr und mehr an ihnen zu infizieren. Das beginnt, nebenbei gesagt, durch ein geflissentliches Wegsehen von Staat und Ökonomie, wenn es um gute Geschäfte, Ener-

gie oder geopolitische Planungen geht. Zwar bekennt sich auch die postdemokratische Regierung mehr oder weniger glaubhaft zu den Minimalstandards der
Menschenrechte, die Förderung und Entwicklung der Zivilgesellschaft aber ist
ganz offensichtlich nicht mehr ihr Regierungsziel. Bürgerliche Empörung also
richtet sich einerseits gegen eine Gesellschaft, die sich die Widersprüche von Psychologie und Soziologie unter dem Signum des Entertainment und der ökonomischen Effektivität vereint (und dabei nicht nur die sozialen, sondern auch die psychischen Folgen dem Einzelnen aufbürdet), und andererseits gegen eine, in der
der Kapitalismus die Zivilgesellschaft auffrisst. Und dieser Akt des Kannibalismus beginnt, wie gewöhnt, mit einem Akt der medialen Umdeutung des Begriffs
und der mit ihm verbundenen Erzählungen und Bilder.

So haben wir uns angewöhnt, als »Zivilgesellschaft« in etwa das Milieu zu
verstehen, in dem wir uns selber wohl fühlen (als partiell kritische und partiell
adaptierte Mitglieder). Darüber freilich ist ein wenig ins Hintertreffen geraten,
die Zivilgesellschaft neu zu begründen, die ja nicht von vornherein ein Wert an
sich ist, sondern nur zeigt, dass es an nahezu allen Orten und in allen Staaten
Formen jener »bürgerlichen Gesellschaft« gibt, die ihren Alltag sowohl mit den
Herrschafts- als auch mit den Wirtschaftsformen arrangiert. »›Zivilgesellschaft‹
ist ein innenpolitischer Komplex. Internationalistisch kann sie offensichtlich
nicht gefasst werden. Außenpolitische Verbrechen sind ihr transzendent, das
heißt: ihnen gegenüber kann sie eine fürchterliche Unschuld besitzen« (Georg
Fülberth).

Eben darum ist diese Zivilgesellschaft nahezu unfähig, den Schmerz des
Individuums und das Verbrechen des Systems (die Umweltschäden an fernem
Ort, der Export von Kriegsgütern und Kriegen etc.) zu erkennen. Eine Zivilgesellschaft, soweit sie noch existiert, kann vollkommen unempfindlich gegenüber
einer anderen sein. Die moralische Empörung einer bürgerlichen Erhebung also
richtet sich nicht nur auf eine Wiederherstellung einer Zivilgesellschaft, sondern
auch darauf, aus dem innenpolitischen Komplex die Möglichkeit einer internati-
onalistischen Solidarität und Achtsamkeit zu gewinnen. Auch hier beginnt eine
»Erhebung« damit, Begriff, Erzählung und Bild wieder zu gewinnen und neu
zu bestimmen. Diese »Civil Society« als »Zivilgesellschaft« wird seit langem als
unscharfer und dennoch hoch ideologischer Begriff im politischen Informations-
und Meinungshandel verwendet: Wenn ein Staat nach Krieg und Bürgerkrieg am
Boden liegt, ein Despot verjagt wurde, dann spricht man nur zu gern vom »Aufbau der Zivilgesellschaft«. Am Ende der semantischen Bürgerkriege erscheint in

der allgemeinen Rhetorik der medialisierten Politik die »Zivilgesellschaft« als nichts anderes als Nukleus für den Markt (also als ihr eigenes Gegenteil). Daher beginnt die Empörung mit der Feststellung: Eure Zivilgesellschaft ist nicht unsere Zivilgesellschaft! Eine »Gemeinschaft der Freien« beschreibt nicht nur Individuen, die gleich und frei vor dem Gesetz sind, sondern auch gleich und frei vor der ökonomischen Macht der Konzerne, Manager und Agenturen.

Was ist ziviler Ungehorsam? Wesen und Form der neuen Erhebung

Politisches Handeln aus moralischen Gründen ist möglich.
Susan Neiman

Eine rechtliche Definition von zivilem Ungehorsam wie in den beiden Polen »Widerstandsrecht« (das Recht, auch gegen Organe des Staates vorzugehen, wenn diese die Grundlagen der Verfassung zerstören wollen) und »Widerstand gegen die Staatsgewalt« (das Recht des Staates, Angriffe auf seine Vollzugsorgane zu verfolgen und mit Strafe zu bewehren) gibt es, was den zivilen Ungehorsam anbelangt, nicht. Es ist ein passiver und gewaltfreier Widerstand, der von den staatlichen Organen nicht ohne Rechtsbeugung als »Widerstand gegen die Staatsgewalt« geahndet werden kann – aber wir kennen genügend entsprechende Beispiele, um zu wissen, dass die Grauzone zwischen passivem und aktiven Widerstand sehr leicht zugunsten der Staatsorgane verschoben und missdeutet werden kann (übrigens laut unserem Gesetz ausdrücklich sowohl die üblichen Polizisten und im Inneren eingesetzte Soldaten als auch nicht-beamtete, von der Staatsgewalt eingesetzte und ermächtige Menschen: die Staatsgewalt lässt sich also beliebig militarisieren und privatisieren).

Ziviler Ungehorsam ist ein fundamentaler Bestandteil jeder Demokratie, gerade weil er reagiert auf die Brüche zwischen Rechtspraxis und Gerechtigkeit, Freiheit und Staat, auf die Selbstwidersprüchlichkeit des Systems. So wie das Zutagetreten solcher Widersprüche (etwa, sagen wir im Fall des Protestes gegen Stuttgart 21, offensichtliche Missachtung von Prinzipien der Angemessenheit und der »Billigkeit«, bzw. ein nicht minder offensichtlicher Widerspruch von Verordnung und Gesetz) die äußere Voraussetzung ist, ist die innere Voraussetzung für einen Akt des zivilen Ungehorsams das Inkraftsetzen einer Instanz, die so viel beschworen wie rechtlich und politisch im Ungefähren belassen ist: Wir nennen es das *Gewissen*. Bemerkenswerterweise setzt unser Grundgesetz (in Artikel 4) das in einen Kontext, aus dem das Gewissen so leicht nicht mehr herauskommt, nämlich in den der »Glaubens- und Gewissensfreiheit«, was offensichtlich suggeriert, dass das eine mit dem anderen eng verbunden sei (wir erinnern uns an Verfahren zur Anerkennung als Kriegsdienstverweigerer, in denen man fein heraus war, wenn man sich auf den Glauben bezog, aber in fatale logische Fallen gelockt wurde, wenn man sich »nur« auf das Gewissen berief). Bei genauerem Hinsehen interessiert sich das Gesetz kaum für das Gewissen als eigenständige Instanz (sieht man von »Gewissensentscheidungen« wie eben der Verweigerung des Wehrdienstes ab, die ja lange Zeit durch eine staatliche Verhör- und strukturelle Bestrafungsreaktion behandelt wurde – längerer Dienst für den Zivildienstleistenden etwa –, die den Eindruck erwecken musste, dass der Staat und seine diesbezüglichen Exekutoren an der Existenz dieser Instanz grundsätzlich zweifeln, jedenfalls wenn sie über eine Eidesformel wie »nach bestem Wissen und Gewissen« hinausgeht, die ja wiederum in sich die Instanz relativiert, so als gäbe es nicht die Instanz, sondern eher eine Art gleitender Skala des Gewissens, eben mehr oder weniger belastbar und subjektiv: So kann jeder schwören, nach seinem besten Wissen und Gewissen zu handeln, auch dann, wenn er von beidem so gut wie nichts hat). Der Repräsentant des Volkes in der parlamentarischen Demokratie sollte vor allem frei für »Gewissensentscheidungen« sein; Postdemokratisierung ersetzt diese Instanz durch den Macht-Diskurs, der in der Partei entwickelt wird.

Die Unrechtssituation, die entweder entstanden ist durch einen Verstoß gegen ein übergeordnetes Gesetz (wie das Grundgesetz, das Menschenrecht etc.) oder gegen ein Prinzip der Menschlichkeit, führt zu einer symbolischen Handlung des Staatsbürgers, die freilich erst vollständig gerechtfertigt ist, wenn alle anderen Formen der Partizipation und des Einspruchs ausgeschöpft oder aussichtslos sind. Man wendet sich daher gegen ein Gesetz, gegen eine Verordnung, gegen eine Anordnung, gegen eine Vorschrift, gegen einen Befehl oder gegen eine Durchführung (wie zum Beispiel eine Befragung oder eine Überwachung). Der symbolische, öffentliche Verstoß beinhaltet die Aufforderung, das Unrecht bzw. die Ungerechtigkeit zu beseitigen. Theoretisch also überträgt ein Staat, der entgegen seinem Auftrag, Schaden von seinem Volk zu wenden, Atomkraftwerke und Endlager erstellen lässt, deren Gefahren nicht absehbar sind, diesem Volk das Recht und womöglich sogar (das eben kommt auf die Instanz des Gewissens an) die Pflicht zum zivilen Ungehorsam. Der zivile Ungehorsam beinhaltet das Risiko einer Bestrafung durch den Staat, an den die Botschaft des zivilen Ungehorsams gerichtet ist. Im Extremfall ist die Bestrafung sogar Teil der symbolischen Widerstandsgeste bzw. Teil der »Nachricht«. Der zivile Ungehorsam bezieht sich immer auf ein juristisch, moralisch oder philosophisch höheres System (die Freiheits-, die Bürger-, die Menschenrechte etwa) und spricht im Namen (wenn auch nicht unbedingt im Auftrag) einer Allgemeinheit. Wenn der zivile Ungehorsam mit Ignoranz oder mit Gewalt beantwortet wird, leitet sich von der »Justification of Civil Disobedience«, die am umfassendsten John Rawls begründet hat, eine Rechtfertigung des Widerstandes ab. Hier wie dort ist indes noch nicht das Ziel eines »Umsturzes« oder einer radikalen Veränderung der rechtlichen und politischen Ordnung gesetzt, sondern ziviler Ungehorsam und Widerstand zielen ab auf Recht und Gerechtigkeit innerhalb eines Systems (weshalb sich Protagonisten von zivilem Ungehorsam und Widerstand in aller Regel zurecht als »Patrioten« sehen). Doch ist ebenso eine partielle Änderung von Rechtsnormen und Verordnungen sowie im Zweifelsfall die politische Entmachtung von deren Exekutoren durch zivilen Ungehorsam und Widerstand gedeckt, wenn sie höhere Werte oder auch Normen tangieren. Und schließlich darf von keinem Menschen und keiner Gruppe verlangt und erwartet werden, dass sie mit allen rechtlichen Normen eines Staates einverstanden sind, vor allem dann, wenn eine geschlechtliche, ethnische, kulturelle etc. Minderheit durch sie benachteiligt oder unterdrückt wird. Gesetze entstehen und ändern sich durch drei Grundkräfte: durch die rechtsetzende (monopolisierte) Gewalt des Staates, durch die Einflüsse von Pressure Groups, Lobby-Arbeit, Interessenvertretungen usw. und durch Akte von zivilem Ungehorsam und Widerstand: So wie sich die Rechte des Staates fast ausschließlich seiner potentiellen Gewalt verdanken, so verdanken sich Menschen- und Bürgerrechte fast ausschließlich Akten von zivilem Ungehorsam und staatsbürgerlichem Widerstand.

Zweifellos ist das Gewissen eine so vage wie dynamische Instanz; es hat eine Sprache (nennen wir sie eine moralische Gesinnung) und es hat ein Gesprochenes (nennen wir es situative Verantwortung). So instrumentalisiert das Recht also das Gewissen, wenn es sich diese Instanz zu nutze macht, um sich gegen Täuschung und Rebellion zu schützen, aber es hält gleichwohl keine verlässliche Maßnahme zu seinem Schutz parat. Unnütz zu sagen: Gewissen ist keine wissenschaftliche Größe (weder messbar noch nachweisbar), sondern ein gesellschaftlich produziertes Dispositiv der inneren Reaktion auf äußere Geschehnisse (wir werden es »komplex« nennen müssen), das zu Einspruch und Widerstand gegen diese Geschehnisse führen kann. Da erstaunlicherweise aber gerade das gesellschaftlich produzierte Gewissen zum Ungehorsam gegenüber eben dieser Gesellschaft führt, gibt es wohl nur drei Erklärungen für sein Wirken:

1. Das Gewissen ist eine der Gesellschaft vor- und übergelagerte individuelle Instanz, möglicherweise ein urtümlicher Bestandteil der Qualität des Menschlichen überhaupt.

2. Das Gewissen reagiert nicht so sehr auf »objektive« Verstöße gegen moralische Regeln als vielmehr gegenüber den Regelverstößen innerhalb einer Gesellschaft, die nicht realisiert, was sie zelebriert und sich in permanentem Selbstwiderspruch befindet (wie, nur zum Beispiel, eine Gesellschaft, die von ihren Mitgliedern beständig die Verteidigung einer Demokratie verlangt, die sie zur gleichen Zeit konsequent »rückbaut«).

3. Die Gesellschaft bringt durch ihren diskursiven und informativen Reichtum mehr oder weniger unkontrollierte Bewusstseinssprünge hervor, in denen bestimmte Subjekte unter bestimmten Bedingungen aus der Ordnung des Systems ausbrechen und die Realität eines Geschehens gleichsam von außen sehen, beurteilen und kritisieren können.

Das Gewissen, so sagt man gern, »regt sich«, es »erwacht«, es will sich nicht mehr »besänftigen« lassen, gerade so, als handele es sich um ein nicht ganz ungefährliches, schönes Tier, das der Mensch mit und in sich herum trägt und das sich gelegentlich »zu Wort meldet« (dieser Sprachgebrauch erzählt davon, dass das Gewissen offenbar eine dialogische Kraft des Einspruchs ist, die sich nicht um Opportunität und Interesse kümmert – oder wenn sie es tut, dann in einem höheren Sinne: Es mag vielleicht einfach schöner und besser sein, in einer gerechten Welt als in einer ungerechten zu leben, und wir wissen in Wahrheit nicht einmal, ob es anstrengender ist, dem Gewissen »zu folgen« oder es »zum Schweigen zu bringen«).

Es ist leicht nachzuvollziehen, was ein Gewissen im Alltag bedeutet: Zu widerstehen, wenn Kräfte von Gewalt und Korruption verlangen, anderen Menschen Schaden zuzufügen oder dem Schaden-Zufügen tatenlos zuzusehen. Und ebenso leicht scheint es, einen Katalog der Mittel zusammen zu stellen, mit denen man dieses Gewissen »zum Schweige bringen« kann: Begehren, Angst, Ideologie, Interferenz verschiedener Werte- und Moralvorstellungen. Man könnte wohl behaupten, dass in einer »komplexen« Gesellschaft, in der, wie Niklas Luhmann zeigte, das Wissen vom Einzelnen und das Wissen von der Gemeinschaft nicht mehr integrierbar ist, eine lineare Gewissensentscheidung gar nicht mehr möglich ist, weil in den mannigfaltigen Vernetzungen das in der einen Sphäre »Richtige« automatisch in der anderen das »Falsche« ist (müssen wir nicht, ein wenig immerhin, Korruption akzeptieren, um zu verhindern, dass unsere Kinder hungern oder nicht auf jene Eliteuniversität gehen können, die allein ihnen einen Platz an der Sonne sichert? Müssen wir nicht lügen und betrügen, um eine Partei an der Macht zu halten, die noch viel Schlimmeres verhindert? Müssen wir nicht Ungerechtigkeit gegenüber unseren Kolleginnen und Kollegen am Arbeitsplatz hinnehmen, um nicht den Zorn des Arbeitgebers gegen »uns alle« zu erwecken?). Unrecht und Ungerechtigkeit lassen sich immer auf drei Weisen durchsetzen, durch direkte oder indirekte Gewalt, durch moralische, mythische oder »religiöse« Legitimierung (zum Beispiel durch die »Erlaubnis« eines großen anderen, eines Führers oder eines Prinzips, Mitmenschen zu hassen und zu töten) und schließlich durch Unkenntlich-Machen (das Unrecht kann »im Dunkeln« ebenso geschehen wie im Offensichtlichen). Es kommt auf den »Mix« dieser Methoden an, so wie es in Kritik und Dissidenz auf das Erkennen dieses Mix ankommt.

Die Unrechtssituation, die entweder entstanden ist durch einen Verstoß gegen ein übergeordnetes Gesetz (wie das Grundgesetz, das Menschenrecht etc.) oder gegen ein Prinzip der Menschlichkeit, führt zu einer symbolischen Handlung des Staatsbürgers, die freilich erst vollständig gerechtfertigt ist, wenn alle anderen Formen der Partizipation und des Einspruchs ausgeschöpft oder aussichtslos sind. Man wendet sich daher gegen ein Gesetz, gegen eine Verordnung, gegen eine Anordnung, gegen eine Vorschrift, gegen einen Befehl oder gegen eine Durchführung (wie zum Beispiel eine Befragung oder eine Überwachung) in einer Kette von Empörung zu Erhebung. Im Konflikt-Diskurs zwischen Bürger und Regierung kommt es darauf an, welche Mittel darin die beiden Seiten anerkennen und welche nicht. Postdemokratisches Regieren zeichnet sich hierbei dadurch aus, den Bürger zwar viel »reden« und »mitreden« zu lassen, die Medien der Entscheidung aber zu hegemonisieren (einmal mehr festigt sich postdemokratisches Regieren durch den Rekurs auf formal demokratische Mittel; nur zum Beispiel kann das demokratische Mittel eines Bürgerentscheides angeboten werden, das zugleich mit den Mitteln der Ökonomie, des gezielten Einsatzes von Geld-, Medien- und Beziehungsmacht, entleert wird. In den Wolken des medialen »Mitredens« verbirgt sich am ehesten, wie sehr die demokratischen Mittel selber eine postdemokratische Aneignung erfahren).

Das Unrecht muss zunächst *erkannt* werden (was sich offensichtlich um so schwieriger gestaltet, als sich Politik, Ökonomie und Medien zu einem »Brei« vereinigen), sodann muss es *zur Sprache gebracht* werden (wozu nicht nur das Medium, sondern die Sprache selber, die Fähigkeit, Begriffe, Erzählungen und Bilder zu vermitteln, wieder gewonnen werden muss), und schließlich geht es um die *Veröffentlichung* (wozu Räume, Sphären, Medien und Architekturen benötigt werden, die in aller Regel stets unter dem Druck der Ökonomisierung und Privatisierung stehen). Ein Unrecht, das erkannt, benannt und veröffentlich ist, sollte in einer demokratischen Gesellschaft in einem gemeinschaftlichen Prozess beseitigt werden; in einer postdemokratischen Regierung wird offenbar auf allen drei Stufen ein taktisches Gegenspiel ausgelöst. Dazu gehört nicht zuletzt ein Verschieben der Grenzen zwischen dem Recht auf Kritik und Widerspruch und dem zivilen Ungehorsam, der den (»kleinen«) Rechtsbruch im Dialog zwischen Bürger und Regierung bedeutet.

Der symbolische, öffentliche Verstoß beinhaltet die Aufforderung, das Unrecht bzw. die Ungerechtigkeit zu beseitigen. Theoretisch also überträgt zum Beispiel ein Staat, der entgegen seinem Auftrag, Schaden von seinem Volk zu wenden, Atomkraftwerke und Endlager erstellen lässt, deren Gefahren nicht absehbar sind, diesem Volk das Recht und womöglich sogar (das eben kommt auf die Instanz des Gewissens an) die Pflicht zum zivilen Ungehorsam. Der zivile Ungehorsam beinhaltet das Risiko einer Bestrafung durch den Staat, an den die Botschaft des zivilen Ungehorsams gerichtet ist. Im Extremfall ist die Bestrafung sogar Teil der symbolischen Widerstandsgeste bzw. Teil der »Nachricht«. Der zivile Ungehorsam bezieht sich immer auf ein juristisch, moralisch oder philosophisch höheres System (die Freiheits-, die Bürger-, die Menschenrechte etwa) und spricht im Namen (wenn auch nicht unbedingt im Auftrag) einer Allgemeinheit. Natürlich beinhaltet der zivile Widerstand die Möglichkeit des Irrtums (vielleicht passiert ja gar nichts mit unseren Atomkraftwerken, sondern sie machen, da dann doch kein Unfall geschieht und kein Terrorist zuschlägt, unseren Wohlstand aus), und es ist diese Möglichkeit des Irrtums, die zunimmt, je kleinteiliger und regionaler der Einspruch gegen Regierung und Ökonomie ist, welche vielen hinreichendes Argument gegen ihn ist. Demgegenüber aber kann man ebenso die Behauptung aufstellen, dass ein Akt des zivilen Ungehorsams selbst dann von Vorteil für den demokratischen Status einer Gesellschaft ist, wenn er am Ende rational und »faktisch« nicht begründet ist. Der Widerstand gegen eine unverantwortliche Handlung der Macht ist auch dann gerechtfertigt und sinnvoll, wenn die Verantwortungslosigkeit nicht die Folgen zeitigt, die in einem Worst-case-Szenario oder auch darunter zu befürchten sind. Sie richtet sich generell dagegen, dass Regieren bedeutet, die Regierten zu Objekten einer technisch-ökonomischen Versuchsanordnung zu machen.

Wenn der zivile Ungehorsam mit Ignoranz oder mit Gewalt beantwortet wird, leitet sich von der »Justification of Civil Disobedience«, die am umfassendsten John Rawls begründet hat, eine Rechtfertigung des Widerstandes ab. Hier wie dort ist indes noch nicht das Ziel eines »Umsturzes« oder einer radikalen Veränderung der rechtlichen und politischen Ordnung gesetzt, sondern ziviler Ungehorsam und Widerstand zielen ab auf Recht und Gerechtigkeit *innerhalb* eines Systems (weshalb sich Protagonisten von zivilem Ungehorsam und Widerstand in aller Regel zurecht als »Patrioten« sehen). Doch ist ebenso eine partielle Änderung von Rechtsnormen und Verordnungen sowie im Zweifelsfall die politische Entmachtung von deren Exekutoren durch zivilen Ungehorsam und Widerstand gedeckt, wenn sie höhere Werte oder auch Normen tangieren. Und schließlich darf von keinem Menschen und keiner Gruppe verlangt und erwartet werden, dass sie mit allen rechtlichen Normen eines Staates einverstanden sind, vor allem dann, wenn eine geschlechtliche, ethnische, kulturelle etc. Minderheit durch sie benachteiligt oder unterdrückt wird. Gesetze entstehen und ändern sich durch drei Grundkräfte: durch die rechtsetzende (monopolisierte) Gewalt des Staates, durch die Einflüsse von Pressure Groups, Lobby-Arbeit, Interessenvertretungen usw. und durch Kritik, Einspruch und schließlich durch Akte von zivilem Ungehorsam und Widerstand: So wie sich die Rechte des Staates fast ausschließlich seiner potentiellen Gewalt verdanken, so verdanken sich Menschen- und Bürgerrechte fast ausschließlich Akten von zivilem Ungehorsam und staatsbürgerlichem Widerstand. Regierung entsteht aus der (mehr oder weniger ausgeprägten) Sublimierung von Gewalt, und der Staat existiert, weil er seinen Bürgern zugleich etwas versprechen und sie bedrohen kann. Der Staat existiert, weil er im Zweifelsfall die sublimierte und so oder so kontrollierte latente Gewalt wieder manifest werden lassen kann. Demokratisch ist ein Staat, weil das Volk Formen der Kontrolle und Mitsprache hat, die ihrerseits durch Gewalt erobert wurden und als latente Gewalt sublimiert wurden. Die Wahl ist ein sublimierter Vorgang des Umsturzes oder im Gegenteil der Verteidigung der alten Herrschaft; werden die Regeln dieses Vorgangs, seine »Gerechtigkeit«, eingehalten, gibt es keinen Grund, den Frieden zwischen dem Volk und dem »demokratischen Fürsten« zu brechen. Ist das nicht der Fall, so ist der zivile Ungehorsam ein zwar »ungesetzlicher«, aber dennoch legitimer Akt, Aufforderung und Warnung gegenüber der Regierung.

Das Selbstverständnis einer Gesellschaft hängt demnach entscheidend vom Stolz bzw. der Missachtung von zivilem Ungehorsam und staatsbürgerlichem Widerstand ab: Wer gegen das Recht – oder auch die Pflicht – zu zivilem Ungehorsam und staatsbürgerlichem Widerstand argumentiert, argumentiert letzten Endes gegen die Grundlagen und die Geschichte des demokratischen Rechtsstaates. Die »Zivilcourage«, die schon die Vorformen des zivilen Ungehorsams erfordert, ist das Material, aus dem einzig eine wirklich demokratische Gesellschaft entstehen und sich erhalten kann.

So also geht es nicht allein um die »Rechtfertigung« des zivilen Ungehorsams, sondern auch um seine Wertschätzung. Denn ziviler Ungehorsam als symbolischer Akt ist an seine Öffentlichkeit und an seine Lesbarkeit gebunden; eine demokratische Gesellschaft, deren Gesetze aus der rechtsetzenden Gewalt des Staates, dem politischen Wirken von Interessengruppen und den Akten des zivilen Ungehorsams entstehen, ist auf eine interessierte und grundsätzlich offene Form der Öffentlichkeit und auf die entsprechenden Medien angewiesen (weshalb jede Unterdrückung des zivilen Ungehorsams stets auf den beiden Schauplätzen, dem der symbolischen (Zuwider-)Handlung selbst und dem der Veröffentlichung, zu beobachten ist).

Eine Gesellschaft, in der es keine Akte des zivilen Ungehorsams und des staatsbürgerlichen Widerstands gibt, in der diese entweder unterdrückt werden oder nicht entstehen können oder nicht kommuniziert werden können oder organisierter gesellschaftlicher Gewalt körperlicher oder ideeller Art begegnet, ist keine demokratische Gesellschaft. Ebenso wenig verdient eine Gesellschaft demokratisch genannt zu werden, deren Regierungen und Medien den Unterschied zwischen zivilem Ungehorsam und staatsbürgerlichem Widerstand auf der einen Seite und Verschwörung, »Landesverrat« und Umsturz auf der anderen Seite verwischen. So wie der Staat keine »Realität« hätte, wenn er nicht das Potential von »Staatsgewalt« aufwiese, so haben das Wahlrecht und andere Formen demokratischer Partizipation keinerlei »Realität«, wenn sie nicht das Potential von zivilem Ungehorsam und Widerstand in sich haben. Ein demokratischer Rechtsstaat kann nur entstehen durch eine Balance von Staatsgewalt, Interessendruck und zivilem Ungehorsam.

Wenn in unserem Sprachgebrauch und in den juristischen Texten das Gewissen als subjektive Instanz der Handlung einmal mit dem Glauben, das andere mal mit dem Wissen in Verbindung gesetzt wird, beschreibt man historisch genau die Funktion eines säkularisierten religiösen Wirkens (als würde sich die Göttlichkeit im kritisch wissenden Gewissen manifestieren, auch wenn sie sich weitgehend aus dem Tagesgeschäft zurückgezogen hätte) bzw. des öffentlich praktizierten Wirkens eines »Über-Ich«, das durch erworbene Normen, Werte und Forderungen erzeugt und durch »väterliche« oder »mütterliche« Instanzen vermittelt wurde. Das Gewissen war daher sowohl für die »Persönlichkeit« in der bürgerlichen Gesellschaft als auch für diese selbst ein konstituierendes Element. Umgekehrt könnten wir die Verbindung von Neoliberalismus und Postdemokratie als die Urform einer »gewissenlosen Gesellschaft« ansehen. Die Scham, zu »Verlierern« zu werden, scheint größer als die Furcht, Schuld auf sich zu laden; Reichtum und Macht an sich scheinen Werte, die heftig überstrahlen, auf welche Weise sie entstanden sind (Berlusconismus, unter anderem, bedeutet, die Frage zu unterdrücken, wie jemand wurde, was er scheint).

Mit dem Vorhandensein oder Fehlen einer Instanz ist noch nicht unbedingt eine moralische Bewertung verbunden; es konnten genügend furchtbare Verbrechen »mit reinem Gewissen« verübt werden, ja sogar aus »Gewissensgründen« gerechtfertigt werden; doch mit dem Verschwinden einer Instanz wie dem Gewissen geht ein entscheidender Kommunikator zwischen Individuum und Gesellschaft verloren. Der Staat hat kein Gewissen mehr gegenüber seinen Menschen, und diese haben kein Gewissen mehr gegenüber ihrem Staat – möglicherweise setzen sie stattdessen neue rhetorische Größen ein, um sich gegenseitig benutzen zu können. Möglicherweise bildet man auch neue Formen des Gewissens gegenüber seinen Subsystemen aus. Die Instanz des Gewissens – wie gesagt: die Subjekt-Legitimierung des zivilen Ungehorsams – wird aktiviert durch das Gefühl der Verantwortlichkeit. Daher wird jede Position innerhalb einer Gesellschaft durch zwei Fragen bestimmt: Was sind meine Interessen? Und für wen bin ich verantwortlich?

Diese beiden Fragen sind aufeinander bezogen, im »normalen« Leben ebenso wie in den Akten des zivilen Ungehorsams. So darf man sich getrost den beiden großen Denunziationen des zivilen Ungehorsams und des bürgerlichen Widerstands stellen. Die erste lautet: Der Akt des Widerstands geschehe aus eigenem Interesse (sie wollen ja bloß, dass kein AKW vor ihrer Haustür steht, und in Neustadt an der Wildluhe gehen die Lichter aus!). Und der zweite, umgekehrte Vorwurf lautet: Der Akt des Widerstands geschehe in Anmaßung fremder Interessen (ihr Gutmenschen, ihr wollt immer die Welt verbessern, wo es euch gar nichts angeht, und die Menschen vor AKWs bewahren, die wegen Strom, Arbeitsplätzen und überhaupt Fortschritt nur zu gern eines hätten!). Man mag gar den Akt des zivilen Ungehorsams, unter vielem anderen, als symbolischen Dialog von Interesse und Verantwortung begreifen. Interesse und Verantwortung sind in jedem Fall die entscheidenden subjektiven Energiequellen für jeden Akt des zivilen Ungehorsams. Solidarität ist, wie wir gesehen haben, nichts anderes als sich für andere (und nicht für die Idee von anderen) verantwortlich zu fühlen; Solidarität gilt stets den Menschen, nicht dem System.

Wenn Gewissen einerseits an Glauben, andererseits an Wissen geknüpft wird, so erkennen wir darin die Bindung an zwei höhere Formen des Rechts, nämlich an »göttliches Recht« und an das »Vernunftrecht«. In einer demokratischen Zivilgesellschaft indes kann es kein göttliches Recht außerhalb der dafür vorgesehenen Subsysteme geben. Aber auch das Vernunftrecht (zwei und zwei ist immer noch vier, auch wenn die Kanzlerin bestimmt, es seien fünf) ist in einer Gesellschaft mit ebenso viel wie ungleich verteiltem Wissen zumindest problematisch: Ein gemeinsames Wissen (nur zum Beispiel über die Sicherung von Atomkraftwerken oder die Auswirkungen einer Leitzinserhöhung) gibt es so wenig wie eine gemeinsame Verpflichtung auf »göttliches Recht«. So umfasst die Rechtfertigung des zivilen Ungehorsams neben der Verletzung des höheren Rechts durch das niedrige (des Menschenrechts durch die Bauverordnung zum Beispiel) oder der Verletzung der Gerechtigkeit durch das Recht (Tja, Sie hätten ja rechtlichen Einspruch erheben können; die dementsprechenden Listen lagen juristisch einwandfrei auf dem Planeten Omega 3 aus!) auch jede Form von religiöser Hegemonie (einerseits Kirchen als rechtsfreie Räume, die andererseits nahezu ungehinderten Zugang zu den öffentlichen Räumen des Rechts haben) und jede Form der Aneignung, Verweigerung, Unterdrückung, Privatisierung, Verheimlichung, Manipulation von Wissen. Ebenso wie die soziale Ungerechtigkeit wird die ungerechte Verteilung von Wissen (auch das Internet kann daran nichts ändern, solange die Ungerechtigkeit bei den »Rezeptoren« beginnt) durch das System »natürlich« erzeugt (und man muss sie wohl bis zu einem gewissen Grad hinnehmen, denn natürlich gehört die ungleiche Verteilung von Wissen auch zur Dynamik einer »freien« Gesellschaft, und umgekehrt ist auch Wissensvermittlung durchaus nicht immer demokratisch oder auch nur gewaltfrei); beides erreicht allerdings nicht nur Bereiche, wo »eigentlich« eindeutige Gesetze der demokratischen Gesellschaft eingriffen (gibt es etwa ein durch Marktmacht und Korruption/ökonomischen Erfolg legitimiertes Recht auf Lüge?), sondern auch solche, wo die höheren Formen wie Bürgerrecht und Menschenrecht tangiert werden. Daher sind Akte des zivilen Ungehorsams und des Widerstands sowohl gegen »unmenschliche« Ungleichungen zwischen vorhandenem und verteiltem Reichtum als auch gegen vorhandenes und verteiltes Wissen durchaus gerechtfertigt, und es entstehen Recht und Pflicht zum Widerstand gegen soziale Umverteilungsmaschinen und gegen soziale Lügenmaschinen.

Jeder Akt des zivilen Ungehorsams muss sich nicht nur für sich begründen, sondern auch erklären (die bürgerliche Erhebung beginnt, wo die Empörung einen Ausdruck findet und von ihm aus die Grundfragen nach Freiheit, Gerechtigkeit und Solidarität neu gestellt werden). Er ist weder mit »Verweigerung« allein zu beschreiben noch als ein Akt, der seine Rechtfertigung in sich selber hat (wie die durchaus nachvollziehbare und sympathische Haltung jenes »Individualisten«, der von der Überzeugung beseelt ist, der Staat könne ihn ganz prinzipiell und fundamental am Arsch lecken). Der Urtext einer solchen Erklärung für die Moderne stammt von Henry David Thoreau und heißt schlicht »Civil Disobedience«. Darin begründet er ausführlich, dass er wegen des Krieges seines Landes gegen Mexiko und wegen der Sklavenhaltung, die er als unmenschlich ansah, keine Steuern mehr bezahlt. Sein Gewissen nämlich ist es, das den Staatsbürger und den Menschen Thoreau angesichts dieser beiden Ungerechtigkeiten oder sollten wir sagen: staatlichen Verbrechen, spaltet, und der Mensch Thoreau ist höherwertig als der Staatsbürger Thoreau (gleichwohl es der Staatsbürger ist, und nicht nur der Mensch, der sich gegen die Ungerechtigkeit empört und erhebt). Damit liefert Thoreau auch die beiden grundlegenden Methoden des zivilen Ungehorsams in einer kapitalistisch-demokratischen Gesellschaft: Die Verweigerung des Dienstes (hier des Wehrdienstes) für eine Sache, die mit dem Gewissen nicht zu vereinbaren ist (man könnte sogar »Konsumverzicht« in unserer Zeit als eine sehr milde Form solcher Verweigerung ansehen), und die Verweigerung der Mittel, mit denen ökonomische Akkumulation in politische (und militärische) Macht übersetzt werden kann. Aber mit dem dritten Element seiner Aktion, der Publikation seines nun berühmten Essays, überschritt Henry David Thoreau die Grenzen vom zivilen Ungehorsam zum Widerstand. Er definierte nämlich »Regierungsgewalt« als etwas, was beständig durch Vollmacht und Zustimmung der Regierten relativiert sei, die eben nicht allein durch Verfassung und Gesetz, sondern immer auch durch ein »höheres Gesetz« bestimmt sind. Zugleich begründet Thoreau damit die Möglichkeit jedes einzelnen Menschen – und jeder einzelnen Gruppe, sei sie auch noch so klein –, gegen die Regierungsgewalt Recht zu schaffen.

Mit anderen Worten: Ziviler Ungehorsam und bürgerlicher Widerstand mahnen nicht nur die »Heilung« verschiedener Brüche (zwischen Rechten und Werten, zwischen Legalität und Legitimität, zwischen Praxen der Macht und Ideen der Gesellschaft etc.) an, sie schreiben nicht nur die Fähigkeit der Bürger, nicht allein »unter dem Gesetz« zu leben, sondern dieses auch entscheidend mit zu gestalten als konkrete soziale Gesten, Akte des zivilen Ungehorsams sind auch maßgeblich daran beteiligt, das Verhältnis zwischen den Regierenden und den Regierten (neu) zu bestimmen. Thoreaus individueller Akt, der so berühmt wurde, weil er Schrift und Legende werden konnte, steht an einer Art des Neuen Testaments zwischen Regierung und Bürger, er gehört unauslöschlich (und repräsentativ, denn in Wahrheit geht es um viele verschiedene, auch nicht dokumentierte Akte solchen zivilen Ungehorsams) zur Erzählung der Demokratie. Eine »Zivilgesellschaft«, die auf die Akte des zivilen Ungehorsams nicht stolz ist, die sie nicht erwartet und fördert, wenn (wie derzeit) »etwas gehörig schiefläuft« (nicht nur ökonomisch, sondern auch moralisch), verwandelt sich in eine zynische Gesellschaft.

Die Illegalität des Rechtsverstoßes im zivilen Ungehorsam, die sich durch Moral und höheres Recht gedeckt sieht, weist nicht nur auf die Dringlichkeit des Anliegens hin, sondern will am Ende selber rechtsetzend sein, das Recht ändern oder zumindest seine Durchsetzung modifizieren. Die »Schwebe zwischen Legitimität und Legalität«, in der sich laut Jürgen Habermas ziviler Ungehorsam bewegt, hat demnach eine historische Dimension: »Scheitern« oder »Erfolg« lässt sich sehr häufig nicht so sehr an kurzfristigen Folgen absehen (was übrigens für ein kurzfristiges Nachgeben des Staates ebenso gilt wie für eine »Niederschlagung« des Widerstands der Staatsbürger).

Nach John Rawls unterscheiden sich ziviler Ungehorsam und bürgerlicher Widerstand von Revolte und »illegaler Opposition« dadurch, dass sie mit der bewusst in Kauf genommenen Bestrafung bekunden, dass die Protagonisten prinzipiell die Gültigkeit des Rechts akzeptieren, ja sogar ihre »Rechtstreue« unter Beweis stellen. Sie sind, pathetisch gesprochen, Märtyrer für das Gesetz (und damit letztlich für die Staatlichkeit) und nicht Märtyrer gegen das Gesetz. Sie können daher nur, in der Begrifflichkeit von Thoreau, »redliche« Bürger sein.

Stimmung gegen den zivilen Ungehorsam kann man nun machen durch Mobilisierung des Interesses (wir könnten hier und dort schlicht übersetzen: durch Korruption) und durch Mobilisierung eines anderen Gewissens, das nämlich statt für Freiheit und Recht für Staat und Ordnung wirkt (das Über-Ich des

»Untertanen«). Die Märtyrer der Gerechtigkeit werden umgestuft zu Verschwörern, die den Staat »zerstören« wollen und die dem Staat wesentlich weniger gefährlich sind als jene, die ihn »verändern« wollen.

Der Streit wird immer darum gehen, *wann* die traditionellen Formen von Kundgebung, Partizipation, »Ausschöpfung der Rechtsmittel« und »Mobilisierung der Öffentlichkeit« umschlagen (müssen) in »zivilen Ungehorsam« und wo aus diesem »bürgerlichen Widerstand«, aus dem Ausdruck der Empörung die politische Erhebung wird (während der zivile Ungehorsam die symbolische Herausforderung einer Ungerechtigkeit mit der persönlichen Akzeptanz einer Strafe verbindet, benutzt der bürgerliche Widerstand die Widersprüche zwischen Legitimation und Legalität als Ausgangspunkt kollektiver Manifestation: In der Dynamik der Sache liegt es, dass nun die Bestrafung des Einzelnen, die sich der Staat selten nehmen lässt, noch mehr die Illegitimität der Staatsmacht unterstreicht, gerade in der Absurdität solcher Stellvertreter-Bestrafung).

Jürgen Habermas beschreibt das Dilemma eines demokratischen Rechtsstaates, das daraus entsteht, dass Demokratie und Recht einander ebenso dringend benötigen wie sie einander entgegen stehen können: Der demokratische Rechtsstaat »muss das Misstrauen gegen ein in legalen Formen auftretendes Unrecht schützen und wach halten, obwohl es eine institutionell gesicherte Form nicht annehmen kann«. So kann es vorkommen, dass eine redliche Demokratie gegenüber einem zivilen Ungehorsam zugleich bestrafen und »verstehen« können muss. Das freilich setzt voraus, dass Thoreaus »redlichem Bürger« ein ebenso »redlicher Staat« gegenüber steht. Habermas nennt das Ganze dann eine »reife politische Kultur«. Wann haben wir zuletzt von einem »redlichen Staat« und einer »reifen politischen Kultur« gesprochen? Welchem der Vertreter unserer neuen »politischen Klasse« (deren Vertreter scheinbar überall herkommen können, nur nicht »aus dem Volk«) trauen wir zu, für den redlichen Staat und die reife politische Kultur einzustehen? Die Metaphysik der bürgerlichen Erhebung ist das Verlangen nach einem redlichen Staat. Einem Staat, der weder von der Ökonomie missbraucht wird, noch seinerseits Ökonomie missbraucht.

Wirtschaft als Herrschaft oder Wie kann man zivilen Ungehorsam im Neoliberalismus verstehen?

Eine einheitliche Theorie des zivilen Ungehorsams kann es weder in der Geschichte noch in der Welt geben, zumal es ja immer mehr fließende Übergänge zwischen den verfassten, rechtsstaatlichen Demokratien, für die die Idee zunächst entwickelt wurde, und Despotien, Kleptokratien, Oligarchien gibt, in denen es die symbolische Interaktion von Staat und »Untertan«/«mündigem Bürger« aufgrund der asymmetrischen Machtverteilung nicht geben kann (und daher auch kein freiwilliges Sich-Einlassen auf »Bestrafen«/»Verstehen« – aber wo liegt die Grenze zwischen der Regierung, die ihre Dissidenten zugleich – symbolisch – bestrafen, aber auch moralisch verstehen will, und jenem, der sie ganz einfach unterwerfen und vernichten will: Sehen wir uns die Rhetorik der Politiker gegenüber den Bürgern an, die sich gegen die großen politisch-ökonomisch-mafiösen Projekte stemmen, so erkennen wir immerhin so etwas wie einen linguistischen Vernichtungswillen). Dann nämlich entsteht ziviler Ungehorsam im Sinne Mahatma Ghandis nicht zur Reform eines Systems von Herrschaft, sondern zu seiner Überwindung und muss folgerichtig von »konstruktiven Programmen« begleitet sein (von Keimen und Praxen einer »neuen Gesellschaft«, um genau zu sein). Die bürgerliche Erhebung enthält die Aussicht auf eine Gesellschaft, die mehr Freiheit, Gerechtigkeit und Solidarität enthält als die gegenwärtige. Sie hat Züge einer moralischen Revolution.

Postdemokratie ist zweifellos ein »Durcheinander« von Elementen einer realen, »reifen« und »redlichen« Demokratie und populistisch verbrämten Elementen der Oligarchie, der Gangsterherrschaft und der Kleptokratie, genauere, wenig optimistische Analysen bringen immer wieder auch einen »leicht faschistischen« Untergrund zu Tage; entsprechend kann auch die Reaktion des »redlichen Bürgers« nicht mehr beschränkt sein auf jene Form des zivilen Ungehorsams, die eine Reaktion des Staates und der Gesellschaft als »redliche« Partner auslösen könnte, wie sie in Jürgen Habermas' Paradoxie beschrieben ist. Legale Manifestationen der Kritik, ziviler Ungehorsam und Widerstand gehen entsprechend fließend ineinander über.

Ökonomisierung und Privatisierung, die beiden widersprüchlichen Wirkkräfte des Neoliberalismus, bringen dem demokratischen Fürsten eine enorme Entlastung in seiner Funktion von Fürsorge und Kontrolle. Wenn es, zynisch genug, heißt, »das regelt der Markt«, dann bedeutet das immer auch, der Staat »privatisiert« einen Teil seiner latenten, potentiellen und manifesten Gewalt-Instrumente, seiner Aufgabe und Fähigkeit, »Ordnung zu schaffen« (so wie er schon eine Phase früher seine Aufgabe und Fähigkeit, »Gerechtigkeit zu schaffen« und noch dafür seine Aufgabe und Fähigkeit, »Sinn zu schaffen« auslagerte). Dass Macht – also Gewalt über den Menschen – durch den postdemokratischen

Staat »der Wirtschaft« überlassen wird, wird zwar – in Form von Entertainment vorwiegend – kommuniziert, fand aber nie eine demokratische Legitimierung. Ökonomisierung und Privatisierung (Kräfte mithin, von denen wir sehr genau wissen, welche Katastrophen sie im Leben einzelner Menschen wie in Gesellschaften anrichten) werden in postdemokratischen Zusammenhängen forciert, weil es ganz einfach so gut wie keine parlamentarische und intellektuelle Gegenkraft gibt. Die Zustimmung dazu wurde teils »erkauft«, teils als »alternativlos« erzwungen, Einspruch als »kommunistisch« oder »linksextrem« denunziert (Wir sind darauf konditioniert: Wer »kommunistisch« oder »linksextrem« ist, für den gelten die Bürgerrechte nicht, dem ganz und gar kein Gehör zu schenken, ist erste Bürgerpflicht).

So notwendig für den gesamtgesellschaftlichen Diskurs und die mediale Verbindung verschiedener Impulse die »großen«, symbolischen Akte des Einspruchs, des zivilen Ungehorsams und schließlich des zivilen Widerstands auch sind, für die Lebenspraxis und die »Gewohnheiten« in der Verteilung von Macht und Reichtum sind noch bedeutender die Akte des zivilen Ungehorsams in den Subsystemen: am Arbeitsplatz und in seinen Abhängigkeitsverhältnissen in erster Linie. Beinahe jede bezahlte, honorierte und abgabenpflichtige Arbeit in unserer Gesellschaft ist mittlerweile viel mehr als die Entfaltung kreativer und sozialer Kompetenz eine beständig neu zu tarierende Balance von drei moralischen und zivilen Grundfragen: Was bin ich bereit, mir an Ungerechtigkeit zumuten zu lassen? Was bin ich bereit, anderen an Ungerechtigkeit zuzumuten? Und welche Ungerechtigkeiten bin ich bereit, als Mitwisser oder mittelbar Beteiligter hinzunehmen? Anders als für den zivilen Ungehorsam im öffentlichen Raum, von dem wir erwarten, dass er nicht allein durch die Überwachungskameras und die ausführenden Organe der Staatsmacht, sondern auch durch die Präsenz einer kritischen und wachsamen Presse »gesichert« ist, ist die Beantwortung der drei moralischen und politischen Grundfragen etwa in einem Betrieb oder einer Behörde, einer Schule oder einem Markt zunächst eine einsame Angelegenheit. Das System, dem gegenüber man sich ungehorsam zeigt, weil seine Anforderungen oder Befehle gegen höhere Werte von Recht und Gerechtigkeit verstoßen, kann in aller Regel (und seit dem Siegeszug des Neoliberalismus mehr denn je) den Unbotmäßigen symbolisch oder real vernichten, ihn ausstoßen oder seinen Widerstand mit noch ungerechteren (und unrechteren) Mitteln brechen, ohne dass eine Öffentlichkeit außerhalb des Subsystems davon auch nur Kenntnis erhalten könnte (wir wissen: auch das Interesse daran hält sich in Grenzen). Wenn es um den Fall einer ungerechten Behandlung eines Subjekts (oder einer Gruppe) geht, dann wird man in aller Regel »im eigenen Interesse« Hilfe bei Gewerkschaften, Interessenverbänden oder Gerichten suchen. Auch ein Zusammenschluss von Menschen mit ähnlich gelagerten Interessen (bessere Bezahlung, gesundheitlich weniger bedenkliche Arbeitsbedingungen, Arbeitszeiten, die familiären Lebensplanungen entgegenkommen usw.) ist hilfreich. Was wir in den letzten beiden Jahrzehnten erleben mussten, war eine kontinuierliche und konsequente Verschiebung der Grenzen der Zumutbarkeiten (von der wenige »privilegierte« Mitglieder der Subsysteme ausgeschlossen wurden, die ihrerseits als Instrument gegen die Mehrheit eingesetzt werden). »Privatisierung« heißt auch eine Verlagerung der Macht über Menschen (in einer bislang nicht gekannten Totalität: Nicht einmal der Manchester-Kapitalismus ergriff so sehr neben dem Körper auch die Seelen seiner Opfer wie der mediale Neoliberalismus) vom Staat auf die ökonomische Oligarchie. Damit verlagert sich immer weiter auch der Adressat des zivilen Ungehorsams, und umgekehrt sind die Maßnahmen gegen ihn delegiert: Was, wenn die Politik nur noch der »Arm« der Ökonomie ist, so wie der Polizist nur der »Arm« der Politik? Der große andere, der eigentliche Herrscher, der sich Markt nennt oder »die Wirtschaft«, in Wahrheit aber neue geballte und barbarische Macht, wird durch diese Delegation unerreichbar (die barbarische Herrschaft »der Wirtschaft« hört und sieht den Einspruch des Bürgers gar nicht mehr).

Neben den Widerstand gegen eine lineare und bilaterale Ausbeutung (Das Unternehmen beutet die Gesamtheit, der jeweils höhere die jeweils niederen Mitarbeiter, der Filialleiter die Verkäuferinnen usw. aus) tritt nun ein doppelter Widerstand, der entscheidend für einen Übersprung aus dem mehr oder minder geschlossenen Subsystem ist:

- Der Ungehorsam gegenüber der Unvernunft eines Subsystems.
- Der Ungehorsam gegenüber der Korruption (und anderer Rechtsbeugungen wie zum Beispiel Verstöße gegenüber Umweltschutz, Arbeitsrecht, Qualitätskontrolle).
- Der Ungehorsam gegenüber dem fundamentalen Versagen des eigentlichen »Belohnungssystems« der Arbeit im Kapitalismus, der »redlichen Meritokratie«. Das Versprechen lautet, dass sich Wissen und Kompetenz »auszahlen«, dass sich »Leistung lohnen muss«. Die genauere soziologische Untersuchung der Arbeitsverhältnisse im Spätkapitalismus zeigt eine nichtlinear ausbeuterische Unterhöhlung oder tendenzielle Abschaffung der dieser »redlichen Meritokratie«. »Die Behauptung, dass sich Leistung lohnt,

ist falsch. Die Handwerker der Moderne – Techniker, Pflegerinnen, Lehrer – müssen oft Vorgesetzten Rede und Antwort stehen, denen gleichwertige Qualifikationen fehlen. Der Kapitalismus löst seinen meritokratischen Anspruch nicht ein« (Richard Sennett). Um die asymmetrische Verteilung der Kompetenz zu verschleiern müssen sich die Elemente der Subsysteme, zum Beispiel die einzelnen »Abteilungen«, kommunikativ voneinander isolieren und zugleich mehr oder weniger »intelligente« Methoden der Verschleierungen und der Verschiebung von Wissen und Verantwortung entwickeln. Der erhitzte Finanzkapitalismus übertüncht mit einem beständigen Redesign von Waren und Medien, dass die Produktion von Waren und die Dienstleistungen immer weiter zurückfallen. Man muss nun nicht mehr ins gelobte Land des Neoliberalismus, in die Vereinigten Staaten von Amerika, um zu erkennen, dass Handwerk und Industrie auch im rational-technologischen Bereich sich eher nach rückwärts als nach vorwärts entwickeln. So entstand etwa bei der Finanzkrise, so entsteht aber auch in jedem »mittelständischen Betrieb« aus dem Ineinanderwirken von Ungerechtigkeit und Isolation das Paradoxon, dass die Leitung von Subsystemen in Neoliberalismus und Postdemokratie in den Händen von Menschen liegt, die das System noch viel weniger verstehen als ihre »Mitarbeiter« genannten Ausbeutungs- und Aneignungsobjekte, die nun ihrerseits kaum andere Möglichkeiten haben, als das Spiel von Ungerechtigkeit und Isolation in die Horizontale fortzusetzen (»Mobbing«) oder aber ihre Potentiale und kreative Phantasie zu verbergen, um sie gleichsam »schwarz« einzusetzen, in der Schatten-Wirtschaft oder in der Schatten-Kultur (der »sinnlosen«, aber »herausfordernden« Unternehmungen).

Während der Neoliberalismus auf dem Sektor der Arbeit den meritokratischen Anspruch nicht nur nicht einlöst, sondern in aller Regel offen verhöhnt, bricht er auf dem anderen Subsystem, dem des Konsumenten-Marktes, auch sein zweites großes Versprechen, das »faire« und selbstregulierende Spiel von Angebot und Nachfrage. Auch hier ist der »Kunde« und »Verbraucher« beständig gefragt, wie viel er sich und seinen Mitmenschen zumutet, an Unvernunft, an Korruption, aber auch an jenen anteiligen Verbrechen, die sich aus den Raubzügen des Kapitals über die globalisierte Welt ergeben, und die in den extremen Fällen Sklaven- und Kinderarbeit, Diebstahl von Ressourcen, Zerstörung von Kulturen und Ökonomien und sogar die Förderung regionaler asymmetrischer Kriege beinhalten.

Mit anderen Worten: Kritik, Einspruch, ziviler Ungehorsam und schließlich bürgerlicher Widerstand betrifft nicht nur den Widerspruch, den der Staat zwischen Recht, Politik und Gerechtigkeit erzeugt, sondern auch die rationalen und moralischen Widersprüche, die ein Kapitalismus erzeugt, der vom Staat nicht gebändigt wird. Die Formen von Einspruch, zivilem Ungehorsam und bürgerlichem Widerstand gegenüber dem Staat und gegenüber der Ökonomie können erheblich variieren.

Erinnern wir uns an die Definition des zivilen Ungehorsams (hier noch einmal zusammengefasst nach »uni-protokolle.de«):

»Die Aktion oder Handlung

- beruht auf einer Gewissensentscheidung
- ist wohlbedacht
- steht im Zusammenhang mit dem übergeordneten Ziel
- wird nicht verheimlicht (häufig sogar angekündigt)
- verletzt niemals die Würde des Menschen.«

Der Streik als Ausdruck der eigenen Interessen ist rechtlich abgesichert – wenngleich an Bedingungen geknüpft -, und der Akt des zivilen Ungehorsams gegenüber dem Staat kann zumindest moralisch gerechtfertigt erscheinen (nämlich dann, wenn es eine kritische Öffentlichkeit gibt, die ihn versteht). Akte des zivilen Ungehorsams gegen das ökonomische System, insbesondere gegen »Arbeitgeber«, sind, wenn sie nicht von eindeutigen Verstößen zum Beispiel gegen das Arbeitsrecht oder eindeutig personalisierbaren kriminellen Handlungen bestimmt werden, denkbar erschwert, nicht zuletzt, weil dabei eine kritische Öffentlichkeit noch wesentlich schwerer zu finden oder herzustellen ist, und weil die Macht in den Subsystemen größer ist als die Macht im System selber. Ökonomisierte und privatisierte Macht funktioniert anders als politische und staatliche Macht; Postdemokratie bedeutet die Verlagerung von Macht aus kontrollierbaren in nicht kontrollierbare, aus (in Maßen) aufgeklärten in nicht aufgeklärte Bereiche des gesellschaftlichen Lebens. In den Zeiten eines Anbietermarktes von Arbeit ist das nicht weiter schlimm, so scheint es: Wer die Korruptionsgeschichten seines Arbeitgebers oder dessen Involvierung in Kriege, Kinderarbeit und Umweltzerstörung nicht mitmachen will, der verlässt ihn und sucht sich einen anderen. Die radikale politisch unterstützte Verknappung des »bezahlten Arbeitsplatzes« als gesellschaftliches Gut dreht dort die Verhältnisse um: Noch der kleine Akt des zivilen Ungehorsams gegenüber einem »Arbeitgeber« (»Ich möchte nicht, dass mein »ausländischer« Kollege so mies behandelt wird«) kann nicht nur zum Verlust des Arbeitsplatzes, sondern zum Verlust der sozialen Existenz führen.

So verstehen wir, nebenbei, dass die politisch-ökonomische Kampagne, die die Postdemokratie gegen die eigene Bevölkerung führt, keineswegs allein um des Anteils der »Personalkosten« in der Kalkulation willen geführt wird (»Peanuts«, hören wir die Banker feixen), sondern um der Erpressbarkeit, der Regierbarkeit, der erzwungenen Komplizenschaft wegen. In der Postdemokratie wird nicht nur das Subjekt der Macht gewechselt, von der politischen zur ökonomischen Hegemonie, sondern auch deren Form, und die »Deregulation« ist keineswegs ein Verschwinden von Ordnungen und Hierarchien, sondern ganz im Gegenteil eine fundamentale Neubestimmung. Neoliberalismus ist nicht ein Wirtschaftssystem, das sich der Ordnung des Staates entzieht, sondern im Gegenteil ein Wirtschaftssystem, das die Macht- und Ordnungsmittel vom Staat übernimmt (so ist es nur konsequent, dass in den jüngsten Kriegen auch Folter, Mord und Vernichtung von »privaten« Institutionen übernommen werden). Während sich der Mensch in der bürgerlichen Gesellschaft vordem in zwei Diskursen bewähren und bewahren musste, dem als Staatsbürger und dem als Arbeitnehmer, und beizeiten war diese doppelte Herrschaft wahrhaft schrecklich genug, drohte doch der Staat mit der Vernichtung des Menschen, der sich ökonomisch nicht fügte, so lebt er nun in einem Meta-Diskurs: Politische, mediale und ökonomische Kontrolle haben eine neue Einheit gefunden, gegen die noch keine neuen Formen des Widerstandes gefunden sind. Der Weg von der Empörung zur Erhebung und von dieser zur Veränderung trifft auf etwas, was man nicht umsonst »flexibilisiert« nennt. Da darin nichts »Verantwortliches« erkannt werden kann, scheint auch nichts »gestürzt« werden zu können. Der Akt des zivilen Ungehorsams, der den Staat und seine Legitimation treffen kann, trifft in den aufgelösten Formen der Macht auf kein reales Gegenüber, auch wenn die nervöse Herrschaft des Neoliberalismus sich beständig Rückfälle in barbarische Formen der Machtausübungen leistet[8], so groß ist ihre Angst vor dem großen anderen, »der Wirtschaft« (und beinahe noch größer das Begehren, ihm anzugehören). Allerdings: Diese Umformierung von Macht (die wir mit Foucault, Bourdieu und Guattari gleichsam unendlich in ihren Verzweigungen und Lösungen verfolgen könnten) produziert auf Seiten der ungehorsamen Bürger und der sozialen Bewegungen auch neue Phantasien und Strategien. Die flexibilisierte Gegenmacht ist leichter zu realisieren, aber schwerer zu »erzählen«.

Der Mensch im Neoliberalismus kann sich Moral in der Arbeit einfach nicht mehr leisten, und es gibt keine gesellschaftliche und schon gar keine staatliche

Instanz, die ihm zu Hilfe käme, wenn er es doch tut. Über ein Recht auf zivilen Ungehorsam am Arbeitsplatz und in den anderen Subsystemen (in der Schule, der Universität, der Kaserne, dem Krankenhaus usw.) gibt es keine gesellschaftliche Übereinkunft, so dass am Ende nur die individuellen Reaktionen bleiben, Flucht, Verweigerung, Sabotage, Strategien, die gewöhnlich gegen mehrere der oben zitierten »Regeln« des zivilen Ungehorsams verstoßen. – oder, eine sehr amerikanische »Lösung«, ein absurdes Spiel mit den Buchstaben von Gesetzen, die die fatale Eigenschaft haben, ihren möglicherweise guten sozialen Absichten in juristische Schaukämpfe zu entkommen, welche ihnen den ursprünglichen politischen wie menschlichen Gehalt gründlich austreiben. Wenn sich aber die Machtverhältnisse in Postdemokratie/Neoliberalismus von den politischen zu den ökonomischen Machtzentren verlagern, so ist konsequenterweise der Akt des zivilen Ungehorsams auch mehr und mehr gegen die ökonomische Macht gerichtet. Das funktioniert dort, wo die Verzahnung von politischer und ökonomischer Macht so deutlich ist wie etwa bei »Stuttgart 21« oder bei der Atomkraft, es funktioniert aber so gut wie gar nicht gegenüber jenen Konzernen, deren nationale und internatonale Verflechtung in Korruption, Ausbeutung und Umweltverbrechen zwar offenkundig und auch in diversen »Schwarzbüchern« belegt ist, deren Macht über ihre »Mitarbeiter« jedoch absolut und ungebrochen ist. In der Furcht um ihren Arbeitsplatz müssen diese Mitarbeiter in aller Regel die Verstöße ihrer »Arbeitgeber« decken, verleugnen oder verdrängen. Wir kennen genügend Fälle, in denen Zuwiderhandlungen mit der auch physischen Vernichtung der Dissidenten endeten. Mit der Übertragung von Macht vom bürgerlichen Staat auf »die Wirtschaft« forcierte sich die Spaltung ihrer Medien in die medial sublimierten, in die organisatorisch-unsichtbaren und in die vollkommen barbarischen. Wenn der Staat als Machtinstrument mit seiner Gewalt drohen kann, die in ihm potenziert ist, und wenn »das Volk« mit seiner Erhebung und der Revolution drohen kann, dann ist das Drohpotential der ökonomischen Macht neben dem gleichgültigen sozialen »Fallenlassen« noch stets der Rückfall in das Verhalten, aus dem sie entstanden ist, dem Subsystem organisierter Kriminalität.

Das Argument scheint einleuchtend, dass es deswegen auf dem Markt kein Recht auf zivilen Ungehorsam gibt, weil ja alle Akte auf der Freiwilligkeit basieren: Der Arbeitsplatz wird so freiwillig gewählt wie das Objekt des Konsums (niemand wird, so heißt es, gezwungen, eine Textilie zu erwerben, die gar nicht anders als durch doppelte Ausbeutung von menschlicher Arbeitskraft und ökologischer Rücksichtslosigkeit entstehen kann, wenn sie zu dem Preis angeboten wird, den der »Verbraucher verlangt«). Um zivilen Ungehorsam gegenüber ökonomischer Macht zu rechtfertigen und zu kommunizieren, muss also gezeigt werden, dass es diese Freiwilligkeit von Arbeit und Konsum nicht (mehr) gibt. Wie wir – im Kapitel »Preispolitik als Klassenkampf« gezeigt – verstehen können (Unterschicht-Ware, die nur durch vernichtende Arbeit der Unterschichten in anderen Ländern erzeugt werden kann – nicht dass die »Luxusware« vor solchen Verbrechen sicher wäre), trifft dies natürlich vor allem das ökonomisch untere Drittel der Bevölkerung, jene Menschen, die auf die Zwangsernährungsanstalten der Discounter angewiesen sind, auf die ihrerseits die postdemokratische Regierung ihre menschenunwürdigen Sozialsätze errichtet. Auch in der Preispolitik wälzt also der Staat einen Teil der sozialen Kompetenz auf den »privaten Sektor« ab: Billige Waren und niedrige Sozialhilfesätze produzieren gemeinsam eine Klasse von Konsum und Kultur, deren Hauptaufgabe darin besteht, »nicht zu stören«.

Wie aber sollen Menschen Akte des sozialen Ungehorsams begehen, denen einerseits, wie man so sagt, das Wasser bis zum Hals steht, und die andererseits mit den billigen Unterhaltungs- und Bildermaschinen vernetzt sind (auch dies, wie wir in den »Blödmaschinen« zu zeigen versuchten, keineswegs aus einem angeborenen Hang zum schlechten Geschmack, sondern weil sich auch Kultur und Information immer weiter ökonomisch spreizen)? An den bürgerlichen Akten von öffentlicher Kritik und Revolte der letzten Jahre ist ja nicht zu Unrecht moniert worden, dass sie von eher privilegierten Subjekten im Namen entweder kultureller oder globaler »höherer Werte« geführt worden seien. Es sind, hört man allerorten, nicht die Hartz IV-Empfänger und nicht die Prekarianer (jedenfalls nicht aus den es selbst betreffenden Gründen), die »auf die Straße gingen«, im schlimmsten Fall wurde den Protestierenden sogar vorgeworfen, es läge ihnen vor allem am Erhalt eben ihrer Privilegien (schöne Aussichten, frische Luft und Lebensqualität für den Mittelstand).

Die moralische und die soziale Empörung scheint also noch keinen Weg zueinander zu finden. Als würde ein doppelter Keil zwischen die Sorge um heute und die Sorge um morgen getrieben, ein Keil der moralisch-metaphysischen Sorge und ein Teil der mitmenschlichen Sorglosigkeit. Diesen Widerspruch gilt es aufzulösen in der bürgerlichen Erhebung: Sie ist der Akt, in dem die Grenze zwischen dem Eigeninteresse und der Verantwortung für die anderen überschritten wird, und sie ist umgekehrt der Akt, in dem die Grenze zwischen der moralischen Empörung und dem tätigen Miteinander überschritten wird. Die bürgerliche

Erhebung ist mit anderen Worten Solidarität, die zur Lebenspraxis wird. Andersherum: Wer es mit der Solidarität ernst meint (jenseits der billigen Charity-Inszenierungen), muss sich gegen Postdemokratie und Neoliberalismus erheben.

Was ist so bürgerlich am »Aufstand der Bürger«?

Natürlich ist der »Aufstand der Bürger« zunächst nichts anderes als eine Medien-Erzählung. Auch der Begriff kommt nicht aus einer der Bewegungen selber, so unterschiedlich sie sind, sondern wurde in der Berichterstattung und in den Kolumnen geprägt (er ist also streng genommen auch »politisch unkorrekt«). Die Ableitungen fehlten denn auch in der Folge nicht; nachdem man die »Wutbürger« in Stuttgart oder in Kairo, in Israel, Spanien und Griechenland gleichermaßen entdeckt hatte, ging es spätestens im Feuilleton darum, den phänotypisch gewählten Begriff mit Inhalt zu füllen und gleich auch wieder zu demontieren. Man sah den Citoyen und den Bourgeois gleichermaßen am Werk. Dennoch können wir diese soziale Geste der »bürgerlichen Revolte«, scheinbar ein Widerspruch in sich, auch politisch bestimmen:

1. Eine Revolte der Bürgerinnen und Bürger bedeutet, dass sie jeder und jedem offen steht, der oder die ihre Menschen- und Bürgerrechte wahrnehmen und unter Umständen neu bestimmen will. Es gibt keinen Ausschluss, weder was das Geschlecht, noch die Klasse, noch die Rasse, noch die Religion, noch die Generation anbelangt. In ihrem Entstehen gibt es in den neuen »bürgerlichen Revolten« nicht einmal dezidierte politische Unterscheidungen (dadurch entstand im Übrigen schneller als gewohnt das Problem der rechten »Trittbrettfahrer« und der auch ökonomischen Unterwanderung).

2. Eine Revolte der Bürgerinnen und Bürger bedeutet, dass die Protagonisten ihren Bürger-Status in die Waagschale werfen, aber diesen weder loswerden noch überwinden wollen. Bürgerinnen und Bürger fordern in der Revolte ihre Bürgerrechte erst wirklich ein; sie bilden sich als Bürger, indem sie den Staat kritisch befragen. Ihr Ziel ist eine wirkliche Zivilgesellschaft, also eine Gesellschaft, in der wir die Probleme der Zukunft überhaupt erst in Angriff nehmen können. In der bürgerlichen Erhebung geht es nicht um die »revolutionäre« Lösung aller Probleme, sondern es geht um die Herstellung einer politischen und ökonomischen Kultur, in der sie sich überhaupt als gemeinschaftlich zu lösende erkennen lassen. Durch die Zivilgesellschaft sollen die Menschen – alle Menschen! – die Möglichkeit erhalten, wieder in den Prozess

der Geschichte zurückzukehren. Das Ziel einer solchen Gesellschaft ist es, dass Menschen wieder Geschichte machen, nicht Märkte (natürlich ist dies ein Prozess mit offenem Ausgang, durchaus nicht ohne Risiken).

3. Eine Revolte der Bürgerinnen und Bürger äußert sich im Großen und Ganzen in jenen Formen, die in der »bürgerlichen Gesellschaft« entwickelt und erprobt worden sind. Bürgerrechte, Menschenrechte und Menschenwürde sind auch im Inneren der Revolte (und das heißt auch gegenüber dem »Gegner«) oberste Leitlinien. Eine bürgerliche Revolte überschreitet daher nicht die »bürgerliche Gesellschaft«, sondern versucht, sie partiell zu verwirklichen (was nicht heißen soll, dass eine bürgerliche Revolte nicht kritisch gegenüber dieser bürgerlichen Gesellschaft und was aus ihr geworden ist). Eine bürgerliche Gesellschaft wird hier begriffen als ein nicht eingelöstes Versprechen, sie ist selbst Utopie (geblieben).

4. So wie die Revolte der Bürgerinnen und Bürger alle »einlädt«, die ihre Menschen- und Bürgerrechte einfordern, so richtet sie sich in ihrer öffentlichen, performativen Weise auch an alle. Sie ist in gewisser Weise das Gegenteil einer »Verschwörung«, nämlich ein Projekt der Offenlegung.

5. Die Revolte der Bürgerinnen und Bürger entzündet sich in aller Regel an einem regionalen, sozialen und ökologischen Konflikt und führt auch bei vielen »neuen« Teilnehmern an Demonstrationen und Widerstand (den »braven Bürgern«, die sich möglicherweise früher nicht vorstellen konnten, an »so etwas« beteiligt zu sein) zu einer Schärfung des Bewusstseins durch die arrogante Reaktion der Macht und durch schrittweise Offenlegung der wirklichen Interessen hinter den politisch-ökonomisch-mafiösen Großprojekten. Es ist Aufklärung als soziale Bewegung, soziale Bewegung als Aufklärung.

6. Proteste wie das Straßen-Campen in Tel Aviv (auch am Tahrir-Platz in Kairo wurde als Reaktion auf die verschleppten Reformen eine Zeltstadt errichtet) oder regelmäßig wiederkehrenden Märsche bringen eine eigene Kultur des Protestes hervor; politische Information, gemeinsame Aktion, aber auch Kunst und Kultur innerhalb der Revolte selbst, führen zu einem neuen Zusammenhalt.

7. Der bürgerliche Protest setzt in Bezug auf die Medien nicht in erster Linie auf Provokation und Polemik, sondern auf Überzeugung und »Anschlussfähigkeit«. Freilich ist man sich der Probleme und Gefahren in dieser Beziehung durchaus bewusst. Wie in früheren sozialen Bewegungen werden auch hier Konzepte der Gegen-Medien und der kritischen »Gegen-Öffentlichkeit«

erprobt, allerdings auf einem höheren professionellen und reflexiven Niveau, da man sich nicht scheut, Doppelstrategien zu akzeptieren, also Kräfte, die sich sowohl in den Mainstream-Medien als auch in den Medien des bürgerlichen Protestes engagieren.

8. Als das erste, allerdings nicht das einzige Subjekt der Revolte wurde die Jugend jener Schichten angesehen, die zumindest von Ausbildung und Selbstverständnis als »bürgerlich« angesehen werden. »In zivilen Verhältnissen aufgewachsen, gut ausgebildet, karrierebewusst müssen sie erfahren, dass alle Qualifikationen, alle Leistungsbereitschaft nichts nützen, wenn es dafür keinen Markt gibt. Was immer sie in ihren Versuchen, das eigene Dasein nach den Erfordernissen von Staat und Wirtschaft zu bilden, in ihre Ausbildung und in ihren Lebensstil investiert haben: Es droht wertlos zu werden, falls es nicht schon wertlos ist. Die Demonstranten werden – ganz abgesehen davon, dass sie in der Entwertung ihrer Arbeitskraft alles andere als allein sind – darüber aber nicht zu Kritikern oder gar Gegnern einer Ökonomie, die sich ihnen gegenüber nicht nur gleichgültig, sondern sogar feindlich verhält. Stattdessen zeigen sie auf die Verluste – oder genauer: auf die nicht eingelösten (und möglicherweise gar nicht gegebenen) Versprechen – die ihnen zugemutet werden. Wobei gerade die Friedfertigkeit der Demonstranten, ihre offensichtliche Bereitschaft, große Opfer hinzunehmen, wenn bloß am Ende noch ein bisschen Perspektive steht, die Grundlage der Sympathien bilden« (Thomas Steinfeld). Diese Ambivalenz gegenüber einem Aspekt der bürgerlichen Revolte beschreibt zugleich Appeasement und Sprengkraft (die Revolte kommt nicht von den Rändern, sondern aus der Mitte).

9. Die bürgerliche Revolte hat keinen klassischen »Feind«. Hinter der konkreten Arroganz der Macht und einigen besonders dummen oder korrupten Politikern steht weniger ein »böses System« als vielmehr die Abwesenheit der großen Versprechung, das eigene Leben gestalten zu können. Es geht dagegen, »die Wirtschaft« als neuen »großen anderen« zu inaugurieren, in dessen Namen jede Barbarei gerechtfertigt ist.

10. Diese bürgerliche Revolte revoltiert nicht gegen die bürgerliche Gesellschaft (einschließlich ihrer Ökonomie der »Redlichkeit«), sondern gegen deren Verschwinden.

11. Die bürgerliche Revolte, die sich nicht auf eine Klasse und nicht auf einen Feind bezieht, ist, auch und gerade weil »Gerechtigkeit« eine zentrale Rolle spielt, eine »moralische Revolution«.

Die bürgerliche Revolte also ist horizontal so unbegrenzt, wie sie vertikal limitiert ist. Ihre Ziele sind absehbar, bescheiden, unheroisch, und auch was das Element der Utopie anbelangt eher zurückhaltend. »Anders als die vom Staats- und Revolutionsmarxismus geprägten Bewegungen des 20. Jahrhunderts postulieren sie – jenseits ihrer radikaldemokratischen, solidarischen Praxis – kein Gegenprogramm. Eine Machtoption sind sie nicht und wollen es auch nicht werden. Nichtsdestotrotz ist ihre Wirkung schon jetzt enorm« (Raul Zelik).

Die moralische Revolution gegen den Neoliberalismus und ihr elektronischer Schatten

Daraus resultiert eine Stärke der bürgerlichen Erhebung: Eine Revolution als »Machtergreifung« kennt nur das Scheitern oder das Gelingen. Eine bürgerliche Erhebung dagegen kann in der Tiefenwirkung durchaus im Scheitern vorankommen. Denn es ist nicht Macht, die darüber zu entscheiden hat.

Kwame Anthony Appiah beobachtet in seinem Buch »Eine Frage der Ehre« Konstanten der moralischen Revolutionen, von der Überwindung der Sitte des chinesischen Fußeinbindens der Frauen über die Verdammung des Duells bis zur Abschaffung der Sklaverei. Immer werden wir da zwei Impulse antreffen, die gleichzeitig wirken, eine doppelte Betroffenheit, einmal in den eigenen Interessen und Lebensumständen, einmal aber auch in den Erkenntnissen und Werten. Die moralische Revolution benötigt die Kraft zur Einsicht in eine bislang gepflegte offensichtlich unmoralische Verhaltensweise, und man muss sie sich leisten können.

Wir fragen uns also nach den Grundlagen einer moralischen Revolution gegen den Neoliberalismus, und nebenbei mögen wir uns fragen, warum sie sich an einem Ort so heftig entwickelt und an einem anderen Ort nicht. Zwischen Triumph und Trauer scheinen besonders im deutschen politischen Feuilletonismus die Beobachtungen davon, wie enthusiastisch sich Formen der Empörung und des »Besetzens« entwickeln, und wie sich etwa die Occupy Camps dann wieder auflösen, als sei die Geschichte der bürgerlichen Erhebungen eine Abfolge von Dramoletten des schönen Scheiterns.

Wie wir im Abschnitt über die Bürgerlichkeit der »bürgerlichen Revolte« zu zeigen versuchten, ist es nicht das Ziel einer solchen Revolution, Macht-Institutionen, Herrschaftsverhältnisse, »Spielregeln« an und für sich zu verändern, sondern verlorene Potenziale von Freiheit, Gerechtigkeit und Solidarität zurück zu erobern. Im klassischen Sinne wird ein solcher Impuls wohl als »idealistisch« abgetan und spielt in einer traditionell marxistischen Modellierung allenfalls die Rolle eines Spielfelds »nützlicher Idioten«.

Die moralische Rebellion indes trifft auf das, was wir »nervöse Herrschaft« von Postdemokratie und Neoliberalismus genannt haben (und was Niccolò Machiavelli im Jahr 1513 wohl als Problem der »vermischten Herrschaften« angesehen hätte[9]), eine Herrschaft also, die an ihren eigenen Interdependenzen (der gegenseitigen Abhängigkeit der drei Machtknoten Politik, Ökonomie und Medien), an einem offenkundigen Mangel an Legitimation (man könnte fast sagen: Postdemokratie sei eine Herrschaft mit schlechtem Gewissen), an ihrem Agieren »am Abgrund« etc. leidet, und die »in sich« (denken wir an die Kritik der Parteienherrschaft zurück) gewalttätiger ist als sie nach außen scheint.

Neue Möglichkeiten, neue Feinde. Zwei »radikale« Modelle stehen einander gegenüber. Auf der einen Seite die Furcht, dass die elektronische Vernetzung nicht nur eine Möglichkeit zur vollständigen Kontrolle, Manipulation und Überwachung des Menschen schafft, sondern in der Mensch/Maschine-Kommunikation in der Form der Algorithmen eine Reduktion der Entscheidungsmöglichkeiten bis hin zur Abschaffung des Menschlichen. Wir fühlen uns durch die großen »Dienste« zu Tode berechnet. Google oder Amazon berechnen aus unseren Anfragen Wünsche, von denen wir vielleicht noch selber nicht einmal wissen, und versprechen uns deren Erfüllung, nach ihren Bedingungen und zu ihren Preisen natürlich. Wer freilich, mit einem einigermaßen umfassenden Interesse an Welt, Kultur und Kunst begabt, schon einmal die Versuche von Amazon beobachtet hat, auf die eigenen Kauf-Aktionen mit »genau passenden« Angeboten zu reagieren bzw. herauszufiltern, was man wünscht, weil es andere gewünscht haben, die schon einmal gewünscht haben, was wir uns einmal gewünscht haben, der hält jene Gefahr für relativ gering, von der Miriam Meckel spricht: »Was ein Algorithmus macht, ist ja eigentlich simpel: Er wertet als mathematische Formel das aus, was wir bisher getan haben und projiziert es dann in die Zukunft. Aus unserem früheren Verhalten wird unser mögliches zukünftiges Verhalten errechnet. Das bedeutet, wir bewegen uns in einen Tunnel unserer selbst hinein, der immer enger, immer selbstreferentieller wird, weil keine neuen Impulse mehr hinzukommen. Wir werden zu dem, was eine Software als historisches Präferenz- und Verhaltensmuster von uns errechnet hat.«

Partizipative Internetseiten wie Indymedia, blogs wie Feynsinn.org oder Nachdenkseiten.de versuchen eine Alternative zu den Mainstream-Medien und

Debatten um unterdrückte Themen. Und die »Post-privacy-Bewegung« schließlich setzt der »Datengier« der neuen elektronischen Monopole kein Lamento um die Bitte um »Schutz« entgegen, sondern »Regulierung über die Gemeinschaft und nicht über Gesetze«. Bei der »spackeria.org« heißt es dazu, zu nutzen sei »die Informationsfreiheit für die Beschreibung eines Zustandes, in dem annähernd alle Informationen direkt nach ihrer Entstehung und jederzeit von überall zur Verfügung stehen. Dies ist als gesellschaftliches Ideal zu verstehen, welches sich aber auch als politische Forderung eignet«. Voraussetzung für ein solches Ideal freilich wäre eine Veränderung der politisch-ökonomischen Basis für diesen Echtzeit-Austausch von Informationen (sehen wir einmal davon ab, dass hier auch nicht definiert wird, was denn nun eine »Information« ist – nicht nur im Gegensatz zur Desinformation, zur Fehlinformation, zur Nullinformation, sondern auch im Gegensatz zur Anti-Information, also einer »feindlichen« Besetzung von Bild, Erzählung und Begriff), also das Vorhandensein dessen, was man erzeugen will: Freiheit, Gerechtigkeit und Solidarität im Netz. Eben diese bleibt bei den Aktivisten der Post-Privacy wie bei den Protagonisten neuester Institutionalisierungen wie der »Piraten Partei« in aller Regel im Unverbindlichen wie einem garantierten Grundeinkommen und gleicher Arbeit/Zeit-Verteilung.

Tatsächlich erstehen im Netz alle die »alten« Herrschaftsformen, von der Monarchie, dem Führerkult und der genauen Abbildung der Oligarchie, die es auch in der »realen« Gesellschaft gibt, bis hin zum Anarcho-Syndikalismus oder den Formen der direkten Demokratie, die sich in einem virtuellen Begegnungsraum wie dem Internet nur verwirklichen können. Die »Wikipedia« als universales Archiv des Wissens etwa funktioniert ganz nach den Modellen einer »Meritokratie«: Ursprünglich haben alle Mitarbeiter die gleichen Rechte und die gleichen Pflichten (zur wissenschaftlichen Sorgfalt, zur Wahrung der Urheberrechte, zur Verständlichkeit der Sprache etc.). Wer sich bewährt, darf nicht nur weitermachen, sondern steigt womöglich in den Rang eines »Administrators« auf und wird damit zum »Entscheider« über Aufnahme und Ablehnung von Textbeiträgen. So wird die Leistung als einziges gültiges Kriterium zweimal geprüft, einmal meritokratisch von den Administratoren, und einmal von den Usern mittels direktem Einspruch und Kritik.

Andere Formen der Netz-Kommunikation führen zurück an die bürgerlichen Wurzeln des Kapitalismus; in den Long Tail-Modellen von den Nischenprodukten und ihren sehr realen Chancen durch das Netz hoffen Theoretiker und Aktivisten wie Chris Anderson zu einem Kapitalismus der Kleinunternehmer jenseits der Konzernmächte zu gelangen.

Aber mehr als eine Selbstorganisation des Wissens von unten scheint sich dezidiert ein Abschöpfen des Wissens durch die Konzerne selbst zu realisieren: Das »Crowdsourcing«, das Sammeln von Informationen durch eine Vielzahl von Usern, machen jene Maschinen erst nutzbar und profitabel, die im Besitz der Konzerne sind. Ein Beispiel: In Afrika werden bekanntlich viele Sprachen gesprochen. Mobiltelefone benötigen bekanntlich eine Anleitung. Also müsste man, um in Afrika flächendeckend Mobiltelefone zu verkaufen, eine Menge Übersetzungsleistungen, das ist Zeit, Geld und sprachliches Können investiert werden müssen. Denn ein Mobiltelefon ist so gut als es in Gebrauch ist. Die Manager eines großen Mobiltelefon-Hersteller kamen dabei auf die Idee etwas einzusetzen, was derzeit in aller Munde ist: Schwarmintelligenz. Statt teurer Übersetzer einzusetzen und auf deren mühevolle Arbeit zu warten, zerlegten sie die technischen Anleitungen für ihre Geräte in einzelne Sätze und boten jedem Kunden, der einen dieser Sätze in seine jeweilige Sprache übersetzte, einen kleinen aber erkennbaren Bonus bei der Telefonrechnung. Von den Rücksendungen wurden dann einfach diejenigen Sätze tatsächlich in die Endfassung der Gebrauchsanleitung übernommen, die von den meisten Einsendern gewählt worden waren. Dabei wurde nicht mehr geprüft, ob diese Sätze sachlich oder auch grammatisch richtig waren, ausschlaggebend war einzig die Mehrheit der Entscheidungen, allerdings wurden danach die User noch zu kritischem Feedback aufgefordert. Die Übersetzung der Vielen erwies sich zumindest wesentlich lesbarer als es Experten-Übersetzungen gemeinhin sind, und sie war natürlich den dilettantischen Wort-für-Wort-Übersetzungen ebenso weit überlegen wie der aus einem normalen Computer-Übersetzungsprogramm. Allerdings gibt es auch keinen Menschen, der nachprüfen könnte, ob die so lesbare und mehrheitsfähige Anleitung auch tatsächlich alle Möglichkeiten abdeckt, ob sie strukturelle Fehler enthält oder ob sie einer linguistischen Abschleifung entspricht. Auf den ersten Blick also entsteht eine klassische kapitalistische Win-Win-Situation. Solche Übersetzungsleistungen als Gemeinschaftswerk wurden in anderen Zusammenhang – und übrigens auch ohne entsprechende Bonus-Verrechnungen – auch an anderen technischen, juristischen und sogar narrativen Texten erprobt. Internet-Nutzer trugen auf diese Weise zur Übersetzung eines Textes bei, den sie in seiner Gesamtheit nicht kannten.

Nicht ein Übersetzer, der den ganzen Text sowohl im Original als auch in der Übertragung im Kopf hat und für diese Übertragung Verantwortung übernehmen könnte, sondern ein Schwarm erledigt diese geistige Arbeit, sie sind partielle Übersetzer, Lektoren, Korrektoren, Kritiker und Leser in einem Prozess an deren Ende ein Text steht, der stimmig aufgrund seiner Mehrheitsfähigkeit ist. Einen kohärenten Stil gibt es für so einen Text natürlich nicht mehr, er wird dafür sehr präzis der aktuell gesprochenen Sprache in einem Sprachraum entsprechen. Was für eine Mobilfunkanleitung zumindest auf den ersten Blick noch adäquat erscheint, muss einem spätestens bei der Übertragung eines Stückes von William Shakespeare oder einem Gedicht von Leopold Sédhar Sengor absurd erscheinen.

Ökonomisch gesehen ist dieser Einsatz der Schwarmintelligenz so begehrenswert wie er technisch effizient ist. Eine Arbeit wird auf so viele Menschen verteilt, dass diese gar nicht mehr auf die Idee kommen, ein Entgelt dafür zu verlangen. Freizeitverhalten und Entertainment werden einfach mit einer kleinen und vielleicht später nicht mehr so kleinen Portion Arbeit aufgeladen: Willst du dein Lieblingsspiel spielen, musst du zuerst ein paar kleine Aufgaben erledigen. So steht der technischen und ökonomischen Effizienz eine verheerende soziale und kulturelle Wirkung gegenüber: Es entstehen neue Möglichkeiten, »arme Märkte« zu durchdringen, ohne allzu große Investitionen, und die Arbeit als solche – die, wie wir gesehen haben, auch in einem symbolischen Wettstreit mit dem Kapital im Neoliberalismus so deutlich unterliegen musste – wird weiter abgewertet. Sie ist gleichsam Abfallprodukt der Freizeitbeschäftigung geworden (oder verhält es sich in Wahrheit genau anders herum?).

Doch nicht nur ein neues System der Ausbeutung ist bei einer solchen Anwendung von Schwarmintelligenz entstanden, sondern auch eine radikale Vereinfachung und Reduktion von Sprache und Denken. Die Zerlegung eines Textes, als Beispiel für die Zerlegung jeglicher Aufgabe, soweit, dass man allenfalls den Satz vorher und den nachher noch zur Kenntnis nimmt, setzt eine grundsätzliche Zerlegbarkeit voraus. In größeren Bögen zu denken, ist dabei genau so wenig möglich wie in diesem Zerlegen die eigene Arbeit noch wieder zu erkennen. Crowdsourcing und Schwarmintelligenz, nachgerade jede Form der elektronischen Partizipation, wird in den Händen der Konzernmacht zu einer radikalen Fortsetzung der Fließbandarbeit. Was dort mit Maschinenteilen geschieht, geschieht hier mit Informationsteilen. Und das geschieht auf zwei Ebenen:

1. Alle Informationen sind frei verfügbar. Nur die Maschinen, die aus Informationen »Unternehmen«, »Waren«, »Waffen«, »Werte« etc. machen befinden sich exklusiv in den Händen der Oligarchien.

2. Jeder kann sich an der Verarbeitung der Informationen im Netz beteiligen, so lange er damit keinen Lohndruck erzeugt und solange er keinen Anteil am Profit verlangt.

Wenn die Bank also ein Instrument geworden ist, den »kleinen« Kunden zu enteignen, so ist das Internet weitgehend ein Instrument geworden, die Phantasien und die Kreativität der »kleinen« Teilnehmer zu enteignen, nämlich einmal, indem man ihre Wünsche erkennt und in Warenangebote verwandelt und einmal, indem man unter der mythischen Glocke der »Freiheit« im Netz ihre Ideen und (parzellierte) Problemlösungen enteignet. Das Ergebnis: Texte – oder andere Aufgaben, die sich nicht soweit zerlegen lassen, dass man sie in mehr oder weniger gleiche Portionen aufteilen kann – können für einen globalisierten Markt gar nicht mehr entstehen. Was also als Beispiel für ein Gelingen im Einsatz von Schwarmintelligenz gelten mag, ist zugleich ein Beispiel dafür, wie sie zu einem ökonomisch-medialen Missbrauch führt, und wie sie Problem, Gedanken und Sprache reduzieren muss.

Wenn also auf Schwarmintelligenz als adäquate Denkweise für das digitale, finanzkapitalistische, globale und mediale Zeitalter verwiesen wird, nützlich genauso in den Sphären der Manager und global player wie in der Organisation ihrer Gegner, dann darf die Gegenrede nicht allein in einem reaktionären: Früher war alles besser, als wir noch davon träumten, allseitig entfaltete, autonome Persönlichkeiten zu werden. Ihre fünf wesentlichen Punkte sind:

1. Die Übertragung der Schwarmintelligenz als biologisches Prinzip der kreatürlichen Selbstorganisation auf digitale Simulationen und technologische Entwicklungen hat vor allem metaphorischen Charakter. Wir können am Computer simulieren wie sich ein Vogelschwarm unter bestimmten Umständen verhält, und wir können einen Vogelschwarm als Vorbild für ein Computerprogramm benutzen. Aber damit ist keine endgültige Gleichung aufgemacht. Und um noch viel metaphorischer ist der Gebrauch des Begriffs in Bezug auf menschliches Sozialverhalten;

2. Die zweifellos vorhandenen Möglichkeiten durch die Aktivierung eines dem Schwarmverhalten ähnlichen Vorgehens, Probleme zu lösen, sei es Marktmechanismen im Wertpapierhandel auszutricksen, sei es eine Polizeisperre zu umgehen, steht einem Vielfachen an Gefahr der Schwarmverblödung gegenüber. Und mit dem exponentiellen Wachstum von menschlichen Schwärmen durch die neuen Medien und durch die Medialisierung immer neuer Vorgänge, vom Börsenhandel bis zur Kriegsführung, vom Immobilienmarkt bis zur Produktion von geschlossenen Weltbildern, werden dumme, ja verblödete Schwärme zu einer immer größeren Gefahr. Denn die ersten Dinge, die eine schwarmähnliche Kommunikation ausschaltet, sind moralische Verantwortung und kritische Reflexion.

3. In der gegenwärtigen Situation ist es nie auszuschließen, dass der Markt sich seine Schwärme zum fast ausschließlichen Zweck von Manipulation, Konsum und Kontrolle generiert. Wenn, nur zum Beispiel, die Beute des Jägers individuelle Daten eines Menschen wären, dann bekäme er sie wohl am einfachsten, wenn er diese Menschen zuvor in Kommunikationsschwärme verwandelte, bei dem das einzelne Wesen einen Gutteil seiner Vorsicht abgibt. Im Schwarm fühlen sich Menschen in der Regel sicherer als sie sind.

4. Da der Mensch kein echtes Schwarmwesen ist, werden seine schwarmähnlichen Kognitionen und Kommunikationen stets von gegenläufigen Impulsen, von Maskeraden, Betrug und Zwiespalt bedroht. Jedes noch so intelligente offene Schwarmangebot im Internet wird rasch von den Trollen, den Vertretern des Guerilla Marketing, destruktiven Selbstdarstellern und nicht zuletzt von aggressiver Blödheit attackiert und hat nur wenig Chancen der Gegenwehr. Der rasche Intelligenzabfall eines Internet-Projektes lässt sich mit dem Wirken der gehirnoperierten Fische im biologischen Beispiel vergleichen: Der elektronische Kommunikationsschwarm wird beinahe immer schnell von Verrückten, von Korrupten, von Bösen und von Blöden dorthin geführt, wo er nie im Leben hinwollte.

5. Schwarmintelligenz wird in einer technisch-ökonomischen Kultur als ideologischer Begriff für ein erwünschtes, unkritisches und effizienzorientiertes Denken verwendet, in dem – auch hier eine Analogie zum nützlichen Verhalten eines Vogelschwarmes in unserem Beispiel – ein Problem gelöst werden kann, ohne dass es eigentlich erkannt werden muss. Im Schwarm kann man sich an der Lösung eines Problems erfreuen, das vorher in unendliche kleine Teile zerlegt wurde, oder aber das ein vollkommen aufeinander abgestimmtes Verhalten verlangt, ohne dass erkannt werden kann, dass man mit dieser Lösung des Problemes wiederum ein noch größeres neues Problem erzeugt. Den meisten kritischen Beobachtern ist klar, dass es nur das Schwarmverhalten der Menschen gewesen sein kann, was zuerst eine Immobilienkrise, dann eine Bankenkrise, dann Schuldenkrisen auslösten und so weiter. Der an Effizienz und Selbsterhaltung orientierte Schwarm denkt weder in historischen noch in moralischen Dimensionen. Für ihn gibt es weder gestern noch morgen, nur ein endloses heute.

6. Schwarmintelligenz ist kein Verhalten, was man so beliebig und autonom kontrollieren kann wie einen Körper, dem man je nach Bedarf befehlen kann, sich in Bewegung oder in Ruhe zu stellen. Es gibt keine Kulturtechnik, die uns das Umschalten von autonomem Bewusstsein auf Schwarmintelligenz je nach Bedingung erlauben würde. Es gibt nur einen Markt, das Produzieren und das Konsumieren, was abfragt ob der Mensch gerade nützlicher als schwarmintelligenter Idiot oder als isoliertes Individuum ist.

Setzen wir also der systemischen Macht des »Mainstreaming« durch die Sinnindustrie und die Politik eine »Weisheit der Vielen« oder die Kraft der »Selbstorganisation« entgegen, so werden darin eben jene Werte des bürgerlichen Subjekts, das Freiheit, Gerechtigkeit und Solidarität verwirklichen kann, neu zu bestimmen sein. Welche Freiheit hat ein Schwarm, welche Gerechtigkeit – Kooperation statt Koordination, wie wir zu zeigen versuchten –, was bedeutet darin Solidarität?

Schwarmintelligenz, E-Democracy und Privatsphäre

Zweifellos bleibt es auch dem von den neuen digitalen Möglichkeiten begeisterten Beobachter nicht verborgen: Wenn die Propheten einer neuen digitalen Freiheit an den Punkt einer politischen Realisierung eines eher allgemeinen Empfindens der »Entfesselung« gelangen, werden sie seltsam vage und voluntaristisch. Umgekehrt allerdings gerät auch die konkretistische Form des Whistleblowing etwa in der Organisation Wikileaks an ihre Grenzen. Indem Wikileaks den Regierungen das Recht auf »Herrschaftswissen« abspricht, also Geheimprotokolle, Verträge, Sitzungspapiere, Dokumente jeder Art veröffentlicht, schafft sie zwar einen enormen Druck auf korrupte oder betrügerische Politiker – und ist damit unverzichtbar. Man darf aber nicht vergessen, dass es sich dabei weniger um eine demokratische als vielmehr eine anarchisch-liberale Form der Kontrolle handelt. Was durch Wikileaks an die Öffentlichkeit gelangt, tut es in aller Regel aufgrund der Emotionen und Interessen Einzelner, so dass am Ende das elektronische Whistleblowing nicht ein Widerpart der Intrigenherrschaft ist, sondern zu ihrem Teil wird. Wikileaks, zu Ende gedacht, überträgt ein Post-Privacy-Konzept auf die Regierungen und verneint mit dem zweifellos unerträglichen »Recht« der Regierungen, ihr Volk zu belügen, auch die Möglichkeit der »Diplomatie«. Ist aber eine Gesellschaft ohne Herrschaftswissen, so Julian Assanges Vision, schon eine Gesellschaft, die mehr Freiheit, mehr Gerechtigkeit, mehr Solidarität ermöglicht? Auch die Abschaffung – oder wenigstens die strukturelle, nicht zu unterbindende Störung – des Herrschaftswissens bedarf der Form und der Verständigung.

In jedem Fall bietet die kollektive Verteilung und Bearbeitung von Informationen ein allernotwendigstes Gegengewicht gegen eine Herrschaft durch Informationsvorsprung. Aus dem dualen oder dialektischen Verhältnis zwischen Regierung und »Volk« wird, jedenfalls im virtuellen Raum der digitalen Informationen, ein neuer Brei, der verdächtig dem Brei ähnelt, den das Entertainment aus Politik und Geschmack macht. Die Wahl als Ermächtigung einer Regierung (auf Zeit) wird abgelöst durch ein endloses »Mitreden«, und dies in einem extrem kontaminierten Medium (sind wir denn nicht schon bei unserem anderen Leitmedium, dem Fernsehen, die endlosen leeren Rituale des »Mitredens« müde, die so offensichtlich ihre eigene Unverbindlichkeit gleich mit zum Inhalt haben?). Das schwarmintelligente Kollektiv gibt Entscheidungen vor, gegen die sich keine Regierung abschotten kann. Oder doch?

Wikileaks, das adelt, wurde indes offensichtlich den Mächtigen lästig, und so griff man erst einmal gegen den Gründer zu den zwei wirkmächtigsten Instrumenten, nämlich Justiz und Geld. Die großen Finanzdienstleister wie Visa, Mastercard und Paypal verhängten im Dezember 2010 eine Zahlsperre, so dass nach eigenen Angaben 95% des Spendenaufkommens einfach verschwanden. Im Verbund mit Assanges Prozesskosten trieb diese Austrocknung Wikileaks in Richtung Handlungsunfähigkeit. Die eigentliche Krise aber löste ein Vertrauensverlust aus: Wikileaks hatte sich selbst der Transparenz und Kritik entzogen, die man beim Gegner zu erzeugen trachtete.

Wesentlicher erscheint, dass die so genannte »Privatsphäre«, die sonderbare Allianzen von Liberalen, Konservativen und Sozialdemokraten unablässig in Gefahr sehen, längst Hilfsmittel einer mythischen Rhetorik des Neoliberalismus geworden ist. Immer wenn es um den Zugriff auf Geldwäsche, Korruption und Steuerhinterziehung geht, erscheint der »Schutz der Privatsphäre« am Horizont als bedeutendes Bollwerk zur Verteidigung der Demokratie; umgekehrt wird sofort darauf verzichtet, wenn es um die »Bedrohung der Demokratie« geht. So verlangt die FDP (laut einer Schlagzeile der Zeitung *Die Welt*): »FDP: Privatsphäre nicht der Geldwäschebekämpfung opfern«. Es geht um den Schutz der Privatsphäre der ökonomischen und politischen Oligarchie, und da dreht es sich weniger um Schmuddelsex als um ökomische Sauereien wie Geldwäsche.

Die Privatsphäre im Allgemeinen, die elektronische Privatsphäre im Besonderen ist ein Seitenstück jener »negativen Freiheiten«, die der Neoliberalismus unentwegt propagiert. Sie ist demnach beides zugleich, ein Freiraum der ökonomischen Eliten (hier kann man »mit seinem Geld machen, was man will«)

und ein Rückzugsraum für das geplagte Kleinbürgertum (geht doch niemanden etwas an, was ich in meinem Hobbykeller mache). Es entsteht eine neue Paradoxie, nämlich eine Privatsphäre, die ein »Geheimnis« bleiben soll, das es gar nicht gibt. Bei einer Bank-Operation wird auf Abstand in der Schlange geachtet, weil eine Privatheit gewahrt werden soll, die aus nichts anderem als einer möglichen Geheimzahl und vielleicht den Stand auf dem Girokonto besteht. Das heißt, auch im Alltagsleben des einfachen Menschen ist die Privatsphäre weitgehend ökonomisiert. Sie soll darin bestehen, der »Datenkrake«, mehr noch aber dem Bankkunden nebenan, zu verheimlichen, für was ich wie viel Geld ausgebe und für was ich wie viel Geld bekomme. Viel entscheidender indes ist die Auslagerung von Erinnerung und Bewusstsein in den elektronischen Raum: Der oft nur scheinbar freie Zugriff auf »alle« Informationen ist die Illusion an der Teilhabe eines Meta-Bewusstseins, das nie und nichts vergisst, und in dem Herrschaftswissen und demokratische Aneignung frei umeinander kreisen. Genau dies ist aber nicht der Fall, denn wie alles andere, das Geld vor allem, fließen auch die Informationen in die Richtung der beiden Knoten von ökonomischer und politischer Oligarchie. Dort nämlich sind die »privatisierten« Maschinen, die aus einer »unendlichen« Menge freier Informationen »nützliche Informationen« filtern. Nützlich, um Geld zu machen und Widerstand zu verhindern.

Möglicherweise ist die Vielfalt wiederum der Grund dafür, warum am Ende doch die Schlüsselmedien die Dominanz der Diskurse behalten können. Die freien, aber unverarbeiteten Informationen nämlich erzeugen so viel Ohnmachts- wie Allmachts-Empfinden. Ein Mobiltelefon funktioniert, weil eine »Instanz« weiß, wo es sich befindet. Diese Instanz kann damit auch erkennen, wie und wohin es – bzw. sein Besitzer – sich bewegt. Mit dieser Information kann man viele andere Instanzen beliefern, zum Beispiel die Polizei. Oder man kann sie dem Nutzer nun wieder umgeformt zur Verfügung stellen, als ausgelagerte Navigation. Die Frage »Wo bin ich« wird im topographischen und im metaphorischen Sinne vollkommen neu gestellt. Um nämlich den Verlust der »natürlichen« Orientierung durch den Gebrauch von Navis und Mobiltelefonen zu kompensieren, bieten diese ein immer »analogeres« Bild der äußeren Wirklichkeit. Man wird vor Staus, Demonstrationen und Streiks gewarnt, denn letztendlich ist das Satellitensignal, das die Position eines Geräts aus der Zeit berechnet, die sein Signal unterwegs ist, mit jeder beliebigen anderen Informationsquelle zu kombinieren, etwa wo es das nächste Benzin zum günstigsten Preis gibt oder wo ein Outlet einen besonders tolles Sonderangebot offeriert. Eine Landschaft im traditionellen Sinne gibt es dabei schon lange nicht mehr, aber nach und nach wird auch diese virtuelle Orientierung durchökonomisiert (und am Ende privatisiert). Die Bezugspunkte in der Welt sind nicht nur die »Abzweigungen« und die effizientesten Wege, sondern die Schnittpunkte des Systems. Gewinnen kann nur, wer sich in diese Orientierungssysteme »einkauft«, durch den Preis einerseits, durch die eigene Größe und schließlich durch die Dominanz einer Marke (show me the way to the next McDonald's). Unterwegs in einem simulierten Raum verliert die Wahrnehmung nicht nur ihren natürlichen, sondern auch ihren sozialen Bezug. Dieser Wandlung der topografischen Kulturtechnik bleibt nicht ohne Auswirkungen auf das politische Bewusstsein. Der öffentliche Raum, in dem politischer Wille sich artikulieren könnte, verschwindet. Möglicherweise wird eine Occupy-Bewegung auch deswegen so gut verstanden, weil sie nicht nur eine politische Manifestation ist, sondern auch eine Wiedergewinnung räumlicher Wahrnehmung und sozialer Orientierung. Hier hat Empörung eine Form gefunden, sich nicht mehr »irgendwie« zu artikulieren, sondern im konkreten Raum zu konkreter Zeit durch konkrete Subjekte, die ihre Zivilcourage zeigen. So wie sich zu Beginn der Digitalisierung die Hoffnung erhob, der neue Vertreter einer elektronischen Bohème könne sich in den Internet-Verzweigungen, in den »sozialen Netzwerken«, in der digitalen Öffentlichkeit dem »konkretistischen« Zugriff von Staat und Ökonomie entziehen und hier Sprachen und virtuelle Räume von Widerstand und Subversion schaffen, dort würden sich in Schwarmintelligenz und Selbstorganisation bewegliche Kommunikationssysteme entwickeln, die glücklicherweise zwar zu erreichen, nie aber zu »kontrollieren« seien, dreht sich nun das Verhältnis beinahe um: Dem elektronischen Zugriff von Regierung und Ökonomie entkommt die bürgerliche Erhebung in einen konkreten sozialen Raum, den die digitalisierte Form von Verwaltung und Überwachung bis zu einem gewissen Grade gar nicht mehr versteht (das E-Gouvernment ist höchst überrascht, wenn es statt auf Daten auf reale Menschen trifft).

Weniger sichtbar, aber möglicherweise nicht weniger folgenreich sind Entwicklungen wie das »smart metering«, von der deutschen Bundesregierung zum Beispiel gepriesen als notwendige Installation in den Stromnetzen »nach der Energiewende«. Das Smart Meter meldet den Stromverbrauch eines Haushaltes alle 5 Sekunden an einen Server, der es (unter anderem) an das Smart Site Management weitergibt, das die Einspeisung von Photovoltaik-Strom aus den Haushalten reguliert. Absurderweise lässt sich über smart metering allerdings nicht nur feststellen, ob jemand zu hause ist oder nicht, sondern auch, wie die

Forscher des Data Privacy Management-Projektes in Münster herausfanden, auch welches Fernsehprogramm gesehen wird, da nämlich die Helligkeitsmuster und die damit verbundenen minimalen Stromverbrauchsunterschiede abgeglichen werden können. Sogar Filme, die auf einem DVD-Player abgespielt werden, können auf diese Weise – und übrigens wie die Forscher betonten – schon mit sehr einfachen Varianten des smart meter – rekonstruiert werden.

Eine weitere Pointe hinter der Aneignungstaktik mithilfe der »Freiheit« des Internet liegt in der Ökonomisierung und Privatisierung der Impulse einer widerständigen Kollektivierung. So wurde sehr schnell aus dem Crowdsourcing ein Crowdinvestment. Die »Schwärme«, die vordem ihre Informationen über die Welt, über die Politik, über die Technik und über ihre »Privatsphäre« teilten, versuchen nun, die ökonomischen Information und das Risiko auf dem Finanzmarkt zu teilen. Sogenannte Crowdinvesting-Plattformen bieten Firmen, vor allem »Start-up«-Unternehmen, mit allerlei Werbematerial zum Investment von Summen zwischen 1000 und 10 000 Euro an. Dazu gibt es wiederum bestimmte Filter-Unternehmen wie Seedmatch, die darüber entscheiden, welche Unternehmen sich auf dem Crowdinvesting-Plattform präsentieren dürfen und welche nicht; das System der Rating Agenturen wird insofern auch in diesen bescheidenen Markt der Kleinanleger eingeführt.

Ursprünglich, damit wir uns auch diesbezüglich keine Illusionen machen, stammt das Crowdinvestment aus dem »Kulturbereich«: Dokumentarfilmer, Galeristen, Musiker versuchten auf diese Weise etwas zu schaffen, das den Zwängen des Sponsoring entkommen, aber nicht einfach »Spende« sein sollte. In einem schönen Satz beschreibt die F.A.Z.-(Abteilung »Geld & Mehr«)-Autorin Anne-Christin Sievers, was dann, um das Jahr 2010, geschah: »Was der Kultur Geld einbringt, muss doch auch kommerzielle Geschäftsideen finanzieren und der Masse echte Rendite bescheren können, dachten sich findige Internet-Pioniere. Schon war das Crowdinvesting geboren.« Um die Werte der Anteile festzulegen, wird erneut zu einem Mittel der »Schwarmintelligenz«, allerdings in der etwas dramatisierten Form einer »Auktion« gegriffen: Potentielle Investoren bieten den Betrag, den sie für einen bestimmten Anteil an dem hoffnungsvollen Unternehmen auszugeben bereit sind und ermitteln auf diese Weise den Wert. Und welche Adressaten zu diesem Spiel eingeladen sind, umschreibt der »Innovvestment«-Chef Filipe da Costa trefflich mit »wirtschaftsaffine Angestellte zwischen 30 und 50, tätig in Wirtschaftsprüfungen, Banken und Beratungen«. Der Kreis, der mit einem kleinen frechen Einbruch von Kultur eine neue Form zu finden drohte, hat sich also wieder geschlossen: Crowdinvestment richtet sich zwar ausdrücklich an eine »Masse« der Kleinanleger – und ist insofern eine weitere Variante des »Volkskapitalismus« –, verengt diese Masse doch sogleich wieder auf die, wenn hier nun vielleicht auch unteren Chargen der ökonomischen Oligarchie. Die nanotechnologische Firma Particular zum Beispiel will über das Crowdinvestment bei Innovestment 75 000 Euro »einwerben«. Das Ziel? Ein Mitarbeiter für das Marketing soll eingestellt werden. So innovativ wirkt Crowdinvestment! Allerdings spielt dieses kleine Spiel für den wirtschaftsaffinen Nachwuchs auch mit dem Hochrisiko-Bereich: Während man sich, was die Kultur anbelangte, mit handsignierten Blättern oder Freiabbonnements zufrieden geben konnte, ist beim Crowdinvestment die Wahrscheinlichkeit, die kleinen gesetzten Summen zu verlieren hoch, sollte aber ein Startup-Unternehmen sich durchsetzen, können die Gewinne gewaltig sein.

Das Internet wird vor allem zur Parodie des Finanzmarktes, und so ist es kein Wunder, dass sich auch hier durch das Überschuss-Kapital geschaffene Übergewicht der »freie Markt« in sein Gegenteil verkehrt. »Mehr als 70 Milliarden Dollar liquide Mittel haben sich inzwischen bei Apple angehäuft; 42 Milliarden sind es bei Google. Das Geld schafft Sicherheit, sich auch teure Flops leisten zu können, und die Möglichkeit, aufstrebende Konkurrenten oder spannende Technologien einfach vom Markt wegkaufen zu können – was vor allem Google gern macht. Im Durchschnitt erwirbt Google jede Woche ein Unternehmen« (Holger Schmidt). Mit anderen Worten: Es ist eine Marktmacht entstanden, die verhindern kann, dass neue Player entstehen, und die sogar verhindern kann, dass technologisch-organisatorische Schritte in die digitale Zukunft unternommen werden, die den Interessen der eigenen Konzerne nicht genehm sind. Diese dominant-restriktiven Spieler werden zwar von der Börse nicht ganz so positiv bewertet wie die dominant-dynamischen Spieler wie Amazon und Facebook, könnten auf Dauer aber die größere Macht entfalten: Auch im Netz obsiegen schließlich diejenigen, die Diskurse bestimmen und verhindern anstatt sie »anzustoßen«. Die bürgerliche Erhebung findet in der Wirklichkeit statt; Netzaktivisten, die Teil dieser Erhebung sind, agieren aus der Wirklichkeit und für die Wirklichkeit. Denn so falsch es ist, die Vernetzung schon selber als Veränderung zu wähnen, und so falsch es ist, den Anteil der elektronischen Medien an den Erhebungen (wie im Nahen Osten) zu mystifizieren, so falsch wäre es, die neuen Medien »kampflos« dem Gegner zu überlassen.

Weitere Anmerkungen zur Empörung
(und ihrer Manipulation).

Die Empörung selbst ist ein Wert des Menschlichen, so hat es Stéphane Hessel angemahnt, und bemerkenswert viele schienen genau das hören (bzw. lesen) zu wollen. Grundsätzlich geht es in der Tat a) um ein Menschenrecht zur Empörung, b) um eine Fähigkeit zur Empörung (die vermutlich gesellschaftlich und kulturell produziert, unterdrückt oder manipuliert wird, wie jede andere Fähigkeit auch) und c) um eine Pflicht zur Empörung unter bestimmten Umständen.

Natürlich nicht vollständig zu Unrecht sind Begriffe wie der »Wutbürger« oder die »Empörung« im Kontext des neuen zivilen Ungehorsams auch wieder auf skeptische und ironische Brechungen gestoßen, und dies vielleicht nicht nur, weil die inflationäre Nutzung den Gebrauchswert von Begriffen signifikant zu mindern pflegt.

Eine Empörung ist, möglicherweise in doppeltem Sinne, zunächst etwas, was »empor steigt«, ganz buchstäblich aus den Tiefen der emotionalen Kontrolle (von dort, wo man den Zorn unter Kontrolle wähnte), ganz direkt aus dem unterdrückten Teil eines Systems empor zum unterdrückenden Teil. In seinem populären Pamphlet beschreibt Stéphane Hessel die Situation: »Die Gründe, sich zu empören, sind heutzutage oft nicht so klar auszumachen – die Welt ist zu komplex geworden.« Indes scheint es, dass die Gründe der Empörung sehr wohl gut auszumachen sind, aber nicht die Mechanismen, Institutionen und Schlüsselpositionen, durch die und für die Macht in der Postdemokratie fließt und sich entfaltet.

Falsch ist wohl auch, was Robert Misik dagegen hält: »Die Empörung nährt sich aus simplen Dichotomien – oben versus unten etwa, oder gut versus böse –, die Komplexität ist ihr Feind. Die Komplexität, über die alle Bescheid wissen, ist freilich auch Quelle von Ohnmachtsgefühlen.« So stünde in diesem Modell eine (»Hesselsche«) Empörung an sich einer (»Misikschen«) Komplexität an sich gegenüber: Wir wären empört über die Komplexität unserer eigenen Gesellschaft. Demnach wäre das Ausweichen und die Auslagerung der Konflikte in den virtuellen elektronischen Raum, dieses Ineinander von Hoffnungen auf Partizipation an Information und E-Democracy auf der einen, der Schutz von »Privatsphäre« und Subjektivität gegen die Datenmonster und Elektronik-Oligarchen auf der anderen Seite, auch eine Reaktion darauf, dass die Umwandlung der Empörung (als allgemeiner und unspezifischer Zustand) und Erhebung (als zielgerichtetes und reflektiertes soziales Verhalten) der eigenen Komplexitätsreduzierung nicht trauen kann.

Erstens ist unsere Gesellschaft möglicherweise einigermaßen kompliziert, aber wohl kein komplexes System im wissenschaftlichen Sinn: Dieses System enthält seine Baupläne und seine Erklärungen, auch wenn diese nicht in »Zentraleinheiten« gelagert sind. Und zweitens sind die Gegenstände der Empörung ausgesprochen deutlicher und materieller Natur. Empörung entsteht nicht gegenüber einem abstrakten System (man ist nicht empört über »den« Kapitalismus oder »die« Regierung), sondern gegenüber konkreten Erfahrungen der Aufhebung von Freiheit, der Abschaffung von Gerechtigkeit, dem Unterdrücken von Solidarität. Das »komplexe« System nämlich zeigt sich (auch davon war schon die Rede) im politischen und ökonomischen Alltag immer wieder mit einer atemberaubend barbarischen Einfachheit.

Kompliziert ist Empörung, insofern sie sich weder gegen die Ordnung noch gegen ihre Störung richtet, sondern gegen die verfälschte, die verratene Abmachung zwischen Regierenden und Regierten. Das Ziel der Empörung ist im Allgemeinen die Wiederherstellung oder die Herstellung einer gerechten Ordnung.

Die Freiheit an einem konkreten Ort soll wieder eingesetzt werden, das Unrecht beseitigt, zu neuer Solidarität gefunden werden. Weder wird also aus bloßer Unzufriedenheit schon automatisch Empörung noch ist sie einfach Zorn, der sich eine Sprache (eine moralische Sprache, um genau zu sein) gegeben hat. Empörung ist mit dem Willen verbunden, in den »Lauf der Geschichte« einzugreifen, aber umgekehrt auch, das Einwirken der Geschichte in die eigene Biographie nicht allein durch Hinnehmen oder Flüchten zu beantworten.

Deswegen geht es auch nicht so sehr um die Empörung gegen das System, sondern um die Empörung *im* System, wer sich empört, glaubt zumindest an den Sinn des Systemischen.

Das Potenzial einer kollektiven Empörung ist zunächst eher unspezifisch, eine Mischung aus Unzufriedenheit und gestörtem Gerechtigkeitsempfinden. Empörung, das unterscheidet sie vom einfachen Zorn, betrifft immer sowohl die eigenen Interessen als auch eine Gesamtheit, ein System, eine Ordnung. Wenn die bürgerliche Dame einst das Verhalten eines anderen Menschen als »empörend« bezeichnete, dann meinte sie sowohl den Angriff auf die eigene Gemütsruhe als auch den auf die gefälligst allgemein gültigen »Sitten«. Wenn sich ein »Wutbürger« heute empört, meint er nicht nur die Verletzung seiner eigenen Interessen, sondern auch einen Verstoß gegen die Grundwerte der demokratischen Gesellschaft Freiheit, Gerechtigkeit, Solidarität.

Eine Umfrage von infratest dimap 2006 wie auch die Studie des Münchner Instituts Polis/Sinus zwei Jahre darauf zeigten, dass mehr als die Hälfte der deutschen Bevölkerung der Meinung war, die Demokratie funktioniere in Deutschland nicht richtig. Die Beurteilung war natürlich noch einmal abhängig vom sozialen Status; 73% der Arbeitslosen beurteilten in der Polis/Sinus-Studie die Demokratie und ihre Praxis negativ. Nach einer Allensbach-Umfrage 2010 beurteilten 58% der Deutschen die ökonomischen Verhältnisse als »nicht gerecht«, und sogar 71% befanden, dass in den letzten vier Jahren die Ungerechtigkeit zugenommen habe.

Daraus erwächst zum einen ein enormes Wählerpotential für die rechtspopulistischen Parteien, zum zweiten ein Segment der vollständigen Verweigerung und schließlich jene neue »bürgerliche« Bewegung des sozialen Ungehorsams und des Widerstands. Offensichtlich ist Postdemokratie ein Zustand des Systems, in dem die Regierung des demokratischen Fürsten weiß, dass sie bereits ohne die Legitimation des formalen Souveräns, des Volkes, arbeitet; sie legitimiert sich bereits durch »die Wirtschaft«. Und dabei nimmt der demokratische Fürst ebenso offensichtlich alles andere lieber in Kauf als den zivilen Ungehorsam der bürgerlichen Erhebung.

Der postdemokratische Staat scheint diese Bewegung seiner Bürger weg von der Mitte eines demokratisch-humanistischen Konsens‹ nicht zu registrieren, sondern betreibt weiter die Politik der Oligopole, der Lobbyisten und der Medienspektakel.

Den mehr oder weniger endgültigen Bruch mit der Mehrheit ihres Volkes vollzogen die postdemokratischen Regierungen zum einen mit der Rettung der Banken als »systemrelevant«, die sich am Ende durch eben jene bezahlen ließen, die an der Finanzkrise die geringste Schuld hatten, zum anderen indem sie zuliessen, dass die Finanzmärkte genau so weiter machen wie bisher, nur schlimmer. Spätestens seit diesem Zeitraum ist das Verhältnis zwischen Regierung und Volk in den westlichen Gesellschaften das, was es im Berlusconismus schon vorher war: zynisch. Das Volk akzeptiert die Regierung zynisch, also ohne Verantwortung, und die Regierung hat ein zynisches Verhältnis zu den Regierten. Ein zynisches Verhältnis, wir kennen das aus »der Wirtschaft«, kann durchaus eine gewisse Stabilität erringen, allerdings hat sie keinerlei Metaphysik. Beide Seiten sind auf ihren Vorteil aus, genießen es, wenn eine Win/Win-Situation versprochen wird – und gleich darauf, wenn anderswo Vorteil zu erwarten ist, lässt man einander ungerührt fallen. Man »glaubt« nicht aneinander, sondern definiert im Gegenteil das gegenseitige Verhältnis durch das Recht, einander zu belügen.

Dieser Bruch bedeutet nicht, dass die postdemokratischen Regierungen nicht mehr gewählt werden, wenn auch die Anzahl der Wähler eher mit dem »Unterhaltungswert« der Auseinandersetzungen zu- und abnimmt. Denn es ist für viele Menschen in der Bevölkerung durchaus klar, dass sie Verteilungen in der Interessenlage wählen können; man wählt also in der Postdemokratie keine Regierung mehr, sondern versucht gleichsam, eine politische Lobby in der Oligarchenherrschaft zu bilden. Es ist möglich, dass weder Wähler noch Gewählte noch ernsthaft an »Demokratie« glauben, wohl aber daran, sich gegenseitig Vorteile verschaffen zu können.

Für die einen war der Akt, mit dem (nicht nur) in Deutschland die Banken die Regierung zu einem Handeln zwang, das weder gerecht noch vernünftig war, eine bloße Erpressung:

»Wie etwa im Protokoll der zum Drama hochgespielten Nachtsitzung zur Rettung der Hypo Real Estate vom 28. September 2008 nachzulesen ist, drohte der Deutsche Bank-Chef Ackermann mit dem »›Tod des deutschen Bankensystems‹«, als er und die in Frankfurt versammelten Top-Banker der Kanzlerin und dem Finanzminister die erste Rate von 8,5 Milliarden Staatsgelder abpressten. Dass dies nur die erste Abschlagszahlung des Fiskus auf die inzwischen auf 142 Milliarden angewachsene Summe allein für die HRE war, für die die Steuerzahler gerade stehen müssen, das wussten oder ahnten die versammelten Banker mit ziemlicher Sicherheit schon an diesem Abend. Sich durch Androhung eines empfindlichen Übels zu Lasten eines anderen selbst zu bereichern, das erfüllt den Tatbestand der Erpressung« (Wolfgang Lieb).

Diese Form der Erpressung scheint sich nun innerhalb des europäischen Währungsverbunds fortzusetzen. Staaten, Ökonomien und Gesellschaften werden »gerettet« (wiederum: durch eine Umverteilung der Lasten) und gleichzeitig gezwungen, die noch fehlenden Schritte zur Radikal-Neoliberalisierung (Privatisierung, Brutalisierung der Arbeitsverhältnisse, Abbau des Sozialstaates etc.) zu unternehmen; Wahlen funktionieren nun wie wechselseitige Bestechungs- und eben Erpressungsversuche.

Die Worte, die in der aktuellen politischen Rhetorik dominant geworden sind, »systemrelevant« und »alternativlos«, drücken letzten Endes den Tatbestand dieser Bestechungen/Erpressungen aus.

Die postdemokratische Regierung beschließt zum Beispiel in einem parlamentarischen Schauspiel, das kaum jemanden darüber hinwegtäuscht, dass die wirklichen Entscheidungen längst gefallen sind, eine weitere Hilfe für den bankrotten Staat Griechenland, weil man sich in der Euro-Zone einen »unkontrollierten Staatsbankrott« nicht leisten könne. Da niemandem ersichtlich ist, dass durch die Rettungsaktion gegenüber den Banken einerseits, gegenüber den Staaten wie Griechenland und Irland andererseits, irgend jemand von uns hier unten auch nur den geringsten Vorteil habe, besteht das Lenkungspotential ausschließlich aus Drohungen und Katastrophenphantasien. Wenn wir nicht zu zahlen und auf das Murren bereit sind zu verzichten, dann bricht das System, also irgendwie »alles«, zusammen.

Eine Regierungsform, die als Steuerung vorwiegend die Angst ihrer Bürger benutzt, riskiert einiges (dass sie am Glück ihrer Menschen interessiert wäre, glaubt ohnehin niemand mehr). Unter anderem riskiert und fördert sie das Auseinanderbrechen aller erdenklichen Solidarpakte. Schon wurden »die Griechen« unserem leitmedialen Blödblatt zum Feindbild: Da empören sich doch allen Ernstes die Menschen in Griechenland gegen die Spar- und Neoliberalisierungsmaßnahmen, die in unserem tüchtigen Land längst schon gängige Praxis sind. Sollen wir vielleicht diese demonstrierenden Faulpelze mit durchfüttern? Die Nationalisierung der Folgen ökonomischer Maßnahmen zur Stabilisierung von Währungs- und Wirtschaftsräumen ist nicht bloß Wasser auf die Mühlen der Rechtspopulisten, sie verhindert auch trefflich, dass sich die Empörung der Griechen mit der Empörung der Deutschen verbindet, obwohl eigentlich beide die gleiche Ursache haben, nämlich Entscheidungen der postdemokratischen Regierungen für die ökonomischen Oligarchien und gegen die eigene Bevölkerung (eine Steuer, also eine Zwangsabgabe, Solidaritätszuschlag zu nennen, hat den Begriff auch nicht eben aufgewertet, und der deutsche Vorschlag, eine solche auch in Griechenland einzuführen, löst eher Impulse der Schadenfreude als der, nun eben, Solidarität aus).

Es scheint bei den Politikern nicht auf Verständnis zu stoßen, dass man zwar aus Solidarität eine gemeinsame Währung ableiten kann, nicht aber aus einer gemeinsamen Währung Solidarität. So werden wir im Gegenteil wechselseitig zu eifersüchtigen und boshaften »Wächtern« der Neoliberalisierung: Der noch reichere Norden missgönnt dem Süden das vermeintlich lockere Leben, jede Kaffeepause wird zum Verrat an der erzwungenen Solidarität, irgendwann wird man sich gegenseitig vorrechnen, viel zu viele Lehrer, Sanitäter oder Kindergärtner zu beschäftigen, während doch die Banken in Gefahr sind. Entsolidarisierung als politisches Programm setzt sich über die nationalen Grenzen hinaus fort, und an die Stelle der gewohnten Gleichgültigkeit ist im Zuge der Globalisierung die Missgunst getreten.

Tatsächlich scheint die nächste Finanzkrise, schlimmer als die vorherige, jedenfalls für den europäischen Raum, vorhersehbar: Treten die Länder des Südens aus dem Euro-Verbund aus und müssen die Gläubiger-Banken dieser Länder ihre Gelder abschreiben, geraten sie erneut in die Krise. Dann müssten, nach der Logik der vorherigen Krise, wiederum die Bürger die systemrelevanten Banken retten. Kurzum: Das Geld, das nun vom »deutschen Steuerzahler« nach Griechenland fließt, nimmt nur einen Umweg, um wieder dort zu landen, wo es immer landet, bei den (vor allem deutschen) Banken. Es hat aber dabei unterwegs etliche Aufgaben zu erfüllen, wovon die Rettung eines Staates das wenigste ist. Es muss den Schein der Währungsunion aufrecht erhalten und damit verhindern, dass ein Rest-Euro (der nach dem Ausschluss, Ausbruch weiterer Staaten aus dem Euro-Raum übrigbliebe) eine groteske Aufwertung gegenüber den nun verbliebenen extrem »weichen« Währungen der Ausgeschlossenen erfährt. Damit stünde natürlich vor allem unsere Lieblingsvorstellung von Deutschland als »Exportweltmeister« in Frage. Die Folge wäre entweder ein enormer Druck auf Löhne und Gehälter, eine neue Welle der Umverteilung oder das weitere Absinken oder Abwandern der Realwirtschaft. Und den »Anlegern« bliebe das Spiel, gegen das eigene Land zu spekulieren. Ein Arbeitnehmer in Deutschland muss also Interesse an einer Rettung Griechenlands haben, und diese »Rettung« ist nur möglich – so wollen es die Regierungen wie die Banken –, indem vor allem die griechischen Arbeitnehmer »Opfer bringen« (oder ihre Arbeitsplätze einfach eliminiert werden). Griechische und deutsche Arbeitnehmer verhalten sich daher, angestachelt von der *Bild*-Zeitung oder den Rechtspopulisten, zueinander »empört«. Sie messen ihre Interessen aneinander, statt an jenen, die die Verhältnisse bestimmen. Was dieses Beispiel zeigt, ist die Gefahr, dass die Empörung von der politischen Rhetorik und den Medien der Niedertracht längst erneut angeeignet und umgewandelt wird.

Die wirkliche Empörung ist genau das Gegenteil dieser Praxis, sie verlangt der Ordnung die fehlende Gerechtigkeit, die fehlende Ehrlichkeit, die geraubte Freiheit und die mangelnde Solidarität ab. Empörung hat die Fähigkeit, nicht zu ruhen, bis ihr Anlass beseitigt wird, in dem sich, wie wir gesehen haben, konkrete Interessen (und Kränkungen) mit Verstößen gegen eine umfassendere Gerechtigkeit verbinden. Daher ist Empörung möglicherweise aber nicht zwingend der Beginn einer Revolte (und unter noch einmal anderen Bedingungen auch der Beginn der Revolution). Aber weder ist es sinnvoll von den Kritikern der Empörung (wie Mistik) schon die Zielgerichtetheit der Revolte zu verlangen, noch ist es von den Machthabern redlich, die Empörung wie eine Revolte zu behandeln. Am allerwenigsten aber darf zugelassen werden, dass sich die Empörung zu einem beliebig manipulierbaren Spiel auf dem Medienmarkt entwickelt, mit dem eine Postdemokratie die andere unter Druck setzen, ein neoliberaler Oligarch den anderen erpressen kann.

Kleine Siege/große Niederlagen. Verzicht oder Wandel?

Die »Grenzen des Wachstums« sind die Grenzen des Kapitalismus oder umgekehrt, wie man es nimmt. Kaum jemand glaubt ernsthaft, dass eine kapitalistische Gesellschaft auf den »Wachstumswahn« verzichten könnte, um die Erde als lebendes System zu erhalten oder wenigstens klimatische, humane und kulturelle Katastrophen abzuwenden. Auch die Vorstellung, die Umstellung der Industrie auf ein nachhaltiges und ökologisches Wirtschaften sei schließlich auch ein »gutes Geschäft«, ist im Großen und Ganzen naiv.

Ist »der schwache Staat« oder die »alles absorbierende Ökonomie« an dem Desaster schuld? Möglicherweise ist die Verschmelzung der beiden Machtsphären schon weiter und anders fortgeschritten. So behauptet John Taylor, Chef des weltgrößten Devisen-Hedgefonds FX Concepts und damit kaum der Kapitalismuskritik verdächtig: »Hinter den Bewegungen am Markt stecken die Regierungen und ihre Banker, die sie seit Jahrzehnten unterstützen. Das europäische Bankensystem besteht doch nur aus sogenannten nationalen Champions, die die Regierungen in Kriegszeiten oder bei der Industriepolitik und anderen Geschichten unterstützt haben, und jetzt sitzen die Banken auf einer Tonne Staatsschulden.«

Diese Aussage (in eigenem Interesse, gewiss) lässt sich indes erweitern zu einer gegenseitigen Abhängigkeit und gar Verschmelzung. Gleichsam von der anderen Seite her erkennt die indische Autorin Arundhati Roy: »Demokratie und freie Marktwirtschaft sind zu einem einzigen Raubtier verschmolzen, dessen Phantasie ausschließlich um sein Futter, die Profitsteigerung, kreist.« Und obwohl, wie wir behauptet haben, Empörung nicht gegenüber einem System, sondern nur gegenüber dessen barbarischen Aktionen entsteht, gibt es doch eine Empörung zweiten Grades gegenüber der Ungleichheit: Dieses dieses neue Raubtier scheint so viel Macht und Gewalt akkumuliert zu haben, dass jeder Akt des zivilen Ungehorsams aussichtslos erscheint. Wir sind auch empört darüber, dass eine neue Form der Herrschaft alles und alle, was nicht Teil von ihm ist, die eigene Ohnmacht spüren lässt (darum gehen deutsche Intellektuelle lieber ins Fernsehen als auf die Straße). So wie der Citoyen das Recht auf Empörung dem Bourgeois erst entreißen musste (und es immer wieder an ihn verlor), so muss der Bürger des Jahres 2012 »seinen« Medien dieses Recht wieder abtrotzen.

Unter den ökologischen Modellen für die Praxis gibt es wohl drei grundsätzlich unterschiedliche: Das erste geht davon aus, dass man, mit ein wenig Aufklärung, gutem Willen und Vernunft, das bestehende System umbauen kann, so dass am Ende weder für die Institutionen von Staat und Wirtschaft noch für den viel beschworenen Einzelnen ernsthafter Verzicht dabei herauskommt. Das zweite Modell geht von dem guten Willen aus, die vorhandenen Reichtümer und Fähigkeit gerechter zu verteilen, damit Wachstum nicht endlos als Begehren, Neid und Angst aus dem Wettbewerb und aus dem Gefälle von Überfluss und Mangel entsteht. Der Verzicht, den das von den Institutionen wie von den Einzelnen erfordert, wird mehr als wettgemacht durch eine bessere, friedlichere und glücklichere Welt. Das dritte Modell schließlich geht von einer radikalen Neuformulierung dessen aus, was ein reiches und erfülltes Leben überhaupt ausmacht.

Diese drei Modelle und ihre Widersprüche untereinander sind von enormer Bedeutung für jede Form des zivilen Ungehorsams sind, und zwar wesentlich tiefer, als es eine phänomenologische Betrachtung der Widersprüche von »Hedonisten«, »Asketen« und »Revolutionären« preisgeben kann. Auf der »Gegenseite« nämlich steht ein nahezu affines Triumvirat: Der Genuss-Kapitalismus, der Fleiß- und Erfolgskapitalismus und der ideologische Kapitalismus.

Das alles führt uns also in eine innere Befindlichkeit der bürgerlichen Klasse, Kultur und Psychologie. Die drei Aspekte seines Wesens (seiner »Identität«) sind einerseits zueinander höchst widersprüchlich, andererseits aber zur Balance in der Klasse als solcher ausgesprochen nützlich: Nicht nur halten sich die Impulse wechselseitig im Zaum, und nicht nur wirken sie wechselseitig als »Überdruck-Ventile« oder Energiezufuhren, sondern sie bestimmen auch die rege Mythen-Produktion: Bürgerliche Erzählungen der Welt behandeln diese Dreifachheit (zum Beispiel im Zerfall der Familien, zum Beispiel im Aufstieg von ökonomischen Imperien, zum Beispiel in persönlichen Neurosen) und die Mainstream-fähigen davon lösen das Dreieck aus Lust, Pflicht und Ideologie schließlich am Ende in Wohlgefallen auf.

Das sehr praktische Problem, denken wir einen Augenblick an den Anfang unserer Überlegungen zurück, liegt darin, dass die »Dreifaltigkeit« der Werte und Impulse für den Bourgeois einigend und stabilisierend wirkt (als Mythos, als gelebter »Kompromiss« – in einem alltäglichen »Prinzip der aufgeschobenen Belohnung«, in der Erzählung von der Leistung, die sich lohnen soll, und schließlich als Dynamisierung: genussfähig, leistungsorientiert und, im rechten Maß, innovationsfähig, so soll er sein, der ideale Bürger in seinem Kapitalismus), während er für den Citoyen zersetzend, lähmend und spaltend wirkt. Der Hedonist, der Asket und der Revolutionär in einer dissidenten Bewegung können sehr bald nicht mehr miteinander reden, die Hedonistin, die Asketin und die Revolutionärin folgen ihnen darin. Schlimmer noch: Die Fraktionen der Dissidenz fallen übereinander her, nehmen sehr rasch die Gegnerschaft untereinander wichtiger als die Gegnerschaft in dem Diskurs, der ursprünglich die Bewegung ausgelöst hat.

Dieses Phänomen ist nicht zu verstehen, ohne eine Voraussetzung zu akzeptieren:

Das Wesen des Bürgers ist seine Gespaltenheit: Er ist eine gespaltene Persönlichkeit in einer gespaltenen Klasse mit einer gespaltenen Kultur. Die Sehnsucht des Bürgers, wieder »eins« (mit sich) zu werden, ist zugleich seine Stärke (sie macht seine Unruhe, seinen Fleiß, seine Kontrollierbarkeit aus) und seine Schwäche (Bürger sind gleichsam strukturell seelenkrank, Solidarität kann in dieser Klasse nur taktisch angewandt werden, die innere Unruhe wird immer wieder gern auf den »großen anderen« ausgelagert: wenn das Innen keine Einheit hergibt, dann möchte sie vielleicht außen zu finden sein, als Meta-Person, als Institution, als »Wert« oder als Ordnung). Jede bürgerliche Bewegung von Protest, Dissidenz und Ungehorsam muss mit diesen Spaltungen leben, die keineswegs auf die Spaltung in den hedonistischen, den asketischen und den revolutionären Teil beschränkt bleibt.

Eine Frage der Ästhetik, eine Frage der Moral.

Obwohl es vielleicht nicht immer an erster Stelle steht, so ist doch auch die Frage nach der Schönheit und ihrer Zerstörung ein Inhalt von zivilem Ungehorsam. Gegen die politisch-ökonomisch-mafiös forcierten Großprojekte kann fast immer *auch* ins Feld geführt werden, dass sie eine Landschaft, eine Architektur, ein Ensemble »verschandeln«. Das galt so sehr für die Dresdener Brücke, Stuttgart 21 oder das TAV-Tunnelprojekt im Val di Susa. In der Regel geht es darum, dass ein urbaner oder natürlicher Raum, der zuvor in der einen oder anderen Form »offen« und frei zugänglich war, verwandelt wird in ein Verkaufs- und Verkehrsareal auf der einen Seite und Objekte privater Immobilienspekulation auf der anderen Seite, also einmal mehr um Ökonomisierung und Privatisierung. Das Projekt Stuttgart 21, das wissen die Protagonisten so gut wie die Gegner, macht weder urbanistisch noch verkehrsplanerisch irgendeinen Sinn, der in einem rationalen Verhältnis zu den ökonomischen und sozialen Kosten stünde, aber wenn wir die Verwandlung von kulturellen und natürlichen Räumen im Zeichen von Ökonomisierung und Privatisierung betrachten, dann ist es ein wahres Meisterwerk. Ein Meisterwerk der Vernichtung öffentlicher Semiotik, öffentlicher Ästhetik.

Immer also geht es um das gespaltene Wesen des Menschen in Demokratie und Kapitalismus.In der Mehrzahl der Fälle geht es dem Widerstand dabei keineswegs um ein nostalgisches Festhalten an den Dokumenten vergangener Zeiten (bekanntlich war früher ja alles besser, feixt der coole Feuilletonist des Fortschritts). Doch es entstehen dabei ja immer nicht nur unmenschliche (aber marktgerechte) Bauten, sondern triumphalistische Monumente des neuen Raubtiers. Und auch dies eint Postdemokratie und Neoliberalismus, dass es zwei architektonische Strategien sind, das »Besiegte« zum Verschwinden zu bringen, sich an den Zentren in Szene zu setzen. Unabhängig von der Gewalt und der Hässlichkeit eines Projektes ist es stets noch Zeichen des Fortschreitens der neuen Macht. Sie beleidigen das ästhetische Empfinden des Citoyens nicht bloß, sie *wollen* es beleidigen.

Zur gleichen Zeit erleben wir bizarre »Revolutionen« auf dem Kunstmarkt. Kunst (immer noch ein Medium der Schönheit, auch wenn der Bourgeois damit so seine Schwierigkeiten bekam) wird zu einem Anlage- und Spekulationsobjekt, sie wird weitgehend dem öffentlichen Diskurs entzogen oder diesem Diskurs »nur unter Vorbehalt« – als Teil des gehobenen Entertainment nämlich, als »Event« – überordnet, und die »privaten« Sammler bestimmen neben den Preisen mitsamt ihrer Entourage selbst noch, was Kunst eigentlich ist und was nicht. Das Schöne wird nicht anders als andere Ressourcen der Zivilgesellschaft unbarmherzig ökonomisiert und privatisiert; fließen die Sammlungen der Reichen über, so lassen sie sich mit Hilfe des Staates und mit den »Mitteln des Steuerzahlers« Privatmuseen errichten (sind wir nicht am Beginn neuer Herrschaftsarchitekturen und Mausoleen der Oligarchien?). Auch am Körper der Kunst vollziehen postdemokratische Politik und neoliberale Ökonomie ihren Verschmelzungspakt; noch in jeder Ausstellungseröffnung versichern die politische und die ökonomische Oligarchie einander ihr Wohlwollen und zeigen sich im Rhetorischen, im Dresscode, in der Performance ihre innere Verwandtschaft. Die Kunst gehört dem Kapital, und die Kräfte, sich mit Ironie und Subversion zur Wehr zu setzen, sind weitgehend erschöpft. Im Mainstream kommt Kunst als das an, was sie »wert ist«; man diskutiert hier Rekordsummen bei Kunstversteigerungen und, beinahe noch lieber, »Fälschungen«.

Während das Schöne weitgehend der Öffentlichkeit entzogen wird (oder im Spektakel zur Geschmackskontrolle eingesetzt) wird der öffentliche Raum, von allen Medien ganz zu schweigen, vom Hässlichen überflutet.[10] In Deutschland wurden allein im Jahr 2010 29,53 Milliarden Euro in die Werbung in Medien und im öffentlichen Raum gesteckt, immer neue Teile des Lebens und der Gesellschaft werden als Werbeträger entdeckt, und andersherum: Was sich nicht als Werbeträger eignet, hat in dieser Gesellschaft auch keinen Wert.

Kunst wird weitgehend mit Geld erworben, das dem öffentlichen Diskurs entzogen ist (ganz zu schweigen von der Geldwäsche-Funktion des Kunsthandels). Deutschland ist, nur zum Beispiel, der drittgrößte Waffen-Exporteur der Welt, nach den USA und Russland. Nicht nur der Reichtum der Oligopole, sondern auch eine immer noch vergleichsweise akzeptable Beschäftigungslage, sowie ein relativer Wohlstand der »breiten Bevölkerung« sind Resultate dieser politischen Ökonomie. Aber wollen wir das wirklich, dass überall auf der Welt mit Waffen *made in germany* Menschen getötet, Oppositionsbewegungen in Schacht gehalten werden? Gab es je eine demokratische Debatte darüber, ob wir eine Gesellschaft sein wollen, die wennzwar nicht mehr auf den Weltkrieg, so doch auf die Kriege in der Welt fixiert ist? Sind es Naivlinge, Gutmenschen, die einen Stopp dieser Rüstungsgeschäfte fordern, von denen, nicht wahr, wir doch alle ein bisschen was haben? Wie leicht ist doch ein Familienvater gegen die »Friedenshetzer« aufzubringen, der fürchten muss, seinen Job zu verlieren, wenn die Rüstungsgeschäfte nicht mehr florieren. Welche Antworten würden wir auf ein Referendum bekommen, das danach fragt, ob wir uns so bedenkenlos am Krieg in der Welt bereichern wollen?

Immer also geht es um das gespaltene Wesen des Menschen in Demokratie und Kapitalismus, das in Postdemokratie und Neoliberalismus zu einer Form des inneren Bürgerkrieges führt (und so sind auch die Modelle von Dissidenz und Revolte. Tja, hört man es überall, wie soll man demokratische Veränderungen erlangen, wenn es »das Volk« nicht will? Und man sehe sich doch nur jene Gesellschaften an, in denen am meisten Demokratie gewagt worden sei, in denen die größte Toleranz zwischen den Rassen und Kulturen gepflegt worden sei, in Holland oder Dänemark: Gerade dort habe das Volk schließlich die schlimmsten Rechtspopulisten und Halbfaschisten an die Macht gespült).

Die Kunst schien für lange Zeit eines jener Mittel, mit der dieser innere Bürgerkrieg (zwischen Citoyen und Bourgeois unter anderem) zumindest kontrolliert wurde; bürgerliche/antibürgerliche Kunst konnte die Klasse mit ihrer Dissidenz versöhnen, paradoxerweise durchaus indem sie den Bruch bezeichnete. In jedem ästhetischen Skandal der Kunst deutete sich so ein Bruch an und zugleich seine mögliche Heilung. Der gespaltene Bürger fand sich in der Kunst vereinigt. Die Idee der Kunst in der bürgerlichen Epoche war deshalb die Erhabenheit sowohl des Senders als auch des Empfängers. Kunst richtete sich an *die Menschheit*, und vielleicht sogar noch mehr, an eine Menschheit im Werden, an die Zukünftigkeit im Menschen, und sie richtete sich an sich selbst. Zweimal freilich ergaben sich damit Unbestimmtheiten des Austauschs, die niemals dem näheren Blick standhielten: Ein unbegrenztes Alles als Objekt und ein hoch konzentriertes Subjekt (kein Wunder, dass die niederen Stände und die Kinder spotten mussten über die Heiligkeit der Kunst).

Was man vom Künstler gerade noch (aber selten genug) verlangen kann, nämlich sich selber nicht allzu ernst zu nehmen, ist von der Kunst an sich unter keinen Umständen zu erwarten. Was würde geschehen, wenn die Kunst sich nicht ernst nimmt? Neben vielem anderen wäre sie sehr rasch Opfer anderer sozialer Diskurse, würde im Spektakel, in der sozialen Bewegung, in der Werbung, in der Erziehung usw. verschwinden. So bleibt die Heiligkeit als Selbstschutz erhalten, auch wenn die Kunst längst nicht mehr die Funktion erfüllt, die sie in der bürgerlichen Gesellschaft hatte.

Um zu existieren, anders denn als Projekt der Selbstaufhebung (eine Option, die uns seit der Moderne begleitet und in der Postmoderne ihre eigene Frivolisierung im Sowohl-als-Auch erfuhr), muss die Kunst also sowohl sich selbst als auch jenen im Endeffekt dann doch immer transzendentalen Adressaten (nennen wir ihn den Menschen, der sowohl zur Kritik des Bestehenden als auch zum Sehnen nach Zukunft befähigt ist) ernst nehmen. Allerdings bekommt diese Frage zunehmend verzweifelten Charakter: Für wen mache ich Kunst?

(Dass ich sie für mich selber und für sich selber mache, ist keine Antwort. Dass Künstlerinnen und Künstler ihre Kunst machen, weil sie sie einfach machen *müssen*, beschreibt, ohne einen Adressaten zu finden, nicht mehr als eine therapeutische Tätigkeit, und dass die Kunst selber Fragen stellt, die wiederum nur mit den Mitteln der Kunst zu beantworten sind, in Form neuer Fragen, natürlich, beschreibt ein selbstregulatives System, das unter Umständen nicht viel mehr wäre als eine zwangsneurotische Verkettung oder ein Spiel, das mit jedem Spielzug unübersichtlicher aber auch strenger wird. Die Kunst kann sich zwar aus sich selbst heraus erklären, aber nur um den Preis einer »heiligen« Tautologie.)

Das Projekt der Kunst in der Moderne war eine Bewegung auf das eigene Ende zu. Die Heiligkeit der Kunst erschien, als das Bündnis mit der bürgerlichen Gesellschaft (in mehreren Schritten) aufgekündigt war (übrigens von Seiten dieser Gesellschaft noch mehr als von der Kunst), eben in dieser heroischen Geste: Kunst machen im Angesicht des Endes der Kunst. Das Ende der Kunst und das Ende der bürgerlichen Gesellschaft sind einander kongruent. Denn auch im Widerspruch waren beide voneinander abhängig (heroisch beide angesichts der verschwundenen Götter und Könige). Sehr leicht mag sich nun sagen: Wir machen Kunst nach dem Ende der Kunst. So wie ja auch die bürgerliche Gesellschaft nach ihrem Ende weitermacht. Unter anderem, indem sie allen ihren Werten und Bewegungen ein Post- anhängt. Auf die Postmoderne folgen Postdemokratie, Postheroismus, Postindividualität – und möglicherweise auch die Post-Art.

Die Heiligkeit der bürgerlichen Kunst wurde von zwei Ketzereien bedroht: Dem Einbruch von Vergnügen, Lust und »Unterhaltung« und der Redefinition der Beziehungen zwischen der Produktion und dem »Empfang« der Kunst. Die post-bürgerliche Kunst mag mit diesem Erbe hier und dort vergleichsweise entspannt umgehen, zum Verschwinden aber ist es nicht gebracht, vor allem mangels einer Alternative. Kunst als besondere Form von Unterhaltung ist genau so Verrat (und Entwertung) wie Kunst als besondere Form der praktischen sozialen Verständigung.

Die großen Werte der »bürgerlichen Revolution« gelten mit Variationen zweifellos auch für die Kunst: Freiheit, Gerechtigkeit, Solidarität.

Dass die Kunst ein steter Kampf um Freiheit ist, versteht sich und gibt der Sache ihre Würde, auch jenseits der Heiligkeit.

Auch die Fähigkeit zur Solidarität – verstehen wir sie als die Fähigkeit und die Bereitschaft, für andere Verantwortung zu erkennen und zu übernehmen – entwickelte sich parallel zur politischen Geste: Von einer Solidarität der Gruppen und Genres zu einer mehr oder weniger neuen Form der Solidarität gerade gegenüber *dem anderen*. Die Kunst wäre in der Lage, ein Vor-Bild globaler Solidarität herzustellen, nicht mehr und nicht weniger. Sie mag zeigen, wie gerade das Verschiedene einig sein kann (und übrigens könnte sie schon dabei nicht anders als sich abwenden von den Interessen der ökonomischen Oligarchien).

Was aber mag »Gerechtigkeit« in der Kunst sein? Offensichtlich kann man das nicht allein auf eine Verteilungsgerechtigkeit hin beziehen (mit jener »Ideallösung« zwischen Demokratie und Kapitalismus, dass es erlaubt sei, dass Wenige Kunst »besitzen« – in mehrfachem Sinne, sowohl ökonomisch als auch kulturell – , Kunst aber Allen »zugänglich« sei, einschließlich der Freiheit, auf Kunst zu verzichten). Die Gerechtigkeit in der Kunst besteht nicht zuletzt in der Akzeptanz der Partnerschaft in der ästhetischen Produktion. Und sie besteht in einer Entwicklung und Veränderung nicht nur einer Sprache der Kunst, sondern auch eines Sprechens über die Kunst, die nicht auf Ausschluss basieren. »Gerechte Kunst« ist eine, die ihrem Widerpart, der Gesellschaft, weder unter- noch überlegen ist. Sie erzeugt die Differenz durch Dialog. Und umgekehrt.

Zur Gerechtigkeit der Kunst mag auch eine demokratische Koexistenz mit dem Diskurs und der Unterhaltung gehören. Avantgarde (den Begriff haben wir glücklicherweise ein wenig aus der Dominanz gedrängt) ist die Paradoxie einer elitären Anarchie: Die Kunst kämpft um eine Freiheit, die sich, ist das Mainstreaming gelungen, mit schöner Regelmäßigkeit in ihr Gegenteil verwandelt. Die Beziehung zwischen Kunst und Gesellschaft ist stets eine doppelte: Kunst drückt sich zugleich als Kunst und als Kunst-Diskurs aus (bevor sie früher oder später Unterhaltung wird). Unterhaltung ist weder der Feind noch der Müllplatz der Kunst, sondern, wie der Diskurs, eine andere Sprache. Probleme der Übersetzungen sind naturgemäß; weder im Diskurs noch in der Unterhaltung kann Kunst jemals wirklich treffend wiedergegeben werden. Aber die arroganteste Lösung wäre, die Übersetzungen zu verbieten.

Gerechtigkeit der Kunst meint, dass sie einen Platz in der Versammlung der Diskurse und Unterhaltungen beanspruchen darf, demütig und selbstbewusst. Sie darf indes nicht unter das Dach der »Gewinner« schlüpfen, nicht nur wegen das allfälligen Verdachts der Korruption, den wir erheben (die wir der Autonomie dann doch nicht so trauen), sondern vor allem, weil eine Kunst der Reichen *die Gesellschaft* als Partner verliert. In der Kunst für die Reichen zerfällt der Mythos, so stehen sich am Ende eine Kunst, die nur für sich selbst da ist, einem Geld gegenüber, das nur für sich selbst da ist (man kann ja auch das, im Spiegelkabinett der postheroischen Erkenntnis, als eine Form von Wahrheit ansehen). Gerecht will ich eine Kunst nennen, die sich ihrer sozialen Resonanzböden bewusst ist. Das Instrument der Kunst sind Menschen.

Wie im richtigen Leben, so sind auch in der Kunst die Begriffe von Freiheit, Gerechtigkeit und Solidarität aufeinander bezogen und zueinander widersprüchlich (in aller Regel geht die Kunst dabei hierarchisch vor, indem der Freiheit oberste Priorität verliehen wird, Solidarität und Gerechtigkeit in wechselnder Reihenfolge zulassend/erzeugend). Auch mag die Kunst sich als Distribution und Ereignis zur Solidarität bekennen, ein solches moralisches Diktum indes aus der eigentlichen Produktion heraushalten – denn natürlich ist eine diskursive Absicht in der Kunst stets lebensgefährlich: Wer mit der Kunst »etwas zeigen« will, der hat sie ja schon mal nicht verstanden. Wer aber mit Kunst nichts anderes als Kunst machen will, der hat sie auch nicht verstanden (Oh, wie sind wir heute pathetisch!).

Nehmen wir die Autonomie der Kunst als Mythos, an dem wir arbeiten. So verliert er seinen anti-aufklärerischen Schrecken. Alles an der Kunst ist in der einen oder anderen Form Problem. Es kommt nicht darauf an, sie zu lösen (auch nicht »symbolisch«), es kommt darauf an sie (mit) zu teilen. Dazu zwölf plot points des Diskurses von Kunst und sozialer Bewegung:

1. Jede soziale Bewegung ist zugleich eine ästhetische Bewegung. Es ist daher nicht die Frage, ob die Kunst etwas für die Bewegung tun kann (ob man, mit Bildern, mit Liedern, mit Theater oder Film, zum Beispiel, »die Welt verändern« kann); das eine ist schlicht ohne das andere nicht denkbar.

2. Warum ist die Kunst in bestimmten Situationen und in bestimmten (politischen, ökonomischen, kulturellen) Milieus von solcher Bedeutung? Ganz offensichtlich ist die Spannung zwischen dem Kunstmarkt und der gesellschaftlichen Konstruktion der Kunst um etliches größer als in vielleicht »ruhigeren« Zeiten. Die Frage ist mehr denn je: Wem gehört die Kunst?

3. Schon lange nicht mehr war Kunst so sehr eine Anlage für nomadisierendes, meistens anonymes, privatisierendes (und seien wir ehrliche: kriminelles) Kapital wie derzeit; man spekuliert damit nicht anders als mit Aktien, Rohstoffen und Lebensmitteln. Es ist nicht im Geringsten einzusehen, warum die Kunst in dieser Situation »unschuldig« ist.

4. Eine Kunst, die sich – eher personal als methodisch zunächst – beherzt auf die Seite der sozialen Bewegung stellt, ist in gewisser Weise für den exaltierten Kunstmarkt verloren.

5. Das doppelte Wesen der Kunst besteht darin, entweder jenseits der Wirklichkeit zu führen, in einen utopischen, reinen oder mythischen Raum (in dem man sich »loslösen« kann, durchaus einem religiösen Raum vergleichbar), oder aber »hinter« die Wirklichkeit und ihre Machinationen zu sehen, die Wirklichkeit hinter der Wirklichkeit zu erkennen.

6. Kunst existiert nur insofern sie – unter bestimmten Bedingungen – ökonomisiert ist. Und das trägt auch den Keim der Privatisierung in sich: Die reichen Sammler unserer Zeit unternehmen drei Strategien gegenüber dem ästhetisch-ökonomischen System Kunst, was vorher nur in Ansätzen möglich war, in einer radikalisierten Form:

   a) Sie entziehen das Kunstwerk dem öffentlichen Gebrauch und dem öffentlichen Diskurs nach Belieben.

   b) Sie übergeben das privatisierte Kunstwerk dem öffentlichen Blick unter der Maßgabe zurück, dass die Politik (Staat, kommunale Verwaltungen etc.) den architektonischen und logistischen Rahmen dafür bilden. Die großen Sammler »veröffentlichen« ihre Schätze – im Klartext – dafür, dass die Gesellschaft den ab einer gewissen Sammlungsgröße absurden Preis für die Lagerung und die Organisation bezahlt. So kehrt die privatisierte Kunst als ökonomisierte in die Obhut, nicht aber in den ideellen und materiellen Besitz der Gesellschaft zurück.

   c) Wie alle anderen Märkte auch, wo wird auch der Kunstmarkt von den Vertretern der Gewinner-Oligarchien manipuliert. So wie sich die Finanzwirtschaft eine Wissenschaft als Legitimation und als Beschwichtigungsinstrument hält, so hält sich der Kunstmarkt mittlerweile eine vollkommen hörige Kunstwissenschaft. Am Ende obliegt dieser »Szene« nicht allein der Handel mit Kunst (die Umverteilung der ästhetischen Produktion einer Gesellschaft von unten nach oben), sondern sogar die Definition von Kunst.

7. Der Kampf um die Kunst ist entscheidend im »Klassenkampf« eingelagert (die bürgerliche Gesellschaft konnte ohne Kunst nicht gebildet werden); er ist auch jetzt nichts anderes als der Kampf um die Vorherrschaft: Wenn die Kunst der Gewinner-Oligarchie des Neoliberalismus »gehört«, ist eine Deutungsmacht gleichsam privatisiert, die weit über das engere Feld der Kunst hinaus reicht.

Wir unterscheiden daher wohl zurecht drei Formen von Kunst: Kunst, die für die Sammler interessant ist, Kunst, für die sich – aus Gründen, um die noch gerungen wird – eine politische Kunstpolitik und -förderung zuständig fühlt, und schließlich eine Kunst, für die sich weder der eine noch der andere Sektor interessiert – diese Kunst kann für die soziale Bewegung von besonderer Bedeutung werden, wenn sie nicht dem Irrtum verfällt, ausschließlich diskursiven, argumentierenden, aufklärerischen, ja sogar »propagandistischen« Zwecken zu dienen.

8. Auch jene dissidente Kunst, die sich der sozialen Bewegung verpflichtet fühlt, ist vor allem Kunst, und folgt dem Auftrag zugleich das utopische Jenseits und das verborgene Innere der öffentlich akzeptierten gesellschaftlichen Realität zu behandeln. Oberstes Gebot der Kunst bleibt also ihre Freiheit.

9. Daher definiert am Ende der Kampf um die Kunst, wenn es einen solchen gibt, auch den Begriff der Freiheit entweder im Sinne des Markt-Liberalismus oder im Sinne der demokratischen Partizipation.

10. Eine soziale Bewegung mit der Kunst, die ihr zusteht, ist stets reicher und greift in Raum und Zeit über die wesentliche Besetzung realer Zeiten und realer Räume hinaus. In ihrer Kunst ist die soziale Bewegung schon nachhaltiger als in anderen Belangen.

11. Mehrfach in der Geschichte der Kunst kam es zu Situationen der Spaltung und des Widerspruchs (zwischen kirchlicher und ziviler Kunst, zwischen aristokratischer und bürgerlicher Kunst, zwischen reaktionärer und progressiver Kunst etc.). Warum sollte es nicht zu einer Spaltung zwischen neoliberaler und dissident-demokratischer Kunst kommen?

12. Bis zu einem gewissen Grad macht die soziale Bewegung eine andere Spaltung rückgängig, die zwischen Kunst und Pop. So wie es hier auch keinen Unterschied zwischen Kultur und Politik gibt, gibt es auch keinen zwischen ästhetischer und politischer Arbeit. Dies freilich ist keinem Dogma unterworfen und schon gar keiner Rhetorik, keiner Kontrolle und keiner Definitionsmacht, sondern ausschließlich der gemeinsamen Praxis. Kunst ist Freiheit, im Zustand des Werdens. Kunst ist Gerechtigkeit, im Zustand des Traums. Kunst ist Solidarität, im Zustand des Zeichens. Oder sie ist verloren.

Spaltprozesse. Was soziale Bewegungen stärkt und was sie schwächt.

Seit Jahrzehnten wird dies beobachtet als Phänomen der endlosen Spaltungen der Opposition in den mehr oder weniger demokratischen ebenso wie in den mehr oder weniger totalitären Macht-Zusammenhängen: Starke wenngleich korrupte, starre und letztlich destruktive Herrschaftsformen können eben gerade auf eine »bürgerliche« Basis zählen, während die Opposition, mag sie auch rein rechnerisch die Mehrheit der Bevölkerung repräsentieren, sich durch ihre ständigen Spaltungen nicht nur der Schlagkraft, sondern auch der Glaubwürdigkeit beraub. Die Stärke von Postdemokratie und Neoliberalismus besteht vor allem aus der Schwäche ihrer Gegner (denn wir wissen ja von den Befragungen wie von den »Symptomen«, aus dem Alltagsleben wie aus dem »Klatsch«, dass es weder eine vollständige noch eine mehrheitliche Zustimmung gibt).

Natürlich ist das sehr realpolitisch zu verstehen; weil jede Form von Herrschaft um eben diese Schwäche jeder Art von Opposition weiß, versucht sie mit allen Mitteln die Gegenseite zu spalten. Oft genug freilich kommt ihr diese Gegenseite auch selbst zuvor – auch was dies anbelangt war Stuttgart 21 und der Protest dagegen ein Lehrstück: Am Ende konnte die für so etwas zuständige Presse frohgemut verkünden, die Fraktionen des Widerstands »können nicht mehr miteinander«. So wie diese ständige Spaltung realpolitisch erzeugt wird, von außen und von innen (schließlich geht es am Ende des Tages immer um Macht), so ist sie indes auch immer ein Problem der Diskurse. Höchst fatal wäre es also, diese Spaltungen ausschließlich aus taktischen und strategischen Impulsen heraus erklären zu wollen, im Gegenteil: Offensichtlich gibt es Stolpersteine, Wegmarken, Fallen im Diskurs, die sich als stärker denn jede Taktik und Strategie erweisen.

Diese Fallen sind sehr einfach zu beschreiben, es sind moralisch-politische Markierungen, nur zum Beispiel was die Rolle der Gewalt anbelangt, weltpolitische und weltgeschichtliche Komplexe, denen gegenüber eine radikale Komplexreduzierung, ein »Bekenntnis« erwartet wird (welche Position im israelisch-palästinensischen Konflikt man einnimmt, zum Beispiel, und »eine abwägende« ist keine akzeptable Antwort), wie stark man sich auf existierende (sozialistische) Modelle oder Dogmen bezieht, welchen Bruch man in »alternativem« Leben und Handeln akzeptiert, wie man zu Führerschaft und Autorität in den eigenen Reihen steht usw. Letztendlich könnte eine »clevere« Herrschaft noch stets in Ruhe abwarten: Die Spaltungen an diesen oder anderen Markierungen setzen ziemlich vorhersebar in jeder dissidenten Bewegung ein. Moderierende Kräfte, die sich ja immer auch entwickeln wollen, haben deswegen hier (ganz im Gegensatz zu den Kräften der Bourgeoisie) kaum noch eine Chance.

Eine wirkliche Opposition in einer Gesellschaft (also nicht eine Machtablösung, sondern ein gesellschaftlicher Diskurswechsel) hat große Chancen, wenn sie folgende Kriterien erfüllt:

1. Sie muss tatsächlich eine qualifizierte Menge von Bürgern vertreten, über deren Interessen und Empfindungen die Macht, und sei es eine Macht, die sich auf die Mehrheit berufen kann, hinweg gegangen ist.

2. Sie muss (auch hier wieder sind wir zum Beginn unserer Überlegungen zurückgekehrt) als ganzes wie im Einzelnen über eine profunde Kenntnis dessen verfügen, wofür und wogegen sie sich einsetzt

3. Sie muss die Fähigkeit besitzen, innere Widersprüche auszuhalten und eine Einheit der Vielheit bilden. Bruch, Ausschluss und Spaltung sind für jede soziale Bewegung die größte Gefahr (was nicht heißt, dass sie um jeden Preis zu vermeiden sind, schon um einerseits die Infiltrationen und Provokationen der Gegenseite abzuwenden, und andererseits gibt es Grundwerte des zivilen Ungehorsams, die nicht in Frage gestellt werden können).

4. Der Diskurs muss in der »Öffentlichkeit« ankommen, ohne zum blanken Schauwert zu verkommen (Dissidenz als Schauspiel sollte man der Kunst überlassen).

5. Die Bewegung von Dissidenz und zivilem Ungehorsam muss über eine »Kultur« verfügen, um in Ritualen der Selbstvergewisserung zu verfügen; interessanterweise kommen ja eben hier die hedonistischen, die asketischen und die revolutionären Impulse entweder wieder zusammen oder findet immerhin Anschluss: »Ein Rock-Song verändert nicht die Welt. Aber hey, haben Sie schon einmal eine soziale Bewegung gesehen, die die Welt veränderte und ohne Songs auskam?«.

So wie jede soziale Bewegung im Allgemeinen, die bürgerliche Erhebung im besonderen eine dezidierte Beziehung zur Ästhetik haben, die Ästhetik außerhalb ihrer und die Ästhetik, die sie selber erzeugt (denn jeder Akt der Kritik, des Widerspruchs und des zivilen Ungehorsams ist auch ein ästhetisches Geschehen), so wie jede soziale Bewegung ihre Musik braucht, die mehr ist als eine »Begleitmusik«, die ihrem inneren Wesen entspricht, so sehr ist jede Form von öffentlichem Ausdruck der Empörung auch eine semantische Revolte.

Worüber man nicht sprechen kann, darüber muss man schweigen. Diesen Satz aus dem »Tractatus Logico-philosophicus« benutzen meist Menschen, die sich ansonsten den Wittgensteinschen Zumutungen gern entziehen. So wie Marshall McLuhans Satz »Das Medium ist die Botschaft« eben genau das zu erklären scheint, wozu wir intellektuelle Idioten ansonsten ein paar hundert Seiten brauchen (und dann immer noch Fragen offen lassen, was soll das?). Gleichwohl scheint es politisch-kulturelles Allgemeingut, dass die Erosion demokratischer Praxis in Regierung und Legislatur sich zu allererst in der Sprache zeige, die Sprache der Politik und die der Medien mithin als »Symptom« zu behandeln sei, dem einerseits mit gewissen Ritualen – zum Beispiel mit der Wahl zum »Unwort des Jahres«, die mittlerweile einen durchaus prominenten Rang in der Berichterstattung einnimmt – zu begegnen sei, andererseits aber eine gewisse Rat- und Machtlosigkeit angesichts zweifellos strategisch und werbepsychologisch eingesetzter semantischer Brocken auslöse. Es ist, neben den Bildern, vor allem die Sprache, welche die Sphären von Makrophysik und Mikrophysik der Macht miteinander verbinden, und jede Kritik der politischen Macht beinhaltet auch eine Kritik der Bilder und eine Kritik der Sprache, wenn sie nicht heillos den Wandlungen des Regierens und des Ordnens unterlegen sein will, die längst schon neben den Bereichen der Ökonomie, des Krieges und der Politik auch die Bereiche der Kommunikation und sogar die Bereiche der Fiktionen besetzt (es geht also nicht allein darum, zu kritisieren, dass sich Politiker wie Waschpulver oder Quiz-Promis »vermarkten«, sondern es geht vielmehr darum, der Verwaschpulverisierung der politischen Botschaften auf den Grund zu gehen, die Ängste und das Begehren zu erkennen, die dem zugrunde liegen).

Worum es geht indes, mit Wittgenstein oder jenseits von ihm, ist die Suche nach dem Ort, wo dem Ausdruck des Denkens eine Grenze gezogen werden kann. Einleuchtend ist dann schon, zu behaupten, die Grenze meines Denkens seien die Grenzen meiner Sprache, vorausgesetzt ich verstehe unter »Sprache« nicht das, was der Deutschlehrer darunter versteht. Aber halt! Wenn ich, in welcher Sprache auch immer, eine Grenze meines Denkens erkennen kann, denke ich dann nicht automatisch über sie hinaus, metaphysisch, phantastisch oder ideologisch? Ist, was jenseits der Sprache liegt, »verboten«, »unwirklich« oder »unvorstellbar«?

Zweifellos erscheint auch im Mainstream, dass politische und ökonomische Kräfte auf die Sprache einwirken wie nie zuvor, wie dass, offensichtlich genug, unsere Alltagssprache durchsetzt ist von den Abwandlungen der Werbesprüche und Politikerphrasen, wie sie vielleicht einmal von theologischen oder biblischen Fragmenten durchsetzt war. In beiden Fällen ist die Grenze von einer affirmativen Übernahme und einem »subversiven« Umwerten fließend. Auch hier beobachten wir vor allem jene Karnevalisierung, die frivole Sexualisierung, die Trivialisierung, die Übertragung von einem Diskurs zum anderen etc., die sich wahrhaft nicht entscheiden muss. So benutzen die postdemokratische Herrschaft und die Kräfte der ökonomischen »Privatisierung« die Sprache in drei taktischen Modellen zur Ausbreitung und Festigung der Macht:

1. Die Besetzung von Sprachfeldern und die Schaffung neuer Worte, neuer Sprechweisen, neuer Verkettungen, die, würde man sie nur genauer ansehen, vorwiegend der Verwandlung von politischen und ökonomischen Interessen in semiotische »Gegebenheiten« dienen (die Kritik an den politischen »Worthülsen« greift daher fast stets zu kurz; das »Geschwätz« ist stets nur auf der Oberfläche des vermeintlichen Diskurses »leer«; es ist umso bedeutender im Inneren eines anderen Diskurses – in einem älteren Modell könnte man wohl von einer politischen Sprache ausgehen, die in der Sphäre des Bewusstseins lügt, um in der Sphäre des Unbewussten die Wahrheit zu sagen).

Ein – zugegeben: sehr angelsächsisch geprägter – Versuch, der öffentlichen Sprache Würde und Demokratie zurückzugeben, war (und ist in Teilen noch) die Forderung nach »political correctness«. Sie besagt keineswegs eine »Sprachregelung« durch eine Allianz von Deutschlehrern und »Gutmenschen«, wie es der unbedachte Spott hierzulande gerne hätte, sondern ein demokratisches Aushandeln der Begrifflichkeit zwischen den Bezeichnenden und den Bezeichneten. Ein Teil von Ausgrenzung, Herabstufung, Denunziation in der Sprache würde auf diese Weise zurückgenommen, indem der von Ausgrenzung, Herabstufung oder Denunziation Bedrohte einen Teil der Definitionsmacht und sprachlichen Praxis als demokratisches Recht übertragen erhält. Eine Minderheit, zum Beispiel, soll mitbestimmen dürfen, wie sie bezeichnet wird, ein »Behinderter« soll sich wehren können gegen Bezeichnungen, die seine Würde verletzen. Zu einem der sonderbarsten Phänomene der deutschen Kulturgeschichte gehört im Übrigen eine nahezu gleichförmige feuilletonistische Geste gegen die »political correctness« (natürlich bei gleichzeitiger bewusster Verdrehung des Begriffs). Der angewandte deutsche Feuilletonismus gefällt sich stattdessen in Feiern von Auftritten, die man als »herrlich politisch inkorrekt« bezeichnet, ganz so, als wäre die Forderung nach political correctness eine Zumutung der Herrschaft und nicht eine Forderung von Beherrschten. Ob also der Begriff der political correctness noch benutzbar ist – oder gleichsam semantisch ruiniert –, die Forderung nach einer Sprache, in der die Interessen der Beherrschten sich gegen die Interessen der Herrschaft bewahren können, bleibt bestehen. Occupy language! dürfte keine unwichtige Seitenlinie der Dissidenz sein, und jede Empörung gegen die Abschaffung von Freiheit, Gerechtigkeit und Solidarität ist auch eine Empörung in Sprache und gegen Sprache.

Noch am auffälligsten ist der politische Missbrauch von Sprache in der Post-demokratie, wenn es darum geht, Verantwortung der Regierung gegenüber den Regierten im allgemeinen, die ökonomische Fürsorge im besonderen abzuweh-ren. So wird im Interesse der Hartz IV-Gesetze aus der Familie, die ansonsten zur ideologischen Unterfütterung aller möglichen Entscheidungen dient, eine »Bedarfsgemeinschaft«. Man mag noch hellhörig werden, wenn aus einer Sub-vention ein »Rettungsschirm« wird, indessen ist leicht zu übersehen, dass aus politischen Gründen bei der Finanzierung eine Kindertagesstätte zwar eine »Bil-dungseinrichtung« genannt wird, deren Mitarbeiter aber als »Betreuer« fungie-ren. In einem Diskurs maßt sich der Staat an, seine Fürsorgepflicht zu erfüllen, nur um sie im anderen Diskurs von sich zu weisen. Das wesentliche Interesse in solcher Schizophrenie ist ökonomischer Art.

2. Zweifellos ist auch Ensprachlichung, eine besondere Form der Ent-Alphabe-tisierung ein Medium postdemokratischer und neoliberaler Herrschaft (so wie Alphabetisierung am Beginn jeder menschlichen und sozialen Gemeinschaft steht). Vor Jahr und Tag wurde eine »semantische Katastrophe« beklagt, unter anderem als Bedeutungsverlust in der Zuordnung von Zeichen und Sprache, als Chaotisierung der Kommunikation. Allerdings sah man in den siebziger und achtziger Jahren, als dieser Begriff modisch wurde, darin eher eine Art von »natürlichem« Geschehen durch die Ausbreitung der Medialisierung und weni-ger eine semantische Vorwegnahme von Neoliberalismus und Postdemokratie. Bezeichnenderweise verschwand der Begriff genau in dem Augenblick aus der öffentlichen Debatte, als er sich hätte in Bezug auf die Diskurswechsel in Politik, Wissenschaft und Ökonomie realisieren müssen: Die semantische Katastrophe nämlich ist keine »Naturkatastrophe« der Kommunikation, sondern ein gesell-schaftlich erzeugtes Syndrom, in dem Sprache – in welcher Zeichenform auch immer – so »liberalisiert« wird wie andere Elemente des Lebens in einer ökono-misierten Welt: Sprache in unserem Zeitalter ist, was sich auf dem Markt durch-setzt, weshalb sich oft genug die Kritik am Markt in einer Markt-Sprache äußert, die viel von der eigenen kritischen Energie wieder auffrisst. Gegen diese libera-lisierte Sprache – recht besehen also war, was wir als »semantische Katastrophe« beschrieben nichts anderes als das vage Empfinden des Liberalisierungsschocks – entwickelte sich eine konservative bis reaktionäre Kritik und nur in Ansätzen eine demokratische bis linke Kritik. Zu den großen Nutznießern der Liberalisie-rung von Sprache und Sprachgebrauch gehörten im übrigen die alten und neuen Faschisten, die von der Frivolisierung von Zitat und Simulation der »Sprache der

Unmenschlichkeit« profitierten und das Nazi-Sprech (mit Hilfe vieler nützlicher Idioten) auf dem Medienmarkt verankern konnten.

Eine der Folgen der semantischen Katastrophe war erneut die Verwechslung von Liberalisierung und Demokratisierung. Während liberalisierte Kommunikation nichts anderes bedeutet, als dass jener die Kommunikationen (in Form, Inhalt, Praxis und Theorie) beherrscht, welcher die ökonomische und politische Macht dazu hat, bedeutet demokratisierte Kommunikation die Verteilung der Partizipation nach den Prinzipien der Freiheit, der Gerechtigkeit und der Solidarität. Und so wie eine liberalisierte Presse durchaus das Gegenteil einer demokratischen Presse sein kann, so kann eine liberalisierte Sprache das Gegenteil einer demokratischen Sprache sein.

3. Konvergenz und Dissonanz. Sprache im Zeitalter von Postdemokratie und Neoliberalismus ist auf eine neue Weise zugleich Mittel der Distinktion und des Mainstreaming. Das Interesse, das sich an eine »distinkte« Sprache oder Sprechweise bindet, ist nicht mehr durch den Umweg an eine Klasse oder an eine (politische) Kultur gebunden, sondern bildet umgekehrt selber »Interessengemeinschaften« (jene der Börsenaktionäre so sehr wie jene der Snowboard-Enthusiasten). Es sind Marktinteressen einerseits, aber auch Waren- und Markenwelten andrerseits, die für die Dissonanzen sorgen, die nur außerhalb der Distinktionen wahrnehmbar wären, wenn es denn ein solches Außerhalb noch geben kann.

Sprache und Sprechweisen auf dem Medienmarkt erzeugen »Identität« (statt umgekehrt ihr Ausdruck zu sein oder sich von dieser Bindung frei zu machen). So wie es eine Kunst der Werbung und PR ist, eine Verbindung zwischen dem Marken-Branding und einer Sprechweise (einem semantischen Knäuel) herzustellen, so ist es die Kunst der postdemokratischen Regierung, ihre Interessen nicht in Sprechweisen zu kommunizieren, sondern umgekehrt Sprechweisen für sie zu entwickeln. Jedes Stadium der Postdemokratisierung wird mit neuen Sprechweisen verknüpft, die wir verharmlosend »Sprechblasen« nennen (dabei ist, wie jeder Comic-Fan weiß, eine Sprechblase die durchaus fundamentale Verknüpfung eines Bildes mit einem Text, weshalb eine Sprechblase die adäquateste Vermittlung der postdemokratischen Herrschaft wäre). So entsteht also eine semantische Doppelexistenz des Menschen als Identität auf seinem Waren- und Zeichen-Marktsegment und unter einem »Schirm« der sprachschöpfenden/ sprachzersetzenden Ausdrucksweise der postdemokratischen Regierung selber. Und so leben wir in zwei Sprachen der Macht, während uns selbst ganz buchstäblich »die Sprache wegbleibt«.

Müssen wir uns eine semantische Verschwörung vorstellen – Menschen etwa, die in geheimen Sprachlaboratorien (einst hätte uns das Aufkommen dieses Wortes zu denken geben sollen) die manipulative Wirkung von Worten, Wortketten, Wortverdrehungen etc. an wehrlosen semantischen Gefangenen erproben? Aber nein, lächelt der Liberale: Das regelt der Markt! Dass es dabei »Spezialisten«, »Agenturen«, Profiteure und Mitmacher gibt, ist eine andere Sache. So blöde manches an den neuen Formen der Herrschaft sein mag, blöd genug, um nicht zu wissen, wie sehr Sprache ein Herrschaftsmittel ist, sind die Herrschaften nicht. Daher beginnt der zivile Ungehorsam damit, der neuen »liberalisierten« Form der Herrschaftssprache zu widersprechen, das Recht auf eigene, das Recht auf demokratische Sprache zu fordern.

Wenn die Philosophie die Grenze des Ausdrucks des Denkens in der Sprache sieht, darf sie artig im Schoß der Wissenschaften bleiben. Denkt sie »unwissenschaftlich« darüber hinaus, wird sie entweder zur »Kunst« oder zum Wahn. Aber vielleicht haben die Philosophen die Grenzen des Ausdrucks des Denkens immer nur beschrieben. Es kommt indes darauf an, sie zu verändern.

Nehmen wir einmal an, ein »Machtpolitiker« – was für ein Wort! Als wäre je einer Politiker ohne von der Macht geleitet zu sein: Aber immerhin mag ein Machtpolitiker das Prinzip perfekt zu verkörpern – bekommt den Satz von Wittgenstein (aus dem Zusammenhang gerissen, wie man so sagt) in die Hände. Dann dreht er ihn natürlich stantepede um: Die Grenzen des Ausdrucks der Interessen meiner Objekte der Macht sind die Grenzen ihrer Sprache. Dem Untertanen müssen seine Grenzen in Form der Grenzen seiner Sprache aufgezeigt werden. Jeder Terror beginnt mit der Sprache (und jedes Verbrechen gegen die Sprache nimmt die Verbrechen gegen die Körper vorweg).

So definieren wir in einer Form der »demokratischen« Herrschaft die Grenzen unserer Welt als Grenzen der Ausdrückbarkeit von Ideen. Eines der Mittel dazu ist die Definition einer »vernünftigen« Sprache. Wenn nun aber genau in dieser vernünftigen Sprache, der Sprache der Kaufleute und der Techniker einstmals, der wahre Sachverhalt nicht auszudrücken wäre, zum Beispiel, weil das, was wir als Wirtschafts- und Gesellschaftssystem kennen, sich eben nur als Zusammenspiel von »rationalen« und »irrationalen« Elementen, von Berechnung und Chaos realisiert? Dann wäre sowohl rationales (»wissenschaftliches«) als auch irrationales (»künstlerisches«) Sprechen zum Scheitern verurteilt, denn es würde jeweils eine Hälfte des Systems, von dem die Rede ist (und von dem in diesem Zusammenhang nicht einmal festgestellt werden könnte, ob es sich tatsächlich um ein System oder nicht doch ein von systemischen oder post-systemischen Kräften durchzogenes Chaos handelt) unbedingt ausblenden.

»Kultur« wäre in diesem Zusammenhang nichts anderes als eine Wächter-Instanz, die dafür sorgt, dass es zu keiner unbotmäßigen Vermischung der beiden Sprechweisen kommt. Kultur bewacht die Grenzen deiner Sprache und bestraft den Grenzübertritt.

Nehmen wir nun Folgendes an – und bloße Beschreibung der Zustände könnte uns das bestätigen, gäbe es da nicht noch ganz andere Grenzen in der (politischen) Kultur: Für den globalisierten Finanzkapitalismus gibt es kein angemessenes gesellschaftliches Regelsystem. Oder, um es mit den Worten von Slavoj Zizek zu sagen, der es in Bezug auf das chinesische Regierungssystem betont: Es gibt eine »Unmöglichkeit (und gleichzeitig die Notwendigkeit) einer gesellschaftspolitischen Ordnung, die ihm gerecht würde«. Der Widerspruch zwischen Ökonomie und Gesellschaft ist, um es mit altmodischen Worten zu sagen, unerträglich, unerklärlich und unbeherrschbar.

Wir können, da wir eine Kultur als Wächterinstanz haben, die eben dies verhindert, diesen Widerspruch nicht nur nicht beheben (etwa durch eine radikale Domestizierung des Marktes, von dem man mehr oder weniger links immer wieder träumt, ausgerechnet durch die korruptesten und dümmsten Instanzen, den Staat oder »die Partei«), wir können ihn nicht einmal denken und beschreiben. Der Widerspruch zwischen Ökonomie und Gesellschaft liegt, in einem Durcheinander von Narrativen, in der alle Art von Sprache aufgespalten ist in eine Sprache der Effizienz und eine Sprache der »Unterhaltung«, tatsächlich jenseits meiner Welt.

Opposition und Dissidenz können sich nicht finden, da sie keine »Sprache« haben. Anders gesagt: Opposition und Dissidenz, die solche Bezeichnung verdienen, beginnen mit der Rückeroberung der Sprache. Ja, die Grenzen meiner Sprache sind die Grenzen meiner Welt. Aber ich, nicht die Interessen der Deutschen Bank und der Werbewirtschaft, nicht Angela Merkel und das Fernsehen und auch nicht das deutsche Feuilleton, bestimme die Grenzen meiner Sprache.

Auch wenn ich darüber zu schweigen hätte, wovon ich nicht sprechen kann (wie gesagt: nicht im Wittgenstein-Diskurs reden wir hier, sondern im landläufigen Gebrauch eines mythischen Satzes), ließe ich mir die Frage nicht nehmen, wer denn darüber bestimmt, wovon ich nicht sprechen kann.

Unsere Kultur ist das Paradoxon einer Sprechverbotsmaschine im Gewand einer Liberalisierungsmaschine. Die Sprechakte werden frei, insofern sie unverbindlich sind. Wie im richtigen Leben und an den einst »scharfen« Linien zwischen Nationen, Sprachen, Religionen, Klassen oder Kulturen haben wir nun »weiche Grenzen« auch zwischen dem, was gesagt werden kann und dem, was nicht gesagt werden kann. Nach »unten« gleichsam, wo die Sprache wieder in ein körperliches, animalisches oder kindliches Murmeln, Lallen, Rülpsen, Schreien, Heulen, Meckern etc. übergeht; nach »oben«, wo es nur als mehrfach abgesichertes – wir würden sagen: durch Macht- und Blödmaschinen bearbeitetes – ironisiertes, selbstkontrolliertes und rationalisiertes Ausdrücken von Grenzbewusstsein gilt.

Die Antwort auf ein »Think big!« ist eben nicht mehr ein »großer Gedanke« (oder gar ein neuer), sondern ein politisch-ökonomisch-mafiös regulierter Bahnhof in einer strebsamen süddeutschen Stadt. Die Blödheit dieses Projektes, nur zum Beispiel, lässt sich in »vernünftiger Sprache« gar nicht ausdrücken (insofern sind solche Projekte, Polizeigewalt inklusive, perfekter wenngleich »unbeschreibbarer« Ausdruck des irrationalen/rationalen Widerspruchs zwischen Gesellschaft und Ökonomie. Möglicherweise liegt eine wenngleich groteske »Lösung« darin, dass die Ökonomie die Gesellschaft gar nicht mehr zu beherrschen versucht – umgekehrt geht es ja offenbar ohnehin nicht mehr –, sondern sie einfach abschafft. Geld regiert die Welt. Wer sagt, dass es dazu noch Menschen braucht? Oder »Sprachen«).

So viel steht fest – ich mache mir allerdings wenig Hoffnungen, dass es jemand unter den »Blödmaschinen«-Kritikern akzeptiert, welche sich an der »Unordentlichkeit« und der Vielfältigkeit von Methoden, Narrativen und Perspektiven stoßen: Die Ordnung der Diskurse und die Grenzziehungen der »Kultur« sind erprobte Mittel, Opposition und Dissidenz daran zu hindern, die »verbotenen Zonen« zu betreten. Denn dorthin ist nur zu gelangen, wenn man eben die Grenzen des erlaubten Ausdrucks überschreitet. Wenn es sein muss, in »unfertigen Ideen«, in »unscharfen Bildern«, in koboldhafter Sprache, im Tunnelbau oder in Höhenflügen.

Mag sein, dass man an gewisse Orte der »verbotenen Zone« (also jenes Niemandsland, in dem alles, wenngleich wild und schmerzhaft, von der Unmöglichkeit spricht, Ökonomie und Gesellschaft, so wie sie sind, noch einmal miteinander zu versöhnen) nur gelangt, wenn man auf gewisse Ordnungen der Diskurse erst einmal pfeift. Die Diskursordnungshüter mögen das unter vielem anderen auch »Raunen« nennen.

Was war das Raunen noch? (Abgesehen davon, dass wir einst im Raunen des Windes und der Wasser den suggestiven Fluss des kosmischen Körpers zu

266

erahnen suchten und daher Gedichte schrieben oder elektronische Musiken.)
Ein Raunen geht durch das Volk im Angesicht des Herrschers. Zum Beispiel.
Darin mag noch offen sein, ob ein Jubel oder eine Revolution ausbrechen wird.
Im Angesicht der Schergen indes können wir uns nur etwas zuraunen, unter-
halb, so hoffen wir, der Hörschwelle der Ordnungshüter. Es gibt ein Raunen
von dem Ort, an dem noch keiner war (daher raunt sich's, Blochsch, auch gut
von »Heimat«). Vielleicht ist auch Kunst nichts anderes als ein Raunen in der
Gesellschaft, die sich beständig selber die Grenzen ihrer Diskurse aufzeigen
mag. Im Raunen nimmt noch jeder Diskurs seinen Anlauf. Wo Mutmaßungen,
Gerüchte, unfertige Gedanken und Bilder, Gesten der Dissidenz, Suggestionen,
Korruptionen auch durcheinander gehen: ein Nebel, der sein Lichten in sich hat,
hoffentlich. Oder auch die vorläufige Verbindung von Diskursen, die noch keine
Ordnungen haben.

Ist es nicht bemerkenswert, dass sich eine Kultur, die gar nichts anderes mehr
kann als raunen (sie erraunt die Welt im fortlaufenden Fernsehfilm und in den
Feuilleton-Seiten), mit einer Politik, deren Vertreter scheinbar das Kunststück
beherrschen, entschieden und »überzeugt« zu raunen, im kritischen Diskurs
jedes unziemliche Geraune verbietet?

Wenn Jean-Luc Godard verlangt (wieder so ein mythischer Satz, der jenseits
seines Urhebers und seines Werkes Karriere gemacht hat), dass man nicht politische Filme machen solle, sondern politisch Filme, dann gilt das zweifellos für jede
Sprache. Es geht nicht allein um die in den Diskursen ausgedrückten Ordnungen,
es geht um die Diskursordnungen selber. Es geht nicht nur um die Ordnung, die
sich in der Sprache ausdrückt, sondern auch um die Ordnung, die durch Sprache
geschaffen wird.

Die Sprache, die im Sinne der Deutschlehrer so furchtbar »freigegeben«
scheint, die sich, nehmen wir das Internet als Beleg, ganz direkt in ein Dauer-
raunen zurückverwandelt (so als bestehe Sprachunterricht nur noch aus dem
»Schwätzen« vor der Ankunft eines Lehrers, der nie wieder kommen wird), verwandelt sich zugleich in ein furchtbares Instrument der Kontrolle. Medien werden Grenzziehungsmaschinen unserer Sprache wie unserer Welt.

Hier, unter vielem anderen, liegt das Versagen der bürgerlichen Kultur. Statt
nach einer neuen Sprache zu suchen, verwaltet sie die kläglichen Reste der alten.
Sie kennt nur den reaktionären Abwehrkampf gegen das »Verkommen« der Sprache, natürlich ohne zu erkennen, dass dieses »Verkommen« der Sprache kein
willkürlicher Prozess ist, sondern eine gesellschaftliche Produktion: Die Spra-

che muss »verkommen«, damit in ihr der Widerspruch zwischen Ökonomie und Gesellschaft nicht ausgedrückt werden kann. Damit sich in der Sprache kein Interesse, sondern allenfalls ein Bedürfnis ausdrücken kann. Die Sprache verkommt nicht von unten, sondern von oben. Sie verkommt in und an der Transformation der Macht in der Postdemokratie.

Wenn uns in dieser Situation der Ruf nach der Ordnung, der Geschlossenheit, dem »Funktionieren« der Diskurse entgegen hallt, möchte man an so viel reaktionärer Borniertheit verzweifeln (Aber was haben wir erwartet?).

Es bleibt einem nicht viel mehr als zu raunen: Mit dieser Kultur wird es keine Änderung geben. Indem sie sich selbst gegen die unordentlichen Diskurse schützt, schützt sie »die Verhältnisse«. Wenn es aber wahr ist, dass der ungelöste Widerspruch zwischen Ökonomie und Gesellschaft sich von Krise zu Krise zu einem Zustand der Katastrophe als Dauerzustand entwickelt, dann ist jene Kultur, die die Ordnung der Diskurse bewacht, nicht Teil der Lösung, sondern Teil des Problems.

NO MARTYRS!
Soziale Bewegungen im Post-Heroismus

Wir kommen von weither, und weit werden wir gehen.
Palmiro Togliatti

Auf den Demonstrationen der Opposition in Ägypten 2011 wurden Transparente mit den Namen jener in den Vordergrund gestellt, die von Polizei und Agenten ermordet worden waren. Sie erhielten ausdrücklich den Status von »Märtyrern«. Die neue Demonstration gegen die Verschleppung der versprochenen Reformen und die Behinderung der Demokratisierung wurde in den Reden und vor den Kameras bezeichnet als Ausdruck einer »Verpflichtung« gegenüber den Toten, dass man den Kampf fortsetze. Den Toten, die man als Märtyrer bezeichnet, sind die Lebenden, so ist es Sprach- und Mythengebrauch, »etwas schuldig«. Die historische Aufgabe, für die sie gestorben sind, muss erledigt werden, und gleichzeitig muss ihr Tod durch »Gerechtigkeit« gesühnt werden. Diese doppelte Sinnproduktion verknüpft das Opfer mit dem Aufruhr; aus Geschichtsbüchern und Hollywood-Filmen weiß man: Der Märtyrer ist der Beginn vom Ende des Diktators.

Das, jedenfalls, ist der Mythos. Die Wahrheit ist indes, dass eine ökonomisch gut funktionierende Diktatur (und jede Diktatur funktioniert im Weltkapitalismus ökonomisch gut, weil sie sich, wenden wir einen kurzen Seitenblick nach Saudi-Arabien, die Mittel beschaffen kann, sich die Unterdrückungswerkzeuge zusammen zu kaufen) sich jede erdenkliche Anzahl von Opfern leisten kann, im Zweifelsfall sogar nicht nur einzelne Menschen oder Parteien, sondern ganze Völker, »Rassen« oder Religionen »opfert«. Erst in der Phase der Schwäche der Diktatur (das Alter des Diktators, die innere Aushöhlung des Regimes durch seine Korruption, die ökonomische Überdehnung, der Verlust von verlässlichen Komplizen etc.) kann das Auftauchen von Märtyrern (jenen Opfern des Regimes, die auf eine ganz spezielle Weise sichtbar werden) von entscheidender Bedeutung sein.

Erst durch den Märtyrer, in dessen Bild sich die Trauer um ein (weiteres) Opfer ungerechter und gewalttätiger Macht in Zorn und in eine politische Mythologie verwandelt, erhält eine soziale Bewegung ihren heroischen Gehalt. Die Gestalt vieler ihrer Gesten, in denen Widerstand und Opposition zum Ausdruck kommen, sind nun Wiederholungen der Märtyrerbilder, und das Märtyrerbild wird zur Ikone. Was uns dabei verlegen machen könnte, ist der Umstand, dass die Produktion des Märtyrerbildes so unabhängig vom politischen Inhalt der Bewegung geschieht: Märtyrer gibt es bei den Rechten wie bei den Linken, bei politischen, religiösen, kulturellen und sogar sportlichen Bewegungen, und Märtyrer haben auch »unpolitische« Riots gegen Polizeigewalt und Stadtverwaltungen. Im Märtyrer vollzieht sich der radikale Bruch; es ist das Opfer, nach dem es keine Versöhnung, keinen Ausgleich, kein Zurück mehr geben kann. Es wird eine dünne Linie überschritten, die die Demonstration der Stärke eines Systems vom Sinnbild seines kommenden Sturzes und seiner moralischen Verurteilung trennt. Märtyrer scheinen einen Konflikt eindeutig und linear zu machen, der es vorher vielleicht gar nicht war.

Aber Märtyrer werden ja nur sehr, sehr selten willkürlich erzeugt, sie sind in aller Regel Spiegelbilder der Verbrechen der Mächtigen und ihrer Helfershelfer, die, vielleicht überraschenderweise, von einer nicht zum Schweigen zu bringenden Gruppe von Menschen zur Kenntnis genommen werden. So wie die öffentliche Gewalt der Mächtigen eine Waffe ist, ist auch der Märtyrer eine Waffe; sein Bild ist, wie die Strategen der Macht nur allzu gut wissen, »gefährlich«. In diesem Opfer-Bild freilich haben wir auch die Grenze der »zivilen« Auseinandersetzung überschritten. Eine demokratische Gesellschaft ist daher, unter vielem anderen, eine, die versucht, das Opfer in aller politischen Auseinandersetzung zu vermeiden. Die Wandlung einer demokratischen zur postdemokratischen Gesellschaft lässt sich daher auch an der Bereitschaft der eigenen Organe festmachen, das Opfer- und Gewaltbild zu produzieren. Was in einer demokratischen Gesellschaft noch eine »Entgleisung« der Polizeimacht ist, das ist in der postdemokratischen Gesellschaft schon der Regelfall. Deshalb ist es für eine zivile, humanitäre und kritische soziale Bewegung nur sehr bedingt eine Option, auf die metapolitische Sprache von Opfer und Märtyrer zu verzichten. Und ganz gewiss »wollte« die ägyptische Opposition die Märtyrer ihrer Bewegung nicht. Sie kann nicht einmal darauf verzichten, ihrer öffentlich zu gedenken. Sie sind Teil der moralischen Begründung der Revolte. Und doch archaisieren auch diese Märtyrer eine zivile Bewegung.

Vor zehn Jahren starb der Student Carlo Giuliani in Genua durch die Kugel eines jener Polizisten, die damals einerseits in einem unverhältnismäßigen, rechtsstaatswidrigen Einsatz die Demonstranten gegen den G8-Gipfel misshandelten und die offensichtlich andererseits noch einmal persönliche oder kollektive sadistische und mörderische Energien innerhalb und jenseits des rechtsstaatswidrigen Einsatzes freisetzten (das Verhältnis von »Entgleisung« und »Normalfall« war wohl noch unentschieden). Auch Giuliani ist in diesem doppelten Sinne ein »Märtyrer«, insofern sein Tod eine Verpflichtung ist, das Potential der Empörung weder einschlafen noch unterdrücken zu lassen, und insofern, als es zu seinem Tod so wie zum ganzen polizeilichen Vorgehen in Genua nie eine rechtsstaatlich akzeptable Aufarbeitung gegeben hat. Es gelang der Regierung Berlusconi, unter anderem durch ihre Medienmacht, die Opfer ihrer Gewalt nicht etwa zu verschweigen, sondern sie zu verhöhnen und zu den eigentlichen Tätern zu machen. Anders als in Diktaturen wie in Ägypten ist in den indirekten Machtstrukturen der Postdemokratie der Märtyrer doppelt und widersprüchlich erzeugt. Er ist ein Medienprodukt, das noch im günstigeren Fall einer wohlwollend-ambivalenten Darstellung (denken wir an die Medienberichte zu den Polizeieinsätzen gegen die »Stuttgart 21«-Demonstranten) weniger konkrete Solidarität und Verpflichtung als vage Ablehnung erzeugt. Carlo Giuliani wurde nicht zu dem abstrakten und rhetorischen Märtyrer, den soziale Bewegungen auch in der Moderne benutzen. Glücklicherweise vielleicht.

Ist nach zehn Jahren, wenn sowohl die Verpflichtung zur Fortsetzung der Revolte als auch die Forderung nach der Gerechtigkeit an der Arroganz der Macht scheiterte, die Bildkraft des Opfers im Märtyrer verbraucht? Vielleicht ist es genau anders herum: Die Entwicklung der sozialen Bewegungen in der postheroischen Kultur macht es möglich, hinter dem Märtyrerbild wieder den Menschen zu sehen, der heute »einer von uns« wäre. Das Opfer macht den Bruch zwischen der Dissidenz und dem Mainstream »total«: Wenn es um eine Auseinandersetzung *innerhalb* der Demokratie geht, dann darf es keine Opfer geben. Der Tod von Giuliani ist das Bild eines Märtyrertums, das sich zwar nicht direkt umsetzt, aber »aufgehoben« wird. Das Bild seines Todes wurde nicht vergessen. Aber zugleich macht es auch deutlich, dass es in der politischen Mythologie nicht mehr vollständig funktioniert. Es wurde zum Bild von Trauer und Ohnmacht. Zum Zorn gehört es, dass dieser Tod »sinnlos« war, weil die Macht und die Rebellion gegen sie sich nicht in einer Sprache treffen. In der Welt, in der die Medien die Sprache der Mächtigen sprechen und auch noch das dramatischste politische Geschehen in Entertainment verwandelt wird, verliert das Märtyrerbild seine Wirksamkeit. Und in der Welt, in der jeder und jede die »Macht der Bilder« kennt und durchschaut, wird die Anwendung dieser drastischen politischen Sprache durchaus obsolet.

Was möglicherweise das postheroische vom anti-heroischen Gestus unterscheidet, zeigt sich in Kleinigkeiten wie der Sprache, in der sich etwa in Frankreich Vertreter des zivilen Ungehorsams »résistants« statt der »Résistants« mit Großbuchstaben, Kämpfer gegen die faschistische Besetzung mithin, nennen: Eine Tradition wird angesprochen, aber auch heruntergespielt. Dagegen Programm ist »Désobéissance éthique«, wie sie Elisabeth Weissman beschreibt: Eine soziale Bewegung, die sich nicht in organisierten und kollektiv-formellen Formen (wie der Gewerkschaft oder einer Partei) äußert, sondern als persönliche »moralische Befehlsverweigerung«, und die sich nicht auf Interessen und Privilegien, sondern auf Werte und Entscheidungen bezieht.

Die Désobéisseurs-»Bewegung« in Frankreich ist definitiv postheroisch: Lehrer, die sich weigern, eine absurde Reform durchzusetzen, Postbeamte, die sich weigern, den Kunden als erstes immer die teuersten Tarife anzubieten, Pfleger in der Psychiatrie, die sich weigern, die Patienten chemisch ruhigzustellen oder zu fixieren, Angestellte der Stromversorgung, die sich weigern, den Kunden bei Zahlungsunfähigkeit den Strom abzustellen. Im Jahr 2010 immerhin gehörten unter den Lehrern 3000 zu den öffentlich bekennenden »Désobéisseurs«; es ist aber eine wesentlich größere Zahl zu vermuten, die sich nicht öffentlich zu dieser Praxis bekennen wollen.

Verständnis, Billigung, Sympathie und schließlich Teilhabe in Bezug auf eine der neuen postheroischen sozialen Bewegungen verhalten sich um so offener zueinander, als die alten politischen Organisationen, sei es aus Unfähigkeit, sei es aus Unwillen, das Zentrum der Auseinandersetzung verlassen. In den gut zwanzig Jahren beispielsweise, in denen sich im italienischen Susatal der Protest gegen das Tunnel-Projekt für den TAV (Treno Alta Velocitá) zwischen Turin und Lyon formierte, wandelte sich die Gestalt des Widerstandes. Am Anfang waren es die großen oppositionellen Parteien bis hin zum Partito Democratico, die gegen das unsinnige und umweltzerstörerische Projekt agierten, dann wandelten sie sich nach und nach zu Parteigängern solcher neoliberalistischer Großprojekte. Zentrum des Widerstandes wurden nun mehr und mehr die lokalen und unabhängigen Gruppen, die sich immer wieder neu zu organisieren verstanden.

Allenfalls Beppe Grillo mit seinem Movimento Cinque Stelle blieb bis zu einem gewissen Grad im heroischen Diskurs. Doch umgekehrt wechselte sogar Staatspräsident Giorgio Napolitano die Seiten; als ehemaliger erklärter TAV-Gegner forderte er ohne Not, der Staat müsse »mit äußerster Geschlossenheit gegen die Gewalt vorgehen«. Solche Wechsel trugen das ihre dazu bei, die Beziehungen zwischen den einst als integer verstandenen Vertretern der alten parlamentarischen Politik und den neuen sozialen Bewegungen zu kappen. Der Wandel der sozialen Bewegungen hängt nicht zuletzt auch mit dem Verrat solcher politischer und moralischer Instanzen zusammen, die ein heroisches Vorbild abgeben würden oder durch ihre Entschlossenheit, wie in den Ländern der politischen Diktatur, die Verbindung von Autorität und Opferbereitschaft erneuerten. So muss, wie im italienischen Beispiel, die postheroische Bewegung schließlich lernen, so sehr ohne Führer wie ohne Märtyrer, so sehr ohne Vorbilder wie ohne moralische Autoritäten aus der Sphäre offizieller Politik und Kultur auszukommen. Dies ist Verlust und Chance zugleich.

Denn eines ist klar: Das Opfer ist unmenschlich. Die Menschlichkeit einer sozialen Bewegung zeigt sich nicht zuletzt darin, dass auch sie das Opfer vermeiden will. Und umgekehrt sind es die unmenschlichsten aller sozialen (und religiösen) Bewegungen, die

ihren Mitgliedern einreden, das Opfer sei notwendig (oder gar heilig), der Märtyrer-Status das erstrebenswerteste Ideal. Unmenschlich verdient aber auch eine Staatsmacht genannt zu werden, die das Menschenopfer bei der Verteidigung ökonomischer und politischer Interessen billigend in Kauf nimmt und seine direkten Exekutoren (wie in Genua, Stuttgart und Val di Susa in denkenswert gleicher Rhetorik geschehen) postwendend ihrerseits zu »Helden« erklärt.

»Ziviler Ungehorsam« ist eine Geste der sozialen Bewegung gegen die Arroganz der Macht, die nicht auf die Produktion von Opfer und Märtyrer ausgerichtet ist. Die Gegenseite scheint diese Postheroisierung der Revolte (phänotypisch wird sie auch gern »Verbürgerlichung« genannt), nicht zu akzeptieren. Die polizeilichen Einsätze sind seitdem eher verschärft als angemessener geworden, in Stuttgart haben Wasserwerfer und Pfefferspray immerhin noch eine leichte Entrüstung bis in den Mainstream hinein ausgelöst; der Einsatz der italienischen Polizei im Val di Susa gegen die Gegner des Tunnelprojektes wurde sogleich von den Politikern und Journalisten rhetorisch verteidigt, unglücklicherweise bis ins »Mitte-Links«-Bündnis hinein. Der Umbau in die Postdemokratie scheint perfekt: Was da nach allen Regeln der Rechtsstaatlichkeit nur als unerhörte Entgleisung der Polizeigewalt erscheinen könnte, wird bereits von einer Mehrheit als »Normalfall« akzeptiert. Und in beiden Fällen, in Stuttgart wie im Val di Susa, wird die Polizei eingesetzt, um ökonomische Interessen durchzusetzen, nicht um rechtsstaatliche Codes zu verteidigen. Die Demonstration, mit deren Auflösung die brutale Polizeiaktion begann, fand auf einem Platz im Ortskern statt, für dessen Benutzung die Organisatoren der Stadt Miete bezahlt und einen ordnungsgemäßen Vertrag dazu abgeschlossen hatten. Die Polizei ging über diesen zivilrechtlichen Code nicht nur arrogant, sondern bewusst hinweg: Nicht das Recht wird gegen die Rechtsbrecher mit der Hilfe der Polizei durchgesetzt in der Postdemokratie, sondern das Recht des Stärkeren bricht das Recht des Schwächeren, inmitten eines sich in Auflösung befindenden Rechtssystems und Rechtsverständnisses. Kurzum: Auf die Entheroisierung des zivilen Widerstands (die unter anderem auf die Vermeidung des Opfers und den Verzicht auf den Märtyrer ausgerichtet ist) antwortet die postdemokratische Macht mit einer Rebarbarisierung, Archaisierung und Dramatisierung des Konflikts.

Wer die Vorgänge im Val di Susa beobachtet hat, weiß, dass es tatsächlich an ein Wunder grenzt (oder nur der guten Organisation der Demonstranten zu verdanken ist), dass es nicht erneut Schwerverletzte oder gar Tote gegeben hat. Dadurch, dass die Polizei gezielt Rückzugswege versperrte und Fallen stellte, brachte sie nur allzu deutlich zum Ausdruck, dass es ihr nicht allein um die Leerung des (Bau-)Platzes ging, sondern um Gewalt gegenüber dem »Gegner«. Die »Profis der Gewalt«, wie die Polizisten (anerkennend!) genannt wurden, hatten durchaus zur Nebenaufgabe, Bilder der Gewalt zu erzeugen, propagandistisches Material zur Abschreckung. Immer wieder scheint es, als sei man geradezu auf die Produktion des Opfers aus. Je weniger die »bürgerlich« genannten Bewegungen gegen die Arroganz der Macht selber »heroisch« und eben märtyrerhaft sein wollen, desto mehr wächst der Druck der Staatsgewalt, zu demonstrieren, welche

Opfer die Unbotmäßigkeit verlangt. Sie ist es, die mehr oder weniger bewusst die Auseinandersetzung archaisiert. Eine Polizei, die nicht auf der Basis von Rechtsstaatlichkeit agiert, verteidigt keine demokratische Ordnung, sondern ist Partei in einem strukturellen Bürgerkrieg. So nimmt die Postdemokratie auch hier bereits Elemente der kommenden Tyranneien vorweg.

Vielleicht braucht die Opposition keine Märtyrer mehr, aber die gewaltbereite Mehrheit in Staat, Wirtschaft und Mediengesellschaft braucht ihre Schurkenbilder. Ohne Gewaltbilder scheinen unsere Medien an sozialen Bewegungen nicht das geringste Interesse zu haben (allenfalls gibt es noch die Macht der großen Zahl oder den Auftritt von »Prominenz«). Wenn also eine Demonstrationen gegen Großprojekte von der Polizei gewaltsam aufgelöst werden, kann das nur zwei Gründe haben: 1.) Die Zeit drängt. Im Val di Susa geht es um einen Termin für den Baubeginn, mit dem Zahlungen aus Brüssel verbunden sind, so kann »Europa« den Knüppel von Polizisten in einem Piemonteser Tal führen, und die Verpflichtung zum »Baubeginn« spielt auch in Stuttgart ihre unrühmliche Rolle. 2.) Man *will* das Gewaltbild erzeugen, im festen Glauben daran, die entsprechenden Medien werden damit schon exakt die Geschichte erzählen, die man benötigt. Beide Strategien, der »Blitz« und die Propaganda, gehen nicht mehr wirklich auf gegenüber einer post-heroischen Bewegung, die immer wieder andere Strategien der Sichtbarkeit jenseits des mythischen Gewalt- und Märtyrerbildes entwickelt. Eben dies ist die Stärke einer postheroischen Bewegung: Sie muss nicht mehr zwangsläufig in die Gewalt- und Opferfalle laufen, die der postdemokratische Staat ihr stellt.

Für die neuen sozialen Bewegungen ist es wichtig, ohne Vor-Bilder auszukommen. Mit dem Angriff von Al-Qaida auf die Twin Towers war das Doppelgesicht der Globalisierung nur zu deutlich geworden: Es war nicht länger möglich, dass sich die Welt kontinuierlich nach dem einen großen Bild des globalen Kapitalismus und darin des »american way of life« weiterentwickeln würde, aber was dagegen auftrat, war keine »Alternative«, sondern nur die furchtbare Kehrseite. Und als die amerikanischen Kräfte des »Krieges gegen den Terror« den Al Qaida-Führer überraschten, da schlugen sie die Chance aus, statt eines politischen Mordes (für den man im eigenen Teil der Welt nur allzu viel Zustimmung erhielt) eine Gefangennahme und einen Prozess im Namen der Menschenrechte gegen Osama Bin Laden zu erhalten. Barbarei und Moderne spiegeln sich nicht nur in den zwei Seiten des Konfliktes, sondern innerhalb der einzelnen Kräfte.

Noch einmal: Die Polizei zwischen Rechtsstaatlichkeit und Bürgerkriegsarmee.

In der Regel müssten wir in einem demokratischen Staat von einer Polizei ausgehen dürfen, deren beide ersten Aufgaben es sind, den Rechtsstaat zu schützen sowie Bürgerrechte, Menschenwürde und demokratische Verfassung zu gewährleisten. In der Postdemokratie allerdings sind Zweifel an dieser Funktion der Polizei durchaus angebracht. Offensichtlich bereitet man sich in verschiedenen europäischen Ländern auf Demonstrationen vor, die möglicherweise in die Nähe von Volksaufständen gelangen. Hier entstehen drei neue Aufgaben: Die Verteidigung des Staates an sich, also auch dann, wenn das Verlassen der rechtsstaatlichen Grundlage offensichtlich ist, die Parteilichkeit in einem nicht erklärten Bürgerkrieg und eine Orientierung mehr am »Besitz« als am »Menschen«.

Für die Transformation der Polizei von einem Instrument der demokratischen Regierung zur Sicherung des Rechtsstaates in ein Instrument des Bürgerkriegs gibt nicht zuletzt die unverhältnismäßige technologische Aufrüstung Aufschluss, sondern auch strategische Konzepte wie das 2010 begonnene Projekt »Godiac« (»Good Practice for Dialogue and Communication - as strategic principles for policing political manifestations in Europe«, in dem Polizeibehörden aus elf europäischen Staaten die Taktiken von Demonstranten erforschten und die effizientesten Maßnahmen gegen sie entwickelten. Auf eine Internationalisierung der Demonstrationen gedenke man mit einer Internationalisierung der Polizei zu reagieren, die vor allem eine grenzüberschreitende Ausweitung von politischen Demonstrationen zu verhindern habe. Demonstrantinnen und Demonstranten wurden in den »Feldforschungen« von Godiac zu einer Mischung aus Versuchstier und Terrorist eingestuft.

In dem publik gewordenen Funkgesprächen zwischen dem Polizeipräsidenten und dem Einsatzleiter am »schwarzen Donnerstag« in Stuttgart war ausdrücklich von »sehr rustikalem« Vorgehen die Rede und: »Das wird ein sehr harter Einsatz«. Ausdrücklich auch wurde statt des Sprühens der Wasserwerfer jener Strahl angeordnet, der dann Dietrich Wagner um 13:47 mit 16 bar aus nächster Nähe traf und ihn

Nirgendwo in den Protokollen dieses Vorgehens ist von einer Verhältnismäßigkeit oder gar von Strategien zur Deeskalation die Rede, stattdessen scheinen sich Politik, Einsatzleiter und Polizisten vor Ort, was die »Härte« des Einsatzes anbelangt, gegenseitig »gepuscht« zu haben. Noch schlimmer kam es bei der »Aufarbeitung« des Falles, als man von offizieller Seite versuchte, den Rentner als Steinewerfer zu denunzieren (glücklicherweise liefen die Bildermaschinen auf Hochtouren und konnten diese Anschuldigung widerlegen).

Das Politische und die Politik. Wir haben, so viel dürfte klar geworden sein, im Vorangegangenen versucht, zivilen Ungehorsam, Kritik und Widerstand (Empörung auch, um in den Worten der Leidenschaft zu sprechen) nicht nur als ökonomisch-politische Zwangsläufigkeit, also als Aufstand der Verlierer gegen die Gewinner eines Diskurswechsels in Politik und Ökonomie, sondern auch als moralische und kulturelle Geste zu beschreiben. Neben den Widerstand jener, die unter bestimmten Umständen nicht leben *können,* tritt der Widerstand jener, die unter diesen Umständen nicht leben *wollen.* Diese Geste unterscheidet sich im übrigen auch von der Geste einer apokalyptisch bestimmten Opposition, die ihren Widerstand mit der Rettung der Welt vor den Zerstörungskräften des Systems begründet, der Zerstörung der Umwelt, der Bedrohung zukünftiger Generationen, der Vernichtung des Lebens am Ende. Wirklich gefährlich für das Ineinander von Postdemokratie und Neoliberalismus würde es wohl erst, wenn sich diese drei zunächst so unterschiedlich (in Teilbereichen gar widersprüchlich) erscheinenden Formen der Dissidenz miteinander (und möglicherweise mit anderen, »versprengten« Formen der Dissidenz in gesellschaftlichen »Nischen« und Subkulturen) vernetzen würden. Es ist der Markt selber sowie die Sprechweise postdemokratischer Herrschaft, die Interesse, Moral und Voraussicht als Impulse des Widerstands voneinander spalten.

Postdemokratische Herrschaft ist, wie immer wieder gezeigt, »flüssig« und durchaus »liberal«; sie ist gleichsam allgegenwärtig und zirkulierend (wie es etwa Michel Foucault beschrieben hat), und so stellt sich die Frage, ob und wie einer solch zirkulierenden Macht, einer verflüssigten Form von Ordnung (Ausbeutung, Terror und Entwürdigung eingeschlossen) überhaupt Widerstand entgegen gebracht werden kann, außer man zwänge (wie freilich auch sich selbst) die adressierte Macht zum »Rückfall« in die alten, kristallinen Formen – zum Beispiel indem man ihre Gewaltlatenz zum manifesten Ausdruck bringt. Ach, und wie wenig bedarf es, diesen Rückfall zu erzeugen, sogar wenn man weit davon entfernt ist, ihn provozieren zu wollen. Eine Grundeigenschaft der postdemokratischen Herrschaft ist dies: Es handelt sich um eine »nervöse« Form der Herrschaft. Sie ist sich ihrer selbst so wenig sicher (kann sich so wenig selber erklären, wie sie sich auf ihre ökonomischen Verbündeten verlassen kann, kann sich des populistisch verblödeten Volkes so wenig sicher sein wie ihrer Transmissionsriemen der ökonomisierten, privatisieren und populistisch stimulierten Medien), dass »Überreaktion«, »Gereiztheit« oder »Unsicherheit« förmlich zu ihrem Wesen gehören (so ist, um das Modell zu vollenden, eben Postdemokratie auch nie ein Endprodukt in der Abwärtsentwicklung kapitalistisch-demokratischer Gesellschaften, sondern stets wiederum nur prekärer Übergang).

Die Antwort der Dissidenz auf die Verflüssigung der Macht ist eine »Befreiung des Fragens« im Sinne Foucaults, das heißt die Formulierung eines Widerspruchs, der nicht gebunden ist an die Existenz des großen Gegenmodells oder der großen Methode. Die bessere Lösung muss nicht gleich eine Ableitung des besseren Weltmodells sein, und das Recht auf politische Intervention ist nicht gebunden an die »große Erzählung« (auch wenn das wiederum der angewandte Feuilletonismus hierzulande nicht wahrhaben will, der es sich angewöhnt hat, soziale Bewegungen wie Theater- oder Filmaufführungen zu kritisieren). Die neueren sozialen Bewegungen, denen man das Beiwort »bürgerlich« zugeschrieben hat, stellten Fragen an die Politik, die diese sich beharrlich zu beantworten weigerte (was nicht verwundert, da jede Antwort eine Lösung aus der Umklammerung von politischer und ökonomischer Klasse voraussetzen würde).

Möglicherweise ist alles politisch, aber nicht alles ist Politik. Politik ist nur eine von vielen Möglichkeiten des Umgangs mit dem Politischen. Sie macht aus einer Verbindung der symbolischen Ordnung mit der Mikrophysik der Macht ein öffentliches System der Zeichen und Rituale: Politik *benennt* die Macht, die das Politische erzeugt. Daher ist Politik auch jener Ort, an dem das Politische verhandelt wird.

Politik (als eine von »Fachleuten« bzw. »Delegierten« übernommene Aufgabe) ist sowohl die Theorie als auch die Praxis des Politischen, insofern die symbolischen Ordnungen »legitimiert«als auch »exekutiert« werden: Politik macht aus der symbolischen Ordnung eine reale, und aus der Mikrophysik der Macht eine Makrophysik. Unsere Art von Demokratie ist jene Art von Politik, welche die kapitalistische Mikrophysik der Macht in eine staatliche Makrophysik und eine mediale Mikro-Mikrophysik aufspaltet.

Sehr platt gesagt (aber manchmal muss das sein): Politik ist die soziale Kraft, die aus Geld Macht werden lässt – und umgekehrt (obwohl eben das eigentlich »verboten« wäre).

Politik in der Postdemokratie steckt in mehreren Klemmen. Eine davon ist die Begründung. Ursprünglich wurde die Demokratie mit dem Austausch gewisser Rollen begründet. Der »Souverän« wurde »das Volk«. Die Demokratie sollte einst sein: Herrschaft durch das Volk und für das Volk.

Aber was, wenn das Volk verschwindet? Was tritt an seine Stelle? Hat es überhaupt je existiert? Das Volk ist eine Metapher, die, sobald man sie näher betrachtet, entweder zu viel- oder zu nichtssagend wird.

An die Stelle eines »Fundamentes« jedenfalls ist die Bewegung getreten: Demokratie ist begründet durch ihre Fähigkeit zur Veränderung. So wäre möglicherweise »Postdemokratie« nichts anderes als einfach eine neue Mutation dieser Beziehung zwischen dem Politischen und der Politik. Das Politische hat dabei gewissermaßen die Politik geschluckt. Die Bewegung »im Volk«, die den Mächtigen so lästig ist, entfaltet sich zugleich als letzte demokratische

So what? Wenn die klassischen Kommunikationsformen zwischen Regierung und »Volk« (oder dem, was an seine Stelle getreten ist, etwa eine medial konstruierte, virtuelle Gemeinschaft von Menschen, die über gleiche Begriffe, gleiche Bilder, gleiche Erzählungen, gleiche Mythen verfügen – ohne unbedingt die »gleiche Meinung« dazu zu haben), die »Auskunft«, die »Verhandlung«, das »Gesetz«, die »Wahl«, die »Partei« etc., nicht mehr taugen oder nur noch als hohle Formeln gebraucht werden – was in der Geschichte der »Sprachen« der Herrschaft ja in der Tat nicht selten vorkommt –, dann verändern sich eben auch die sozialen Bewegungen. Sie versuchen einerseits, die Medien – jedenfalls den ihnen offenen Teil – zu benutzen, sie gehen andererseits offensiv mit der Beziehung zwischen dem Politischen und der Politik um, und sie reklamieren schließlich die Straße nicht nur als Ort der Demonstration (des »Zeigens«), sondern auch als öffentlichen Raum (des »Verweilens« und »Verhandelns«). Alles drei birgt, wie man so sagt, Chancen und Risiken.

Die Sprache zwischen »Volk« und Regierung ist wahrhaft zu einem Sprechen mit gespaltener Zunge geworden. Ein Teil dieses Dialoges tut so, als würde »Demokratie« funktionieren und alle Beteiligten würden, mit Einschränkungen, an sie »glauben« und sich an ihre »Regeln« halten (so dass man es als beiderseitigen Erfolg verbucht, wenn etwa eine nachgewiesen anti-demokratische Handlung, eine Korruption oder eine öffentliche Lüge zum Beispiel, durch einen Rücktritt gesühnt wird). Der andere Teil dieses Dialoges ist sich dessen bewusst, dass Demokratie nur einen Maskenball der freilich in der Tat unübersichtlich gewordenen Mächte und Interessen darstellt, die auf dem Markt, im Alltag, im Politischen und letztendlich eben auch in der Politik nach ihren Realisierungsmöglichkeiten suchen.

So ist diese Demokratie vor allem ein Ausdruck der Zerfahrenheit dieser Mächte, keineswegs ihrer Kontrolle »von unten« (Wo wäre »unten« in einem Knäuel der Interessen?).

278

Daher ist der Satz »Alles ist Politik« nicht nur falsch, sondern auch ein Medium der »Entpolitisierung der Politik«.

Vom sittlichen Bürger zum Gutmenschen: Wie sich moralische Geste und politische Rationalität zueinander verhalten.

Zum Aufstieg des Bürgertums in Deutschland, das zur Revolution nicht bereit schien, gehörte, wie es die historische Erzählung will, das Empfinden einer moralischen Überlegenheit gegenüber dem dekadenten und »perversen« Adel und bald darauf auch gegenüber dem »animalischen« und »schmutzigen« Proletariat. Die Konstruktion dieser moralischen Überlegenheit war indes so anstrengend, dass das Bürgertum – namentlich das deutsche, das protestantisch-kapitalistische aber auch allenthalben – sich damit erhebliche Beeinträchtigungen geistiger und psychischer Gesundheit einhandelte, die »Unsittlichkeit« (und das falsche Sprechen) wurden mit einer »Erziehung« bekämpft, die so viele seelische Verletzungen erzeugte, dass gegen, nur zum Beispiel, die epidemisch auftauchende »Hysterie« neben den dafür eingerichteten Installationen von Zwang, Isolation und schließlich Vernichtung auch eine neue Wissenschaft, die Wissenschaft von der Seele, erfunden werden musste.

Die Psychoanalyse, so fragwürdig ihre Erfolge im therapeutischen Praxisraum gewesen sein mochten, führte zu einer merkwürdigen Mischung aus Selbstbefreiung und Selbsterkenntnis, die Geste der moralischen Überlegenheit wanderte bemerkenswerterweise nach unten ab, in das Kleinstbürgertum, das selbstverständlich neben anderen Modernismen auch die Psychoanalyse ablehnte (unnütz zu sagen, dass auch die Ablehnung der Psychoanalyse ein Grundelement des sadistischen Antisemitismus wurde).

Die moralische Überlegenheit definierte sich vor allem auf zwei Gebieten, auf dem der Sexualität und auf dem der Hygiene (und natürlich war das beides so sehr verbunden, dass das Sexuelle auch das Schmutzige, und das Schmutzige auch sexuell werden musste).

Seitdem fällt es nun schwer, die politische Kritik und die Konstruktion moralischer Überlegenheit voneinander zu trennen. Vertritt der Demonstrant, der für den Frieden, gegen die Atomkraft oder das destruktive Großprojekt eintritt, seine Interessen (und die von seinesgleichen, seiner Kinder, seiner Nachbarn, seiner Freunde, seiner Klasse, seiner Kultur), vertritt er also eine Rationalität, die

Kritik und Weitsicht verbindet (Wir können, den politischen Druck vorausge setzt, einen Krieg, die nächste Atomkatastrophe, den Sieg des politisch-ökonomisch-mafiösen Zusammenhangs im Großprojekt verhindern, und wenn wir es nicht tun, wird es absehbar zu humanen Katastrophen und zu Katastrophen der Humanität kommen) oder aber konstruiert und inszeniert er im öffentlichen Raum seine moralische Überlegenheit?

Tatsächlich fällt eine Unterscheidung dieser Impulse umso schwerer, als sich der zivile Ungehorsam bürgerlicher, »erwachsener«, familiärer und eben ziviler zeigt.

Das Einfallstor reaktionärer Kritik, was das Subjekt des zivilen Ungehorsams anbelangt, ist das Phantasma des »Gutmenschen« (wenn wir von Phantasma sprechen, soll das nicht heißen, dass es nicht konkrete Menschen gäbe, die alle Voraussetzungen erfüllen, perfekt ins Bild dieser Karikatur zu passen).

Das Einfallstor der reaktionären Kritik ist, was die Sprache anbelangt die »political correctness« (ein »Comedian« in Deutschland kann so schlecht und obszön sein, wie er mag, wenn ein Feuilletonist von »herrlich politisch unkorrekt« schwärmt, hat er oder sie schon einmal gewonnen. Hier erkennen wir die Reste jenes Umkehrprozesses: Ist der echte Souverän der Demokratie »das Volk«, so wäre es ja Aufgabe des demokratischen Hofnarren, eben jenen Souverän, also das Volk nach Strich und Faden zu verhöhnen, jedenfalls genau so weit, wie es diesen Souverän amüsiert).

Dabei ist political correctness ja nicht die »Sprachregelung«, als die sie von den reaktionären Kritikern dargestellt wird, sondern eine demokratische Verteilung der Sprach-»Gewalt«: Die jeweiligen Subjekte eines Status (und vor allem eines Minderheitenstatus) und nicht die Mehrheit sollen über die Begriffe bestimmen, mit denen sie bezeichnet werden (das einzig Sonderbare an »political correctness« ist, dass sie sich in einer demokratischen Gesellschaft nicht von selbst versteht, und eben als Ausdruck des Sich-nicht-von-selbst-Verstehens entwickelt sie gelegentlich auch das Befremdliche).

Als der, nun ja, Althistoriker Egon Flaig am 13. Juli 2011 in der *F.A.Z.* sein wirres Pamphlet gegen Habermas und seine sonderbaren Verknüpfungen (die »athenische Demokratie« sei ihm näher als die »Schoah«, was für einen Fachidioten durchaus verständlich, für einen Menschen aber inakzeptabel ist) publizieren durfte, endete er mit einer Coda, die so wenig mit dem Rest seiner Argumentation zu tun hatte wie die athenische Demokratie mit der Shoa: »Pestartige Virulenz der Politicial Correctness und des Gutmenschentums« machte er in seinem

Lande aus. Immerhin ist es gut zu wissen, dass die beiden Begriffe einen festen Stand in dem grauen Feld zwischen Rechtskonservatismus und Fast-Nazi haben. Die Konstruktion der moralischen Überlegenheit verdankt sich in gewisser Weise wohl auch jener deutschen Eigenschaft, die Hanna Arendt beschreibt als »die eigentümliche, in Deutschland tatsächlich sehr verbreitete Vorstellung, dass Gesetzestreue sich nicht darin erschöpft den Gesetzen zu folgen, sondern so zu handeln verlangt, als sei man selbst der Schöpfer der Gesetze, denen man gehorcht«.

Zweifellos ist die Postheorisierung der sozialen Bewegung ein Mittel gegen die dogmatischen Vertretungen dieser Konstruktion der moralischen Überlegenheit (sie tendiert freilich dazu, in Teilbereiche abzuwandern). Wie aber könnte eine soziale Bewegung, die sich im Besitz der »besseren Argumente« wähnt, auf die Konstruktion der moralischen Überlegenheit verzichten? Darin jedenfalls steckt nicht zuletzt das Dogma, dass man bei jeder Veränderung der »Verhältnisse« gefälligst »bei sich selbst anzufangen« habe. Und manisch-edukative Mülltrenner sind gerade dann ein Gräuel der Inszenierung von moralischer Überheblichkeit, wenn die sozialen Bewegungen dringend *politischer* Energien bedürften. Tatsächlich nämlich scheint die Konstruktion der moralischen Überlegenheit wiederum die selben Diskurse zu benutzen, zum Beispiel die Körpertabus (möglicherweise nun in der Form einer Abwehr aller medizinisch-wissenschaftlichen »Eingriffe«) und die Hygiene (die nun die Form des Umweltschutzes hat), die der verhasste Spießer-Bourgeois einst so gern anwandte.

Der sich im Alltag hinein inszenierende »Gutmensch« und der sich aus »political correctness« fälschlich ableitende Jargon sind definitiv eingebaute Fallen jeder sozialen Bewegung. In ihnen verkehrt sich oft sogar noch das Verhältnis von Mittel und Ziel, insofern »Gutmenschen« gern in einer »Gutmenschen-Kultur« leben, die ihrerseits Regeln von Ein- und Ausschließung entwickelt.

Eine Falle, die sich darin aufbaut, ist jene einer Trennung von »Gesinnungsethik« und »Verantwortungsethik«. Sei in erster alles »Prinzip« und der Verstoß gegen das Prinzip auch in rationaler Weise unstatthaft, so sei die zweite stets in vernünftigem Verhältnis zur Tat und ihren Folgen zu sehen, lautet das Dogma, und der konservative Liberale tut sich leicht, seine Verantwortungsethik (die Moral der elastischen Pragmatik) gegen die Gesinnungsethik (die Moral der Grundsätze und Weltanschauungen) ins Feld zu führen. Aber Verantwortung und Gesinnung lassen sich so wenig voneinander trennen wie Theorie von Praxis oder wie Handlung von Begründung.

Interessanterweise wurde im Jahr 2011 dieser Unterschied ausgerechnet reaktiviert anhand der öffentlich bekundeten Freude Angela Merkels über die Tötung von Osama bin Laden. Da sei, so formulierte etwa Adam Soboczynski eine »Verantwortungsethikerin« auf eine »gesinnungsethische« Öffentlichkeit gestoßen, und die habe sich entrüstet darüber gezeigt, dass eine Kanzlerin sich über die planvolle Ermordung eines Bösewichts freue. Wenn das »verantwortungsethisch« genannt zu werden verdient, ist uns um den Wert der Verantwortungsethik allerdings angst und bange. Und wir begreifen den rhetorischen Sinn dieser Volte erst im nächsten Satz: »Einer Öffentlichkeit, die es auch prinzipiell für verantwortungslos hält, mit Atomkraftwerken Geld zu verdienen – eine Abwägung von Risiken darf gar nicht mehr angestellt werden.« Da also dürfen wir eine tonnenschwere Nachtigall trapsen hören.

Daher gilt es zunächst drei Dinge entschieden zu differenzieren: Die Sphäre der Politik, die Sphäre des Politischen und die Sphäre des Moralisch-Alltäglichen (möglicherweise sind an der Vermischung dieser Sphären bereits allzu viele soziale Bewegungen der Vergangenheit zugrunde gegangen als dass wir es uns leisten könnten, blindlings wieder in dieselben Fallen zu laufen).

Natürlich gilt etwas ganz ähnliches für die Hipness-Fallen. Es ist durchaus schwierig, einer sozialen Bewegung anzugehören, die sich gegen eine falsche oder korrupte Form von »Fortschritt« wendet, und gleichzeitig »hip« zu sein, das heißt, semiotisch und kulturell »auf der Höhe der Zeit« (und das ist nicht zu denken ohne eine Verankerung im Pop- und Marktgeschehen).

Neben die Desavouierung der sozialen Bewegung in Phantasmen wie »Gutmensch« und »political correctnes« und der Konstruktion von Feind- und Satirebildern wie »Öko-Spießer« oder »Müsli-Dogmatiker« tritt also in gewisser Weise eine modische Abschließung. Als müsste jemand, der gegen ein Stuttgart 21-Projekt agiert, automatisch auch darauf verzichten, sozusagen in Verlängerung der moralischen Überlegenheit in den textilen Code hinein, »modebewusst« oder auch nur »modisch« zu sein.

So konstruiert sich ein Bild der sozialen Bewegung, das von den Medien nur allzu gern aufgegriffen wird. Der Widerstand hat einen Retro-Look, erinnert an Posthippie, Post-Hausbesetzer und Erdmännchen-Outfit. Der Satire von rechts wird damit allzu leicht billige Nahrung gegeben. Die Konstruktion eines Dresscodes für eine soziale Bewegung ist zweifellos ausgesprochen zwiespältig. Mag sie im Inneren Zusammenhang schaffen, das tröstende und Stärkende von Gemeinschaft, so tendiert sie auf der anderen Seite leicht zu einer Differenzierung und

Markierung gegenüber dem Mainstream, was eher den Aspekt von Ausschluss als den von Veränderung unterstreicht. Und nichts ist für einen politischen Diskurs verheerender als dass er in seiner medialen Repräsentation in eine »Geschmacksfrage« umgemünzt werden kann. Dies alles, müssen wir es noch betonen, ist ein Plädoyer für eine Offenheit im kulturellen Prozess des zivilen Ungehorsams. Eine Offenheit, die nicht ohne eine Phase der Selbstkritik und der »Selbsterleuchtung« denkbar ist. Weder macht der Teilhabe an einer sozialen Bewegung zu einem »besseren Menschen«, noch sind es von vornherein die »besseren Menschen«, die eine soziale Bewegung begründen. Was deshalb eine soziale Bewegung am allerwenigsten brauchen kann, ist ein calvinistischer moralischer Eifer der gegenseitigen »sittlichen« Überwachung. Übrigens hat sich noch jede Forderung nach Askese in der Praxis als Heuchelei ausgetobt. Vielmehr bedarf die soziale Bewegung zweier Tugenden, die sich gerade durch die Konstruktion der moralischen Überlegenheit zum Verschwinden bringen ließen, nämlich Vernunft und Ehrlichkeit.

In schöner Regelmäßigkeit »versanden« soziale Bewegungen in den Konstruktionen von Subkulturen, die sich um die Kulte der moralischen Überlegenheit scharen (und sich dabei mehr oder weniger zur politischen Bedeutungslosigkeit verdammen). Das Problem sind Menschen, die sich in der sozialen Bewegung »gefunden« haben und die temporären Impulse und Werte in die Konstruktion ihrer »Person« eingebaut haben.

Die ideologische Abwertung eines moralisch motivierten »Gutmenschentums« entsteht aus der Trennung von Moral und Vernunft. In dem bereits erwähnten *Handelsblatt*-Artikel heisst es daher, es könne keinesfalls darum gehen, »die Wirtschaft den Gutmenschen zu überlassen, dafür ist sie zu wichtig«. Man spricht dem Gutmenschen (also dem unbequemen Zeitgenossen, dessen Mahnungen man nicht hören will), im Gegenzug zu einer gewissen moralischen jegliche intellektuelle Kompetenz ab.

Auf der einen Seite steht die soziale Bewegung, nun also auch in ihrem postheroischen und postfundamentalen Stadium, in ihrer konkreten, regionalen und manifesten Form des Widerstands, in Gefahr, am Campanilismo, an einer widerständigen Kirchturmpolitik, und an der Not-in-My-Backyard-Falle zu zerbrechen. Auf der anderen Seite stehen jene globalen Zusammenhänge, der Widerstand gegen eine unmoralische und unvernünftige Außenpolitik (oder sollten wir sagen: der politischen Begleitung von »Außenhandel«?), gegen die ein Widerstand eher rhetorisch und abstrakt erscheint – eine »Friedensdemonstration« hat eine andere Rhetorik als eine Montagsdemo gegen »Stuttgart 21«.

Eine politische Rhetorik wie Angela Merkels fundamentaler Nullsatz zur Waffenlieferung in Afrika darf nicht hingenommen werden: »Ich glaube nicht, dass wir in umfassendem Sinne hier Aufrüstung betreiben.« Sie mag es nicht glauben, und es mag irgendwie nicht umfassend sein. In der Rüstungsindustrie – Deutschland als drittgrößter Waffenexporteur der Welt! Warum schämen wir uns darüber so wenig? – kommt die Verbindung von Politik und Ökonomie so richtig zu sich. Mit dem Export von Waffen wird Politik gemacht, und mit der Politik werden Waffengeschäfte gemacht. In der Öffentlichkeit sollen solche Zusammenhänge tunlichst nicht diskutiert werden, weshalb nicht nur das demokratische Gebot der Trennung von Politik und Wirtschaft, sondern auch das der öffentlichen und parlamentarischen Information weitgehend suspendiert ist. Wenn darauf hingewiesen wird, dass ein ehemaliger deutscher Bankpräsident nun Präsident einer angolanischen Bank ist, zu deren Besitzern der Sohn des angolanischen Präsidenten gehört, dann hat das nicht mehr als eine Unterlassungsklage wegen »Verletzung der Persönlichkeitsrechten« zur Folge. Für uns alle ist es eben immer besser, nichts gesagt zu haben.

Was können wir tun, wenn wir nicht mitschuldig daran werden wollen, dass mit deutschen Waffen überall in der Welt Diktaturen gefestigt, Dissidenten ermordet, Minderheiten unterdrückt werden, Kinder sterben? Die Schuldigen beim Namen zu nennen, ist durch ein juristisches System kaum noch möglich, die kritische Presse, die diese Aufgabe übernehmen könnte, mehr oder weniger verschwunden oder entmachtet.

Differenz und Gleichheit

Jede und jeder, die sich mit ihrer Identität als »dissident« auseinandersetzen müssen – auf den Einspruch folgt ja noch stets die Ausgrenzung – muss sich mit diesem Widerspruch beschäftigen. Die Forderungen nach Freiheit, Gerechtigkeit und Solidarität findet noch stets in diesem Spannungsfeld statt: Gleichheit und Differenz. Der erste Protest richtet sich in aller Regel auf eine Ungleichbehandlung, die eine Ungerechtigkeit birgt. Die Formulierung des Protestes funktioniert nur durch die Differenzierung, im Allgemeinen in doppeltem Sinne: Differenzierung von einer als ungerecht, unfrei und unsolidarisch empfundenen Herrschaft (verstärkt durch die Erfahrung der »Arroganz der Macht«) und Differenzierung von einem »Mainstream«, der mit ihr entweder gemeinsame Sache macht oder sich ihr allzu bereitwillig beugt.

In dissidenten Bewegungen findet man oft sehr unterschiedliche Konstruktionen der Differenz, manche in erstaunlichem Widerspruch zum universalistischen Anspruch der der großen Ideen und fundamentalen Werte.

Die regionale Differenz

Das Extrem einer solchen Differenzierung besteht in einer »Selbstethnisierung«; man wird »bayrisch«, »stuttgarterisch« etc. vielleicht in einem Maße, das die entsprechende Identifizierung im Alltäglichen (wie im allgemein-politischen Sinne) überschreitet. Regionalisierung der Differenz ist nicht nur ein Mittel, neue Verbündete zu finden: Von der einen Seite her bestimmt die Region die Differenz (eine Verteidigung von Kultur und Natur in der »Heimat«), von der anderen Seite bestimmt die Differenz die Regionalisierung.

Die Gender-Differenz, die Generationen-Differenz, die Differenz der Ideen, die Differenz der Biographien... Immer geht es um eine (mindestens) Dreierkonstellation zwischen Individualität und Identität in der sozialen Bewegung: das Persönliche, die Zugehörigkeit und die Bewegung selbst. Die Beziehung zwischen diesen Eigenschaften eines Subjektes der bürgerlichen Erhebung sind zweifellos nicht unerheblich (und es steht zu befürchten, dass eine reibungslose Konvergenz ein schöner Traum in den großen Momenten der Erhebung ist, der in den Mühen der Ebene allzu leicht der Ernüchterung Platz macht: Deswegen mag es angebracht sein, beizeiten daran zu arbeiten).

Man muss also gleichzeitig eine spezielle »Gleichheit« fordern (zum Beispiel die Gleichheit der Interessen im politischen Spiel, die Gleichheit vor dem Gesetz) und einen Stolz auf ein Besonderes entwickeln.

Die Besonderheiten sind dann besonders prekär, wenn sie politisch besetzt sind. Insofern kann es durchaus notwendig sein, eine Besonderheit gegen deren Mainstream zu verteidigen: Wer biographische Wurzeln im Sudetenland hat, ist deswegen nicht automatisch Reaktionär oder gar Revanchist. Es gibt Besonderheiten, die man hier sichtbar und dort unsichtbar machen will. Das Sichtbarmachen seiner Besonderheiten kann einen Menschen in Konflikt mit einem Mainstream der Dissidenz bringen. Wie sollen wir die Besonderheiten, die sich gegen die Verfolgung richten, gegen jene Besonderheiten setzen, die zur Verfolgung (der »anderen«) eingesetzt werden?

Jede Besonderheit ist so viel wert, wie sie gegen die Gleichheit abgewogen wird. Sehr einfach erscheint die Unterscheidung zwischen dem »anders als« und dem »besser als« (bei näherem Hinsehen und in der Praxis des Alltags ist sie nicht mehr ganz so einfach).

Unser Vorschlag also: Innerhalb einer sozialen Bewegung der Dissidenz und zwischen solchen Bewegungen den Begriff der Identität verschwinden zu lassen (Schritt für Schritt) und den Begriff der Besonderheit (ebenfalls Schritt für Schritt) ins Recht zu setzen. Die Identität nämlich ist eine lineare und eindeutige Gleichung, die die Besonderheit dagegen eine gesetzte und selbst bestimmte Differenz

Die Sehnsucht nach Identität darf nicht einfach vom Tisch gewischt werden, so, als handele es sich um einen reaktionären Rest, den es abzustreifen gälte (und wenn einem das nicht so recht gelingen will, dann ist man eben ideologisch oder anti-ideologisch nicht gefestigt genug), es ist vielmehr ein

Identität, was buchstäblich und fundamental ja mit »eins sein mit« übersetzt werden könnte, schreibt die story in die History oder den Körper in den Leib der Kirche ein. Solcher Einschreibung widersetzt sich »Besonderheit«. Sie ist gleichsam die politische (oder, wenn man so will, philosophische) Ableitung von Queerness. Die Einheit einer sozialen Bewegung, die über ein bloßes Zweck- und Interessenbündnis hinausgeht, entsteht aus dem Bewusstsein der Besonderheiten.

So wie auf die »Waffe« des Heroismus verzichtet werden kann (siehe Seite ---) kann schließlich auf die »Identität« als Waffe verzichtet werden im Bewusstsein von Universalismus und Besonderheit als Begleiterscheinungen der Dissidenz. Und so wie jede Gruppe, aus welchen Gründen sie auch ihre Dissidenz – passiv wie aktiv, als Selbstermächtigung wie als Zuschreibung – zugleich selbständig bestimmen und sich mit anderen Gruppen vernetzen muss, so verhält es sich auch mit den einzelnen Mitgliedern einer sozialen Bewegung.

Jede soziale Bewegung beginnt mit einer anti-integrationistischen Erfahrung. Man kann nicht Teil eines Ganzen werden, weil man ausgegrenzt wird (weil man Türke, schwul oder »Andersdenkender« ist), weil man die vorgefundene Situation unerträglich vorfindet (der Platz, den mir diese Gesellschaft zuordnet, ist für mich/uns nicht zu akzeptieren) oder weil Teil des Ganzen zu sein eine moralische Verletzung bedeutet (ich will nicht Teil eines politisch-ökonomischen Konsenses sein, in dem Wohlstand produziert wird dadurch, dass man die Welt mit Waffen und Gift versorgt). Die anti-integrationistische Erfahrung ist, wenn natürlich auch unter sehr verschiedenen Umständen und Abstufungen, eine schmerzhafte, und sie führt zu Abwehrmechanismen gegen diesen Schmerz. Manche davon sind positiv (eine gesteigerte Solidarität der Nicht-Integrierten untereinander), manche negativ (die Identität als Waffe, die zu einem neuen »Rassismus« führen kann, wenn, zum Beispiel, aus der Würde des Besonderen ein Empfinden von Auserwähltheit oder Überlegenheit wird: »Identität« besteht, anders als die »Besonderheit« in der Konkurrenz zu anderem).

Das Konzept der »Besonderheit« akzeptiert keine Hierarchie der Differenz (eben jene zentrale Denkfigur der Rechten und der Rassisten, die sich gelegentlich bei sozialen Bewegungen ganz anderer Natur durch die Hintertür wieder einschleicht). Es tendiert auch dazu, sich nicht als »Milieu« zu verfestigen: Wer einmal das »französische Viertel« in Tübingen besucht, weiß wovon wir reden – der Vorwurf eines grünlinksalternativen neuen Spießertums ist ja nicht von der Hand zu weisen. Er entsteht weniger dadurch, dass viele Bewohner dieses Milieus sich so verhalten, als müssten sie die eigene Karikatur noch übertreffen, sondern daraus, dass ein Code der Besonderheit zu einer neuen, durchaus zwanghaften Verpflichtung wird, die ihrerseits »gnadenlos« gegen Besonderheiten reagiert. So wie Freiheit, nach Rosa Luxemburg, immer die Freiheit des anderen ist, so ist eine hegemoniale Besetzung der Lebenscodes immer gewaltsam, auch wenn sie von moralisch korrekten Parametern bestimmt scheint. Die Erhebung des Bürgers wird nachhaltig nur, wenn er sich nicht postwendend in einen Bourgeois mit anderen Zeichen verwandelt.

Die Globalisierung der Kapitalprozesse und der Bildertäusche und der Zerfall der Gesellschaften in Ethnien, Milieus und Minderheiten scheinen verschiedene Aspekte ein und derselben Entwicklung. Genau in dieser Dialektik aber muss sich jede soziale Bewegung verstehen lernen.

Ecotainment, Angst und Kränkung.

»Unterhaltung« als neue Form der Sinn-Vermittlung arbeitet nicht nur mit den Wünschen, sondern auch mit den Ängsten des Publikums. Und »politische Unterhaltung«, die in den Leitmedien an die Stelle von Information und Debatte getreten ist, schürt nicht nur politische Ängste, sondern instrumentalisiert auch die Ängste des Alltags für ihre Zwecke. So wie eine Werbung für ein Konsumgut oder eine Finanzdienstleistung immer zugleich mit einer Versprechung und einer Drohung arbeitet – der Drohung von Verlusten, der Drohung richtige Zeitpunkte zu verpassen, nicht richtig dazuzugehören, nicht beliebt zu sein etc. – so arbeitet politische Unterhaltung in der Postdemokratie mit einem anarchischen aber zielgerichteten Management der Angst. Angst macht die Menschen mindestens so gefügig wie die Gier.

Je weniger Legitimierung eine Regierung besitzt, desto mehr ist sie auf die Herrschaft durch Angst angewiesen. Das Herrschaftsinstrument Angst gliedert sich in etwa so:

a   Angst vor dem Außen. Draußen lauern Feinde, die das Land erobern wollen. Jede Gesellschaft produziert sich ihre Feinde, wird aber zur gleichen Zeit ebenfalls als Feind produziert.

b   Angst vor dem Inneren. Überall geschehen schreckliche Dinge, lauern Verbrechen und Wahnsinn. Natürlich gibt es gute und ein paar weniger gute Mittel, eine Gesellschaft im Inneren zu befrieden. Beginnend mit sozialer Gerechtigkeit mag das über Erziehung und Prävention durch mehr Schutz für den einzelnen Menschen, ungeachtet seines Rangs und seines Besitzes so wie ein allgemeines Aufeinander-Aufpassen führen. All das wird ganz offensichtlich strukturell vernachlässigt, stattdessen wird nach wie vor auf Konzepte der Abschreckung, der Strafe, der Rache gesetzt, von denen wir längst wissen, dass sie die Welt nicht sicherer (und übrigens auch nicht gerechter) machen. Der postdemokratische Staat negiert seine Aufgaben des Schutzes und optimiert dafür seine Fähigkeit zu Zugriff und Strafe. Er will das Verbrechen, zum Beispiel, nicht wirklich verhindern, sondern er will das öffentliche Schauspiel seiner Ahndung.

c   Angst vor der Zukunft. Katastrophenphantasie und apokalyptische Bilder gehören gleichsam zum Grundstock der medialen Erzählnetze: die Katastrophe ist auf diese Weise nicht der Bruch, sondern der Normalfall.

d   fiktionale Ängste. Aufmerksamkeitsstrategie bedeutet, den Menschen nicht da erreichen zu wollen, wo er erreicht werden will, sondern da, wo er reagieren muss.

e   Angst vor einander. Der nächste ist immer der Konkurrent, auch wenn man, wie in der Quizsendung gestern Abend, auch noch gute Miene machen muss.

f   Angst vor dem Staat selber. Zeigen sich die Beherrschten zu unerschrocken, setzt der Staat auch gern sein »Gewaltmonopol« gegen sie ein.

g   die Organisation von Phobien. Wie serielle Bilder eine Zuneigung zu etwas erzeugen kann, mit dem man keine direkte Verbindung hat, so können serielle Bilder ein »Level« der andauernden Angst erzeugen.

Die Mikrophysik der Macht besteht in weiten Teilen aus einem »Angstmanagement«. Man kann wohl sagen, dass das Schüren von Angst das bedeutendste Mittel jeder »konservativen« Regierung ist (so wie die Umwandlung von Angst in Hass das bedeutendste Mittel der rechtspopulistischen und neofaschistischen Bewegungen). Eine menschliche Gesellschaft beginnt damit, dass man den Menschen die Angst nimmt. Nicht, indem man sie ignoriert, wie es gewisse sozialdemokratische Ansätze gern hätten, sondern indem man gemeinsame Anstrengungen dazu unternimmt, die Ursachen der Angst zu beseitigen.

So wie die Voraussetzung für das Schüren von Angst die korrupten Medien sind (die mit nichts so prächtig verdienen wie mit dieser Angst) wären die Voraussetzungen für das Abbauen von Angst Medien der offenen Diskussion und die Entwicklung gemeinsamer Sprachen. Vor bestimmten Dingen kann man nur Menschen Angst machen, die bereits von Angst durchdrungen sind, so ist eine angstdurchdrungene populäre Kultur der perfekte Nährboden für die Erzeugung konformer, unauffälliger und wenn es sein muss im Sinne des Systems militanter Bourgeois! Im Ecotainment schließlich treffen Angst und Gier wiederum perfekt aufeinander: Der Angst vor der Macht und vor der Zerstörungswut des Finanzkapitalismus im Großen werden in den Werbesendungen für Banken und Versicherungen, in den launigen Börsennachrichten des Fernsehens und in der aufgekratzten Wirtschaftsjournaille Trost und Verheißungen privater Vorsorge, kleiner Teilhaben am Aktienspiel, verlässliche Beratung und familiäre Geborgenheit im Zeichen der Finanzdienstleister verheißen.

Das »Ecotainment«, die Vermischung von Ökonomie und Unterhaltung, die in der Wandlung des Kasino-Kapitalismus zum Medienkapitalismus als letzte »Erklärung« blieb, nachdem in der Krise die rationalen Erklärungsmodelle einigermaßen nachhaltig versagten, geht von einer klassischen »Auslagerung« gesellschaftlicher Probleme in die Pop-Kultur aus. Wovon man nicht mehr vernünftig reden kann, das muss man in den Kasperiaden des Entertainments behandeln. So wie in Japan aus der Angst vor der Atomkraft eine Riesenechse namens Godzilla geworden war, so wird in Deutschland aus der Angst vor der nächsten Finanzkrise die heitere Börsensendung vor der Tagesschau, in der Moderator oder Moderatorin die Geschehnisse auf küchenpsychologische Allgemeinplätze herunter brechen und das Auf und Ab der Börsenkurse mit dem begeisterten Vergnügen eines fernsehüblichen »Wetterfroschs« kommentieren. Man mag hoffen, den Kapitalismus im Griff zu haben, weil Nachrichtensendungen, wenn keine Katastrophe zu berichten ist, seit geraumer Zeit vorwiegend mit Wirtschaftsnachrichten »aufmachen«.

Nachdem sich in der Finanzkrise des Jahres 2008 und in den »Schuldenkrisen« unserer Tage jede Vernunft und Moral absentierte, gibt es nicht mehr nur Kapitalismus in der Unterhaltung und Unterhaltung im Kapitalismus, sondern auch den Kapitalismus *als* Unterhaltung. Wenn der Goldpreis auf der Titelseite der Bild-Zeitung behandelt wird, werten das »Wirtschaftsjournalisten« an anderem Ort als »Alarmzeichen«, die »Unternehmer« verkünden gern ihre Weltmodelle in Talkshows und zeigen öffentlich, dass sie sich eines sehr schlichten Gemüts nicht schämen würden, wenn sie denn ein Gemüt hätten. Der DAX wird zur Fieberkurve, die anzeigt, wie gut es »uns« geht. Als Entertainment, Soap Opera und Mitmach-Show benötigt der Kapitalismus keine Vernunft.

So beschreibt es Alain Badiou: »Von gewöhnlichen Bürgern wird bedingungslos verlangt zu ›verstehen‹, dass es vollkommen unmöglich sei, das finanzielle Loch in der Sozialversicherung zu stopfen, dass man aber, ohne nachzuzählen, Milliarden in das Bankenloch stopfen müsse. Wir sollen allen Ernstes zustimmen, dass es anscheinend für niemanden mehr in Betracht kommt, eine Fabrik, und zwar eine mit Tausenden von Arbeitern, zu verstaatlichen, die sich aufgrund der Markkonkurrenz in wirtschaftliche Schwierigkeiten manövriert hat, dass das Gleiche aber völlig auf der Hand liege bei einer Bank, die sich durch Spekulation ruiniert hat.«

Durch die Verwandlung des Casino-Kapitalismus in den Medienkapitalismus schien vom Bürger nicht mehr »verlangt«, die Absurdität zu verstehen, er wurde stattdessen zum virtuellen Teilhaber in der Durchmischung seiner Leitmedien mit unterhaltsamen Wirtschaftsnachrichten, in der Idee, Börse so wie das Wetter oder die Ziehung der Lottozahlen als »Schicksal« zu vermitteln, aber auch in der Zwangskapitalisierung seines Alltags und den Werbebotschaften von dem dringend notwendigen Beratungsbedarf. Schließlich übersteigt es Badious Schilderung der Absurdität noch, wenn auf eine Krise, die für viele Einzelfälle durch die falsche, gelegentlich kriminelle »Beratung« durch Repräsentanten der Finanzwirtschaft auf allen Ebenen verursacht wurde, eine Inflation von Beratungsinstanzen und Beratern in den Medien und in den Innenstädten folgt. Das System hat nichts gelernt, argwöhnen wir, seine Vertreter machen weiter wie gehabt. Aber schlimmer noch: Die Opfer haben erst recht nichts gelernt. Denn im Ecotainment haben sich die Enttäuschung und die Gier perfekt verbunden; in der Sonntagslotterie kann man auch nicht immer gewinnen. Es ist ein zwar unvernünftiges und unkontrollierbares System, aber jeder und jede können mitreden und mitspielen.

Wenn im »Wissenschaftskapitalismus« davon ausgegangen wurde, dass Ökonomie ein Buch mit sieben Siegeln ist, nur von Experten und einigen Naturalborn-Genies des Börsenspiels zu beherrschen, war uns der »Casino-Kapitalis-

mus« suspekt als Zockerei einer den Blicken der Öffentlichkeit weitgehend entzo-
genen Clique gieriger und verantwortungsloser Kerle in snobistischen Klamotten
und dicken Autos. Im Medienkapitalismus dagegen scheint das alles ein ewig-
währender Kindergeburtstag, ein Geplauder mit angenehmen Gästen, der »anti-
utopische« Neoliberalismus benötigt weder »Wissenschaft« noch Zockerjive, er
verkörpert sich vor allem in unverbindlichem Talkshow/Showtalk-Geschwätz. Je
totalitärer und aggressiver er nach außen wirkt, desto infantiler und familiärer
gibt er sich im Inneren.

Die Frage ist, ob die Infantilisierung des Kapitalismus durch seine Wandlung vom Casino- zum Medien-Format nicht auch auf seine Praxis zurück wirkt.
Beispiele dafür, wie der »Finanzmarkt« auf seine eigene Infantilisierung in den
Medien hereinfällt, gibt es genug, und die »Rating Agenturen« spielen dabei
offensichtlich eine Rolle. Hier hat man sich zugleich ein verständliches Instrument und einen Sündenbock geschaffen.

Aber Badious Beobachtung der Absurdität beschleunigt nicht nur die Ver-
wandlung der rationalen (statistischen, theoretischen, gar »psychologischen«)
Erklärungen in Modelle, die der Aufmerksamkeits- und Kampagnen-Dramatur-
gie der Unterhaltung folgen (wir erinnern an den Satz in den »Blödmaschinen«:
»Alles kann Unterhaltung werden«), sie beschreibt auch den Kern einer großen
Kränkung. Der Mensch ist nicht von Gott geschaffen, sondern hat sich aus tie-
rischen Verwandten entwickelt (Darwin); die Welt der Menschen ist nicht der
Mittelpunkt des Universums, sondern ein marginaler Planet, der um die Erde
kreist (Kopernikus); der Mensch ist nicht »Herr im Haus« seiner Seele (Freud),
und nun also: Es gibt keine vernünftigen, moralischen und demokratischen Menschen, die die »Maschine« der Finanzwirtschaft noch verstehen oder gar kontrollieren können.

Es hat also gar nichts mehr mit »gut« oder »schlecht« zu tun, es ist vielmehr
eine universale Erkenntnis, schon längst aus dem Stadium des »Dämmerns«
gewachsen, dass nicht Menschen die Finanzströme beherrschen, sondern die
der Kontrolle entkommenen Finanzströme alles Menschliche. Jener Mensch,
der »nichts ist ohne Geld«, kann natürlich taktisch zu dem Schluss kommen, er
müsse alles unternehmen, um an das zu kommen, was aus ihm jemanden macht
(Get rich or die tryin), er hat damit allerdings keineswegs die »kosmische« Kränkung überwunden. Und wer zustimmen muss, dass sein Staat sein Leben nicht
retten mag, aber ungeheure Opfer verlangt für die Rettung des Geldes und seiner
Transportmittel, kann so wenig zu einem Konzept des Menschlichen zurückkeh-

ren, wie man als denkender Mensch zum »Kreationismus« kommen kann: Die Abwehr der Kränkung (nicht Schöpfers Kind, nicht Herr des Kapitalismus sein) kann nur in der Form der Abschaffung des Denkens bestehen, die entsprechenden Agenturen haben wir »Blödmaschinen« genannt.

Unterhaltung ist die Schaffung temporärer Paradiese (und natürlich auch temporärer Höllen). Beim Zappen durch die Programme bewegt sich der Mensch, der Badious Absurdität als Kränkung erfahren hat, durch die temporären Paradiese des Kapitalismus: In der Werbung kümmert sich ein freundlicher Investmentberater um die Vor-Sorgen der jungen Familie, in der Börsensendung ist die Moderatorin immer gut drauf und sichtlich durch Geldbewegungen euphorisiert, der small talk bei der Kochshow darf nun schon mal Kapitalanlagen und Immobilien betreffen, in der Soap Opera lernt man »Flexibilität«, schon bei der Wecksendung am Morgen, die mit den ewig kichernden und witzelnden Sprecherinnen und Sprechern, geben »Experten« Anlagetips. Im Gegenzug lassen sich solche Experten wie die Politiker und die Banker herab, in »der Sprache des Volkes« (und das heißt in unserer Kultur: in der Sprache der Unterhaltung) »ihr« System zu er- und zu verklären. Im Medienkapitalismus geht es nicht nur darum, zu belegen, wie sehr der Kapitalismus, immer und überall, im Alltag des gewöhnlichen Menschen angekommen ist (vergiss die Casino-Zocker, spiel mit), sondern auch um die »unterhaltsame« Lektion, dass ein Kleinbürgerleben nicht mehr »linear« zu planen sei. Die Gleichung von Bausparvertrag und Überstunden geht definitiv nicht mehr auf. So ist die Verwandlung des Kapitalismus in Unterhaltung nur die andere Seite einer Zwangskapitalisierung der bürgerlichen Biographien.

Zwangskapitalisierung und Ecotainment wirken nicht nur auf die Praxis des Marktes zurück (offensichtlich verhalten sich zumindest Aktienbewegung unter dem Druck von Pressekampagnen und Rating Agenturen durchaus »infantil«), sondern auch tief in die Familien. Wie sollte man ein Konzept von »Erziehung«, von »Vorbild« überhaupt noch denken. In der vorigen Phase des Kapitalismus war das Schreckbild der Familienideologie das von jenen Eltern, die in Karriere und Geldgier »verschwanden«. Daher war das, was wir als »familiy entertainment« bezeichnen, nichts anderes als der endlose Versuch, Kapitalismus und Familie miteinander zu vereinen. Damit Vater lernte, sich wieder mehr um seine Kinder zu kümmern, musste er im Büro und auf dem Markt einen kräftigen Tritt gegen das Schienbein bekommen; doch wenn seine Kinder ihm genügend Balsam auf die Wunde geschmiert hatten, ging er wieder hinaus. Und so weiter. Die

Werte, die im Investmantbanker-Büro gelten, können unmöglich die Werte sein, die ein Vater seinen Kindern vermittelt. Und schon die radikale Flexibilität, die im Berufsleben gefordert wird, eher seitwärts und abwärts denn verlässlich aufwärts, steht in diametralen Gegensatz zu dem, was die »konservative« Idee vom Wirken des Menschen gegenüber seinen Kindern verlangt: Verlässlichkeit und Konsequenz.

So haben wir eine weitere Kränkung vor uns: Man kann in der Arbeitssphäre des Neoliberalismus nur »für die Familie arbeiten«, indem man zugleich ihre ideellen Grundlagen zerstört. Deshalb muss nicht nur der Kapitalismus, sondern in gleichem Maße auch die Familie medialisiert werden. Die Familie »funktioniert« nur noch im Fernsehen (irgendwann bleibt man aus Erschöpfung zusammen, wenn alle Illusionen verloren sind).

Der medialisierte Kapitalismus freilich verliert die Spannung zwischen dem »konservativen« und dem »progressistischen« Flügel des Bürgertums: Weder gelangt man in eine idealisierte Vergangenheit zurück noch voran in eine leuchtende Zukunft. Medienkapitalismus beschreibt reine Gegenwart. Und im Ecotainment wird eben das zum eigentlichen Genuss, was in der Welt der Vernunft, gegen die Badious Absurdität wütet, der wahre Schrecken ist: Dass es immer so weiter geht. Der eigentliche Inhalt der Börsensendung im deutschen Fernsehen ist der, dass es morgen wieder eine geben wird, in der, wie in der »Daily Soap« sich das eine oder andere Element nur ändert, damit das Ganze gleich bleiben kann.

Die Botschaft des Ecotainment lautet: Der Kapitalismus, der zwar absurd und unvernünftig sein mag, bei dem aber alle mitreden und mitspielen können oder auch müssen, ist unser Naturzustand. Man muss ihn daher weder begründen noch verstehen, sondern im Gegenteil sich selbst als Teil von ihm. Sich als »natürlicher« Teil des Kapitalismus in den Medien gespiegelt zu sehen, vermittelt selbst jenem Menschen, der nicht einmal in der Altersfürsorge mit dem Finanzmarkt verbunden ist, das beruhigende Gefühl, normal zu sein.

Möglicherweise erleben wir im Medienkapitalismus in der Konsumsphäre etwas Ähnliches wie das, was wir zuvor in der Wirtschaftssphäre des Casino-Kapitalismus erlebten: Überschuss der Warenproduktion sucht sich ein zweites Feld für eine »ungehemmte« Profitschöpfung. In der Welt der »wirklichen« Waren, was also Automobile, Kleidung, kulinarische Codes etc. anbelangt, sind Prozess- und Produktinnovation mittlerweile so beschleunigt, dass nur sehr schnelles und radikales Erneuern noch »anständig« Gewinn abwirft. Gleichgültig welches neue Produkt auf den Markt geworfen wird, die Technologie sorgt dafür, dass die Herstellungsprozesse so rasch innoviert werden, dass die »Billigversion« dem »Markenprodukt« auf den Füßen folgt (natürlich spielt dabei auch die globale Lohnpolitik eine Rolle). Die Produktinnovation ist technologisch gegen die Prozessinnovation und damit gegen den Fall des Profits machtlos, und versucht sich stattdessen auf vier anderen Ebenen gegen den Schatten der eigenen Verbilligung zu wehren, der jedes neue Produkt verfolgt: auf dem Gebiet des Juristischen, in den Copyright Wars und Patentrechtsschlachten, auf dem Gebiet des Politischen, durch die Abwehr nachgemachter Waren aus anderen Volkswirtschaften, soweit es so etwas noch gibt, auf dem Gebiet des Ästhetischen durch ein Design, das die Ware himmelhoch über den Gebrauchswert zu heben verspricht, und auf dem Gebiet der Sozialpsychologie durch eine Werbung, die bestimmte Glückserzählungen untrennbar narrativ, begrifflich und ikonographisch mit einer Ware verbindet. Keine dieser Abwehrmechanismen gegen den raschen Verfall des Innovationswertes der Ware wirkt wirklich vollständig und nachhaltig.

Das Geld »verfällt« gleichsam an der Ware selbst. Die ideale Ausweichmöglichkeit dafür ist es, das Geld gleich selber zur Ware zu erklären. Als Meta-Ware ist das Geld (die »Anlage« für jedermann und jederfrau) vor den Zyklen von Produkt- und Prozess-Innovation scheinbar gefeit. Doch beginnt sehr rasch auch mit dem »Geld als Massenware« das gleiche Spiel. Immer neue »Finanzprodukte« werden auf den Markt geworfen, und jedes davon verspricht, dem alten überlegen zu sein. Was ist der Wert eines Finanzproduktes? Wer je eine Beratung bei seiner Bank mitgemacht hat, kennt die im Übrigen stets in wunderbaren Tabellen und Grafiken aufscheinenden Kriterien: Rendite, Verfügbarkeit und Sicherheit. Interessanterweise kommt seit geraumer Zeit sogar im Mainstream ein weiteres Angebot hinzu: Ethik. Es gibt Finanzdienstleistungen, die versprechen, dass durch mein Begehren nach Rendite, Verfügbarkeit und Sicherheit keine Kinder verhungern und keine Kriege angezettelt werden müssen.

Eine Finanzdienstleistung verhält sich auf dem »neuen« Markt des Medienkapitalismus ganz nach dem Muster einer jeden Ware. Sie ist keineswegs auf ihren Gebrauchswert reduziert (der darin liegt, Geld, das ich »erarbeitet« habe, in gewisser Weise in Sicherheit zu bringen und darüber hinaus in der einen oder anderen Weise auch noch etwas »davon zu haben«), auch nicht auf ihren Tauschwert (mein Finanzprodukt soll sich verlustfrei verkaufen lassen, auch wenn es in sich schon nichts anderes ist als Ausdruck von Kauf- und Verkaufsprozessen), sondern sie schafft, wie das Automobil einer bestimmten Marke oder das Tragen von bestimmten Textilien auch »Identität«. Finanzdienstleistungen streben danach, wie Brauselimonade, Armbanduhr und Instantsuppe eine Erzählung, ein Image und ein »Idyll« zu bilden. Auch diese neue Ware des Medienkapitalismus drückt nicht nur sich selbst, sondern auch mich, ihren Konsumenten aus. Sie soll mir schon Distinktionsgewinn geben, bevor sie Rendite abwirft.

Wenn die Finanzdienstleistung im Medienkapitalismus zur Ware geworden ist (was nicht nur eine Drift von der Dienstleistung bedeutet, sondern auch eine ästhetisch-soziale Aufladung), wird verständlich, warum sich das Murren darüber, dass die Ware selber dem Berater und der Bank mehr Gewinn einbringt als mir, eher in Grenzen hält. Denn diese Ware hat mir ja wie vorher das Automobil oder das Waschpulver »geschmeichelt« (wie sie, vor ihrem Nicht-Besitz warnend, mir auch gedroht hat).

Und so wird noch einmal verständlich, warum, nach der Krise und nach dem offensichtlichen Vertrauensbruch, nicht weniger, sondern mehr Menschen ihre Banken aufsuchen und ein »Finanzprodukt« – »ganz auf ihre Bedürfnisse zugeschnitten« – erwerben, das bei näherem Hinsehen nicht mehr einbringt als einfaches Liegenlassen überschüssigen Geldes, oft sogar weniger. Das heißt: Ein Finanzprodukt kann damit werben, dass dein Geld mit ihm weniger schnell schrumpft als bei der Konkurrenz. Überschuss und Mangel müssen einander bedingen, um dieses System zu befeuern. Der Kunde des Medienkapitalismus für den Mittelstand hat zugleich zu viel Geld und zu wenig.

Nehmen wir nun weiters an, dass sich als »Finanzprodukt«, auch und gerade in seiner mittelständischen und schließlich kleinbürgerlichen Form, das Geld als »Ware« verhält, so werden wir all die schönen und noch mehr die unschönen Eigenschaften der Ware auch an diesem speziellen, »medienkapitalisierten« Geld feststellen. Als erstes wird man sich von der Vorstellung verabschieden müssen, solches Geld wäre das »auf die hohe Kante gelegte« Ersparte in einem Arbeitsleben. Die Beziehung zwischen dem Geld als Ware und der Arbeit ist nichtlinear und in einem Sinne anti-biographisch (wie das Fernsehen anti-biographisch ist: als Vervielfältigung statt Widerspiegelung), ganz anders als das im »Sparbuch« angehäufte oder im »Bausparvertrag« aufgenommene. In der flexiblen Arbeitswelt kann Arbeit an sich keine Sicherheit mehr bilden, aber umgekehrt kann sie auch nicht sichernd wirken. Dass jemand von Bank und Berater »um seine Ersparnisse geprellt« wird, ist ein rührend nostalgisches Bild, das an die Zeiten linearer Beziehung zwischen Arbeit, Geld und Wachstum erinnert. Im Stadium von »Geld als Ware« ist dagegen das »Prellen« Teil der Vereinbarung und des Spiels, und natürlich Teil der Unterhaltung.

Das »Finanzprodukt« wird uns im Medienkapitalismus geläufig, während es im Casino-Kapitalismus der Vor-Krisenjahre noch eben mysteriöses »Ding« jenseits der allgemeinen Bürgerpraxis war. Dabei waren es »neue Finanzprojekte«, die am Anfang dieser Krise standen, und wer sie genauer angesehen hätte, hätte zumindest erkannt, dass sie Gefahren bergen, wie jene »Asset Backed Securities«, durch die die Banken die Risiken bei der Kreditvergabe »ausgelagert« haben. Offensichtlich haben damals weder die »Experten« in den Universitäten noch die Fachjournalisten die Gefährlichkeit der »neuen Finanzprodukte« erkannt oder erkennen wollen.

Selbst ein bescheidenes mittelständisches Einkommen kann, so absurd das »in Zeiten knapper Kassen« auch erscheinen mag, in Waren und Dienstleistungen (im Häuschen und in der Ferienreise) allein nicht verkonsumiert werden. Jedenfalls nicht in einer linearen Vernunft. Umgekehrt reichen die staatlichen und betrieblichen Vorsorgen für Krankheit und Alter aber auch nicht mehr aus. Überschuss und Mangel gleichzeitig also treiben den bürgerlichen Menschen dazu, sich um »Finanzdienste« mindestens so zu sorgen wie um Gesund- und Starkmacher in Margarine und Fruchtzwergen. Das Ecotainment vermittelt, in Werbespots wie dem, in dem sich der Mann vergeblich vor seinem Computer ein Investmentbild machen will und die Frau ihm schließlich den Beratungsdienst seiner Bank ans Herz legt, ganz direkt, wie aus einer lästigen Pflicht ein wohliges, emotionales und familiäres Geschehen wird (die oben beschrieben Spaltung des Menschen in das kapitalistische und das familiäre Subjekt wird also »im Schoss der Familie« rückgängig gemacht – unnütz zu sagen, dass Frauen, die in Ecotainment-Werbung aufscheinen, vor allem schwanger sind).

Adam Smith sprach in seinem grundlegenden Werk »Der Wohlstand der Nationen« davon, dass die Arbeit eines Volkes die Quelle sei, »aus der es ursprünglich mit allen notwendigen und angenehmen Dingen des Lebens versorgt« werde. Damit ist eine vertikale Beziehung zwischen Arbeit und Versorgung sowie eine horizontale Beziehung zwischen dem Notwendigen und dem Angenehmen aufgestellt. Unterhaltung, so könnte man verallgemeinern, ist diejenige Form der Abbildung gesellschaftlicher Prozesse, in der aus den notwendigen Dingen die angenehmen Dinge werden, und umgekehrt, und in der sich die Verhältnisse von Arbeit und Versorgung auf den Kopf stellen (Unterhaltung als kapitalistisch zu bezeichnen, ist daher tautologisch, erst Kapitalismus *als* Unterhaltung ist eine Innovation. Und zwar sowohl eine Prozessinnovation als auch eine Produktinnovation).

Die Abwertung der menschlichen Arbeit, insbesondere jener, die mit Körpern und Materialien zu tun hat, geht also einher mit der Hoffnung darauf, dass »das Geld arbeitet«. Die lineare Hoffnung von einst, selten genug durfte sie sich erfüllen, war, dass man hinüberwächst von einem Zustand in den anderen: Aus der Arbeit für das Geld sollte nach und nach die Arbeit des Geldes werden, härtere Arbeit bedeutet mehr Geld, und mehr Geld bedeutet mehr Geld-Arbeit, also wiederum mehr Geld, so dass das Geld, in der »gelungenen Biographie« eines bürgerlichen Menschen, am Ende der Biographie die Arbeit ersetzt hat. Das erarbeitete Geld nimmt einem die Arbeit ab.

Würden wir weiter in dieser Logik leben, so würde immer weniger Arbeit auch immer weniger Geld bedeuten. Der sinkende Reallohn weit in den Mittelstand hinein mag dafür ja auch als Beleg erscheinen.

Gleichzeitig sinken aber auch die Preise, allerdings nicht jene für Lebensmittel, medizinische Fürsorge und, allgemein, »gesundes Leben«, sondern im Gegenteil, es sinken die Preise für das, was noch vor kurzem »Luxus« schien. Die Gesellschaft sieht sich mit dem Paradoxon konfrontiert, dass, denken wir an Adam Smith zurück, die »notwendigen« Dinge immer teurer, die »angenehmen« aber immer billiger werden (natürlich handelt es sich um Dinge, die einer Mehrheit als »angenehm« erscheinen; die Minderheit, die sie zum Kotzen findet, ist ökonomisch zu vernachlässigen). Wenn es also kulturkritisch raunt »Wir amüsieren uns zu Tode«, so ist dies kein Reflex auf ein zivilisatorisches »Verkommen«, sondern eine simple ökonomische Feststellung. Ein Fernsehapparat ist zunächst relativ und bald schon absolut billiger als eine anständige Mahlzeit. »Genuss« ist billiger als »Nahrung«. Und schließlich: Geld ist billiger als Arbeit.

Letzteres scheint nur auf den ersten Blick paradox. Denn die Lage auf dem »Arbeitsmarkt« hat ja dazu geführt, dass Arbeitskraft immer billiger eingekauft werden kann. Postdemokratische Regierungen produzieren ja »1-Euro-Jobs« oder schönen ihre Statistiken mit Menschen, die sich in die Armut hinein, statt aus ihr heraus arbeiten. Diese Diskrepanz freilich entsteht, weil man Einen-Job-Haben bzw. Jemandem-zur-Verfügung-Stehen als »Arbeit« bezeichnet.

Die Gesellschaft, in der wir leben, kann sich immer weniger Arbeit leisten und leistet sich dafür immer mehr Geld. Daher redet eine postdemokratische Regierung auch ungern von der Arbeit und hält sich zugleich manisch ans Geld. Denn Arbeit-Schaffen kommt bei ihr höchstens als Job-Schaffen und Job-Schaffen letztlich wiederum nur als Wahlkampfthema und Geld-Zirkulation vor. Arbeit im eigentlichen Sinne ist dagegen nicht nur nicht erwünscht, sondern in hohem Maße »gefährlich«. Das Stoffliche daran ist nicht nur begrenzt, es trägt vor allem zum Überfluss des Mangels bei: zum Abfall. Die meisten Menschen im Medienkapitalismus leben nicht nur metaphorisch, sondern buchstäblich im Abfall (natürlich nennt man das in Berlin nicht so, und es ist auch nicht auf so drastische Weise sichtbar wie in Nairobi).

Die Formel lautet also nicht mehr: Geld *durch* Arbeit, sie lautet vielmehr: Geld *statt Arbeit*. Die Arbeit steht dem Geld im Wege. Obwohl die entsprechenden Untersuchungen zeigen, dass eine Firma, die Massenentlassungen vornimmt oder sich, wie es im einschlägigen Jargon heißt, einem re-engineering unterzieht, was auf dasselbe hinausläuft, nur weiter bis nach oben in die Chefetagen reicht, eher »kränker« als »gesünder« wird, steigen auf die Nachricht von Entlassungen nahezu automatisch die Aktienkurse dieser Firma. Der entlassene Angestellte sitzt auf der Bank und freut sich über den »Höhenflug« seiner Aktie. Nichts wird so honoriert wie Strategien und Praxen zur Abschaffung von Arbeit. Das ist in aller Regel allein mit den Lohnkosten sowie mit einem Gewinn an »Flexibilität« nicht zu erklären.

Auf den »christlichen Menschen«, der, nach den Worten des Augustinus, nicht daran denken dürfe, »sich selbst zu erbauen« (denn da könne nichts anderes als eine Ruine herauskommen), sondern immer nur »gehorsam« dem Vorbild Christi nacheifern müsse, folgte in der bürgerlichen Gesellschaft der »kreative Mensch«. Der musste seine Umwelt und die Geschichte »gestalten«, er durfte sie, ganz anders als der Augustinische Mensch, auf keinen Fall so verlassen wie er sie vorgefunden hat, alle Arbeit, die er verrichtete diente diesem Zweck der Selbstschöpfung.

Kreativ sein heißt, eine Lösung für ein Problem finden, das es vorher nicht gab; ein »Ding« zu schaffen, das ohne Vor-Bild ist, einen Ausdruck für etwas finden, was vorher unausgedrückt war; einen Zusammenhang zwischen Dingen entdecken, der vorher unsichtbar war. Im bürgerlichen Kapitalismus (nennen wir ihn hier den »Klassen-Kapitalismus«) wurde das Kreative aufgespalten, einerseits in das Militärisch-Politische, andererseits in das Künstlerisch-Kulturelle und schließlich ins Technisch-Ökonomische, wo Kreativität daran gemessen wird, was Prozessinnovation oder Produktinnovation bringt.

Wenn wir annehmen, dass das Zeitalter des kreativen Menschen einmal begonnen hat (unter Schmerzen und für nicht wenige kreative Gedanken mit dem Opfer eines kreativen Menschen auf dem Scheiterhaufen), dann dürfen wir auch annehmen, dass es einmal zu Ende gehen kann (das bedeutet nicht unbedingt die Kreativität des Menschen an sich, die möglicherweise einfach Teil seines

Wesens ist, so wie das Politische und das Sexuelle Teil seines Wesens ist, sondern es bedeutet die gesellschaftliche Umsetzung und Wertschätzung des Kreativen. Gewiss nicht zufällig steht am Ende des Selbstschaffens des Menschen die Erzeugung eines »posthumanen« Parallelwesens, Klon, Cyborg, Zombie usw., dem wir ein eigenes Buch gewidmet haben).

Für das Ende der Gesellschaft kreativer Menschen gibt es eine Reihe von Symptomen: Eine Regierung, die ihre Anordnung als »alternativlos« bezeichnet, verzichtet darauf, als »kreativ« angesehen zu werden. Populärkultur ist in einem Maß repetitiv und zyklisch geworden, dass enorme theoretische Energien zur Beschreibung des Phänomens eingesetzt werden, die ihrerseits keinen Durchbruch zum »Kreativen« mehr schaffen. Das postheroische Management verzichtet nicht nur auf die hierarchischen Strukturen und »Führungspersönlichkeiten«, sondern auch auf das Herausstellen »kreativer Stars«.

Natürlich ist umgekehrt das Wort »kreativ« noch in aller Munde, bemerkenswerterweise in Kombinationen wie »kreative Freizeit« (Kreativität, die nichts mehr »anrichtet« in Arbeit und Geschichte) oder »Kreativteam« (Kreativität als Kontrollzirkel). Wo sich die vor-kreative Gesellschaft mit solcher Gewalt gegen das Heraufkommen des kreativen Menschen zur Wehr setzte, so mag sich auch die Gesellschaft der kreativen Menschen gegen die Entwertung ihres Kerns zur Wehr setzen.

Damit ist nicht nur gemeint, wie sich das Kreative ins Apokalyptische wendet: Der »Held« (wenn auch in aller Negation) der Gegenwart ist nicht der Kreative, sondern der Vernichter, der »Liquidator«, der Terrorist, der Re-engineerer, ebenso aber auch der postmoderne Dandy, der behauptet, bereits jenseits der Geschichte der Kreativität – aber durchaus »phantasievoll« – zu leben. Die manchmal immer noch schmerzhafte Lücke, die durch das Verschwinden des Kreativen entsteht, wird »von oben« mit Effizienz gefüllt (ein Kurzschluss zwischen Prozess- und Produktinnovation, der ein Marktgeschehen schließlich am liebsten in »Realzeit« ablaufen ließe, in der man der Verwandlung von Prozess/ Produkt in Geld und Abfall zusehen kann) und »von unten« mit Ironie. Ironie erscheint als Ausdruck unterdrückter und abgewerteter Kreativität, es ist eine Form von »Post-Kreativität« (denn wie gesagt: sie darf sich »Phantasie« durchaus zu Gute halten).

Muss man um den Abschied des kreativen Menschen aus der Gesellschaft der Zukunft trauern? Einerseits ja, denn er hatte durchaus sympathische Züge, er sorgte, hier und da, für die Entwicklung des Menschen in die Tiefe (statt in die Breite). Und andererseits nein, denn er hatte seine Chance und konnte sie offensichtlich nicht nutzen, sein Versprechen einer »besseren« und »freieren« Welt wahr zu machen. Er war sich offensichtlich stets selber wichtiger als seine Kreationen, so dass es nur folgerichtig scheint, wenn es, demokratisch-kapitalistisch genug, zunächst einmal um Kreativität ohne Subjekt, ohne Autor geht. Das flexible Kollektiv, die »Schwarmintelligenz« soll an seine Stelle treten, Kreativität sich nicht mehr als heroische Geste, sondern als soziale und ökonomische Praxis realisieren (die Ergebnisse dieser Umformung, die wir vor allem in der digitalen Beschleunigung und Vernetzung der Kommunikation sehen, sind möglicherweise ernüchternd, und sie werden nicht zuletzt von ihren einstigen Pionieren und Protaganosten in diesem Licht der Desillusionierung gesehen, doch vielleicht handelt es sich bei denen auch nur um einen »Rückfall« in die Denkweisen des »kreativen Menschen«, der sie in einem gewissen Alter und in einem gewissen Persönlichkeitsbild ereilt. Und natürlich: Wer möchte schon so weit gehen und sich dazu bekennen, Blödheit als gesellschaftliche Produktivkraft anzusehen. Dabei muss man nicht einmal besonders kreativ sein, um sie als genau das zu erkennen).

Medialisierung des Kapitalismus in der Herrschaft des Ecotainment, das Verschwinden (oder die Transformation) des »kreativen Menschen« und die Ersetzung der Arbeit durch Geld müssen als drei Aspekte ein und derselben Bewegung gesehen werden, in der, noch einmal, der »geklonte Mensch« und der »Terroranschlag« zwei ikonographische Schlüsselbilder sind. Kulturpessimistisch könnte man dies alles als »Verfall« interpretieren, und die konservativ-bürgerliche Publizistik (und scheinheilig mit ihr auch die Politik, die »das alles« verwaltet) überbietet sich denn ja auch in panischen oder sarkastischen Reaktionen auf solchen »Verfall«. Aber natürlich erschien auch Augustinus und seinen Nachfolgern der »kreative Mensch« als Verfall (wie soll ich auch »positiv« hineindenken in eine Welt, von der ich nur eines sicher weiß, dass sie nicht die meine ist).

Doch auch ohne Nostalgie und Heroismus lässt sich wohl sagen, dass diese Entstehung eines »totalitaristischen Kapitalismus« (den wir in den Formen mit Diktaturen kennen wie in China oder in postdemokratischen, in denen die Herrschaft der Blödmaschinen als ausreichendes Instrumentarium angesehen wird) die Wünsche und Interessen vieler Menschen ignoriert oder unterdrückt. Die Auseinandersetzungen um die politisch-ökonomisch-mafiosen Großprojekte wie Stuttgart 21 bieten dafür perfektes Anschauungsmaterial. In ihnen steckt nichts Kreatives mehr, die Arbeit ist gegenüber dem Geld vollkommen unerheblich, und den Apologeten solchen »Fortschritts« wird das alles in wundervollen Show-Modellen, digitalen Simulationsspielen und kapitalistischen Seifenopern nahe gebracht. Während die eine Seite versucht, das ganze Projekt in eine ungeheure Illusionsblase zu verpacken, versucht die andere, sich ganz buchstäblich zu »erden«. Befürworter und Gegner eines solchen Projektes, sehen wir vielleicht von »direkt Betroffenen« ab, die sich hier engagieren, woanders aber möglicherweise eher zur Gegenseite tendieren, tauschen keine »Argumente« aus, nicht einmal sind sie von unterschiedlichen Interessen geleitet. Sie leben bereits in verschiedenen Welten.

Diesseits und jenseits der neuen Transformationen von Kapitalismus und Politik, wie wir sie hier zu beschreiben versuchen.

Aber können wir die Abschaffung der Gesellschaft des kreativen Menschen nicht schon in der protestantischen Ethik finden, die nach Max Weber den Kapitalismus grundiert? Scheint nicht das Sparen, das Berechnen, das Routinisieren, die »weltliche Askese« des protestantischen Kaufmanns dem kreativen Eingriff zuwider, und ist nicht die protestantische »Gottgefälligkeit« der ökonomischen Praxis eine indirekte Nachfolge von Augustinus' Verbot, sich selber und seine Welt zu erschaffen (statt gehorsames Abbild zu sein)? Und ist dann nicht »der Markt«, mitsamt der unsichtbaren Hand darin, nur zu einem neuen Vor-Bild geworden, dem gegenüber kreativer Eingriff nur entweder »Revolution« oder »Betrug« sein kann? (Gesetze, so viel ist sicher, dienen dem Kapital nur, wenn sie das eine verhindern und das andere, nun ja, routinisieren, also indem die Grenze zwischen Markgesetz und Verstoß immer neu gezogen wird.)

Arbeit, die sich in Geld ausdrückt, schien dem protestantischen Ur-Kapitalisten das einzige Mittel, Gott (und ein bisschen den Menschen) zu beweisen, dass man nicht »unwürdig« ist. So wie im katholischen Mittelalter Gehorsam die Praxis des Glaubens schien, so schien es nun »Erwerb« zu sein. Und wie der »gehorsame« Christ zu wenig, so hatte der protestantische Christ zu viel an Verantwortung für sein individuelles Leben, er ertränkte sie gleichsam in Arbeit, Routine und – im Geld. Sein Geld, das er niemals achtlos behandeln durfte (wie der katholische Fürst), war ihm einzig quantifizierbares Medium, nicht verdammt, nicht unwürdig zu sein. Da »Gute-Werke-Tun« sich mit diesem Panik-Fetisch nicht vertrug, handelte sich der protestantische Kapitalist nicht nur den Ruf des Geizhalses, sondern auch den der Hartherzigkeit ein. Doch die Panik verbreitete sich weiter, und nach dem Geld erwischte sie die Arbeit selbst. Sie war nun mehr als Notwendigkeit und mehr als Pflicht (vom Vergnügen und der »Selbsterfahrung« in der Arbeit gar nicht zu reden), sie war (neben ihrer verdinglichten Form, dem Geld) einziges Mittel, seinen Wert vor Gott und den Menschen zu beweisen (oder immerhin ein bisschen weniger Unwert als der Nachbar). So also sind Arbeit und Geld, im protestantischen Ur-Kapitalisten noch vollkommen aufeinander bezogen, Ausdruck der gleichen Angst, der Angst davor, »nichts wert zu sein«. Die Faulpelze, Tagträumer, Taugenichtse und Vagabunden, Schreckbilder aus Franziskanischer Mystik (sie sähen nicht, sie ernten nicht, und der himmlische Vater ernährt sie doch), wandelten sich in Sozialschmarotzer, Asylanten, Arbeitsscheue und Versager. Der Wert der Arbeit liegt nicht in ihrer Kreativität, sondern, so schließt sich der Kreis, im Gehorsam, der sich in ihr ausdrückt. Gehorsam gegenüber dem Vorgesetzten unten, gehorsam gegenüber Firma und Sache in der Mitte, Gehorsam gegenüber dem System ganz oben. Auch in der Gesellschaft, die kreative Menschen liebte (ohne sie wirklich zu würdigen, nebenbei), wurde niemand ein Held, der aufstand und sagte: »Diese Arbeit ist mir zu blöde«; es wurde vielmehr jener zum Helden, der neue Methoden erfand, die Arbeit zu parzellieren, zu routinieren, zu »verblöden«.

Der kreative Mensch, den man gern besang, war nie Zentrum der Gesellschaft, er wurde vielmehr von einer Gesellschaft »gehalten«, die nie aufgehört hatte, Unterwerfung als Ziel allen Handelns zu sehen (um ihn nicht als Gegenbild des Arbeitsethos groß werden zu lassen, wurde der kreative Mensch übrigens nicht nur gern als leidender Mensch dargestellt, man machte ihn durchaus leiden. In der protestantischen wie in der kapitalistischen Hierarchie spielt der kreative Mensch, sieht man von seinen Verkörperungen auf gewissen gesellschaftlichen Bühnen ab, nicht nur eine untergeordnete Rolle, sondern auch eine Rolle der Unterordnung. Natürlich könnten wir einwenden, eine untergeordnete Rolle sei für den kreativen Menschen immer noch besser als gar keine, man kennt genügend Religionen und Ordnungen, in denen kreative Menschen keine andere Rolle als diejenige dessen spielen, die gesteinigt oder in die Psychiatrie verbannt werden sollen).

Gewiss hat sich das ursprüngliche Arbeitsethos längst radikal veräußert. Es geht nicht mehr darum, sich durch die Arbeit gegen den Unwert im Angesicht Gottes und der Menschen zu wehren, es geht vielmehr darum, seine Unterworfenheit unter die Arbeit darzustellen. »Wirklich« arbeiten tun nur geborene Verlierer oder Menschen, die von ihren Vorgesetzten und Kollegen in eine entsprechende Falle manövriert werden. Die Kreativität in der Arbeit wird von unten nach oben »abgeschöpft«. Was ist ein Arbeitsethos wert, von dem wir allein schon durch einen Blick in die Bücherangebote der einschlägigen Ratgeberliteratur wissen können, wie manipuliert, wie herbeigetrickst, wie eingefädelt und überwacht es wird; die Arbeit ist nicht mehr Zwang oder Selbstzwang, sondern eine Grube, die man anderen gräbt und in die man meistens selbst hinein fällt.

Wer arbeitet, unterwirft sich, auf der Ebene der direkten Aktionen, in aller Regel gleich dreimal: in der Dimension der Zeit, in der Dimension des Raums und in der Dimension der Subjekte. Wir brauchen, sprechen wir von Berufen und ihren Repräsentationen in der populären Kultur, nur jeweils eine der Dimensionen der Unterwerfung wegzunehmen – und schon haben wir ein Phantasma der »Freiheit«. Ich bin mein eigener Herr, schwärmt der LKW-Fahrer (unserer Medien-Träume) und unterwirft sich umso gnadenloser den Kilometern und dem Zeitplan. Ich teile mir die Zeit selber ein, sagt der Bauer und ist Knecht seines Landes und seiner Käufer. Ich fahre, wohin ich will, sagt der Fischer und muss am Morgen genügend Fische auf den Markt getragen haben, um sein Boot zu erhalten. Und »Ich habe keinen Boss«, sagt der Blumenverkäufer vor seiner nächtlichen Runde.

In den kleinen Einheiten von Zeit, Raum und Hierarchie unterscheidet sich »Arbeit« nicht von »Sklaverei«. Je mehr wir an die Zerlegung der Arbeit in solche kleine Einheiten denken, desto mehr erkennen wir, dass der *Sinn* nur außerhalb ihrer liegen kann. Nicht im Handgriff des Fischers, nicht in der Bewegung meiner Hände auf der Tastatur des Computers liegen Sinn, Wert und Vernunft. Nur in dem, was ich vorher bestimmt und was ich nachher erklärt habe (und so mag der Sinn meiner heutigen Arbeit darin bestehen, »fertig zu werden«, damit ich mich endlich für eine Stunde in einem schattigen Biergarten mit Freunden unterhalten kann. Womöglich über den Sinn der Arbeit.)

Vermutlich gibt es die Klage über nachlassende Arbeitsmoral, seit es Arbeit gibt (so wie es wohl die Klage über den Verfall der Sitten gibt, seit es Sitten gibt). Früher hat man immer »tüchtiger« gearbeitet, was so viel bedeutet, dass man mehr tat und schneller war, als es eigentlich gefordert war, aus eigenem Antrieb und ohne zu murren. Tüchtigkeit war (und ist) ein Gütesiegel auf dem Arbeitsmarkt, je schlechter der Lohn, desto mehr (haben Sie je von einem tüchtigen Verfasser kapitalismuskritischer Schriften gehört?).

In der Tüchtigkeit begegnen sich Unterwerfung und Begeisterung; es mochte Sklaven gegeben haben, die versuchten, durch Tüchtigkeit ihren Herrn zu beschämen, Knechte, deren Tüchtigkeit den Bauern haben alt aussehen lassen, Lehrlinge, deren Tüchtigkeit den Gesellen in den Zorn treiben... In der Tüchtigkeit von Arbeit ist die Fähigkeit des Arbeiters aufgehoben, den Vorarbeiter zu ersetzen, und in dessen Tüchtigkeit steckt die Drohung, den Ingenieur zu ersetzen, und in dessen Tüchtigkeit die Möglichkeit, auch ohne den Fabrikherrn auszukommen (so spielen Unternehmer und Manager gern »tüchtig«, genauer gesagt, sie lassen sich die eigene Tüchtigkeit vorspielen).

In der Angestellten-Kultur indes begann die Abschaffung der Tüchtigkeit. Es traten an seine Stelle: Pünktlichkeit, Verlässlichkeit, Höflichkeit, »sicheres Auftreten«, Loyalität, Verschwiegenheit usw.

Ist die Abschaffung der Tüchtigkeit vollendet? Oder fragen wir anders: Macht weniger »Arbeitsmoral« das Leben nicht humaner, zivilisierter und freundlicher? Richard Sennett gibt eine Antwort: »Es kommt darauf an, wie das Gewicht erleichtert wird, das auf dem arbeitenden Ich lastet. Moderne Formen des Teamworks sind in vieler Hinsicht der polare Gegensatz zur Arbeitsethik, wie Max Weber sie verstand. Als Ethik der Gruppe statt des Individuums betont das Teamwork gegenseitiges Aufeinandereingehen stärker als den Wert der Einzelperson. Die Zeit der Teams ist flexibel und orientiert sich an spezifischen, kurzfristigen Aufgaben, kaum an der Aufrechnung von Jahrzehnten der Enthaltung und des Wartens. Teamarbeit führt uns jedoch in die Sphäre erniedrigender Oberflächlichkeit, welche die moderne Arbeitswelt überschattet. Tatsächlich verlässt sie das Reich der Tragödie und behandelt menschliche Beziehungen als Farce.«

Oh, welch ein Traum! Karl Marx hat ihn gehabt und in »Das Elend der Philosophie« niedergeschrieben. Das Verschwinden der Arbeit in einer Gesellschaft der Zukunft würde bedeuten, den Menschen zu ermöglichen, »heute dies, morgen jenes zu tun, morgens zu jagen, nachmittags zu fischen, abends Viehzucht zu treiben, nach dem Essen zu kritisieren«. Freiheit von Arbeit würde also zugleich das »Zurück zur Natur« und das »Vorwärts in der Kultur« beflügeln, man wäre Dichter und Bauer, man müsse sein Leben nicht mehr linear »designen« und nicht aus Unterwerfung und Kompensation für die Unterwerfung zusammen setzen. Jene Arbeit, die man aus früheren Gesellschaften kennt (auch jenseits dieser Arbeitsgesellschaft wäre ja noch »Drecksarbeit« zu verrichten oder »Langweiliges« zu tun), würde man als »Geschenk« an seine Nächsten, an die Gemeinschaft und an die Gesellschaft (so es noch eine gibt) freudig geben. Oder?

Es gibt nur wenige Menschen, die ihre Arbeitslosigkeit genießen. Sie setzen sie in einer teils komischen, teils anmaßenden Form fort (»Rentner haben niemals Zeit« hieß eine freundliche Familienserie im Fernsehen der DDR).

Es gilt, die Würde der Arbeit zurückzugewinnen. Das ist nur möglich, indem wir sie von ihrem doppelten Zwangscharakter befreien, vom sozialen und vom psychologischen Zwangscharakter. Eine umfassende Geste des zivilen Ungehorsams umfasst dieses Konzept der Arbeit als Recht – nicht als Pflicht.

Wenn wir stattdessen in einer Gesellschaft leben, in der sehr viele Menschen nicht arbeiten können oder dürfen, die es gerne wollten und die es von Anlagen, Intentionen, Ausbildung etc. her auch gut können, während umgekehrt Menschen zum Arbeiten um des Arbeitens willen gezwungen werden, dann besteht der soziale Sinn solcher Arbeit gerade in der Unterdrückung von Kreativität. Die Arbeit als doppelter Zwang ist ein Medium zur Abschaffung des kreativen Menschen.

Die »wirkliche« Lebensarbeitszeit der Menschen in unserer Gesellschaft ist in den letzten beiden Jahrhunderten wennzwar diskontinuierlich und ungleichzeitig gesunken. In der Zeit der ersten Industrialisierung betrug die durchschnittliche Arbeitszeit 84 Wochenstunden verteilt auf sechs Tage; in der glücklichen Zeit des »Kapitalismus mit freundlichem Antlitz« hatte es die Gewerkschaft in der Bundesrepublik auf eine 35-Stunden-Woche geschafft. Dazu kamen Verlängerungen des Urlaubs, de facto eine frühere Verrentung und nicht zuletzt die Ausweitung einer »arbeitsfreien« Zone in der Biographie, die »Jugend«. Natürlich gibt es zugleich weiteres Verschwinden von Arbeit durch Arbeitslosigkeit, aber paradoxerweise erhöht gerade sie offenbar den Druck auf den Zwangscharakter der Arbeit. Statt zu einer gerechten Verteilung der Arbeit in der Gesellschaft – im Übergang könnten wir von einer Balance von Recht auf Arbeit und von Pflicht zur Arbeit ausgehen – entwickelt sich ein absurdes Ungleichgewicht: Die einen arbeiten sich zu Tode und die andere müssen sich zu Tode langweilen (oder »schämen«). Weniger Arbeit in der post-industriellen und digitalen Gesellschaft hat also nicht zu mehr Freiheit, sondern im Gegenteil zur doppelten, der sozialen wie der individuellen Hysterisierung der Arbeit geführt. Die wenigsten Menschen arbeiten, die meisten »kämpfen um ihren Job«. Um-einen-Job-Kämpfen und kreative Arbeit schließen sich allerdings mehr oder weniger aus. Keine Arbeit zu haben, heißt dagegen in aller Regel auch »aus der Gesellschaft ausgeschlossen werden«.

In der Tradition von Max Weber, der Verwandlung der »Theologie des Individuums« in »weltliche Askese«, kommt Richard Sennett auf das Dogma der Arbeit in der bürgerlichen Gesellschaft: »Das Individuum ringt darum, sich durch harte Arbeit selbst unter Kontrolle zu bringen.« Die post-bürgerliche Gesellschaft erhält dieses Dogma (das in der Arbeitswelt selbst nicht mehr gilt, weil in den flachen Hierarchien, dem Teamwork und der »Schwarmintelligenz« die Akzente anders gesetzt sind – man kontrolliert sich eher gegenseitig) in seiner Negation. Im »Arbeitslosen« wird vor allem der Mensch gefürchtet, der sich nicht mehr kontrollieren kann. So sehen wir ihn »verkommen«.

Daher verwandelt sich der Zustand der Jugend, den wir vordem als ein Privileg ansehen konnten, dass von der adeligen und bürgerlichen Elite allmählich in die gesamte Gesellschaft übernommen wurde, so lange, bis sich eine allgemeine Vorstellung verfestigte, diese Jugend sei nicht nur ein soziales, sondern auch ein »natürlicher« Zustand, den man freilich sehr unterschiedlich interpretieren könne (zum Beispiel als den Zustand, in dem der Mensch zwar »geschlechtsreif«, aber noch nicht »sexuell gebunden« – oder, anders gesagt, noch nicht wieder seinerseits zum Elternteil geworden ist), vom »seligen« in einen »grausigen« Zustand. Die Drohung, keinen Platz in der Arbeitswelt zu erhalten, reicht sehr tief in diese Zone, die einerseits vom Lernen und »Ausprobieren«, andererseits aber auch von gewissen Sonderrechten aufs Amüsement geprägt ist, sie mag sie bis ins Mark vergiften und hysterisieren. »Jugendliche, die gar nicht erst ins Arbeitsleben hineinkommen, sind nach diesem erwerbswirtschaftlichen Verständnis soziale Totgeburten« (Georg Fülberth).

Jugendliche ohne Aussicht auf Arbeit sind indes nicht nur tot, sondern auch »ohne Kontrolle« (beides kommt nicht zufällig in der Metapher des »Zombie« zusammen). Die »kreative« Leistung der Jugendkultur besteht denn in großem Umfang darin, dieses Bild vom »überflüssigen« und »unkontrollierten« Menschen zu bearbeiten, im simpelsten Fall einfach zu erfüllen (oder man mag es gar »übererfüllen« so wie man andernorts die »Tüchtigkeit« übertreibt), im glücklicheren Fall zu transzendieren (so kann man in der Pop-Kultur ohne weiteres durch Darstellungen von unkontrollierter Überflüssigkeit zu Ruhm und Reichtum gelangen, nicht nur als Rockstar, sondern auch als nerdiger Computerfreak, zum Beispiel).

»Lebendige Arbeit« in der Terminologie von Marx, sichert ihr Fortbestehen oder gar ihr Anwachsen durch die Produktion von »Mehrwert«. Diesen Mehrwert erhält nicht der Arbeitende, sondern der so genannte Arbeitgeber (der »Unternehmer«, der ebenso eine Person, eine Gruppe, ein Staat oder jede andere Instanz sein kann, die politische in ökonomische Macht verwandeln kann und umgekehrt). Selbst wenn der Arbeitende sein eigener Unternehmer ist, muss er den Mehrwert »zwanghaft« erzeugen und darf ihn nicht einfach »genießen«.

Wir wollen unser Leben zurück! Wir verlangen eine menschliche Gesellschaft!

4 x 4 x 4: Die Formel der bürgerlichen Revolutionen.

Nach einem von Georg Fülberth übernommenen Modell ließe sich eine Vernetzung der bürgerlichen Erhebungen zu einer wirklichen Umgestaltung zu einer humanen Gesellschaft in vier einzelne »Revolutionen« vollziehen:

1. Pink Revolution. Als »Pink Revolution« versteht Georg Fülberth (natürlich ganz im Gegensatz zu dem in der Werbebranche und in der Medizinszene gebräuchlichen Terminus) »die Investitionen in die Arbeit lebendiger Menschen – also nicht nur in Gerät – für die allerjüngsten Menschen, benannt nach der Farbe, die einst Priorität als Babykleidung hatte. Also: Umlenkung großer Finanzmassen, für die nicht elitenbezogene, sondern allgemeine Förderung und Entwicklung der jüngsten Menschen von Null bis Zehn und für eine angemessene Ausbildung und Bezahlung derer, die sich beruflich um sie kümmern«.

Es geht nicht zuletzt dabei um eine Rückgewinnung des »menschlichen Faktors« in der Erziehung, in der Familie und in den Nachbarschaften.

2. Grey Revolution. So wie die Kinder so sind auch die »Alten« in der Gesellschaft als »unproduktiv« abgeschrieben, zugleich aber als »Markt« hoch begehrt, Wer im Alter noch über »Kapital« verfügt, der wird umworben und umschwebt von Beratern (und vor allem Betrügern). Die Grey Revolution nimmt ein stecken gebliebenes Projekt des Kampfes um Selbstbestimmung und Würde der, nennen wir so in allem Stolz so: Alten, in unserer Gesellschaft wieder auf.

3. Green Revolution. Ökologie ist in unserer Gesellschaft gespalten in einen »realpolitischen« und in einen voluntaristischen Alltagsaspekt. Diese Spaltung macht ihn handhabbar für Teile des im Grunde konservativen Bürgertums, das zwar »Natur erhalten« oder »nachhaltig wirtschaften« möchte, aber im Wesentlichen keine Veränderung wünscht. Der mülltrennende Alternativspießer, der nicht nur glaubt, durch seine Alltagsökologie das seine zur »Rettung der Welt« zu tun, sondern sich auch moralisch differenziert genießt, ist die Schauergestalt dieser Trennung, die Partei »die Grünen« und ihre Geschichte ist das »realpolitische« Gesicht dieser Trennung (also – sagen wir freundlich: beinahe - so gelähmt, korrupt und unehrlich wie alle anderen Parteien). Eine »grüne Revolution« ist weder mit dem einen noch mit dem anderen zu machen. Wir werden sie selber machen müssen.

4. Die rote Revolution ist die radikale Veränderung der Arbeit und der Arbeitswelt. Wenn man alle diese »Revolutionen« zusammen nimmt, bedeuten sie nichts anderes als dass eine Gesellschaft daran arbeitet, »totes Geld« durch »lebendige Arbeit« zu ersetzen.

Die Medien dieser 4 »Revolutionen« sind:
1. Das Denken
2. Das Sprechen
3. Das Fühlen
4. Das Handeln

Sie beginnen damit, alles zu tun, um die Hemmungen und Unterdrückungen dieser Medien zu beseitigen, und darin stecken der Beginn und der Sinn allen zivilen Ungehorsams.

Die Adressaten wie die Subjekte der vier Teile der bürgerlichen Erhebung sind:
1. Das Individuum
2. Die Bewegung
3. Die Gemeinschaft
4. Die Gesellschaft

Aus alledem lässt sich ein »critical design«, Sinnbild und Fahrplan der bürgerlichen Erhebung gewinnen. Es mag helfen, die Wege der Kommunikation in all ihrer Verschlungenheit (und Schönheit) zu bezeichnen, nichts und niemanden dabei zu vergessen.

Mühen der Ebene: Von äußeren und inneren Widersprüchen sozialer Bewegungen.

So wie alle Subkulturen, alle alternativen Kommunikationsformen, sogar kreative Eingriffe in den öffentlichen Raum und schließlich besonders alle Formen alternativer elektronischer Kommunikation von kommerziellem »Guerilla-Marketing« unterwandert werden (sogar ein in den Kneipen verbreitetes modisches Gerücht ist nicht davor gefeit, Teil einer verkappten Werbekampagne zu sein), so werden seit geraumer Zeit auch soziale Bewegungen von ökonomischen und politischen Kräften infiltriert, die die hier freigesetzte Energie benutzen, um eigene Interessen zu verwirklichen. Es ist auf diesem Feld eine neue Qualität der Camouflage entstanden, die neuere Formen der Undercover-Produktwerbung oder des »viralen Marketing« (das tatsächlich auf Effekte der Infektion und Ansteckung setzt) auf politische Kampagnen überträgt (und, unnütz zu sagen, auf diese Weise zu einem besonders tückischen Instrument der Postdemokratisierung wird).

Das »basisdemokratische« Moment einer Bürgerinitiative zum Beispiel hat seit geraumer Zeit seine Unschuld verloren, es kann allzu einfach instrumentalisiert wird. Besonders drastisch geschieht dies oft in Zusammenhang mit medialen Komplexen: Die »Campaign for Creativity« im Jahr 2005 zum Beispiel, deren Aktivisten angeblich für die Freiheit von Künstlern und Software-Entwicklern ins Feld zogen, war in Wahrheit eine PR-Kampagne von Microsoft und SAP, die von der auf solche Kampagnen spezialisierten PR-Agentur Campell Gentry organisiert wurde.

Es geht darum, die »Authentizität« einer Bewegung von unten zu simulieren, und die entsprechenden Schlagwörter sind stets »Freiheit«, »Kreativität«, »Bürger« usw. Als Begriff dafür etablierte sich »Astroturfing« (nach einer »Kunstrasen-Marke«).

Auch Kampagnen mit einem pädagogischen Anspruch übernehmen solche Muster, wie zum Beispiel »Bürger für Technik«, die »naturwissenschaftliches Verständnis« an die Schulen bringen will und offensichtlich im Auftrag der Atomlobby unterwegs ist. Besonders aggressiv ging auch die »Initiative Neue Soziale Markwirtschaft« vor, die etwa über das Internet-Portal unicheck.de – camoufliert als studentische Meinung – für die Einführung der Studiengebühren warb. Aber nicht nur in der dafür besonders anfälligen E-Democracy (vergl. das Stichwort im Appendix) tauchen »virale« Formen politisch-ökonomischer Camouflage auf. Die kommerziell gelenkte »Gesellschaft für umweltgerechte Straßen und Verkehrsplanung« etwa tritt überall dort auf den Plan, wo sich »echte« Bürgerinitiativen für Lärmschutz und Umgehungsstraßen einsetzen, um die Forderung nach Straßenbau in die gewünschte Richtung zu lenken.

In dieser Gemengelage entsteht immer wieder ein gehöriger Selbstzweifel der Dissidenz: Ist das System krank, oder bin ich es etwa? Ein rhetorischer Trick in allen sozialen Auseinandersetzung besteht darin, die jeweilige Gegenseite nicht nur als »böse« oder einfach »dumm« hinzustellen, sondern als »krank«, in einem metaphorischen, in einem diagnostischen, möglicherweise auch in einem psychiatrischen Sinne. Wer nicht krank sein will, der muss auf der Seite der »Normalen« sein; Psychologie und Psychiatrie müssen demnach, von den öffentlichen Diskursen ganz zu schweigen, ihre Aufgabe darin sehen, die Kranken wieder »normal« zu machen. Entscheidende Kriterien für das »Normale« sind die Mehrheit, der Erfolg und die relative Geschlossenheit des Weltbildes (»relativ« bedeutet, dass man zwar überzeugt davon ist, dass es weder Selbstwidersprüche noch »dunkle Stellen« im eigenen Modell gibt, man sich aber die Mühe nicht machen muss, im Gegensatz zu einem konsequent geschlossenen Weltbild des »Fanatikers« noch selber in jeden Winkel zu schlüpfen, um ein etwaiges »Loch« mit aller Gewalt zu stopfen).

Um als Minderheit gegenüber einer Mehrheit nicht als »krank« zu gelten, benötigt man wohl seinerseits drei Bezugsysteme: ein historisches oder topographisches Vor-Bild, eine »belastbare« Theorie (also eine, die nicht wiederum als maskierte Form eines Wahnsystems verstanden werden kann, wie wir es von jenen »Verschwörungstheorien« kennen, die immer noch und vielleicht mehr denn je als Schnittstellen für die Konstruktion der Beziehung von Dissidenz und Krankheit dienen) und schließlich ein Kommunikationssystem, das die Mitglieder einer sozialen Bewegung mit der allfälligen Angst, der »Abnorme« oder eben der »Kranke« zu sein, nicht allein lässt. Bierzelt-Reden deutscher Politiker konstruieren mit verlässlicher Regelmäßigkeit, wenn auch mit unterschiedlichen Graden an Hysterisierung, eine innere Normalität gegen das kranke Außen.

Die neue (post-heroische) soziale Bewegung hat sich zweifellos mit einigem Geschick aus der Falle der historischen Beziehungen befreit. Man benötigt, so wenig man noch den Helden und Märtyrer benötigt, weder einen über allen Verdacht erhabenen Ideal-Staat noch ein historisches Dogma (will sagen: Man kann sich bei Karl Marx bedienen, und man tut gut daran, es zu tun, zum Beispiel, aber keineswegs muss jeder Gedanke das Phantasma »Karl Marx« oder den »Marxismus« bedienen).

»Zuerst sollte das kaputte Private durch Politisierung genesen, dann die erstarrte Öffentlichkeit durch Intimisierung ergrünen«, so beschrieb es Karl Markus Michel schon 1985 im Kursbuch. Die Spannung ist vielleicht etwas heruntergefahren nach etlichen Pendelausschlägen, aber sie ist keineswegs verschwunden.

Welche Allianzen?

Jeder und jedem ist wohl klar genug, dass jede noch so spektakuläre und verbreitete Oppositionsbewegung nur nachhaltig Erfolg haben kann, wenn sie einige wichtige Voraussetzungen erfüllt:

1. Die Schaffung operativer Institutionen, die auch dann »funktionieren«, wenn die entsprechenden Protagonisten (sowohl die idealistischen Helfer als auch die mehr oder minder charismatischen »Leitbilder«) gerade nicht verfügbar sind bzw. wenn die entsprechenden Bedingungen für spontane Bildungen von Organisationsstrukturen gerade nicht gegeben sind. Das mag beginnen mit dem Vorhandensein von Telefonleitungen oder Postsammelstellen...

2. Die Allianzen zwischen vorhandenen und neuen Gruppierungen des Protestes (ohne sofortigen Ausbruch neuer Machtkämpfe)

Als im Januar des Jahres 2002 in Italien die »Massenproteste« die politische Öffentlichkeit wie die Medien überraschten und der eigenen Gesellschaft wie der europäischen politischen Kultur klar machten, dass das Land nicht unter einer »Glocke« des Berlusconismus versunken war, sondern im Gegenteil dieser Berlusconismus Ursache einer gesellschaftlichen Spaltung war, entstand die neue soziale Bewegung durch die Allianz von alten und neuen Kräften. Das war auf der einen Seite ein Wiederauferstehen der Gewerkschaft im allgemeinen, der CGIL im besonderen, die die Organisationskraft entwickelte, im März des Jahres zwischen zwei und drei Millionen Menschen auf dem Circo Massimo in Rom zusammen zu bringen. Zweifellos war und ist diese Kraft vor allem durch die sozialen Bedingungen erzeugt, insbesondere richtete sich der Protest gegen die Abschaffung der Kündigungsschutzbestimmung und eine gewaltige Verlagerung der Verfügungsmacht auf die »Arbeitgeber«. Auch in den USA war der Organisationsgrad der Gewerkschaften eine notwendige Unterstützung der Proteste; nur mit der Hilfe der Gewerkschaften konnte die frühe Räumung des Zucotti Parks verhindert werden.

Die zweite Gruppe der sozialen Bewegung wird aus den vor allem jugendlichen Angehörigen des Mittelstandes gebildet, die sich trotz gewaltiger Anstrengungen für ihre Ausbildung und eine Akkumulation von Wissen und Können um ihre Zukunft betrogen sehen und in einem neuen Zustand des »Prekariats« gefangen sind, einer neuen Form der Ausbeutung von Arbeit, die erst durch die Lockerungen der Gesetzgebungen (angeblich für einen »dynamische-

311

ren Arbeitsmarkt«) möglich wurde: Arbeiten, mehr als in der traditionellen Anordnung des »Angestellten« und seiner Kultur vorgesehen, ohne damit Vorsorge, sicheren Aufstieg, kleinen Besitz, Unterhalt der Familie etc. finanzieren zu können: Ein Leben zwischen immer weniger Hoffen und immer mehr Angst. »Junge Leute in der Ausbildung, aber ohne Chance auf einen Arbeitsplatz. Ohne Zukunft, aber mit enormen Schulden – die sie nie, nicht mal durch eine Bankrotterklärung loswerden können«, so beschreibt sehr pragmatisch David Graeber die Protagonisten.

Die dritte Gruppe sind jene, die sich an Projekten der Emanzipation bildeten, Feminismus, Gay Pride, Behinderten-Diskurse und vieles andere, deren Projekte zum Teil am Neoliberalismus gescheitert sind, sich zum Teil aber auch ihrerseits neoliberalisierten (und auf die für Angehörige der Unterschicht wie des Prekariats gelegentlich erheblich entfernten wie die Frage nach einem Frauenanteil unter Aufsichtsräten oder die Luxus-Ökologie von »alternativen« Besserverdienenden erkennen lassen).

Eine vierte Gruppe wird von jenen gebildet, die direkt von den politisch-ökonomisch-mafiosen Großprojekten betroffen sind und lokalen Widerstand organisieren. Einer der Erfolge, wenngleich eher symbolischer Art, der Occupy Wallstreet-Bewegung war es, dass viele Menschen ihre Konten bei den Großbanken auflösten und ihr Geld bei lokalen »Credit Unions« deponierten. Aus dieser Gruppe kommen auch jene »Wutbürger«, die bei diesem Widerstand die Arroganz der Macht im Allgemeinen, möglicherweise auch die Skrupellosigkeit des Einsatzes von Polizei, Justiz und Medien gegen die Opposition erfahren haben.

Die fünfte Gruppe bilden die Mitglieder politischer und sozialer Organisationen jenseits der Parteien, zum Teil mit sehr dezidierten Vorstellungen und Programmen.

Eine sechste Gruppe sind die direkten Opfer des Systems, was von Arbeitslosenorganisationen bis zu Veteranen der unnützen Wirtschaftskriege geht, die, etwa in New York, sich der Occupy-Bewegung anschließen.

Eine ältere Gruppe bildet jene der traditionellen Linken, die die Wendung ihrer Parteien ebenso wenig mitgemacht haben wie ihre Musealisierung und Versteinerung.

Zu den »neuen« Kräften einer solchen Empörung freilich gehören auch die Protagonisten einer »moralischen Revolution«, Menschen also, die die Abschaffung der Werte von Freiheit, Gerechtigkeit und Solidarität nicht allein aus Gründen der persönlichen Betroffenheit oder der parteilichen Zugehörigkeit, sondern als Angriff auf ethische Grundlagen ansehen, sich also im Namen der Demokratie gegen die Herrschaft des Neoliberalismus richten.

Die globalen Protestbewegungen, die einen eigenen Grad an Organisation und Vernetzung erreicht haben, wie zum Beispiel in den Social Forums, haben längst eigene Instrumente, aber auch eigene »Sprachen« und Medien entwickelt, die für manche Protagonisten des »occupy« nicht viel weniger schwierig zu bearbeiten sind als die Positionen der »alten« Linken.

Künstler, Schauspieler, Autoren etc. spielen in diesem Bündnis eine nicht zu verkennende Rolle.

Aber so einfach es scheint, die Gruppen zu bestimmen, die sich zu möglicherweise durchaus dynamischen, fragilen und vorläufigen Allianzen finden, so schwierig ist es, sich von anderen (innerlich) zu trennen. Ganz offensichtlich war keine der sozialen Bewegungen und der Ereignisse der Dissidenz in nennenswertem Umfang von den Oppositionsparteien in den Parlamenten unterstützt worden (die Doppelstrategie der »Grünen« ist ein eigener Fall, der der näheren Erläuterung bedarf).

Das Beispiel Italien mit seinem für deutsche Verhältnisse enormen Mobilisierungspotential zeigt freilich auch schon die Begrenzung des Protestes; wie Paul Ginsborg betont, wurden ganze Teile des Landes ganz einfach von der Bewegung nicht erfasst, und darunter befanden sich keineswegs nur die ländlichen Regionen im Süden, sondern auch einstige Hochburgen der Linken wie die »Arbeiterstadt« Turin. Wichtige Vertreter der linken Opposition im Parlament zeigten sich nicht nur ignorant, sondern sogar feindselig gegenüber der »anderen« Opposition. Die merkwürdigen Mehrheiten bei der Volksbefragung zu Stuttgart 21 wurden auch gedeutet als ein »Plebiszit gegen Opposition«, ein Bestrafung von abweichendem Verhalten mithin.

Eine allseits zu beobachtende Erscheinung dieser neuen Formen des Widerstands liegt darin, dass auf überraschende auch quantitativ überwältigende Formen der Gegenwärtigkeit im öffentlichen Raum ebenso überraschende »Flauten« folgen. Die meisten »Geschehnisse« des zivilen Ungehorsams sind im Grunde nicht zu wiederholen, weder zu variieren noch linear zu akkumulieren.

Sie entwickeln sich, vielleicht auch allzu oft und intensiv, anhand von Zeichen, Symbolen, Bildern. Die Wahl der V-Maske für die Occupy-Bewegung ist dafür so symptomatisch wie die Organisation der Opposition gegen eine übermächtig erscheinende Berlusconistische Bürgermeisterin in Mailand: Ihr Gegner, der Kandidat Pisapia, wählte die Farbe »orange« für seine Kampagne, und in der

Zeit vor der Wahl nahmen von Tag zu Tag die Anzahl der Menschen zu, die sich in der Öffentlichkeit mit einer deutlich sichtbaren Platzierung der Farbe orange am eigenen Körper als Oppositionelle zu erkennen gaben.

So problematisch es ist, so unumgehbar ist auch die Erkenntnis, dass eine »politische Partei«, selbst dann, wenn sie sich auf Doppelstrategien versteht wie die Grünen, als Bündnispartner für eine sich moralisch verstehende Revolte nicht in Frage kommt. Sie haben grundlegend ihre Funktion verändert, sind von Instanzen der Demokratie und der Vertretung der Bürger zu selbst organisierenden Wirtschaftsunternehmen geworden. Im wesentlichen sind sie nicht mehr anders als Dienstleistungsunternehmen, die wirtschaftliche Interessen gegen entsprechendes Entgelt in Politik umsetzen, während sie zur gleichen Zeit einen nicht unerheblichen Anteil des erwirtschafteten Profits (auf eine dreistellige Millionensumme wird die Summe geschätzt, die Jahr für Jahr von der Wirtschaft auf den verschiedenen Kanälen zu den Parteien fließen) dafür aufwenden müssen, ihre Funktionsfähigkeit durch Wählerstimmen und Medienpräsenz zu erhalten. Auch die politischen Parteien durchlaufen die Zyklen von Ökonomisierung und Privatisierung. Was sie »produzieren«, sind finanzielle Förderungen, Steuererleichterungen, Auftragsvergabe, Schaffung von günstigen »Rahmenbedingungen«, juristische Bestimmungen und am Ende nicht zuletzt die Kunst, bei den richtigen Dingen hinzusehen und bei den noch richtigeren Dingen staatlicherseits weg zu sehen.

Sind die Parteien einmal zu solchen zunächst ökonomisierten dann privatisierten Dienstleistern verkommen, bestimmt nur noch das Angebot über den Profit. Da die Konkurrenz das Geschäft belebt und die Zeit der »Gießkannen«-Fianzierung der Parteien durch die Wirtschaft, ein allgemeines Verteilen von Wohltaten, sich dem Ende zu neigt, bleibt den Parteien auch nichts anderes mehr übrig, als in gewisser Weise »Reklame« für sich zu machen. Natürlich kann sich die Reklame, die sie gegenüber Sponsoren und Finanziers machen, ins Gehege kommen mit der Reklame, die sie an ihre Wähler und »Medienpartner« richten. Man darf sich daher nicht wundern, dass Klientelpolitik – wie etwa das Steuergeschenk für Hoteliers, das die FDP im letzten Wahlkampf durchsetzte – nicht mehr allein betrieben wird, sondern sogar ganz gezielt öffentlich gemacht wird. Mit dem Steuergeschenk für die Hoteliers, unterm Strich möglicherweise eher in den Sphären der »Peanuts«, stellt die Partei ihr Angebot ins Schaufenster: What you see is what you get.

Die Parteien können es also weder leisten, allzu viele Wähler und damit allzu viel Macht zu verlieren, wie sie es sich nicht leisten können, ihre Sponsoren und Finanziers zu vergraulen. So kommen in aller Regel Kompensationsgeschäfte zustande:

Machtverlust und damit Einnahmensverlust verzeichnet eine politische Partei nicht durch einen absoluten, sondern nur durch einen relativen Verlust an Wählerstimmen. Den Parteien kann es am Ende egal sein, wenn immer weniger Menschen überhaupt zur Wahl gehen, solange nicht die Partei, die um die Sponsoren konkurriert, mehr Stimmen (und dann wieder: mehr Geld) erhält. Auch die Existenz der »Splitterparteien« ist so wenig ein Problem für diese Unternehmen wie die Spaßparteien oder überhaupt die Karnevalisierung der Politik. Im Übrigen ist in diesem absurden Modell sogar »schlechte Regierung« gut für die ökonomisierten und privatisierten Parteien. Die Schaufenster ihrer Klientel-Politik sind inmitten der Krisen nicht nur prall gefüllt, sondern erfreuen sich auch besonderer Aufmerksamkeit.

Reclaiming Your Life! In einer Gesellschaft, die sich gerade so angelegentlich damit beschäftigt, eine halbwegs verlässliche wenn auch temporäre Antwort auf die Frage »Was ist das Leben?« zu finden (Wo beginnt es, wo hört es auf, wer bestimmt darüber?), fällt es natürlich nicht ganz leicht, die Aufmerksamkeit auf eine andere Frage zu lenken: »Was ist MEIN Leben?«. Es ist indes eine für den politisch-moralischen Diskurs grundsätzliche Frage. Es geht nicht darum, morgen eine andere Gesellschaft zu haben; es geht darum, heute das eigene Leben gegen die existierende/sich entwickelnde Gesellschaft zu verteidigen.

Generell ließe sich erst einmal behaupten, MEIN Leben sei jenes, das ich gestalte, in dem ich entscheide, das ich erleide, das ich zu verstehen trachte und für das ich Verantwortung trage. Es muss die Möglichkeit und die Fähigkeit geben, sich bewusst mit dem Gegebenen auseinanderzusetzen; man müsste, was Karriere und Beruf anbelangt, Autor seiner Lebensgeschichte sein (unsere menschenfreundlichen Politiker indessen können sich unter »Eigenverantwortung« nichts anderes mehr vorstellen, als dass sich die Untertanen gefälligst selbst darum kümmern sollen, im Alter nicht verhungern zu müssen).

Die Fähigkeit, das eigene Leben nicht als Gegebenes, sondern als zu Gestaltendes zu begreifen, geht zunehmend verloren, denn die Voraussetzung dafür wäre eine generelle Gerechtigkeit in der Gesellschaft. Daran ist nicht nur »der Kapitalismus« schuld (obwohl er doch, nicht wahr, mehr oder weniger an allem schuld ist), sondern vor allem eine Politik, die keine Vorstellung vom Menschen mehr hat, für den es ein Grundrecht (wenn nicht sogar eine Pflicht) wäre, sein Leben zu gestalten, jenseits sowohl von »Überleben« als auch von »Sich-Durchsetzen«. Das Recht auf ein eigenes Leben zurück zu fordern, besagt noch stets, dieses individuelle für alle zu fordern. »Für das Individuum zu optieren meint, dass Jeder Ich sein, Ich sagen kann, Protagonist eines Lebens, das ihm als seines nicht entwendet werden darf. Individuum meint nicht Einer, sondern Jeder. Das schließt die obsessive Sorge darum ein, allen die gleiche Würde, den gleichen Wert zukommen zu lassen« (Paolo Flores d'Arcais). In einer demokratischen, gerechten und solidarischen Gesellschaft also geht es nicht darum, dass sich das Ich durchsetzt, sondern darum, dass es sich entfaltet. Es will weder aufgelöst werden in einer Masse, noch sich aufblähen (um irgendwann zu explodieren) als »einziges« Ich. Das neoliberale Interesse am Ego (am liebsten an einem Ego, das sich der Größe nach gar noch messen und vergleichen ließe) führt zur psychotischen Vorstellung eines »einzigen« Ich, das alle anderen überragt und anzieht, so als wären die inneren Widersprüche von Neoliberalismus und Postdemokratie, die jede andere Verbundenheit der Menschen außer der von Konkurrenz um Macht und Geld ausschließen, das, was Arcais die »Egokratie« nennt. Es geht darin um perfekte Koordination der Elemente ganz im Gegensatz zu einer Kooperation. So wie man die Koordination in der zeitgenössischen Maschine von Arbeit und Ideen schon mit einer Form der Kooperation verwechselt, nur weil sich »flache Hierarchien« in einem scheinbar kumpelhaften Umgangston und gemeinsamen »Motivationsspielen« äußern wollen, so verwechselt man ein »großes Ego« mit Individualität. War nicht der Kult um den Apple-Gründer Steve Jobbs, der wie ein Gott des Neoliberalismus, digitale Abteilung, verehrt wurde, Ausdruck eben dieser Transformation von (elektronischer) Koordination in die Egokratie (und fütterte dieser Gott nicht sein Ego, indem er vor der versammelten Crew jemanden, der seiner Meinung nach einen Fehler gemacht hatte, demütigte und verhöhnte)? Offensichtlich müssen wir uns, wenn wir unser Leben wiederhaben wollen, nicht nur von der strukturellen Macht der Postdemokratie und der Macht hegemonial beherrschter Märkte, sondern auch von den Göttern der Egokratie befreien.

Die Logik der Egokratie, so Arcais, ist ein »permanenter Bürgerkrieg«, und das Verhältnis der Menschen untereinander kann nur kannibalisch sein. Zweifellos lassen sich auch Zustände des permanenten Bürgerkrieges und der wechselseitigen Kannibalisierung lustvoll aufladen. Indes ist ein solcher egokratischer Lebenslauf, das Gegenteil einer Entfaltung des Individuums, Ein wirklich demokratischer Staat würde alle seine Bürger (und auch die Gäste in seinem Land) vor allem bewahren wollen, was sie daran hindert, ihr Leben zu gestalten, und natürlich würde dies auch die Treibjagden der Ökonomie auf das Individuum miteinschließen. Das Getrieben-Sein und das Sich-Treiben-Lassen schienen schon den Klassikern der Soziologie wie Max Weber als verwerfliche und gefährliche Aspekte eines ent-autorisierten Lebens.

Das »getriebene« und »treibende« Leben gegenüberzustellen einem Leben der »Beherrschung« (wieder kann man sich da auf Richard Sennetts »Der flexible Mensch« beziehen), bietet die Möglichkeit, neben der vertikalen (»oben« und »unten«) eine waagrechte Polarität des »eigenen« Lebens zu bestimmen. Die Erhebung des Bürgers, des Citoyen, beginnt in der Tat mit einer Rückbesinnung auf seine Individualität. Das Ego, das der Neoliberalismus und sein Entertainment preisen, ist nur auf dem Markt nutzbringend und erweist sich schon nach Büro-und Ladenschluss als nutzlos und destruktiv.

Eine Grundvoraussetzung dafür ist, dass der Medien- und Marktraum, in dem wir leben, sich erneut öffnen lassen muss (und diese Öffnung ist ohne Empörung und ohne Erhebung offensichtlich nicht mehr zu haben) zu einem öffentlichen Raum als Schau- und Praxisplatz der Demokratie und einem individuellen Raum. Die Beziehung zwischen beiden ist nicht linear, und schon gar nicht ist das eine eine Simulation des anderen, wie uns die Medien weismachen wollen (was ihnen so leicht fällt, weil die Widersprüche zwischen dem Individuum und der Gesellschaft ebenso verschleiert wurden wie ihre wechselseitigen Verpflichtungen). Der Glaube der Mediokratie, dass Teilhabe, ja Gesellschaft an sich, darin bestehe, einander wechselseitig und symbolisch kontrollierend in den »Privatbereich« zu sehen und auch Politik als Geschmackssache zu beurteilen sei, führt zu einem intimistischen Terror, dem am Ende auch die Idee einer repräsentativen Demokratie, ja die Idee der Repräsentation selber zum Opfer fallen muss. Dafür sind die jüngsten politischen Skandale (als Verdichtungen politischer Klatschgeschichten) Symptome genug. Wenn der deutsche Bundespräsident sich bei seinem Volk wie ein – ob einer Fülle kleiner, aber eben doch unübersehbarer Korrumpeligkeiten – gemaßregelter Nachbar wegen seiner »Menschlichkeit« entschuldigt (und sich zur gleichen Zeit beharrlich weigert, zurückzutreten oder entgegen der eigenen Versprechungen mehr preiszugeben von seinen Verstrickungen, als ohnehin schon ruchbar geworden ist), dann sind die Grenzen zwischen der Person und der Repräsentation vollends zusammen gebrochen.

Transparenz im Neoliberalismus wird zum paradoxen Mythos: Je undurchschaubarer die Machtbeziehungen und die Geldflüsse, desto gieriger der Blick in ein in Wahrheit erst einmal konstruiertes Durcheinander von Öffentlichkeit und Privatheit. So etwa wurde das Hochhaus der Deutschen Bahn in Berlin zum Modellbau neoliberaler Transparenzarchitektur: Alle Büros im Glashaus sind rund um die Uhr erleuchtet, man kann stets sehen, was sich tut, da ja nichts zu verbergen ist. Die Arbeit aber ist endlich in den Rang eines Spektakels erhoben. Zur gleichen Zeit sind die »oberen Etagen« nach wie vor dem Blick entzogen, Transparenz, welche die Hierarchie bestätigt, statt sie wenigstens abzumildern. »Anders wäre es gewesen, das Durchsichtigkeitsprogramm wäre mit einer Umorganisation der Bürovergabe einhergegangen. Die Chefs ganz unten, dem Blick der neugierigen Bevölkerung preisgegeben, die für die breite Öffentlichkeit uninteressanten, also einflusslosen Leute ganz oben in der 20. Etage, dort, wo sie sowieso keiner sehen kann. Das kommt Ihnen absurd vor? Eben. Die Verheißung von Transparenz per se greift keine Machtverhältnisse an. Sie transportiert kein Konzept von Veränderung« (Ines Kappert).

Arbeit demnach ist also nicht nur so viel wert, wie sie einbringt, sondern auch so viel, wie sie aus dem Leben MEIN Leben macht. Natürlich setzen Werbung und Unterhaltung alles daran, diesen Unterschied zwischen der »erfolgreichen« und der »glücklichen« Arbeit zu verwischen. Man will den Zerfall der bürgerlichen Arbeit in den einträglichen und den biographischen nicht wahrhaben (unter anderem, weil er WIRKLICH schmerzhaft ist): Ein Grad der Unerträglichkeit ist erreicht, wenn glückliche Arbeit nicht mehr erfolgreich sein kann und umgekehrt. Wenn man nicht nur im dramatischen Fall, sondern prinzipiell sein eigenes Leben opfern muss um erfolgreich zu sein, während man nicht nur im dramatischen Fall, sondern prinzipiell auf einen Erfolg in den angebotenen Karriere-Strukturen verzichten muss, wenn man darauf besteht, selbstbestimmt und »glücklich« zu arbeiten.

Eine der Schnittstellen dafür ist zweifellos die Moral. Denn der Unterschied zwischen dem getriebenen und dem »beherrschten« Leben liegt keineswegs in den Formen der »Disziplin« (gleichsam des Selbst-Treibens also), sondern in der Fähigkeit zur Entscheidung.

Wir sehen unsere »Regierung« als Meta-Modell des unglücklichen, aber effizienten Lebens. Sie versteht sich selbst als getriebenes Wesen (und wird von den Kritikern als sich treiben lassendes verspottet), sie glaubt nicht mehr an ihre eigene Kraft zur Gestaltung. Eine getriebene/sich treiben lassende Regierung entspricht den getriebenen/sich treiben lassenden Bürgerinnen und Bürgern.

So sind erfolgreiche Politiker-Karrieren mittlerweile Musterbeispiele für jene unglückliche Arbeit, die nur die Opferung von MEINEM Leben bedeuten kann. Das meint nicht nur die gewohnte Schauspielerei im politischen Geschäft, sondern das Verschwindenlassen der Entscheidung (natürlich einschließlich des Verschiebens von Verantwortung).

Auf der einen Seite haben wir es mit Normen und Regeln zu tun, die laut John Austin stets »eine besondere Form von Befehl« sind, und damit vom politischen Machthaber stammen.

Umgekehrt also ist eine Normverletzung, die bewusst vorgenommen wird, eine Befehlsverweigerung gegenüber dem politischen Machthaber. Aus einem Wunsch wird »durch Macht und Entschlossenheit« des politischen Machthabers ein Befehl, er ist begleitet von einer Drohung gegenüber dem »Befehlsempfänger«.

Nun sind wir aber durchaus gewahr, dass es Normen und sogar Regeln gibt, die nicht von einem konkreten politischen Machthaber (wie dem Staat oder der Regierung) kommen, sondern sich gleichsam von selbst ergeben (durch Traditionen, durch Moden, durch Medien oder einfach durch den Markt).

Der Mensch musste lernen, ohne die Hilfe der Götter zu leben (gerade jene, die das nicht akzeptieren, sind besonders von ihnen »verlassen«). Und er muss wohl lernen, ohne die »großen Erzählungen« zu leben. Aber so wenig die Götter verschwunden sind – sie werden womöglich umso größere Probleme, als sie ihre Hilfe verweigern –, so wenig sind diese Erzählungen verschwunden. Sie haben in drei Formen überlebt, als fetischhaft reproduzierte Dogmen, als aufgelöste »kleine Erzählungen« im Narrations- und Bildbrei der Medien und schließlich als letzte unscharfe aber universale Erzählung: der entgrenzte Markt erzählt sich selbst. Er tut dies als eine Erzählmaschine, die nur noch für sich selbst arbeitet, auf kein Erzählziel (schon gar kein »Happy End«) mehr hin und in keine »Richtung« – in der vorletzten Erzählung glaubten wir ja immerhin noch an einen »Fortschritt«. Die Erzählung vom Fortschritt gab es in einer »konservativen« und in einer »linken« Variante, und als beide gescheitert waren, die erste, weil sie nicht glaubhaft die »Werte« mitnehmen konnte in die neue Zeit des Kapitalismus, auf die sie so stolz war, die zweite, weil sich die sozialen Hoffnungen nicht erfüllen ließen und dieser Erzählung schlicht das Subjekt abhanden gekommen war (sei es die »Arbeiterklasse«, sei es das nach Freiheit und Gerechtigkeit dürstende Individuum). So hatte es diese neue Erzählung des Neoliberalismus leicht, die Piero Bevilacqua charakterisiert: »Im Mittelpunkt dieses Romans einer Wiedergeburt des Fortschritts steht die Freiheit der Individuen, die Ausschaltung der Bürokratie[11], der freie Markt als einzige Regelungsinstanz der zwischenmenschlichen Angelegenheiten. Diese neue Heiligenlegende hat eine unglaubliche Faszination ausgeübt. Auch die traditionelleren Parteien der Linken konnten sich ihr nicht entziehen. Liberalisierung, Privatisierung, Wettbewerb, Flexibilität befielen die gute alte Sozialdemokratie wie Parasiten und saugten sie aus.«

So ist nicht nur der Berlusconismus direktes Ergebnis dieser Erzählung, sondern auch der Wandel der Sozialdemokratie in der Art von Tony Blairs »New Labour« oder in der Herrschaft der »new boys« Schröder und Fischer in Deutschland. Als sich spätestens in den Finanzkrisen seit 2008 die Erzählung des Neoliberalismus als großer Schwindel herausstellte, fehlten nicht nur Kräfte der Opposition, sondern auch solche im klassischen Modell der »Selbstheilung«. Im Wandel der Sozialdemokratie hin zu einer Kraft der Neoliberalisierung – die Gewerkschaften waren hierzulande nicht weniger Teil dieser Erzählung geworden – und in der Unbrauchbarkeit alter linker Modelle von den Verbindungen von Staat und Gerechtigkeit wurde zunehmend im Mainstream die Erzählung des Neoliberalismus »alternativlos«.

So macht etwa eine »außerparlamentarische Opposition« rein sprachlich (»erzählerisch«) kaum noch Sinn, weil es den Bezug, eine Opposition *im* Parlament, ja das Parlament als ernst zu nehmendes demokratisches Instrument, in Wahrheit gar nicht mehr gibt. Opposition in Postdemokratie und Neoliberalismus ist zugleich fundamentaler und dezentraler

Die Erzählung des Neoliberalismus ist in den Krisen nicht »untergegangen«, sie gelangt nur an ein absurdes Ende. Alles ist geschehen, und alles ist schief gegangen. Nur solche Clowns des Kapitals wie die F.D.P.-Politiker dieser Tage (die entsprechendes Desinteresse bei den Wahlen ernten) glauben, diese Erzählung könne noch weiter gehen: Noch mehr Privatisierung. Noch mehr Globalisierung. Noch mehr Markt. Noch mehr Fernsehen. Noch mehr Unbarmherzigkeit in der universalen und innergesellschaftlichen Verteilung. Noch mehr Millionäre und noch mehr Armut? (Und auf jeden Fall: Noch mehr persönliche Bereicherung und Nepotismus im politischen Spiel.) Die Vertreter von Postdemokratie und Neoliberalismus – wir sprachen von einer »nervösen Herrschaft« – haben einen Status der Ignoranz und »Beratungsresistenz« erreicht, in dem sich der demokratische Fürst dem Volk so sehr entfernt hat, wie es sein aristokratischer und despotischer Vorgänger tat.

Die Erzählung des Neoliberalismus hat ihren Kern verloren. Sie kann nicht mehr versprechen, dass die einzelne »Story«, die Biographien der Menschen, ihre kleinen und großen Dramen und Komödien, und die »history«, die Geschichte in Struktur und Entwicklung, miteinander harmonieren: Das System gewinnt, weil alle Menschen in ihm zu Verlierern werden (sogar jene, die sich eine Zeit lang als Gewinner sehen). Ausgerechnet in einer Erzählung, die den Wert des Individualismus als Ideal hoch hält, erweist sich die vollkommenste Machtlosigkeit des

Einzelnen, schlimmer noch: seine Würdelosigkeit.[12] Wir können uns die Fortsetzung der neoliberalen Erzählung nur als blanke Horrorgeschichte vorstellen: Privatisierung des Wassers, das wir trinken, der Luft, die wir atmen, der Sterne, die wir am Himmel sehen. Herrschaft der Konzerne und Oligarchien, der medialen und politischen Blödmaschinen,

Was gibt es zu erzählen, wenn, wie im Spanien des Jahres 2011 zum Beispiel, beinahe die Hälfte aller Jugendlicher ohne Job ist und 1,4 Millionen Familien gezählt werden, in denen kein Mitglied eine Arbeit hat? Da ist nur noch der Reichtum einer dreifachen »Loser-Kultur« ins Spiel zu bringen, eine »geschmacklose« Unterhaltung, eine bittere anti-neoliberale Kunst, die den Opfern und Opferungen dieser Erzählung gewidmet ist, und eine Kultur von Widerstand und Protest. Diese drei »kleinen« Erzählungen allerdings verhalten sich zueinander destruktiv: abtauchen in die Parallelwelten zynischer Unterhaltung (einer Unterhaltung von Nintendo und Big Brother, die sich über den wahren Charakter des Neoliberalismus keine Illusionen macht, wohl aber über die Chancen des Einzelnen darin) und protestierendes Reclaiming the Streets passen nicht mehr zueinander (sieht man von jenen Explosionen von Zorn und Langeweile ab, die wie in London des Jahres 2011 den Medien exakt die Bilder lieferten, die sie brauchen können: Im Riot sehen wir, wie die Kids Schaufenster einschlagen, um sich Flachbildfernseher zu stehlen; wir sehen nicht, wie sie ebenso Babywindeln stehlen, denn das würde dieses Bild der »Abschaum«-Revolte empfindlich stören).

Nach dem »Vergütungsbericht« der Deutschen Bank 2010 lag das Durchschnittsgehalt im Privatkundengeschäft bei 76 000 Euro, wohingegen die Angestellten im Investmentbankgeschäft auf 175 000 Euro kamen. Die »ganz Großen« teilen das wirkliche Geld noch einmal unter sich auf: Die 129 Spitzenkräfte der Deutschen Bank verdienten im Durchschnitt in diesem Jahr jeweils 4,2 Millionen Euro. Es ist weniger »Sozialneid«, der einen Protest gegen diese absurde Ungleichverteilung auch des fließenden Geldes bestimmt (vom »Vermögen« ganz zu schweigen), als vielmehr die Erkenntnis der durch sie produzierten Unmenschlichkeit: Die Produktion einer globalen Armut, die Erzeugung einer neuen Klasse der Unantastbarkeit, die Folge der Ungleichverteilung von Bildung und Kultur.,

Der Neoliberalismus kann sich als Negation, als blutige Fantasy weiter erzählen. Die Erzählung hat keinen Kern und keinen Sinn mehr, aber an ihren Rändern entsteht nach wie vor eine heftige Reibungsenergie. Man erfindet keinen neuen Sinn in dieser Erzählung, man führt stattdessen neue »Schurken« ein (dass der Neoliberalismus den Terror als »Autoimmunerkrankung« erzeugt, hat sich mittlerweile herumgesprochen, aber es verhält sich offensichtlich auch genau andersherum: Terrorismus wird konstitutiv für die Fortsetzung der Neoliberalismus-Erzählung als eigenes Negativ).

Kann man die Geschichte des Neoliberalismus »rückwärts erzählen«? Zum Beispiel als Ringen um die Rückkehr zur Gesellschaft mit menschlichem Antlitz, als das Zurückerobern sozialstaatlicher Elemente, eine Neuerfindung der Demokratie aus dem Geist der Bürgerbeteiligung und der sozialen Bewegungen?

Wir befinden uns ganz offensichtlich in einem nicht erklärten Weltkrieg, der weder ein heißer noch ein kalter ist, sondern einer, der an allen Ecken und Enden »ausbricht«, sich erschöpft, um nur an anderer Stelle oder an der gleichen nach kurzer Pause erneut auszubrechen.

Es ist der Krieg der Habenden gegen die Nicht-Habenden:

Es ist der Krieg der Alten gegen die Jungen: Über vierzig Prozent aller Menschen auf der Erde, insgesamt über drei Milliarden, sind heute unter 25 Jahren alt. Die bestehenden Systeme im allgemeinen, die Komplizenschaft zwischen Politik und Ökonomie im besonderen, verweigern ihnen die Zukunft, indem sie so bedenkenlos die natürlichen Ressourcen ausbeuten und vernichten, Klima-, Gift- und Strahlenkatastrophen hinterlassen, wie sie zugunsten des Profits auf medizinische Versorgung, Bildung und Kultur verzichten. Der Neoliberalismus denkt auch die Zukunft seiner Kinder, wenn überhaupt, dann ausschließlich geldförmig. Sein »ethischer« Flügel macht sich Sorgen um die Schulden, die die Kinder in der Zukunft erben werden; sie machen sich wenige bis keine Sorgen darum, ob es diese Zukunft überhaupt gibt, denn so wie sie immer an Gewinner geglaubt haben, glauben sie an »Überlebende«.

Es ist, wenn nicht mehr ein Krieg der Männer gegen die Frauen (was in weiten Teilen der Welt nach wie vor gilt), so doch ein Krieg des Männlichen gegen das Weibliche.

Es ist ein Krieg, der sich, obwohl weitgehend ökonomisiert und privatisiert, nach wie vor des Rassismus bedient.

Es ist ein Krieg um die Dominanz der Diskurse auf dem Weltmarkt als dritter Natur, dem sich die bürgerliche Erhebung mit friedlichen Mitteln entgegenstellt, ganz nach Sharps Ideen vom Beginn: Erkenntnis, Kritik und Widerstand. Zunächst könnte man jene »Kardinalfehler« der »gemischten Herrschaft« bzw. der »nervösen Herrschaft« von Postdemokratie und Neoliberalismus betrachten, die, werden sie nicht in absehbarer Zeit mehr oder weniger fundamental behandelt, entweder zum Zusammenbruch oder zur Transformation zu einer noch weiter von Demokratie und Humanismus entfernten Herrschaftsform führen.

1. Die Ersetzung von Politik durch ein (mediales) Theater der Politik. Gewiss zu Recht meint Pierre Bourdieu: »Die Menschen ertragen das Theater der Politik nicht mehr, so wie die Protestanten das Theater der Religion nicht mehr ertrugen. Man sehnt sich nach wahrer Politik – so wie damals nach wahrer Religion.« Was damit beginnt, dass sich immer mehr Menschen von dem »Theater der Politik« abwenden (entweder, weil sie im Sinne Bourdieus die Theaterhaftigkeit selbst nicht mehr ertragen, oder aber, weil sie der schlechten Stücke überdrüssig sind, die da gegeben werden), führt zu einem fundamentalen semiotischen Misstrauen.

2. Die immer engere Verflechtung der politischen Klasse mit der ökonomischen Oligarchie, die nicht nur dazu führt, dass »die Wirtschaft« den Platz aller »Wahrheit«, aller »Gerechtigkeit«, aller »Freiheit«, ja sogar aller »Solidarität« (und nicht zuletzt aller »Götter«) einnimmt, als jenes »große andere«, in dessen Namen alles geschehen kann und alles geschehen muss (»alternativlos«).

3. Der groteske Glaube daran, jedes Demokratie-Defizit durch Rituale der Liberalität ersetzen zu können, die am Ende sogar zum Abbau der Demokratie unter dem Vorwand einer Liberalisierung des Lebens führen.

4. Die Ersetzung von sozialen Zusicherungen und Verteilungsgerechtigkeit durch technologisch hochgerüstete »Sicherheits«- und Kontrollmaßnahmen: »Es ist ein fataler Irrtum, den Abbau sozialer Sicherungen durch den Aufbau öffentlicher Sicherheit – noch mehr Polizei, noch mehr Überwachungskameras – kompensieren zu können. Zumal man unterscheiden muss zwischen **instrumentaler** Gewalt, die die Gelegenheit nutzt, um Beute zu machen, und expressiver Gewalt, die sich selbst legitimiert. Die erste Variante kann der Normalbürger in der Regel noch vermeiden, indem er sich von bestimmten Orten, Zeiten und Situationen fernhält; sie lässt nach, wenn die Beute gemacht ist. Die zweite Variante kann jeden treffen, weil die Opfer beliebig sind und keiner zweckrationalen Auswahl mehr unterliegen, sondern nur noch dem Gefühl der Wut ausgeliefert sind – sie kann jederzeit – bei einem entsprechenden Signalereignis – die Eskalationsspirale wieder in Gang setzen« (Wilhelm Heitmeyer).

5. Die Auslagerung von Verantwortung, Definition, Modellierung etc. an Experten und Agenturen, die ein neues System von Subsystemen ausbilden, die weder von der Regierung selbst noch vom »Wähler« als Reserve des an das Gesellschaftsmodell gebundenen Menschen noch kontrolliert werden.

Die politische Ökonomie des Neoliberalismus schafft zugleich immer neue vernetzte Kontroll- und Manipulationsinstrumente, die eine Verantwortung als bürgerlicher Grundwert unmöglich macht. Noch im furchtbarsten »Steinzeit«-Kapitalismus konnten Vermögen gewonnen und verloren werden, war Besitz so schnell erworben wie auch wieder verloren, bedeutete Spekulation tatsächlich ein Risiko, in dem auch das eigene Leben eingesetzt wurde. Die ökonomische Oligarchie und die politische Klasse besteht aus Menschen, die sich gegenseitig vor jedem Fall bewahrt haben; nicht nur der Bank, auch ihren Vertretern bis ins mittlere Management, den Brokern und Zockern kann nichts mehr passieren, so wie Politiker, die scheitern oder sich etwas zuschulden kommen lassen, in aller Regel sehr weich, nämlich ins Nest der Ökonomie fallen. Persönliche Verantwortung wird zumindest symbolisch von der bürgerlichen Erhebung zurück gebracht in zwei Klassen der Unberührbarkeit.

6. Die Umwandlung der parlamentarischen in eine zunächst mediale und dann digitale Form der Herrschaft, Kommunikation und Kontrolle, welche die Politik in der Sprache des Entertainments vermittelt.

Demgegenüber stehen die zwölf Absichten einer bürgerlichen Erhebung (die im Gegensatz zu einer »Revolution« im Sinne der – vergangenen – Moderne nicht an das ganz oder gar nicht gebunden ist). Der Weg von der *Empörung* (die expressiven, spontanen Äußerungen der moralischen und politischen Dissidenz) über die *Erhebung* (die Organisation und Verknüpfung der durch die Empörung entstandenen sozialen Bewegungen zu einem Bündnis bringt, ohne den einzelnen Bewegungen ihre Individualität und Praxis zu nehmen, und in diesem Bündnis standhält sowohl den sanften Mitteln von Korruption und »Verführung« durch die Macht als auch ihren Bedrohungen und Repressalien) bis zur *Veränderung* bedingt ein Gewahrwerden der Zielsetzungen:

1. »Signale setzen«, in der Hoffnung, die Regierungen im Einzelnen oder den »demokratischen Fürsten« als Institution zu Einsicht und Korrektur zu bringen. Trotz ihrer Verflechtung mit der ökonomischen Oligarchie braucht die postdemokratische Regierung noch immer eine bürgerliche Basis, einen Echo- und Legitimationsraum.

2. Eine Veränderung des medialen Diskurses erreichen. In dieser Hinsicht scheinen die sozialen Bewegungen der letzten Jahre am ehesten eine Erfolgsgeschichte (wenngleich wir hier weder von der Nachhaltigkeit sprechen können noch die politische Ökonomie der Mainstream-Medien jenseits kurz-

fristiger Moden und Stimmungen außer Acht lassen wollen). Dabei geht es schließlich um mehr als darum, »gute Bilder« in den Mainstream-Medien abzugeben, nämlich Ansätze einer Redemokratisierung der Medien und sei es in Form von Gegen-Medien zu finden.

3. Praktizierbare Gegenmodelle (wie in den »Commons«) entwickeln, Inseln für Menschen, die sich den Erpressungsmechanismen des »Ecotainment« entziehen wollen. Einer Gesellschaft, die ihre Mitglieder als Objekte eines technologisch-ökonomischen Großversuchs missbraucht, setzt die bürgerliche Erhebung Modelle der menschlichen Gesellschaft entgegen, die eher am Glück als an Abstraktionen wie »Fortschritt« oder gar »Wachstum« orientiert sind.

4. Modelle der Kritik und Analyse miteinander verknüpfen, ohne sich auf Dogmenproduktion oder Flügelkämpfe einzulassen. Die Erhebung des Citoyens gegen Postdemokratie und Neoliberalismus ist verbunden mit einer zweiten Aufklärung; es geht dabei um das Herausfinden aus dem selbst errichteten Gefängnis der Maschinen von Unterdrückung und Entmündigung (wir haben sie »Blödmaschinen« genannt und ihrer Funktionsweise ein eigenes Buch gewidmet). Eine bürgerliche Erhebung ist nicht möglich ohne eine Renaissance der »Avantgarde« des Citoyens, den man für eine Zeit »den Intellektuellen« nannte. Ob es sich dabei um eine Klasse oder eine Berufssparte, um eine Passion oder einen Resonanzboden sozialer Bewegungen handelte, sie war jedenfalls in der Geschichte von Neoliberalismus und Postdemokratie paralysiert, entmachtet, korrumpiert, aufgelöst, gar verschwunden, oder es wurden den Intellektuellen die Lebens- und Arbeitsgrundlagen geraubt. Die bürgerliche Erhebung muss sich die Intellektuellen wieder erschaffen (wir hoffen: in einer verbesserten, demokratischeren und selbstkritischeren Form).

5. Die Wiedereinsetzung von Moral und Vernunft als Gegenkräfte zur Ökonomisierung und Privatisierung als Leitkräfte des Politischen. Die Grundforderung dabei ist die nach einem grundsätzlichem Primat von Menschen- und Bürgerrechten gegenüber ökonomischer Opportunität (Fallt nicht darauf herein, wenn man diese Forderung »blauäugig« oder naiv nennt).

6. Die Popularisierung und Intimisierung der (fiktiven) Beziehungen zwischen Regierung, Verwaltung und Volk ist als Teil der postdemokratischen Mediokratie hinreichend entlarvt, um auf dem verhängnisvollen Weg der Verblödung nicht weiter zu gehen. Wir werden nicht mit Politikern sprechen, die

Bürgerinnen und Bürger für unmündige Kinder halten, denen in großer Güte die Last von Entscheidungen abgenommen wird, während man sie mit Emotionsbildern füttert. Eine bürgerliche Erhebung verlangt zu allererst einen Dialog auf Augenhöhe. Bürgerliche Erhebung bedeutet, die Regierung, den demokratischen Fürsten, dazu zu zwingen, jene ernst zu nehmen, in deren Namen allein sie regieren dürfen.

7. Die Schaffung immer neuer Instrumente zur Kontrolle der politischen und ökonomischen Macht von unten, auch und gerade jenseits jener Instrumente, die das System selbst zur Verfügung stellt.

8. Die Erhebung der Bürger schafft einen kulturellen Mantel, der wärmt und bezeichnet. Jeder Akt des Widerspruchs und des zivilen Ungehorsams ist, wenn er ein Echo findet, auch ein Widerspruch gegen Angst, Bequemlichkeit und Fatalismus. Die Erhebung des Bürgers definiert am Ende die Person, die selbstbewusst und solidarisch den öffentlichen Raum betritt, neu. Das Subjekt schafft durch seine Aktion den öffentlichen Raum, und dieser Raum macht das selbstbewusste und solidarische Subjekt wieder möglich, das in der politischen Ökonomie des Neoliberalismus zu verschwinden droht. Die Erhebung verändert die politische Psyche des Menschen; der sich erhebende Mensch hat einen Zustand der Entmündigung überwunden, auch wenn die Erhebung niedergeschlagen oder ausgehungert wird. Die bürgerliche Erhebung ist eine utopische Installation für den Menschen, der sich durch das System nicht definieren lassen will, sondern seine Definitionsmacht gegenüber dem System entfaltet. Es ist eine einzelne wie kollektive Erzählung vom Überwinden der Angst und von der Vorahnung des Glücks.

9. Die bürgerliche Erhebung beendet das Konkordat des Zynismus zwischen Regierung und Regierten. Der Macht-Diskurs muss neu verhandelt werden. Einer der Irrtümer, die den scheinbar so reibungslosen Sieg von Neoliberalismus und Postdemokratie vorbereiten halfen, ist der vom Verschwinden der Macht. Aber auch der demokratische Fürst ist ein Herrscher, der nicht anders regiert und reagiert auf Verlockungen und Opportunitäten der Macht (nebst aller Möglichkeiten, Macht wiederum zu vermehren und die Gleichungen von Macht und Profit auch ganz persönlich offen zu halten), als es ein Fürst zu Machiavellis Zeiten tat (und der Antrieb eines demokratischen Fürsten ist noch stets dies: Macht haben, Macht ausüben, Macht vermehren – nebenbei gut verdienen, gute Beziehungen aufbauen, kleine Unterschiede zum »normalen« Bürger zelebrieren schadet auch nicht);

gegenüber einem »Despoten« ist ein demokratischer Fürst nicht unterschieden, weil er »besser« ist, sondern weil er besser kontrolliert, beschränkt und kritisiert werden kann. Die Instrumente der Kontrolle, der Beschränkung und der Kritik sind in den letzten Jahrzehnten weitgehend entschärft worden, einige sind mehr oder weniger vollkommen verschwunden (wie zum Beispiel eine »unbestechliche« Instanz der intellektuellen Kritik). Wenn wir von einem »neuen Typus des Politikers« sprechen (etwa gegenüber der Gründungszeit der zweiten deutschen Republik), dann meint das einerseits die Veränderungen in der politischen Klasse selbst (nämlich genau dies: die Entstehung einer veritablen, distinkten Klasse der Repräsentanten aus der ursprünglichen Idee der repräsentativen Demokratie), so auch von einem Politiker/einer Politikerin, denen gegenüber sich die Kontrollmechanismen radikal verändert haben. Einer immer bescheideneren, ja verschwindenden politischen Kritik steht eine ins absurde gesteigerte Kritik der Performance gegenüber; man tut in unseren Medien so, als sei vom Volk nicht Politik, sondern ihre Darstellung, nicht Programm und Entscheidung, sondern »das Menschliche« zu kritisieren.

10. Zur bürgerlichen Erhebung gehört nicht nur die Wiedergewinnung der öffentlichen Räume und der freien Medien, die uns durch Ökonomisierung und Privatisierung genommen wurden, sondern auch die Wiedergewinnung einer politischen Sprache. Es muss neu und entschieden verhandelt werden, was allen gehört und was in Privatbesitz genommen werden darf. Es muss neu verhandelt werden, welche Bereiche des körperlichen und geistigen Lebens, welche Bereiche der sozialen Kommunikation, der Umwelt und der ästhetischen Produktion ökonomisiert und privatisiert werden dürfen und welche nicht.

11. Die bürgerliche Erhebung wird einen neuen Code of Conduct für den demokratischen Fürsten fordern, der aus seiner postdemokratischen Verstrickung zu den demokratischen Werten zurückfinden muss (anders als etwa Colin Crouch gehen wir davon aus, dass »Postdemokratie« nicht etwas ist, was uns droht, vielmehr ist die Katastrophe der Postdemokratisierung längst eingetreten und hat seit den achtziger Jahren Etappe um Etappe einer Umwandlung des Regierungs- und Ordnungssystems bewirkt).
Es wird unter anderem verboten sein,
■ das eigene Volk zu erpressen
■ Verantwortung für politisches Handeln in einen der demokratischen

Kontrolle nicht zugänglichen oder virtuellen Raum zu verschieben; es wird unter anderem geboten sein,

- die Verknüpfung der Praxis von Regierung, Verwaltung, Rechtsprechung und Kommunikation mit Institutionen und Personen aus dem Bereich der Ökonomie zurückzunehmen
- entschiedene Antikorruptionsmaßnahmen durchzuführen, und zwar im regionalen, im nationalen wie im internationalen Bereich
- die Finanzierung der Parteien, der Wahlkämpfe und der Kampagnen – wie bei der Volksabstimmung in Stuttgart, bei der die Befürworter mit Steuer- und Parteimitteln, Mitteln der Bahn selbst, der Region und der Stadt »mit äußerst unfairen Mitteln« (Walter Sittler) gekämpft haben –, muss fundamental und radikal durchdacht und verändert werden.

12. In der bürgerlichen Erhebung werden Freiheit, Gerechtigkeit und Solidarität zurück auf die Bühne der Geschichte geholt.

Vieles andere ist möglicherweise nicht allein durch Diskurs- oder gar Gesetzesänderungen zu erreichen, sondern erst durch das, was man einen Wechsel des »politischen Klimas« bezeichnen könnte. Das politische Klima wird in der Tat durch jede noch so kleine Geste von Dissidenz, Kritik und Ungehorsam mitbestimmt, wenn es der Gegenseite nicht gelingt, so propagandistisch umzuformen oder aber mit einer symbolischen Macht-Geste zu bezwingen.

Die bürgerliche Erhebung ist daher auch eine Rückkehr an die Ursprünge des Paktes, der Vereinbarungen, der Verträge, der Verfassungen; sie fordert von »ihrer« Regierung eine Rückkehr zu den Grundwerten und vor allem zu den Grundrechten, die so leichtfertig den Geboten der Opportunität geopfert werden.

Ein bürgerlicher Wert bedeutet stets, dass Rechte und Pflichten für jeden gelten; er steht daher immer auch gegenüber allen »Asylbewerbern«, Minderheiten, Migranten, »Außenseitern« und Ausgeschlossenen auf dem Prüfstand. Die bürgerliche Erhebung richtet sich also gegen zwei Macht-Methoden des »Raubtiers« aus Postdemokratie und Neoliberalismus, die durch Markt und Medien vermittelte Dominanz der Diskurse und die Techniken des Ausschließens und schließlich Ausschaltens von allem und allen, die der Verschmelzung von Staat und Kapital entgegenstehen, nicht regierbar und nicht profitabel sind. Der Bürger als Citoyen kämpft um Rechte, die meine Rechte sind, weil sie die Rechte von jedem und jeder sind.

Bemerkenswerterweise fordern seit geraumer Zeit Vertreter des Neoliberalismus wie der ultrarechten Reaktion, dass es in einer liberalen Gesellschaft keine

»Denkverbote« und keine »Tabus« geben dürfe (in aller Regel zielen diese angeblich verbotenen Gedanken einerseits auf noch mehr Ökonomisierung, noch mehr Privatisierung und noch mehr Abbau sozialer Gerechtigkeit und Solidarität oder auf noch mehr Unterdrückung, Misstrauen und Ausgrenzung gegen über dem Anderen, dem Fremden, dem Außenseiter). Hingegen gelten die wahren Denkverbote all jenem, was sich jenseits der beiden großen Erzählungen (oder Religionen, wie man es nimmt), den Ordnungs- und Sinnsystemen (National-) Staat und Marktwirtschaft bewegt. Wenn die Staaten aber verschwinden (sei es durch einen dramatischen Zusammenbruch, sei es durch ein langsames, aber sicheres Verblassen ihrer Konturen), und wenn der Kapitalismus verschwindet (sei es durch eine Katastrophe, sei es durch die pure Selbstaufhebung). Was wenn sich der Staat in ein Wirtschaftsunternehmen mit gewissen Privilegien und (ziemlich gefährlichen) Machtmitteln verwandelt, während One-and-Only-Konzerne selbst staatliche Funktionen und Interessen ausmachen (längst wissen wir ja nicht mehr, wer von beiden mehr »Weltpolitik« macht, und wer gerade im Dienste wessen steht oder wer wen für seine Ziele missbraucht). Die nervöse Herrschaft von Postdemokratie und Neoliberalismus hat gegenüber allen Hemmnissen und Kritiken ihrer Verschmelzung ein Gewaltpotential und eine Vernichtungsrhetorik entwickelt, die gegenüber den ursprünglichen Verabredungen zwischen der bürgerlichen Gesellschaft und dem »demokratischen Fürsten« eher unvorstellbar schienen. Eine Insurrektion des Bürgers scheint der nervösen, gemischten Herrschaft, in der politisch gut ist, was der Wirtschaft dient und die Wirtschaft dem Staat als Legitimation und Medium dient, irreal. Man schließt den Dissidenten nicht nur aus dem Projekt »Fortschritt« und »Wachstum«, sondern auch aus einem moralischen Diskurs aus. Da man – übrigens zu recht – in jedem Citoyen den potenziellen wittert, wird das Ausschalten der Bürger zu einem Regierungsziel.

»Der Traum der Systeme gebiert Ungeheuer: Das erleben die Regierenden auf ihre Weise, sobald unzufriedene Bürger sich ihren Projekten und Prozeduren in den Weg stellen. Es überrascht nicht, wenn Verachtung spontan auf Verachtung antwortet. Der unwillkommenen Bürgerdissidenz trat man in Stuttgart und Berlin erschrocken mit Großaufgeboten von Polizei und Schimpfworten entgegen. So also sieht es aus – das dunkle Etwas, von dem alle Staatsgewalt ausgeht? ›Berufsprotestierer, Freizeitanarchisten, Stimmungsdemokraten, Altersegoisten, Wohlstandsverwahrloste!‹ In diesen Vokabeln fassten die Landesregierung und ihre Alliierten in der Hauptstadt ihre Eindrücke von den Zehntausenden zusammen, die gegen ein zerbröckelndes Großprojekt auf die Straße gingen. Soll man diese Wortwahl dadurch entschuldigen, dass die Sprecher unter Schock standen? Im Gegenteil, man schuldet diesen Politikern Dank, dass sie endlich aussprachen, wie sie über die Bürger denken. Bemerkenswerterweise war ein wichtiger Teil der manchmal seriösen Presse bereit, sich in die bedrängte politische Klasse einzufühlen: ›Wutbürger‹ nannte man jüngst die neuen Protestierer – was eine kluge Prägung gewesen wäre, hätte sie die Erinnerung an den ursprünglichen Zusammenhang von Empörung und Republik beschworen. Leider diente sie im aktuellen Gebrauch nur dazu, die lästigen Dissidenzfliegen zu verscheuchen. Man sieht jedenfalls: Manche Journalisten wissen, wie sie das Ihre zum Werk der Bürgerausschaltung beitragen können« (Peter Sloterdijk).

Das Interesse des Bürgers hört, sobald er sich von seinen Illusionen – sagen wir es drastisch: seiner Verblendung – befreit hat, damit auf, dem Interesse der postdemokratischen Regierung und der ökonomischen Oligarchie zu entsprechen. Ist dies erkannt, so kämpfen Bürgerin und Bürger nicht allein um einen moralischen, politischen, kulturellen und vernünftigen Standpunkt, sondern um ihr Leben. Postdemokratie ist die Herrschaft einer immer selbstbezogener werdenden Klasse von Menschen, welche nach Methoden suchen, in der Interaktion von Regierung und Ökonomie die Bürger auszuschalten. Der Bürger, der sich erhebt, widerspricht seiner Ausschaltung, und Citoyen und Citoyenne beginnen damit, den Schleier von dieser neuen Form der Herrschaft zu lüften. Denn nicht allein um die Grundwerte jeder bürgerlichen Gesellschaft (unabhängig davon, ob sie sich erfüllte und in welchem Stadium sie bereits gegen die Ökonomie verlor) geht es, um Freiheit, Gerechtigkeit und Solidarität, sondern auch um das Wissen um die Verhältnisse und das Wissen um die Dinge. Da das Wissen im allgemeinen, das Wissen um die Formen der Herrschaft und des Profits im besonderen nicht mehr zu verbergen ist – schließlich leben wir in einer »Wissensgesellschaft« oder in einer »Informationsgesellschaft« (aber das ist schon wieder eine andere Geschichte) –, wird enorme Energie in die Verschleierung des Wissens gesteckt. Natürlich hat Dirk Baecker recht, wenn er behauptet: »Die Wissensgesellschaft ist eine Welt, die über die Dinge Bescheid weiß« (und wir stellen uns dabei unter den Dingen zugleich die haptisch erfahrbaren wie die maschinell/industriell erzeugten Objekte für jedwelche Art des »Materialismus« vor, sowie den Gegenstand eines jeden möglichen Streites – und insbesondere dasjenige, was beides zugleich ist, das bedeutende, wertvolle, nutzbare Ding, um das Streit nur entbrennen kann); aber eine Welt (ein System), die (das) über Dinge Bescheid weiß, garantiert noch lange nicht ein Bescheid-Wissen der Bürger (der Elemente, der Subsysteme). Die Wissens- und Informationsgesellschaft harrt so sehr ihrer Aufklärung, wie die Postdemokratie ihrer Soziologie (und ihrer Subjekt-Philosophie, nebenbei) harrt. So ist die Erhebung der Bürger nicht nur eine gegen falsche Herrschaft, sondern auch gegen falsches Wissen von ihr.

Appendix

Kleiner Zettelkasten für den Diskurs & Anregung zum Weitermachen (Mehr nicht, und weniger schon gar nicht)

Adbuster Das von Kalle Lasn begründete kanadische Magazin entwickelte sich zum Zentrum der kritischen künstlerischen Eingriffe in die Welt von Waren und Werbung. Es spielte auch eine Rolle in der Occupy-Bewegung, indem es politische und ästhetische Strategien miteinander verband: »Wir lassen uns nicht nur vom Arabischen Frühling inspirieren, wir sind auch Schüler der situationistischen Bewegung, die 1968 die erste weltweite Revolution ins Leben gerufen hat, als Proteste in Paris Aufstände in der ganzen Welt inspirierten« (Kalle Lasn). Der Bezug auf Guy Debord und seine »Gesellschaft des Spektakels« bleibt dabei eher locker.

Animal Rights In der unterworfenen Natur muss das Tier zum Bösen werden, wenn es nicht Ausdruck der Unterwerfung ist. So erklärt sich die Doppelbedeutung des Wortes »wild«. Umgekehrt spaltet sich das unterworfene Tier ins »Nutztier« und ins »Haustier«, ganz so wie sich später der Sklave in »Field Nigger« und »House Nigger« spalten soll. Das erste ist für materielle Dinge zuständig, liefert Nahrung und leistet Arbeit, das zweite ist für das innere Wohlbefinden des Menschen zuständig, und auch in der Zurichtung des Haustieres kann Ausbeutung und Unterdrückung liegen. Jacques Derrida hat in »L'Animal que donc je suis« die Lehre Emanuel Levinas von der Würde und Unantastbarkeit »des Anderen« vom Menschen auf die Tiere übertragen und dabei den Begriff des Tieres als »Gattung« und, gegenüber dem Menschen, »Mangelwesen« in Frage gestellt. Er plädiert dafür, das Tier »als solches« zu sehen und nicht »als eine Sache, die kein Selbst- und Weltbewusstsein hat, keine Seele, keine Sprache, keine Scham, keinen Traum, kein Mitleid, etwas, das keine Kleidung, keinen Spiegel, nicht einmal das Sterben kennt«. Erst der Negativbezug zum Menschen scheint diesem das Recht zu geben, über die Tiere zu herrschen und sie schließlich auszubeuten, zum Material im Sinne eines industriellen, kapitalistischen Vorgangs zu machen. Aus den »alten« Formen des Übergriffs – das Opfer, die Jagd, die Eliminierung, die Zähmung, die Dressur – folgen die neuen Formen: das medizinische Experiment, die industrielle Tierhaltung, die psychologische Projektion. Um Mensch zu werden, muss man sich »das beispiellose Ausmaß dieser Unterwerfung des Tiers« (Derrida) vor Augen halten, das verschwindet unter den Vorstellungen von Fortschritt, Wohlstand und »Wohlgefühl«. Welche Konsequenzen hat das für das Verhalten? Für die einen sicher die Entscheidung, vegetarisch oder vegan zu leben, für andere immerhin einen bewussten und respektvollen Umgang mit den Tieren, denen Legebatterien, Massentierhaltung und brutale Transporte unter allen Umständen erspart bleiben müssen. Eine wirkliche Demokratie ist nicht möglich, ohne Einschluss einer »geschwisterlichen« Beziehung zu anderem als dem menschlichen Leben.

Armut/Reichtum Einerseits gibt es eine absolute Armut, die darin besteht, die Mittel zu entbehren, das Notwendige (Nahrung, Unterkunft, Kleidung, Medizin, Bildung, Kultur) zu bestreiten. Daneben spricht man von einer »relativen Armut«, die sich aus dem Vergleich mit den Lebensmöglichkeiten der sozialen Umwelt ergibt. Nach der Definition der OECD und der WHO gilt als »arm«, wer weniger als die Hälfte des Durchschnittseinkommens eines Wirtschaftsraumes zur Verfügung hat (in der reichen Schweiz gilt man bereits als »arm«, wenn man weniger als 55% des Durchschnittseinkommens erhält). Armutsbekämpfung und Verteilungsgerechtigkeit sind nicht unbedingt kongruent: Gelingt es, das Bruttosozialprodukt zu erhöhen und alle daran teilhaben zu lassen, ohne dass der Verteilungsschlüssel geändert wird, dann kann die absolute Armut verschwinden, die relative Armut aber gleich bleiben oder gar steigen. Der kulturelle und sozialpsychologische Aspekt der relativen Armut indes darf nicht unterschätzt werden. In der »Entwicklungshilfe« kann es daher geschehen, dass die Armen in einer reichen Gesellschaft für die Reichen in einer armen Gesellschaft bezahlen, ihnen die Verantwortung für die Armen abnehmend (und damit die ungerechten – und oft unmenschlichen – Verhältnisse nur verstärken). Die Armutsgrenze kann auch in den Industrieländern manipuliert und als politisches Instrument eingesetzt werden. Darum geht es nicht allein um eine Verteilungs-, sondern auch um eine Definitionsgerechtigkeit.

Askese/Genuss Nach landläufiger (und medial kräftig unterfütterter) Vorstellung trennen sich Oppositionelle im allgemeinen, Anhänger der nicht mehr ganz so neuen sozialen Bewegungen im Besonderen in zwei Grundtypen: den »Bonvivant« und den »Asketen«. Der erstere, Oskar Lafontaine gab den Medien dafür ein dankbares Modell, behauptet, die Welt nur für den Genuss und daher auch durch den Genuss retten zu können (und seine Moral bestehe eben darin, diesen Genuss gerecht und umfassend zu verteilen), der zweite erklärt den Verzicht als tätige Form der Solidarität. Askese, wohl gemerkt, bezeichnet nicht etwa den Verzicht auf das Überflüssige, sondern immer den auf Dinge und Handlungen, die in der Mehrheit als »angemessen« empfunden werden. Genuss, wohl gemerkt, ist nicht Amüsement und Konsum, sondern eine bewusste Haltung zur Welt: »Niemand«, sagt Samuel Johnson, »kann sein Glück genießen, ohne daran zu denken, dass er es genießt.« So berühren sich Askese und Genuss in einem: Es sind bewusste Dialoge mit der Welt. Eine Ableitung des Askese/Genuss-Widerspruchs ist die von Intimisierung/Politisierung. Im ersten Fall steht die Maxime im Vordergrund, man müsse bei allem, was die Veränderung der Verhältnisse anbelangt, »bei sich selbst anfangen«, im zweiten Fall die Maxime, zuerst müsse die Politik verändert werden. So steht auf der einen Seite das Bild des Sportwagen fahrenden Linken, auf dem Weg von einer Vernissage zur Weinverkostung, auf der anderen Seite der bleiche Prediger, der missmutig auf jede Art von Genuss sieht, um seine Unmoral zu geißeln. Beide Klischees wiederum sind vereint im grünlinksalternativen Spießer, der Mülltrennung (statt des Automobils) libidinös besetzt und aus der Nahrungsaufnahme eine Moralpredigt macht.

Biopolitik Der Eingriff von Macht, die von Staat, Gesellschaft und Ökonomie ausgeht, in die körperliche Wirklichkeit des Menschen und die lebende Umwelt. Die Urbilder dieses Eingriffes sind Tötung und Folter – mit dieser beginnt eine »Sprache« der Biopolitik. Die Biopolitik unserer Tage vollzieht einen Diskurswechsel von der Beendigung oder der Reduktion des (menschlichen) Lebens zu einer Redefinition und Manipulation: Prothetische, medizinische, kosmetische und technologische Eingriffe durch die Macht der Oligarchien ziehen sich von der Genveränderung von Nutzpflanzen und der damit verbundenen Redefinition von Nahrungsmitteln und dem Zugang, den verschiedene Teile der Menschheit zu ihnen haben, über Bestimmungen zum Beginn, zum Ende und zur Qualität des menschlichen Lebens bis hin zur Phantasie des »künstlichen Menschen« oder zu »posthumanen Lebensformen«. Im weitesten Sinn bezeichnet Biopolitik die Verknüpfung von Macht-Beziehungen mit den »Life Sciences«.

(Neo-) Liberale Biopolitik bedeutet, die Eingriffe in das Leben, die Körper und deren Interaktionen werden dem Markt und damit der Macht der Konzerne überlassen. Am Ende haben sie die Fähigkeit, nicht nur das Leben zu manipulieren und auszubeuten, sondern auch zu definieren, was Leben ist und wie Körper beschaffen sein müssen, um die Über- (oder Unter-)Lebensbedingungen zu erfüllen.

So wie der Neoliberalismus die ökonomische Verfügung über den Körper erringt, durch die Verbindung mit der Wissenschaft und durch die Mechanismen des Marktes, der Monopolisierung und Privatisierung, so betreibt die postdemokratische Form von Regierung eine »Politisierung des Körpers« (so wie sie zur gleichen Zeit eine »Verkörperlichung der Politik« betreibt). Der direkte Zugriff der Macht auf den Körper kann niemals demokratisch sein, vielmehr ist Biopolitik selber ein Medium für den schleichenden Prozess einer Entmündigung der Bürger durch die Regierung: Der Körper wird zugleich durch die Ökonomie »vollgestopft« oder maskiert (die Verwandlung der Bürgerinnen und Bürger wahlweise in übergewichtige Couch Potatoes, sportive Körpermaschinen oder Botox-Monstren) und staatlich reduziert (von der Drogenpolitik bis zur Kontrolle der Schwangerschaften). Biopolitik bedeutet stets auch einen Diskurswechsel in der Sexualität; die »Politisierung des Körpers« entspricht einer »Politisierung der Sexualität« (im Dienste neoliberaler Ökonomie), wie zugleich eine entschiedene Sexualisierung der Politik stattfindet. Die Grundlage dafür ist eine einfache Beziehung: »Die Sexualität liegt letztlich genau an der Verbindungsstelle zwischen der individuellen Disziplinierung des Körpers und der Regulierung der Bevölkerung« (Michel Foucault). So erscheint es logisch, dass postdemokratische Regierungen nicht mehr »Völker« und nicht mehr »das Volk«, sondern eine »Bevölkerung« beherrschen (wollen), und an die Stelle der an die Ökonomie abgetretenen Macht über die Produktion tritt eine Gier nach Macht über die Reproduktion.

Frei nach Michel Foucault lässt sich Biopolitik nur als Ausdruck des Herrschaftssystems im Liberalismus verstehen, wie umgekehrt der Liberalismus seine Gouvernementalität nur durch seine politische Erweiterung erhält. Sie äußert sich – unterschiedlich konfliktgeladen – in fünf Hauptdiskursen:

1. Fortpflanzung und Sexualität (im Liberalismus gehören dazu unter anderem die »Veröffentlichung der Sexualität« – auch hier wurde oft genug fälschlicherweise »Liberalisierung« mit Befreiung verwechselt – und die Auslage-

rung der Vorgänge von Zeugung, Empfängnis und Geburt in einen medizinisch, wissenschaftlich und eben »gouvernemental« kontrollierten Raum.

2. Gesundheit und Krankheit, einschließlich der Definition dessen, was gesund und krank sei, wer und unter welchen Umständen »gesund zu machen« sei und wer nicht (nicht zuletzt bedeutet neoliberale Gesundheitspolitik die Schaffung enormer, »ewig wachsender« Körper-Märkte).

3. Ernährung und Bio-Kommunikation, also die Regelung und Veränderung der kulinarischen Codes einschließlich der Markt-Definition dessen, was essbar ist bzw. welche Essbarkeiten auf den Markt kommen und des Umgangs mit Nutz- und Haustieren – an denen jeder Halter seine »private« Biopolitik betreiben darf, solange er nicht mit den Biopolitiken von Staat und Ökonomie in Konflikt gerät. Neoliberale Biopolitik stellt auch diese Beziehung des Menschen mit seiner lebenden Umwelt unter das Diktat des Profits.

4. Alter, Tod und Sterben, einschließlich der Festschreibung eines ökonomisch und staatlich regulierten »Wertes« von Leben und der Kontrollmechanismen der sozialen Maschinen, in den man altern und sterben soll. Wie in Bezug auf Krankheit und »Normalität« wird auch im Bezug auf das Alter durchaus biopolitisch festgelegt, wie viel Selbstbestimmung, Menschenwürde und Freiheit dem Objekt der Körpermacht verbleiben darf. Zweifellos schafft auch auf diesem Feld, vielleicht sogar sichtbarer als anderswo, Biopolitik neue Klassen und neue Klassenherrschaft: Neoliberale und postdemokratische Herrschaft bestimmt, dass der Unterschied zwischen Gewinnern und Verlierern des Systems in diesem Status von Alter und Krankheit noch einmal drastisch und jeden humanen Ausgleich verneinend zunimmt.

5. Die Arbeit als Feld der Biopolitik (weitgehend in den mehr oder weniger ethischen Diskussionen vernachlässigt), als die Kontrolle über die »richtige« Bearbeitung des Körpers für die Erfüllung der »richtigen« Aufgabe (bis zum bio-maschinellen Superkrieger, der die feuchten Träume der Warnography erfüllt). Staat und Ökonomie legen gemeinsam fest, was Körpern in der Arbeit zumutbar ist, wie sie dabei auszusehen haben (Zwangskosmetisierung) und schließlich wie sie sich für die Arbeit zu verändern haben (notfalls zu erweitern durch Droge und Prothese wie im Sport). Paradoxerweise »verkörpert« die neoliberale Biopolitik wiederum Abstraktion und Maschinisierung der Arbeit, beginnend mit einem Eingriff in des Subjekt (im Sinne medial vermittelter Ideale etwa: der »klassische« Körper entsexualisiert, der maschinisierte Körper dagegen sexualisiert).

Bürgerrecht Zum Bürgerrecht gehört, gleichsam als Meta-Recht (wie zum Menschenrecht das »Recht, Rechte zu haben«) das Recht auf die Verständlichkeit des Rechts. Dies wird um so bedeutender, als man von einer »Verrechtlichung« der (post-)modernen Gesellschaften spricht, durch die bereits von der Kindheit an soziale und individuelle Beziehungen unter das Primat des Rechtes und der juristischen Klärbarkeit gestellt sind. Rechts- und Verwaltungssprache dürfen daher weder durch ihren Abstraktionswert noch durch eine Verbindung mit »Herrschaftswissen« Bürgerin und Bürger entzogen sein.

»Ein **Bürgerrecht** ist ein gesetzliches Recht das ein Staat oder eine vergleichbare Einrichtung den Mitgliedern seines Staatsvolkes (seinen Bürgern) zugesteht. Zu den Bürgerrechten in einer Demokratie gehört beispielsweise das Wahlrecht und alle anderen Grundrechte.

Unter Bürgerrechten versteht man im allgemeinen aber nur solche Rechte, die sich auf das Verhältnis zwischen Bürger und Staat beziehen und nicht so sehr auf das Verhältnis von Einwohnern des Staates untereinander. Bürgerrechte sind von den Menschenrechten zu unterscheiden, die allen Menschen überall zustehen (sollten), egal welchem Staat sie angehören oder in welchem sie sich gerade aufhalten.

Der Status eines Bürgers und die damit verbundenen Bürgerrechte standen nicht immer allen Einwohnern eines Landes zu. So war in mittelalterlichen Stadtverfassungen das Bürgerrecht ein Privileg, das nur bestimmten Einwohnern der Stadt zu Teil wurde« (uni-protokolle.de).

Der rechte Flügel postdemokratischer Politik arbeitet seit geraumer Zeit an einer Rückführung der Bürgerrechte auf ein nationales, kulturelles oder ökonomisches Privileg. Bürgerrechte sollen an Nation (unterschwellig: Rasse), Religion, Sprache, den Beitrag für die Wirtschaft, das Wohlverhalten etc. gebunden sein. Reale oder symbolische Aberkennung der Bürgerrechte gehört zu den wirkungsvollen Mitteln der Propaganda und der »semiotischen Ordnung«.

Auch das Bürgerrecht ist mittlerweile ökonomisiert und im Sinne des Neoliberalismus »privatisiert«. So wird einerseits das Recht auf ein Bankkonto als Bürger- oder gar Menschenrecht begriffen (zumal viele soziale Prozesse, Arbeit, Einkauf, Wohnungsmiete etc. ohne Nachweis eines Bankkontos unmöglich gemacht wurden), andererseits aber auch das Bankgeheimnis und eine ökonomische Ableitung der »Privatsphäre« unter Hinweis auf das Bürgerrecht verteidigt.

Bürgerrechtsbewegung Soziale Bewegungen versuchen, durch Mobilisierung der Öffentlichkeit, durch juristische Klärung, durch politischen Druck,

a Menschen- und Bürgerrechte durchzusetzen,

b der Einschränkung von Menschen- und Bürgerrechten entgegenzuwirken (wie in den USA durch den »Patriot Act«, in Deutschland durch die Antiterrorgesetze etc.),

c gegen die Verweigerung oder Einschränkung der Menschen- und Bürgerrechte gegenüber bestimmten Gruppen oder Minderheiten vorzugehen (wie das Civil Rights Movement in den USA).

Camp Schon Jahre vor der Occupy-Bewegung hatte es Demonstrationen gegen den Finanzkapitalismus in Amerika gegeben, die allerdings nahezu alle ohne größere Resonanz blieben und von den Medien wie von der Politik geflissentlich übersehen wurden. Erst durch die Errichtung der permanenten Camps erhielten die Demonstrationen Nachhaltigkeit und entstanden Anlaufstellen für neue Teilnehmer der Aktionen. Sowohl für die ökologische Protestbewegung als auch für die regionalen Widerstandsaktionen gegen die politisch-ökonomischen-mafiosen Großprojekte war das Finden eines konkreten Ortes des zivilen Ungehorsams mindestens so wichtig wie mediale und elektronische Vernetzung. Das Camp ist der angemessene Ausdruck für die Besetzung eines solchen Ortes.

Commons-Bewegung Gemeingüterprojekte wie zum Beispiel improvisierte Stadtgärten, selbstverwaltete Schwimmbäder, autarke Energieversorgung, autonome Künstlerviertel, gemeinsame Wohnprojekte als Gegenmodelle und vor allem Versuche, die Immobilienspekulationen zu unterlaufen. Im Kern geht es darum, dass Bürger selbst aktiv werden, wo der postdemokratische Staat sich aus der Verantwortung stiehlt und Gemeingüter den Konzernen als leichte Beute überlässt. »Die Gemeingüter bleiben nur erhalten, wenn die Nutzer dafür sorgen, dass das Abgenutzte sich regenerieren kann oder wiederhergestellt oder ersetzt wird. Das erfordert Ersatzinvestitionen, wie sie für private Produktionsanlagen selbstverständlich sind. Doch eine Pflicht, in Gemeingüter zu reinvestieren, gibt es bisher nur in Ausnahmefällen. Selbst in den zivilisierten Staaten ist es nicht generell verboten, die Aufwendungen dafür auf die Gemeingüter abzuwälzen (zu ›externalisieren‹). Das spart Kosten, senkt Preise, erhöht Gewinne, und durch all das lassen wir uns über den angerichteten Schaden täuschen« (Gerhard Scherhorn). Die Externalisierung der Kosten »verbraucht« die Gemeingüter und damit letztendlich diejenigen Güter, die ursprünglich »uns allen« gehören sollten. »Solange Externalisierung erlaubt ist, zwingt der Wettbewerb die Unternehmen zum Raubbau an den Gemeingütern. Eine Kostensenkung, die nicht verboten ist, muss genutzt werden, wenn das Unternehmen im Wettbewerb bestehen will« (Scherhorn). Die Commons-Bewegung geht von der klaren Botschaft des Marktes aus, dass weder die Ökonomie noch der postdemokratische Staat dem Raubbau an den Gemeingütern Einhalt zu bieten gewillt ist, ja nicht einmal die Geschwindigkeit zu drosseln, mit der dieser vor sich geht. Gemeingüter sind nur zu retten, wenn sie weder dem Staat noch der »Privat«-Wirtschaft überlassen werden. Die Privatisierung von Gemeingütern bedeutet nichts anderes als eine staatliche Aufforderung an die ökonomische Oligarchie, sich durch Raubbau und Externalisierung Profit und Wettbewerbsvorteil zu verschaffen. In der Commons-Bewegung geht es in erster Linie um die Erhaltung der Gemeingüter, und zwar sowohl im regionalen als auch im globalen Maßstab. Die Gemeingüter dürfen weder übernützt noch privatisiert noch im Sinne der jeweiligen Regierungen politisiert noch ideologisch-religiös bestimmt werden. Das Wachstum der Realwirtschaft, die schließlich durch ihre Überschüsse die Finanzwirtschaft erst ermöglicht hat, scheint im gegenwärtigen Stadium nur noch möglich durch den Verbrauch der Gemeingüter. Nichts (und am Ende auch nicht die Luft, die wir atmen) soll »uns allen gehören«, um einem selbstverständlichen Recht des Menschen auf Leben und Würde zu entsprechen. Commons-Bewegungen entstehen zunächst aus einem defensiven Impuls, gehen dann aber auch zu einer offensiven Bewegung zur Rückeroberung der Gemeingüter über. Indem die Bewegung dem Kapitalismus Grenzen setzt, zwingt er der postdemokratischen Regierung letzendlich Entscheidungen ab, den Raubbau zu bremsen oder sich offen auf die Seite der privatisierten Großprojekte zu stellen, die in aller Regel am meisten und deutlich sichtbar Gemeingüter fressen.

Demonstrationsrecht 1. Die grundgesetzlich verbriefte Freiheit, an öffentlichen Versammlungen und Demonstrationen teilzunehmen: »Alle Deutschen haben das Recht, sich ohne Anmeldung und Erlaubnis friedlich und ohne Waffen zu versammeln« (Artikel 8, Grundgesetz). 2. Die Gesamtheit aller jener Rechtssätze, die Demonstration betreffen, einschließlich der Einschränkungen des Artikel 8 (»Für Versammlungen unter freiem Himmel kann dieses Recht durch Gesetz oder aufgrund eines Gesetzes beschränkt werden«) und des so genannten Demonstrationsstrafrechts, das Straftaten im Zusammenhang mit Demonstrationen betrifft. Dazu gehören das Mitführen von Waffen, das Abhalten verbotener oder nicht angemeldeter Demonstrationen, das Tragen von Uniform,

Widerstand gegen die Staatsgewalt, Landfriedensbruch. Eine Ordnungswidrigkeit (im Gegensatz zu einer Straftat) ist die Weigerung, sich aus einer öffentlichen Ansammlung zu entfernen, nachdem der »Hoheitsträger« dreimal »rechtmäßig« dazu aufgefordert hat, auseinanderzugehen bzw. einen bestimmten Platz zu verlassen. Nicht generell verboten waren zunächst »passive Bewaffnung« oder »Vermummung«, konnten aber von der Verwaltungsbehörde untersagt werden. Seit 1985 ist es in Deutschland verboten zu demonstrieren »in einer Aufmachung, die geeignet und den Umständen nach darauf gerichtet ist, die Feststellung der Identität zu verhindern«, und seit 1989 ist ein Verstoß gegen dieses »Vermummungsverbot« strafbar. Ebenfalls seit 1985 sind »passive Bewaffnung« bzw. »Schutzwaffen« wie Helme oder Knieschützer verboten, wiederum seit 1989 gelten solche »Schutzwaffen« als hinreichendes Indiz für »Gewaltbereitschaft«. Diese Zeichen für »Gewaltbereitschaft« wurden zum Teil auch auf die Kleidung ausgedehnt (seit 2006 können die Länder eigene Versammlungsgesetze erlassen). So gilt in Bayern seit 2008 das Verbot eines »äußeren Erscheinungsbildes von Demonstranten, das den Eindruck von Gewaltbereitschaft erweckt«. Im Detail sind auch harmlosere Ausdrucksmittel dem Zugriff offen. So beschlagnahmte die Polizei 2010 auf einer Demonstration in Freiburg die Trommeln einer Samba-Gruppe. Eine Blockade wird nur so lange vom Grundrecht auf Versammlungsfreiheit gedeckt, so lange es sich nicht um »Selbsthilfe-ähnliche Durchsetzung von Forderungen« handelt und/oder der Tatbestand der Nötigung erfüllt wird. So kann eine Sitzblockade als Nötigung eingestuft und bestraft werden, wenn sich durch sie ein Verkehrsstau entwickelt. Demonstrationen sind 48 Stunden vor Beginn bei den Behörden anzumelden, allerdings sind seit 1985 ausdrücklich »spontane Demonstrationen« erlaubt, wenn sie sich auf ein aktuelles Ereignis beziehen.

DIY Do it yourself, Begriff für eine selbstorganisierte und -finanzierte (Punk-) Kultur. »DIY ist wohl keine gesamtgesellschaftliche Alternative zum Kapitalismus. Aber es ist auf jeden Fall ein Ansatz, und es könnte viel mehr in die Richtung gehen, dass Leute sich in verschiedenen Bereichen autonom organisieren, um irgendetwas herzustellen oder umzusetzen und nicht so viele Zwischeninstanzen hinzuziehen, in denen Andere nur profitieren, weil sie irgendwie vermitteln oder weil sie Teil einer institutionalisierten Produktionskette sind. Aber in dem Rahmen, wo DIY stattfindet, bleibt es für die meisten verborgen. Es passiert häufig so versteckt und nischenhaft, dass viele Leute gar nicht die Möglichkeit haben, davon zu profitieren. Das Schöne an DIY ist, dass es eine tolle Möglichkeit ist, sich selbst zu verwirklichen, neue, unkonventionelle Dinge entstehen zu lassen und zu erleben, was mit einer guten Idee und Solidarität als Antriebsfaktor erreichbar ist« (Francesca Araiza Andrade, Co-Regisseurin des DIY-Punkfilms »Noise and Resistance«).

E-Democracy Natürlich wird das Instrument auch von oben her benutzt. So richtete die englische Regierung unter David Cameron eine Seite für die »Online-Petition« ein: Wenn sich zu einem Problem innerhalb eines Jahres mehr als hunderttausend elektronische »Unterschriften« sammeln, dann werde sich, so verspricht das Konzept der »E-Petition«, das Parlament mit der Frage beschäftigen. Diese populistische Maßnahme für die Kinder von Google und Wikipedia hatte sich schon in der Regierung Tony Blairs »bewährt«, insofern sie nach Gutdünken an- oder abgeschaltet wurde. Auch 1,7 Millionen elektronische Unterschriften führten nicht dazu, dass etwa die Einführung von Straßenbenutzungsgebühren noch einmal überdacht wurde. Eine der ersten Kampagnen auf der renovierten Website »E-Petition«, die auf weitere Resonanz traf, betrifft im Übrigen die Wiedereinführung der Todesstrafe in England. E-Democracy kann sich freilich auch als Korrektiv in die andere Richtung erweisen wie im Fall der spanischen Zeitung El Periódico de Catalunya, die im September 2011 eine Reportage über die Gefahren des Taschendiebstahls mit eindeutig rassistischer Tendenz zunächst auf Twitter gestellt hatte und von dort so massiv mit Protesten eingedeckt wurde, dass man sich in der gedruckten Ausgabe von dieser Fassung des Artikels distanzierte.

E-Gouvernment Die elektronische Abwicklung der Geschäfte von Regierung und Verwaltung von der digitalen Bürokratie bis hin zu algorithmischen Prozessen, durch die Regierung bereits stattfindet, ohne dass eine menschliche Entscheidung dabei einfließt, ähnlich wie im elektronischen Handel des Finanzkapitalismus Transaktionen aufgrund selbstständig laufender Computerprogramme getätigt werden, die in Sekundenbruchteilen etwa Währungs- oder Kursschwankungen ausnutzen. Zugleich aber versteht man unter dem Begriff gelegentlich auch eine elektronische Kommunikation zwischen Regierung und Bevölkerung, durch die sich, möglicherweise, Bürgerbeteiligungen und Entscheidungshilfen ergeben (die Praxis zeigt eher Verlängerungen und Erweiterungen üblicher Propaganda und ebenso üblich verpuffenden Bürgerprotest. Die Hoffnungen, die man auf solche E-Participation gesetzt hat, sind mittlerweile wohl weitgehend großer Ernüchterung gewichen). Prozessual schließlich mag E-Democracy aus der Digitalisierung »klassischer« demokratischer Formen bestehen, etwa dem E-Voting, dem elektronischen Wahlvorgang oder gar dem E-Parliament, also eines Parlaments, dessen Mitglieder nicht mehr in einem Raum, sondern in einer virtuellen Konferenz via Internet verbunden sind, während das reale »elektronische Regieren« erneut Politik mit dem Marktgeschehen verbindet und vor allem gouvernementales Eingreifen in die Finanzmärkte meint. Dem Bürger und der Bürgerin bleiben vom E-Gouvernment, neben einigen Foren der mehr oder weniger gepflegten Art, vor allem die Digitalisierung der Steuererhebung sichtbar, die vor allem einen Beschleunigungsdruck auslöst.

Wohl eher unfreiwillig ehrlich beschreibt es ein Text auf den Seiten der »Bundeszentrale für politische Bildung«: »Aufgrund der hohen Kosten für Wahlen und Abstimmungen wird in vielen Ländern versucht, funktionstüchtige Instrumente für Online-Wahlen zu entwickeln. Dabei geht es staatlichen Stellen nicht nur um eine kostengünstige, effiziente und effektive Implementation von Wahlen, sondern auch darum, internationalen Reputationsgewinn zu erzielen. Neben den staatlichen Interessen zeigt sich ein großes kommerzielles Interesse der Computerindustrie an der Weiterentwicklung, Verbreitung und Nutzung entsprechender Instrumente«. Sollten wir also Hoffnungen auf einen digitalen Zuwachs an Partizipation gehegt haben, so wissen wir nun, wem oder was die E-Democracy dienen soll. Wenn überhaupt so beginnt E-Democracy jenseits des Staates und jenseits der ökonomischen Hegemonie.

Einzelaktion Jede Form des zivilen Ungehorsams lebt von der Bildung von Kollektiven und ihrer Organisation. Erst auf der Basis dieser Organisation werden spektakuläre Einzelaktionen sinnvoll, nicht nur wegen des Aufmerksamkeits-, sondern auch wegen des Symbolwertes. Einzelaktionen sind in gewisser Weise die »Kunstwerke« einer sozialen Bewegung. Ein Demonstrant verbindet etwa mit Sekundenkleber die eigene mit der Kleidung des Premierministers, eine Aktion der britischen Umwelt-Gruppe »Plane Stupid«.

Festnahme In den Strategieübungen zum gewaltfreien Widerstand hat es sich gezeigt, dass bei Massenverhaftungen die sitzende Position die sicherste ist. Die Festnahme eines Menschen, der sein Grundrecht auf Versammlung, Meinung und Kommunikation im öffentlichen Raum wahrnimmt, ist ein Eingriff des Staates in die Grundrechte des Bürgers, der sich juristisch, politisch und moralisch noch stets mindestens an den Grenzen der Demokratie bewegt. Diese Freiheitsbeschränkung ist theoretisch auf etwa drei Stunden begrenzt, wird der Zeitraum erheblich überschritten, wird von einer Freiheitsentziehung gesprochen. Beide Maßnahmen des Staates gegen den Bürger sind vorläufig und müssen – theoretisch – enden, wenn a) der Grund für die Maßnahme entfallen ist, b) die gesetzlich festgestellte Frist für Freiheitsbeschränkungen und Freiheitsentziehungen abgelaufen ist, oder c) ein richterlicher Beschluss vorliegt, der entweder die Freilassung oder die Umwandlung in Untersuchungshaft bedeutet. Körperverletzung bei der Festnahme ist nur gerechtfertigt, wenn sie a) in direktem Zusammenhang mit dieser steht (aktiver oder passiver Widerstand) und wenn sie b) die Verhältnismäßigkeit wahrt. Verstöße freilich müssen einerseits bewiesen werden und treffen andererseits auf sich politisch und medial wandelnde Vorstellungen der Rechtfertigung. Hinter einem »harten Polizeieinsatz« verbirgt sich nicht selten eine Verschiebung der Grenzen. Bei Demonstrationen kommt es immer wieder zu »Massenfestnahmen« und menschenunwürdiger Behandlung der Festgenommenen. In den Strategieübungen zum gewaltfreien Widerstand hat es sich gezeigt, dass bei Massenverhaftungen die sitzende Position die sicherste ist. Jede Festnahme ist ein Bruch des Vertrauensverhältnisses zwischen dem Staat und den betroffenen Bürgern. Man hat sich nicht die Mühe gemacht, Formen zu entwickeln, auf diesen Bruch mit Versöhnungsangeboten zu reagieren, so dass im Allgemeinen von Festnahmen vor allem Bilder der Demonstration von Macht bleiben. Jede Festnahme ist zugleich ein juristischer, ein politischer und ein »ästhetischer« Akt: Wenn man so will, ein Schauspiel oder »Spektakel«. Die Kritik an der Festnahme als Reaktion des (post-)demokratischen Staates auf seine Kritiker, Dissidenten und Opponenten muss daher auf allen drei Ebenen formuliert werden (auch wenn, zum Beispiel, eine Kritik im juristischen Diskurs, um eben diesen zu schärfen, von den beiden anderen abzusehen versucht ist).

Flash Mob »Bezeichnet einen kurzen, scheinbar spontanen Menschenauflauf auf öffentlichen oder halböffentlichen Plätzen, bei denen sich die Teilnehmer persönlich nicht kennen und ungewöhnliche Dinge tun. Flashmobs werden über Online-Communitys, Weblogs, Newsgroups, E-Mail-Kettenbriefe oder per Mobiltelefon organisiert. Flashmobs gelten als spezielle Ausprägungsformen der virtuellen Gesellschaft (virtual community, Online-Community), die neue

Medien wie Mobiltelefone und Internet benutzt, um kollektive direkte Aktionen zu organisieren. Obwohl die Ursprungsidee unpolitisch war, gibt es mittlerweile auch als Flashmob bezeichnete Aktionen mit politischem oder wirtschaftlichem Hintergrund. Diese müssten auf Grund ihrer Sinnhaftigkeit und Zielgerichtetheit als Smart Mob bezeichnet werden« (Wikipedia).

Gemeineigentum (commons) »Angesichts der vielfältigen Krisen, mit denen wir gegenwärtig konfrontiert sind, wird der Ruf nach Alternativen laut. In den letzten Jahrzehnten haben wir nahezu alles, was wir zum Leben brauchen, privatisiert, zur Ware gemacht und Profit und Wettbewerb unterworfen. Die Grundlagen unserer Wirtschaft und Gesellschaft – die ökologischen, sozialen und ökonomischen – wurden dadurch zerstört. In dieser Situation weist das Konzept der commons die Richtung zu Lösungen, die den Bedürfnissen der Menschen in verschiedenen Gesellschaften ebenso Rechnung tragen wie der Erhaltung natürlicher Ressourcen, und macht Optionen jenseits der Wachstumsökonomie denkbar.
Die Hauptmerkmale einer Gesellschaft, die auf *commons* aufbaut, sind:
- Beitragen statt Tauschen
- Gemeinsame Nutzung von Ressourcen statt Privateigentum
- Regeln, die von allen NutzerInnen gemacht werden
- Der Erhalt von bestehenden und die Schaffung von neuen *commons* kann die Grundlage für ein gutes Leben für alle sein« (http://www.commons.at/).

Gemeinwohl »Das allgemeine Wohl betreffend. Politisch-soziologische Bezeichnung für das Gemein- oder Gesamtinteresse einer Gesellschaft, das oft als Gegensatz zum Individual- oder Gruppeninteresse gesetzt wird. Dabei wird i.d.r. übersehen, dass in pluralistischen, offenen Gesellschaften die konkrete inhaltliche Bestimmung des G. immer von den Interessen und Zielen derjenigen abhängig ist, die sich auf das G. berufen und das G. bestimmen (wollen) und/oder derjenigen, denen die Verwirklichung des G. nutzt. Obwohl es allgemein gesehen das gemeinsame Gute zweifellos gibt, bleibt strittig, a) ob sich das jeweils konkrete G. lediglich als Summe der individuellen Interessen ergibt oder ob es eine eigene spezifische Qualität hat und b) ob erst rückblickend (ex post) oder bereits vorher (ex ante) festgestellt werden kann, ob ein konkretes Vorhaben dem G. tatsächlich dient« (Schubert/Klein).

Gemeinwohl-Ökonomie »Die »Gemeinwohl-Ökonomie« beschreibt die grund-legenden Elemente einer alternativen Wirtschaftsordnung. Sie wählt dabei drei Zugänge:

■ Der Wertwiderspruch zwischen Markt und Gesellschaft soll aufgehoben wer-den. In der Wirtschaft sollen dieselben humanen Werte belohnt werden, die zwischenmenschliche Beziehungen gelingen lassen.

■ Verfassungskonformität. Die Wirtschaft soll mit den heute bereits in den Ver-fassungen westlicher Demokratien enthaltenen Werten und Zielen überein-stimmen, was gegenwärtig nicht der Fall ist.

■ Die wirtschaftliche Erfolgsmessung soll von der Messung monetärer Werte (Finanzgewinn, BIP) auf die Messung dessen, was wirklich zählt, die Nutz-werte (Grundbedürfnisse, Lebensqualitätsfaktoren, Gemeinschaftswer-ten), umgestellt werden (http://www.gemeinwohl-oekonomie.org/uber-uns/gwo-in-3-min/).

Gewalt Von der Relativität der Gewalt: Liest man ein Buch wie Steven Pinkers »Gewalt: Eine neue Geschichte der Menschheit«, so stellt sich der beruhigende Effekt ein, man könne doch an so etwas wie den Fortschritt glauben, da die Gewalttätigkeit im allgemeinen und das Morden in Alltag und Krieg im besonde-ren doch erheblich zurückgegangen sei, sowohl in relationalen als auch in absolu-ten Zahlen. Zynisch gesagt: Ein Kriegsgeschehen wie das in Afghanistan müsste gegenüber dem Mongolensturm von einst als »Peanuts« erscheinen. Am Pranger stehen, schon wieder mal, das »linke Bildungsbürgertum«, das einen solchen Zivi-lisationsfortschritt nicht zu schätzen weiß, und ein Journalismus, der »nicht rech-nen kann« (weshalb sich Steven Pinker denn auch – ohne Erfolg – dafür eingesetzt hat, dass Statistik und Logik in Harvard Voraussetzung für die Zulassung werden). Wer Statistik in einer Mediengesellschaft als Voraussetzung für jedwedes Stu-dium fordert, dem wird man wohl auch kaum mit einem Schlenker zur Sys-temtheorie kommen dürfen. Aber nur mal so zum Nachdenken: Könnte es etwa sein, dass verschiedene Gesellschaftssysteme und verschiedene Rechts-auffassungen auch verschieden empfindlich auf Gewalt reagieren? Dann dürfte es uns nicht wundern, dass Angela Merkel nicht einfach einen Kerl wie Attila zum Außenminister und Vlad den Pfähler zum Innenminister machen kann (auch wenn das vielleicht Bankvorständen und Konzernherren durch-aus zu Pass käme). Letztendlich ist diese Verteidigung eines »Fortschritts« auf dem Level eines Hinweises auf die Verbesserung der Zahnheilkunde und den großzügigen Verzicht unserer Leitreligionen auf Hexenverbrennungen. Natürlich erschüttern uns Insassen des modernen Finanzkapitalismus direkte Konfrontationen mit Gewalttaten mehr (und vor allem anders) als die Zeitgenossen von Samuel Pepys, die gern einmal einen Sonntagnachmittag bei öffentlichen Hinrichtungen verbrachten. Auch ein Fußballstadion ist gegenüber einem römischen Circus mit Gladiatorenkämpfen und Christen-vor-die-Löwen-Werfen durchaus als zivilisatorischer Fortschritt zu verbuchen. Wir begnügen uns mehr mit symbolischer, fiktionaler und »verdinglichter« Gewalt als unsere Vorfahren. Vor allem ist für einen demokratischen Staat die Symmetrie der Gewalt definitiv auseinander gebrochen. Es wird zugleich zuviel Gewalt geduldet und zuviel Gewalt gegen die unbotmäßigen Bürger eingesetzt. Auch dies bringt die bürgerliche Gesellschaft an den Rand ihrer Belastbarkeit. Der Gangster als klammheimlicher (oder zu Zeiten gar nicht mehr so heimlicher) Verbündeter des Bourgeois wird mehr geduldet als der erzürnte Citoyen.

Gewaltfrei Am Ende geht es auch um ein »gewaltfreies Sprechen«, an dem sich in jüngster Zeit Philosophen wie Jacques Derrida versucht haben. »Zu den Prämissen solchen Denkens und Sprechens, das nicht mehr transitives Be-denken und Be-sprechen, sondern permanente Frage- und Infragestellung sein soll, die ihren Gegenstand nicht definitiv be-greifen, sich ihm lediglich annähern will, bis er selbst, unter welchem Gesichtspunkt auch immer, sich zu erkennen gibt« (Felix Philipp Ingold).
Unterschieden werden kann zwischen dem strategischen, dem diskursiven und dem prinzipiellen Gewaltverzicht (auch wenn zwischen den dreien die Argumente durchaus deckungsgleich sein können). Der strategische Gewaltverzicht geht von der Beobachtung aus, dass Gewalt der Sache eher schadet als nutzt. Der diskursive Gewaltverzicht erkennt in der Anwendung eine nicht nur strategische, sondern auch ethische Hypothek für die Zukunft. Der prinzipielle Gewaltverzicht ist ein moralisches, oft auch spirituelles Verdikt, das auch in der Extremsituation (Verteidigung, Abwehr von Gefahr, »Tyrannenmord«) gilt. Wie in Teile der amerikanischen Occupy-Bewegung werden Strategien und Taktiken des gewaltfreien Widerstands auch Gegenstand spezieller Trainings sein.

Gewaltmonopol Die Übertragung des Rechts (und der Pflicht) auf den Staat, notfalls mit Gewalt Rechte und Ansprüche zu verwirklichen, ist einer der Grundideen der Zivilgesellschaft und findet sich bei allen Theoretikern von Thomas

Hobbes bis Max Weber, der den Begriff im Jahr 1919 in dem Vortrag »Politik als Begriff« zum ersten Mal in dieser Form gebrauchte. In einem demokratischen Staat ist das Gewaltmonopol an Rechte gebunden, in denen auch die Ausnahmen festgelegt sind. In der idealen Vorstellung sind damit die großen »archaischen« Formen der Gewalt, das »Recht des Stärkeren«, die »Blutrache«, die »Hegemonie von Partikularinteressen«, die »Selbstjustiz« etc. weitgehend unterbunden (aber selbst was die Ausübung von »elterlicher Gewalt« oder »Gewalt in der Familie« anbelangt, greift in gewisser Hinsicht dieses Monopol, insofern es keinen von diesem Recht freien Innenraum mehr geben soll und der Staat, zum Beispiel, Misshandlung von Kindern durch die Eltern unter Strafe stellen kann). Das Gewaltmonopol ist relativiert, wenn der Staat selber sich nicht an Recht und Gesetz hält,

Das Gewaltmonopol des Staates ist freilich in der Praxis nur so viel wert, wie es die Sicherheit und Gerechtigkeit des einzelnen in der Gesellschaft garantiert. Tendenziell, so scheint es, kippt das Gewaltmonopol des Staates in der Postdemokratie von der Prävention in die Reaktion. Weniger Schutz, mehr Strafe. Das Gewaltmonopol des Staates ist immer zugleich als eine zivilisatorische Position in der Gesellschaft und als Aneignung durch die Herrschenden gesehen worden: Wenn der Staat mehr oder weniger einer »Klasse«, einer Oligarchie oder einem partikulären Interesse »gehört«, wird das staatliche zu einem »privaten« Gewaltmonopol, im schlimmsten Fall verwandelt sich die Polizei von einem Instrument der Rechtsstaatlichkeit in eine Partei im nicht erklärten Bürgerkrieg.

Gouvernementalität setzt sich zusammen aus verschiedenen, durchaus auch widersprüchlichen »Handlungsformen und Praxisfeldern, die in vielfältiger Weise auf die Lenkung, Kontrolle, Leitung von Individuen und Kollektiven zielen und gleichermaßen Formen der Selbstführung wie Techniken der Fremdführung umfassen« (Michel Foucault).

Grundeinkommen Das bedingungslose, von Arbeit, Bedarf und Status losgelöste Grundeinkommen – als Teil des Bürgerrechts (siehe dort) verstanden – erscheint in manchen Diskursen als probates Mittel, der Schere zwischen arm und reich und der sozialen Kälte zu begegnen. Dieses Modell wird keineswegs nur von der Linken diskutiert (findet im Gegenteil hier sogar die bedächtigste Kritik), sondern kursiert auch im progressistischen Segment der Manager- und Unternehmerkultur.

»Grundeinkommen für alle: Einkommen als Bürgerrecht

Immer mehr Menschen sind von Armut bedroht oder betroffen. Die Bürgerinitiative ›Einkommen ist ein Bürgerrecht‹ e. V. setzt sich für ein würdevolles, selbstbestimmtes und materiell gesichertes Leben für alle Menschen ein. Sie möchte das Bewusstsein für sozialethische Fragen bei den Bürgern fördern und die Vision einer aufgeklärten, freien, solidarischen und gerechten Gesellschaft umsetzen. Zur Umsetzung wird insbesondere das bedingungslose Grundeinkommen diskutiert« (www.einkommenisteinbuergerrecht.net/).

Grundrecht Postdemokratie lässt sich definieren als eine Praxis der Regierung, der Verwaltung und der Kommunikation, in der viele Grundrechte verweigert, abgeschwächt, relativiert, umgangen, gespalten, umgedeutet oder verdrängt werden, ohne dass dabei formales Recht gebrochen wird. Neben die juristische Einschränkung der Grundrechte (»Das Nähere regelt ein Gesetz...«) und die politische Einschränkung (»Verteidigungsfall der Demokratie«) tritt eine Art von Einschränkung durch Stimmung und Gewöhnung und wird wenn nicht gegen den Buchstaben so gegen den Geist der Grundrechte verstoßen. Die Einhaltung der Grundrechte aber ist die Basis jeder Beziehung zwischen Staat und Bürger, aber auch zwischen Staat und »Gast«. Jeder Akt des Zivilen Ungehorsams bezieht sich direkt oder indirekt auf den Bruch der grundlegenden Vereinbarung der Grundrechte. Sie lauten für die Bundesrepublik Deutschland:

Artikel 1

(1) Die Würde des Menschen ist unantastbar. Sie zu achten und zu schützen ist Verpflichtung aller staatlichen Gewalt.

(2) Das Deutsche Volk bekennt sich darum zu unverletzlichen und unveräußerlichen Menschenrechten als Grundlage jeder menschlichen Gemeinschaft, des Friedens und der Gerechtigkeit in der Welt.

(3) Die nachfolgenden Grundrechte binden Gesetzgebung, vollziehende Gewalt und Rechtsprechung als unmittelbar geltendes Recht.

Artikel 2

(1) Jeder hat das Recht auf die freie Entfaltung seiner Persönlichkeit, soweit er nicht die Rechte anderer verletzt und nicht gegen die verfassungsmäßige Ordnung oder das Sittengesetz verstößt.

(2) Jeder hat das Recht auf Leben und körperliche Unversehrtheit. Die Freiheit der Person ist unverletzlich. In diese Rechte darf nur auf Grund eines Gesetzes eingegriffen werden.

Artikel 3

(1) Alle Menschen sind vor dem Gesetz gleich.

(2) Männer und Frauen sind gleichberechtigt. Der Staat fördert die tatsächliche Durchsetzung der Gleichberechtigung von Frauen und Männern und wirkt auf die Beseitigung bestehender Nachteile hin.

(3) Niemand darf wegen seines Geschlechtes, seiner Abstammung, seiner Rasse, seiner Sprache, seiner Heimat und Herkunft, seines Glaubens, seiner religiösen oder politischen Anschauungen benachteiligt oder bevorzugt werden. Niemand darf wegen seiner Behinderung benachteiligt werden.

Artikel 4

(1) Die Freiheit des Glaubens, des Gewissens und die Freiheit des religiösen und weltanschaulichen Bekenntnisses sind unverletzlich.

(2) Die ungestörte Religionsausübung wird gewährleistet.

(3) Niemand darf gegen sein Gewissen zum Kriegsdienst mit der Waffe gezwungen werden. Das Nähere regelt ein Bundesgesetz.

Artikel 5

(1) Jeder hat das Recht, seine Meinung in Wort, Schrift und Bild frei zu äußern und zu verbreiten und sich aus allgemein zugänglichen Quellen ungehindert zu unterrichten. Die Pressefreiheit und die Freiheit der Berichterstattung durch Rundfunk und Film werden gewährleistet. Eine Zensur findet nicht statt.

(2) Diese Rechte finden ihre Schranken in den Vorschriften der allgemeinen Gesetze, den gesetzlichen Bestimmungen zum Schutze der Jugend und in dem Recht der persönlichen Ehre.

(3) Kunst und Wissenschaft, Forschung und Lehre sind frei. Die Freiheit der Lehre entbindet nicht von der Treue zur Verfassung.

Artikel 6

(1) Ehe und Familie stehen unter dem besonderen Schutze der staatlichen Ordnung.

(2) Pflege und Erziehung der Kinder sind das natürliche Recht der Eltern und die zuvörderst ihnen obliegende Pflicht. Über ihre Betätigung wacht die staatliche Gemeinschaft.

(3) Gegen den Willen der Erziehungsberechtigten dürfen Kinder nur auf Grund eines Gesetzes von der Familie getrennt werden, wenn die Erziehungsberechtigten versagen oder wenn die Kinder aus anderen Gründen zu verwahrlosen drohen.

(4) Jede Mutter hat Anspruch auf den Schutz und die Fürsorge der Gemeinschaft.

(5) Den unehelichen Kindern sind durch die Gesetzgebung die gleichen Bedingungen für ihre leibliche und seelische Entwicklung und ihre Stellung in der Gesellschaft zu schaffen wie den ehelichen Kindern.

Artikel 7

(1) Das gesamte Schulwesen steht unter der Aufsicht des Staates.

(2) Die Erziehungsberechtigten haben das Recht, über die Teilnahme des Kindes am Religionsunterricht zu bestimmen.

(3) Der Religionsunterricht ist in den öffentlichen Schulen mit Ausnahme der bekenntnisfreien Schulen ordentliches Lehrfach. Unbeschadet des staatlichen Aufsichtsrechtes wird der Religionsunterricht in Übereinstimmung mit den Grundsätzen der Religionsgemeinschaften erteilt. Kein Lehrer darf gegen seinen Willen verpflichtet werden, Religionsunterricht zu erteilen.

(4) Das Recht zur Errichtung von privaten Schulen wird gewährleistet. Private Schulen als Ersatz für öffentliche Schulen bedürfen der Genehmigung des Staates und unterstehen den Landesgesetzen. Die Genehmigung ist zu erteilen, wenn die privaten Schulen in ihren Lehrzielen und Einrichtungen sowie in der wissenschaftlichen Ausbildung ihrer Lehrkräfte nicht hinter den öffentlichen Schulen zurückstehen und eine Sonderung der Schüler nach den Besitzverhältnissen der Eltern nicht gefördert wird. Die Genehmigung ist zu versagen, wenn die wirtschaftliche und rechtliche Stellung der Lehrkräfte nicht genügend gesichert ist.

(5) Eine private Volksschule ist nur zuzulassen, wenn die Unterrichtsverwaltung ein besonderes pädagogisches Interesse anerkennt oder, auf Antrag von Erziehungsberechtigten, wenn sie als Gemeinschaftsschule, als Bekenntnis- oder Weltanschauungsschule errichtet werden soll und eine öffentliche Volksschule dieser Art in der Gemeinde nicht besteht.

(6) Vorschulen bleiben aufgehoben.

Artikel 8

(1) Alle Deutschen haben das Recht, sich ohne Anmeldung oder Erlaubnis friedlich und ohne Waffen zu versammeln.

(2) Für Versammlungen unter freiem Himmel kann dieses Recht durch Gesetz oder auf Grund eines Gesetzes beschränkt werden.

Artikel 9

(1) Alle Deutschen haben das Recht, Vereine und Gesellschaften zu bilden.

(2) Vereinigungen, deren Zwecke oder deren Tätigkeit den Strafgesetzen zuwiderlaufen oder die sich gegen die verfassungsmäßige Ordnung oder gegen den Gedanken der Völkerverständigung richten, sind verboten.

(3) Das Recht, zur Wahrung und Förderung der Arbeits- und Wirtschaftsbedingungen Vereinigungen zu bilden, ist für jedermann und für alle Berufe gewährleistet. Abreden, die dieses Recht einschränken oder zu behindern suchen, sind nichtig, hierauf gerichtete Maßnahmen sind rechtswidrig. Maßnahmen nach den Artikeln 12a, 35 Abs. 2 und 3, Artikel 87a Abs. 4 und Artikel 91 dürfen sich nicht gegen Arbeitskämpfe richten, die zur Wahrung und Förderung der Arbeits- und Wirtschaftsbedingungen von Vereinigungen im Sinne des Satzes 1 geführt werden.

Artikel 10

(1) Das Briefgeheimnis sowie das Post- und Fernmeldegeheimnis sind unverletzlich.

(2) Beschränkungen dürfen nur auf Grund eines Gesetzes angeordnet werden. Dient die Beschränkung dem Schutze der freiheitlichen demokratischen Grundordnung oder des Bestandes oder der Sicherung des Bundes oder eines Landes, so kann das Gesetz bestimmen, dass sie dem Betroffenen nicht mitgeteilt wird und daß an die Stelle des Rechtsweges die Nachprüfung durch von der Volksvertretung bestellte Organe und Hilfsorgane tritt.

Artikel 11

(1) Alle Deutschen genießen Freizügigkeit im ganzen Bundesgebiet.

(2) Dieses Recht darf nur durch Gesetz oder auf Grund eines Gesetzes und nur für die Fälle eingeschränkt werden, in denen eine ausreichende Lebensgrundlage nicht vorhanden ist und der Allgemeinheit daraus besondere Lasten entstehen würden oder in denen es zur Abwehr einer drohenden Gefahr für den Bestand oder die freiheitliche demokratische Grundordnung des Bundes oder eines Landes, zur Bekämpfung von Seuchengefahr, Naturkatastrophen oder besonders schweren Unglücksfällen, zum Schutze der Jugend vor Verwahrlosung oder um strafbaren Handlungen vorzubeugen, erforderlich ist.

Artikel 12

(1) Alle Deutschen haben das Recht, Beruf, Arbeitsplatz und Ausbildungsstätte frei zu wählen. Die Berufsausübung kann durch Gesetz oder auf Grund eines Gesetzes geregelt werden.

(2) Niemand darf zu einer bestimmten Arbeit gezwungen werden, außer im Rahmen einer herkömmlichen allgemeinen, für alle gleichen öffentlichen Dienstleistungspflicht.

(3) Zwangsarbeit ist nur bei einer gerichtlich angeordneten Freiheitsentziehung zulässig.

Artikel 12a

(1) Männer können vom vollendeten achtzehnten Lebensjahr an zum Dienst in den Streitkräften, im Bundesgrenzschutz oder in einem Zivilschutzverband verpflichtet werden.

(2) Wer aus Gewissensgründen den Kriegsdienst mit der Waffe verweigert, kann zu einem Ersatzdienst verpflichtet werden. Die Dauer des Ersatzdienstes darf die Dauer des Wehrdienstes nicht übersteigen. Das Nähere regelt ein Gesetz, das die Freiheit der Gewissensentscheidung nicht beeinträchtigen darf und auch eine Möglichkeit des Ersatzdienstes vorsehen muß, die in keinem Zusammenhang mit den Verbänden der Streitkräfte und des Bundesgrenzschutzes steht.

(3) Wehrpflichtige, die nicht zu einem Dienst nach Absatz 1 oder 2 herangezogen sind, können im Verteidigungsfalle durch Gesetz oder auf Grund eines Gesetzes zu zivilen Dienstleistungen für Zwecke der Verteidigung einschließlich des Schutzes der Zivilbevölkerung in Arbeitsverhältnisse verpflichtet werden; Verpflichtungen in öffentlich-rechtliche Dienstverhältnisse sind nur zur Wahrnehmung polizeilicher Aufgaben oder solcher hoheitlichen Aufgaben der öffentlichen Verwaltung, die nur in einem öffentlich-rechtlichen Dienstverhältnis erfüllt werden können, zulässig. Arbeitsverhältnisse nach Satz 1 können bei den Streitkräften, im Bereich ihrer Versorgung sowie bei der öffentlichen Verwaltung begründet werden; Verpflichtungen in Arbeitsverhältnisse im Bereiche der Versorgung der Zivilbevölkerung sind nur zulässig, um ihren lebensnotwendigen Bedarf zu decken oder ihren Schutz sicherzustellen.

(4) Kann im Verteidigungsfalle der Bedarf an zivilen Dienstleistungen im zivilen Sanitäts- und Heilwesen sowie in der ortsfesten militärischen Lazarettorganisation nicht auf freiwilliger Grundlage gedeckt werden, so können Frauen vom vollendeten achtzehnten bis zum vollendeten fünfundfünfzigsten Lebensjahr durch Gesetz oder auf Grund eines Gesetzes zu derartigen Dienstleistungen herangezogen werden. Sie dürfen auf keinen Fall zum Dienst mit der Waffe verpflichtet werden.

(5) Für die Zeit vor dem Verteidigungsfalle können Verpflichtungen nach Absatz 3 nur nach Maßgabe des Artikels 80a Abs. 1 begründet werden. Zur Vorbereitung auf Dienstleistungen nach Absatz 3, für die besondere Kenntnisse oder Fertigkeiten erforderlich sind, kann durch Gesetz oder auf Grund eines Gesetzes die Teilnahme an Ausbildungsveranstaltungen zur Pflicht gemacht werden. Satz 1 findet insoweit keine Anwendung.

(6) Kann im Verteidigungsfalle der Bedarf an Arbeitskräften für die in Absatz 3 Satz 2 genannten Bereiche auf freiwilliger Grundlage nicht gedeckt werden, so

kann zur Sicherung dieses Bedarfs die Freiheit der Deutschen, die Ausübung eines Berufs oder den Arbeitsplatz aufzugeben, durch Gesetz oder auf Grund eines Gesetzes eingeschränkt werden. Vor Eintritt des Verteidigungsfalles gilt Absatz 5 Satz 1 entsprechend.

Artikel 13

(1) Die Wohnung ist unverletzlich.

(2) Durchsuchungen dürfen nur durch den Richter, bei Gefahr im Verzuge auch durch die in den Gesetzen vorgesehenen anderen Organe angeordnet und nur in der dort vorgeschriebenen Form durchgeführt werden.

(3) Begründen bestimmte Tatsachen den Verdacht, dass jemand eine durch Gesetz einzeln bestimmte besonders schwere Straftat begangen hat, so dürfen zur Verfolgung der Tat auf Grund richterlicher Anordnung technische Mittel zur akustischen Überwachung von Wohnungen, in denen der Beschuldigte sich vermutlich aufhält, eingesetzt werden, wenn die Erforschung des Sachverhalts auf andere Weise unverhältnismäßig erschwert oder aussichtslos wäre. Die Maßnahme ist zu befristen. Die Anordnung erfolgt durch einen mit drei Richtern besetzten Spruchkörper. Bei Gefahr im Verzuge kann sie auch durch einen einzelnen Richter getroffen werden.

(4) Zur Abwehr dringender Gefahren für die öffentliche Sicherheit, insbesondere einer gemeinen Gefahr oder einer Lebensgefahr, dürfen technische Mittel zur Überwachung von Wohnungen nur auf Grund richterlicher Anordnung eingesetzt werden. Bei Gefahr im Verzuge kann die Maßnahme auch durch eine andere gesetzlich bestimmte Stelle angeordnet werden; eine richterliche Entscheidung ist unverzüglich nachzuholen.

(5) Sind technische Mittel ausschließlich zum Schutze der bei einem Einsatz in Wohnungen tätigen Personen vorgesehen, kann die Maßnahme durch eine gesetzlich bestimmte Stelle angeordnet werden. Eine anderweitige Verwertung der hierbei erlangten Erkenntnisse ist nur zum Zwecke der Strafverfolgung oder der Gefahrenabwehr und nur zulässig, wenn zuvor die Rechtmäßigkeit der Maßnahme richterlich festgestellt ist; bei Gefahr im Verzuge ist die richterliche Entscheidung unverzüglich nachzuholen.

(6) Die Bundesregierung unterrichtet den Bundestag jährlich über den nach Absatz 3 sowie über den im Zuständigkeitsbereich des Bundes nach Absatz 4 und, soweit richterlich überprüfungsbedürftig, nach Absatz 5 erfolgten Einsatz technischer Mittel. Ein vom Bundestag gewähltes Gremium übt auf der Grundlage dieses Berichts die parlamentarische Kontrolle aus. Die Länder gewährleisten eine gleichwertige parlamentarische Kontrolle.

(7) Eingriffe und Beschränkungen dürfen im übrigen nur zur Abwehr einer gemeinen Gefahr oder einer Lebensgefahr für einzelne Personen, auf Grund eines Gesetzes auch zur Verhütung dringender Gefahren für die öffentliche Sicherheit und Ordnung, insbesondere zur Behebung der Raumnot, zur Bekämpfung von Seuchengefahr oder zum Schutze gefährdeter Jugendlicher vorgenommen werden.

Artikel 14

(1) Das Eigentum und das Erbrecht werden gewährleistet. Inhalt und Schranken werden durch die Gesetze bestimmt.

(2) Eigentum verpflichtet. Sein Gebrauch soll zugleich dem Wohle der Allgemeinheit dienen.

(3) Eine Enteignung ist nur zum Wohle der Allgemeinheit zulässig. Sie darf nur durch Gesetz oder auf Grund eines Gesetzes erfolgen, das Art und Ausmaß der Entschädigung regelt. Die Entschädigung ist unter gerechter Abwägung der Interessen der Allgemeinheit und der Beteiligten zu bestimmen. Wegen der Höhe der Entschädigung steht im Streitfalle der Rechtsweg vor den ordentlichen Gerichten offen.

Artikel 15

Grund und Boden, Naturschätze und Produktionsmittel können zum Zwecke der Vergesellschaftung durch ein Gesetz, das Art und Ausmaß der Entschädigung regelt, in Gemeineigentum oder in andere Formen der Gemeinwirtschaft überführt werden. Für die Entschädigung gilt Artikel 14 Abs. 3 Satz 3 und 4 entsprechend.

Artikel 16

(1) Die deutsche Staatsangehörigkeit darf nicht entzogen werden. Der Verlust der Staatsangehörigkeit darf nur auf Grund eines Gesetzes und gegen den Willen des Betroffenen nur dann eintreten, wenn der Betroffene dadurch nicht staatenlos wird.

(2) Kein Deutscher darf an das Ausland ausgeliefert werden. Durch Gesetz kann eine abweichende Regelung für Auslieferungen an einen Mitgliedstaat der Europäischen Union oder an einen internationalen Gerichtshof getroffen werden, soweit rechtsstaatliche Grundsätze gewahrt sind.

Artikel 16a

(1) Politisch Verfolgte genießen Asylrecht.

(2) Auf Absatz 1 kann sich nicht berufen, wer aus einem Mitgliedstaat der Europäischen Gemeinschaften oder aus einem anderen Drittstaat einreist, in dem die

Anwendung des Abkommens über die Rechtsstellung der Flüchtlinge und der Konvention zum Schutze der Menschenrechte und Grundfreiheiten sichergestellt ist. Die Staaten außerhalb der Europäischen Gemeinschaften, auf die die Voraussetzungen des Satzes 1 zutreffen, werden durch Gesetz, das der Zustimmung des Bundesrates bedarf, bestimmt. In den Fällen des Satzes 1 können aufenthaltsbeendende Maßnahmen unabhängig von einem hiergegen eingelegten Rechtsbehelf vollzogen werden.

(3) Durch Gesetz, das der Zustimmung des Bundesrates bedarf, können Staaten bestimmt werden, bei denen auf Grund der Rechtslage, der Rechtsanwendung und der allgemeinen politischen Verhältnisse gewährleistet erscheint, dass dort weder politische Verfolgung noch unmenschliche oder erniedrigende Bestrafung oder Behandlung stattfindet. Es wird vermutet, daß ein Ausländer aus einem solchen Staat nicht verfolgt wird, solange er nicht Tatsachen vorträgt, die die Annahme begründen, daß er entgegen dieser Vermutung politisch verfolgt wird.

(4) Die Vollziehung aufenthaltsbeendender Maßnahmen wird in den Fällen des Absatzes 3 und in anderen Fällen, die offensichtlich unbegründet sind oder als offensichtlich unbegründet gelten, durch das Gericht nur ausgesetzt, wenn ernstliche Zweifel an der Rechtmäßigkeit der Maßnahme bestehen; der Prüfungsumfang kann eingeschränkt werden und verspätetes Vorbringen unberücksichtigt bleiben. Das Nähere ist durch Gesetz zu bestimmen.

(5) Die Absätze 1 bis 4 stehen völkerrechtlichen Verträgen von Mitgliedstaaten der Europäischen Gemeinschaften untereinander und mit dritten Staaten nicht entgegen, die unter Beachtung der Verpflichtungen aus dem Abkommen über die Rechtsstellung der Flüchtlinge und der Konvention zum Schutze der Menschenrechte und Grundfreiheiten, deren Anwendung in den Vertragsstaaten sichergestellt sein muß, Zuständigkeitsregelungen für die Prüfung von Asylbegehren einschließlich der gegenseitigen Anerkennung von Asylentscheidungen treffen.

Artikel 17

Jedermann hat das Recht, sich einzeln oder in Gemeinschaft mit anderen schriftlich mit Bitten oder Beschwerden an die zuständigen Stellen und an die Volksvertretung zu wenden.

Artikel 17a

(1) Gesetze über Wehrdienst und Ersatzdienst können bestimmen, daß für die Angehörigen der Streitkräfte und des Ersatzdienstes während der Zeit des Wehr- oder Ersatzdienstes das Grundrecht, seine Meinung in Wort, Schrift und Bild frei zu äußern und zu verbreiten (Artikel 5 Abs. 1 Satz 1 erster Halbsatz), das Grund-

recht der Versammlungsfreiheit (Artikel 8) und das Petitionsrecht (Artikel 17), soweit es das Recht gewährt, Bitten oder Beschwerden in Gemeinschaft mit anderen vorzubringen, eingeschränkt werden.

(2) Gesetze, die der Verteidigung einschließlich des Schutzes der Zivilbevölkerung dienen, können bestimmen, daß die Grundrechte der Freizügigkeit (Artikel 11) und der Unverletzlichkeit der Wohnung (Artikel 13) eingeschränkt werden.

Artikel 18

Wer die Freiheit der Meinungsäußerung, insbesondere die Pressefreiheit (Artikel 5 Abs. 1), die Lehrfreiheit (Artikel 5 Abs. 3), die Versammlungsfreiheit (Artikel 8), die Vereinigungsfreiheit (Artikel 9), das Brief-, Post- und Fernmeldegeheimnis (Artikel 10), das Eigentum (Artikel 14) oder das Asylrecht (Artikel 16a) zum Kampfe gegen die freiheitliche demokratische Grundordnung mißbraucht, verwirkt diese Grundrechte. Die Verwirkung und ihr Ausmaß werden durch das Bundesverfassungsgericht ausgesprochen.

Artikel 19

(1) Soweit nach diesem Grundgesetz ein Grundrecht durch Gesetz oder auf Grund eines Gesetzes eingeschränkt werden kann, muss das Gesetz allgemein und nicht nur für den Einzelfall gelten. Außerdem muss das Gesetz das Grundrecht unter Angabe des Artikels nennen.

(2) In keinem Falle darf ein Grundrecht in seinem Wesensgehalt angetastet werden.

(3) Die Grundrechte gelten auch für inländische juristische Personen, soweit sie ihrem Wesen nach auf diese anwendbar sind.

(4) Wird jemand durch die öffentliche Gewalt in seinen Rechten verletzt, so steht ihm der Rechtsweg offen. Soweit eine andere Zuständigkeit nicht begründet ist, ist der ordentliche Rechtsweg gegeben. Artikel 10 Abs. 2 Satz 2 bleibt unberührt.

Guerilla Marketing Eines der Elemente des schamlosen Kapitalismus, die durch die Digitalisierung und Vernetzung neue Aktualität im Kampf um die Hegemonie der Diskurse und Medien erhielten. Guerilla Marketing bietet nach Ansicht einer der darauf spezialisierten Agenturen etliche Vorteile gegenüber den althergebrachten Formen von Werbung und Public Relations:

»Guerilla Aktionen überraschen, verwirren, faszinieren. Sie verlaufen meistens dynamisch und bieten viel Unterhaltung. Das macht diese Art der Werbung beim Publikum sehr beliebt: B2B und B2C. Mit vergleichsweise geringen Mitteln werden Marken und Produkte spektakulär inszeniert; werden große

Bilder und Geschichten erzeugt, die mit Hilfe begleitender Medienarbeit das Interesse der Redaktionen von Online-Portalen, Print-Medien und TV-Magazinen wecken. Aber Guerilla Marketing schafft nicht nur Image und Publizität. Es kann genauso auf Folgemedien verlinken (z. B. auf eine Internet Microsite) und so direkt in den Kaufprozess führen« (http://www.webguerillas.de/usp/guerilla-marketing-agentur).

Gutmensch siehe auch **NIMBY** »Es ist ein Wort, in dem sich Arroganz und Anmaßung manifestieren. Es wird gebraucht von Leuten, die sich so ihrer lässigen Souveränität gegenüber einer vermeintlichen Naivität versichern. Es ist ein Wort, das, zum Beispiel, kühle politische Köpfe gerne nahmen für jene, die dem Irak-Krieg skeptisch gegenüberstanden.

In diesem Wort bündelt sich die Arroganz der Macht. Die Arroganz des real siegenden Kapitalismus, dessen Protagonisten auf Einreden nur noch mit spöttischer Überlegenheit reagieren können.

Der ironische Untertext des Wortes »Gutmensch« steht dafür, dass das Bedürfnis, ein guter, ein moralischer Mensch sein zu wollen, heute im Ruf einer Marotte steht. Es ist der Kampfbegriff der moralischen Realpolitiker. Die Herren zu Guttenberg und Wulff werden ihn mögen« (Henryk Goldberg).

Guy Fawkes Die Maske, die bei den Occupy-Bewegungen eine wichtige Rolle spielte, zeigt den katholischen Offizier Guido Guy Fawkes, der als Haupt einer Verschwörung am 5. November 1605 das britische Parlament in die Luft sprengen wollte, um den König und alle Mitglieder sowie die anwesenden Bischöfe zu töten und der katholischen Kirche wieder zu Einfluss zu verhelfen. Doch der »gun powder plot« von Fawkes und seinen Freunden wurde verraten, nach Tagen der Folter tötete sich der Verschwörer selbst, ohne sich zu beugen. Am »Guy-Fawkes-Day werden in England große Feuerwerke abgebrannt. Die Maske in ihrer aktuellen Form entstammt dem Comic »V for Vendetta« von Alan Moore (Text) und David Llyod (Zeichnungen) sowie der Verfilmung aus dem Jahr 2006. Darin geht es um einen Revolutionär in der Fawkes-Maske, der sich V nennt und ein Attentat auf Downing Street No 10 plant. Die Verfilmung mit Hugo Weaver und Natalie Portman fand keine Gnade vor den Augen des Autors (und auch nicht vor denen der Kritiker). Schon im Jahr 2008 tauchten bei Demonstrationen die ersten Guy Fawkes/V-Masken in London auf. Sie wurden zur populärsten Tarnung der »Anonymous«-Hacker-Gruppe. Der erste Anlass war eine Demons-

tration vor der Scientology-Zentrale gegen das Verbot eines entlarvenden Video-
Interviews mit Scientology-Mitglied Tom Cruise. Von dieser Aktion aus verbreitete sich die Maske. Im Jahr 2009 trugen sie die Demonstranten gegen Internet-
Zensurpläne der Bundesregierung, im Jahr 2011 die Aktivisten, die gegen die
Verhaftung des Wikileaks-Gründers Julian Assange protestierten. Vom Ursprung
bei den »Anonymous«-Hackern nahm die Maske dann ihren Weg zu den Stra-
ßenaktionen der Occupy-Bewegung. Zur gleichen Zeit wurde das Symbol bereits
vereinnahmt durch die Werbung, zum Beispiel für Genossenschaftsbanken, die
mit den protestierenden Masken warben für »direkte Demokratie vor Ort statt
Zentralismus aus Berlin oder Brüssel«. »Das Guy-Fawkes-Konterfei ist eine Art
Allzweck-Protestsymbol geworden. Massentauglich. Ach ja, die Maske gibt es für
weniger als 15 Euro zu kaufen – im Internet, wo sonst...« (Lea Thies). Und: Für
jede verkaufte Maske muss dem Time Warner-Konzern, der seit der Verfilmung
die Rechte besitzt, ein Merchandise-Anteil überwiesen werden.

Human Microphone Reaktion der Occupy-Bewegung auf die Lautsprecher-Ver-
bote: Ein Chor wiederholt die Worte eines Sprechers.

Indignados Die »Empörten«, wie in Spanien die Demonstranten genannt werden, die nach dem »Platzen der Immobilienblase« und der Bankenkrise ihre Jobs
bzw. ihre Aussichten darauf, einen zu bekommen, verloren.

Indymedia Partizipative Internet-Plattform, die Nachrichten und Informationen
bietet, die in den Mainstream-Medien unterdrückt werden.

Karnevalisierung In der Regel geht es darum, die Strukturen von Medien und Institutionen parodistisch und destruktiv aufzugreifen. Bei der Occupy-Wall-Street-
Bewegung etwa spielte ein Darsteller einen »Fox-Reporter«: »Die Medien können
uns nicht mehr ignorieren, also machen sie sich über uns lustig. Und wir über sie.«
Die ersten gelungenen Versuche, Gerichtsverhandlungen durch gezielte Karnevalisierung zur »Kenntlichkeit zu verzerren«, reichen zurück in die Tage der
Kommune; vor allem Aussprüche Fritz Teufels wie »Wenn's der Wahrheitsfin-
dung dient« nahmen den Formalismus der Verhandlungen auf. Bei Prozessen
gegen Aktivisten der Proteste gegen Stuttgart 21 kam es ebenfalls zu gezielten Formen der Karnevalisierung, die nun freilich auf eine eher softe Gegenwehr stießen. Die karnevalisierten Prozesstage (Buhen bei Richterauftritten oder unsin-

nige Anträge) freilich glichen dann zum Teil auch wieder medialen Installationen wie Gerichts- und Talkshows. Das Problem liegt darin zu entscheiden, ob ein Gericht »karnevalisiert« werden darf, weil es selbst sich an demokratische Spielregeln nicht hält, andernfalls der Vorwurf nicht von der Hand zu weisen ist, eine demokratische Institution mit undemokratischen Mitteln zu attackieren. Auch die Karnevalisierung ist eine zweischneidige Waffe. Während sie gezielt eingesetzt wird, um besonders autoritatitve und »hohle« Institutionen der Macht »zur Kenntlichkeit verzerren«, wird sie strukturell eingesetzt, um Politik generell in Entertainment zu verwandeln. Karnevalisierte Politik – von der »Spaßpartei« F.D.P. einst bis zu populistischen Politclowns à la Janusz Palikot in Polen, der sich auf einer Pressekonferenz mit Vibrator und Spielzeugpistole inszeniert – wird neben den offen rassistischen und nationalistischen Rechtspopulisten – als Alternative gegen die »etablierte« Politik gefeiert, vor allem natürlich von eben jenen Medien, die ihrerseits die Vermischung von Politik und Entertainment zum Programm gemacht haben.

Kinder Höchst umstritten ist die Frage, ob auf Demonstrationen Kinder beteiligt sein sollen. Natürlich geht es einerseits um deren höchsteigene Interessen, auf der anderen Seite bleibt die Selbstbestimmung dabei höchst fragwürdig (Gegenargument ist zweifellos, dass jede Form von Entscheidung der Eltern dieselbe Fragwürdigkeit aufwiese; jede Entscheidung über andere Freizeitaktivitäten wäre entsprechend zu prüfen). Ein drittes Problem ist die Frage der Gefährdung.

Kooperation Grundlage jeder sozialen Bewegung sind Konzepte der Kooperation als Gegenentwürfe zu Konkurrenz auf der einen, Koordination (etwa das Befolgen von Befehlen »von oben« oder die Erfüllung mechanischer Aufgaben ohne Fragen nach ihrem Zweck) auf der anderen Seite. Im Gegensatz zu dieser wird Kooperation von Regeln, Methoden und Codes bestimmt, die alle Beteiligten gleichermaßen akzeptieren und mitbestimmen, und die auf gemeinsam bestimmten Voraussetzungen für das Funktionieren basieren. Man kann, wie John Rawls es tut, noch eine dritte Bedingung für die Kooperation erwähnen, die sich freilich in einem voluntaristischen Zusammenschluss eher von selbst versteht, nämlich »eine Vorstellung davon, was für jeden Teilnehmer rationalerweise vorteilhaft oder gut ist«.

Macht Eine Kernfrage aller Dissidenz lautet: Kann man die Welt verändern, ohne die Macht zu übernehmen? (Und davon leitet sich eine zweite, schmerzliche

Frage ab: Kann, wer die Macht übernommen hat, die Welt überhaupt noch zum besseren verändern?) »Keine Macht für Niemand« ist dabei offensichtlich eine poetische, aber keine politische Lösung. Die Vielfalt, Maskierung, Spiegelung und Komplexität von Machtbeziehungen, kann nur durch eine »Vielfalt und Komplexität des Widerstands gegen die Macht in der heutigen Gesellschaft« (Foucault).

Medien Es ist ein selten widersprochener Satz: »Jede Revolution hat ihr Medium«. Flugblatt und MC wie in der iranischen Revolution, Handy und Twitter in der Arabellion, TV und Internet in der Occupy-Bewegung. Das Medium ist Stärke und zugleich Schwachstelle der Bewegung.

Menschenwürde Der Begriff, der gleichsam über dem Grundgesetz schwebt, ist höchst schwierig zu fassen. Als Begriffsinstrument in der transnationalen Menschenrechtsdiskussion musste sie sich auf einen Minimalwert zurückfahren lassen.

NIMBY Die Abkürzung, die sich mittlerweile bei Politologen wie bei Politikern eingebürgert hat, steht für »Not in my backyard« und bezieht sich auf sehr regionale und höchsteigene Interessen: »Windkraft, au ja, aber bitte kein Windkraftwerk vor meinem Haus.« Dabei gehen viele auch allgemeinere Protestformen zunächst vollkommen legitimerweise von einem NIMBY-Aspekt aus; die Chance ihrer Weiterung indes besteht darin, unter dem Aspekt von Gerechtigkeit und Solidarität die eigenen mit den »Backyard«-Interessen anderer zu verbinden und so gegen ein längst abstrakt gewordenes und manipuliertes »Gemeinwohl« (vergl. das entsprechende Stichwort) zu verteidigen. Ein beliebtes Spiel der Medien ist es, bei den bürgerlichen Revolten den Anteil des NIMBY herauszukitzeln. Ist eine Bewegung als NIMBY gebrandmarkt, verliert sie im moralischen Urteil einen entscheidenden Aspekt zur Begründung des zivilen Ungehorsams, nach der es auf keinen Fall um egoistische Ziele gehen darf. Der NIMBY-Vorwurf ist gleichsam das Negativ des »Gutmenschen«-Vorwurfs. Wird im ersten Fall ein heimlicher Egoismus (oder Gruppen-Egoismus) unterstellt, so im zweiten Fall die Parteinahme aus einer Geste moralischer Besserwisserei und Bevormundung gegenüber Dingen, in die man persönlich gar nicht involviert ist, zu keinem anderen Zweck als eben des moralischen Distinktionsgewinns.

No Global Fälschlich als »Antiglobalisierungsbewegung« bezeichnet, begann die Bewegung gegen den Weltwirtschaftsgipfel 1999 in Seattle und entwickelte in den globalen Sozialforen ihre eigene Plattform. Identität und Strategie der globalisierungskritischen Bewegung ist seitdem immer wieder Gegenstand empathischer und kritischer Untersuchungen gewesen,

Occupy Chicago/Occupy Wall Street/Occupy Everywhere Die Bewegung begann am 17. September 2011 in New York. Im Oktober wurden in den USA bereits mehr als einhundert Besetzungen gezählt. Von Anbeginn an war sich diese Bewegung der Medien und ihrer Wirkung sehr bewusst. Ein wichtiges Mittel der Bewegung sind eigene Filme, Bilder und Texte im Internet, ein eigenes »Wall Street Journal« stellt Öffentlichkeit her, vor allem werden bei jedem Interview, das Vertreter der Bewegung geben, eigene Dokumentationen hergestellt, die die Verfälschungen der großen Broadcasts und insbesondere des Murdoch-Senders Fox bloßstellen. Aber das Entscheidende bleibt die Präsenz, die sich auch durch die Massenfestnahmen auf der Brooklyn Bridge – 700 Menschen in Handfesseln! – nicht beirren ließ. Auch diese Bewegung verblüffte die Öffentlichkeit durch ihre »Bürgerlichkeit«: »›Wer sind die Besetzer?‹ fragen spätestens seit dem Wochenende sämtliche US-Medien. Sie finden heraus, dass die Protestierenden zu einem großen Teil aus der heranwachsenden jungen Elite stammen: StudentInnen und Postgraduierte, die ebenso hoch verschuldet wie gebildet in ein Berufsleben starten wollen, in dem zahlreiche Wege verschlossen scheinen« (Dorothea Hahn). Doch auch Arbeiterinnen und Arbeiter, Angestellte und Prekariat-Leidende schlossen sich in zunehmendem Maße den Protesten an. Am 6. Oktober 2011 schlossen sich mehrere Gewerkschaften den Protesten an, selbst Wirtschaftswissenschaftler wie Joseph Stiglitz, der legendäre George Soros oder Laurence Fink, Chef der größten Vermögensverwaltung der Welt Blackrock, bekundeten Solidarität. Howard Schultz, der die Starbucks-Idee so profitträchtig machte, erklärte öffentlich: »Unternehmer haben eine Verantwortung, etwas an die Gemeinschaft zurückzugeben und zu versuchen, eine Balance zwischen Profitabilität und sozialem Gewissen zu finden.« Einen Schub erfuhr die Bewegung durch neue Verbündete. Zum einen etwa stellten Aktivisten der Ökologie-Bewegungen ihre Kenntnisse zur Verfügung, zum anderen brachten die Gewerkschaften beachtliche Zahlen an Mitdemonstranten zustande. »Mit der Beteiligung einiger großer Gewerkschaften schwoll die Bewegung Anfang Oktober (2011) zu einem Marsch von rund 30 000 Demonstranten an. Sie wurde zu einer alle Generationen und Rassen umfassenden Bewegung, die inhaltlich an die alte Linke mit ihrer Ausrichtung auf soziale Fragen erinnerte. Doch was Organisationsform und Führungsstil anging, zeigte sie Merkmale der neuen Linken« (Seyla Benhabib). Das Wesen der Occupy-Bewegung, inspiriert unter anderem von dem anarchistischen Anthropologen David Graeber, entsteht ursprünglich aus einer Selbstorganisation ohne »Führer« und ohne »Programm«

Auch in dieser durchaus theatralischen Form des Protestes steckt der utopische Kern einer gelebten Kritik: »Die Demokratie im Dienste des Kapitalismus wollen die Aktivisten in eine ›echte Demokratie‹ für die ›99 Prozent‹ verwandeln. Gegen Regierungstechnik setzen sie auf offene Suchprozesse. Anstatt auf proklamierten Notwendigkeiten bauen sie auf Debatten. Occupy erfüllt ein wiedererwachtes utopisches Bedürfnis« (Steffen Vogel).

Passive Bewaffnung Ein absurder Neologismus aus der Frühzeit der Postdemokratie, der besagt, dass es verboten ist, sich gegen die »aktive Bewaffnung« der Ordnungskräfte zu schützen, zum Beispiel durch entsprechende Kopfbedeckungen. Schließt man die Vorstellung der passiven Bewaffnung mit dem der Sitzblockade (siehe dort) kurz, läuft sie am Ende darauf hinaus, dass die bewusste Gegenwärtigkeit des Dissidenten im öffentlichen Raum und seine Weigerung, ihn sofort zu verlassen, hinreichend für seine Kriminalisierung ist.

Polittheater Allgemein: Die Herstellung einer politischen Öffentlichkeit mit theatralen Mitteln. Im Gegensatz zum politischen Theater findet es vor Ort, im Brennpunkt des (umkämpften) öffentlichen Raums und mit einer Partizipation der Aktivisten statt. Von der medialen Gegenseite wird als »Polittheater« allerdings auch derjenige Impuls bezeichnet, in dem man im öffentlichen Raum »Autoritäten« und »Instanzen« als Mitspieler und Kulissen für eine kritisch-aufklärerische Debatte verwickelt oder sie zum unfreiwilligen Selbstausdruck bringt. Vor Gericht kann ein Polittheater dazu dienen, die Bühne der »Rechtsprechung« den Opfern zu öffnen.

Romantikfalle Mitglieder der sozialen Bewegungen hassen es, als Romantiker, Sozialromantiker, Naturschwärmer, Gutmenschen etc. bezeichnet zu werden, nicht zuletzt, weil in solchen scheinbar milden Vorwürfen das anti-rationale, rückwärtsgerichtete und subjektive Empfinden mitschwingt. Entsprechend wutentbrannt waren die Reaktionen der Aktivisten, als die Schriftstellerin Anna Katharina Hahn der Bewegung gegen Stuttgart 21 »sehr starke romantische Komponenten«

und »eine Sehnsucht nach heiler Welt, nach Wald und Bäumen« diagnostizierte. Der Schauspieler Walter Sittler kam schon wegen einer falschen Bezugsperson in die Romantikfalle: »Bettina von Arnim hat einmal gesagt, der scheußlichste Satz, den sie kenne, laute: Es ist eben so. Er war für sie so ungeheuerlich, weil sie wusste, dass das Bestehende nicht mehr so sein kann für den, der es ändern will.« Vielleicht hilft es aus der Romantikfalle, wenn einerseits der politische Bezug zur deutschen Romantik geklärt wird: »Vielleicht sollte man daran erinnern, dass die Revolutionsbestrebungen im Vormärz, in der Zeit vor der deutschen Revolution 1948, just in die romantische Epoche fielen. Oder dass Jacob und Wilhelm Grimm, die aus der Romantik nicht wegzudenken sind, nicht nur Märchen sammelten, sondern zu den Unterzeichnern der Protestschrift der Göttinger Sieben zählten – es ging darum, einem König, einem Mächtigen, der Verfassungsbruch begangen hatte, die Stirn zu bieten. Wie modern« (Rainer Nübel). Die Furcht vor dem Romantischen in der Bewegung entsteht nur einerseits aus Brechts berechtigter Forderung an die Zuschauer im Theater: »Glotzt nicht so romantisch«, sie übernimmt aber andererseits zu leichtfertig ein Vorurteil der Gegenseite von einer romantischen »Duselei«, die den Fortschritt behindere.

Sitzblockade Bis zum Jahr 1995 galt in der Bundesrepublik eine Sitzblockade als Nötigung und lieferte daher per se eine Rechtfertigung für Festnahmen. Grundlage dafür war eine Vorstellung von »psychischer Gewalt«, die von den Demonstranten ausginge und die etwa den Lenker eines Wagens, der sich einer Sitzblockade gegenübersehe, in unzumutbare Gewissensnöte bringe. 1995 hob das Bundesverfassungsgericht diesen Grundsatz mit dem Hinweis auf den Bestimmtheitsgrundsatz des Grundgesetzes auf. Danach muss der Bürger erkennen können, was für Rechtsfolgen sich aus einem Verhalten ergeben, und alle Voraussetzungen und alle Strafmaßnahmen müssen gesetzlich fixiert sein. Eine »psychische Gewalt« durch eine Sitzblockade entspricht diesen Vorgaben nicht. In der Praxis freilich besteht der Tatbestand der Nötigung weiter, insofern mehrere Fahrzeuge einer Sitzblockade gegenüber stehen und bereits der Fahrer des zweiten Wagens nicht mehr von einer psychischen, sondern bereits von einer physischen Gewalt am Weiterfahren gehindert wird. Wird bei einer Sitzblockade mit Mitteln des Einhakens oder gegenseitigem Festhalten gearbeitet, wird die Sitzblockade ohnehin als Nötigung angesehen, ebenso strafbar sind Blockaden, »bei denen die Teilnehmer über die durch ihre körperliche Anwesenheit verursachte Einwirkung hinaus eine physische Barriere errichten« (Bundesverfassungsgericht, 2001). Die juristische Übersetzung von Anwesenheit in Gewalt und von psychischer in körperliche Gewalt mag durchaus eine unfreiwillige Wahrhaftigkeit innewohnen, faktisch bietet auf diese Weise jede Sitzblockade Anlass zu polizeilichem Eingriff, Festnahme und Anklage.

Soziale Netzwerke Die Rolle von Facebook oder Flickr in der Organisation von »transnationalen Jugendbewegungen« bleibt umstritten. Der französische Sozialwissenschaftler Jean-Paul Filiu sieht eher einen Mix der Medien als Motor der »Arabellion«: »In Tunesien wie Ägypten wurde die Revolution durch die Satelliten-TV-Kanäle verstärkt, vor allem von al-Dschasiras arabischen und englischen Programmen. Das haben dann auch die westlichen Sender übernommen. In Tunesien haben auch YouTube, Blogs und Seiten wie Flickr die Proteste für ausländische Medien sichtbar gemacht: Als in Tunesien Ben Alis Regime die Satellitenkommunikation stilllegte, konnte al-Dschasira über die Handys der Grassroot-Reporter trotzdem weiter berichten. Das Gleiche ist auch in Ägypen passiert, auf dem Tahrirplatz gab es einen großen Monitor, auf dem live al-Dschasira lief« (Filiu). Von der »Twitter Revolution« oder gar »Twitterlution« war bei den Ereignissen der Arabellion der Jahre 2009 und 2010 schon bald die Rede. Doch schon bald war klar, dass es sich dabei nur um Instrumente handelte, die zwar raschen Austausch der Inhalte ermöglichten, diese aber weder formten noch akzeptieren ließen. Als im tunesischen Aufstand das Regime die Handy Netze kappte, hatte das kaum Auswirkungen auf den Widerstand.

True Life (Reality TV) Reality TV, so Mark Greif, sei das Ideal einer »sichtbaren Republik«: Jeder kann mit jedem reden und mitreden. Auf MTV entstand als direkte Reaktion das Reality TV-Format »True Life. I'm occuppyin' Wall Street«: »Wir können die Ereignisse im Internet verfolgen, nach draußen gehen und beweisen, dass es wirklich stimmt, was die Bilder uns übermitteln. Das, was wir da beobachten, ist die Utopie einer Republik, in der alle Bürger sichtbar sind« (Greif).

Sichtbarkeit indes ist kein Wert an sich, stets kommt es darauf an, wer für wen und unter welchen Umständen sichtbar ist. Das Reality-Format in den ökonomisierten und privatisierten Medien gestattet einem imaginären Herrschafts-(und Terror-)Subjekt, mit dem sich die Zuschauer identifizieren sollen, Zugriff auf die »Privatsphäre« des Mitmenschen (ganz so, wie es im mittelalterlichen Volksglauben einen speziellen Teufel gab, der im Auftrag der Hölle die Dächer von den Häusern nahm, um ins Innere der Familienstrukturen zu sehen – dieser »deteckel«-Teufel soll übrigens in einer Lesart die Urform unseres »Detektivs« sein, der wiederum in unseren Medien eine ganz ähnliche Funktion einnimmt, nämlich im Privatleben stets verdächtiger Mitmenschen zu »schnüffeln«). Die mediale Sichtbarkeit benötigt daher eine politische Grammatik und muss demokratisch verhandelt werden, um sie von einem Instrument der Herrschaft zu einem Instrument der Beherrschten zu machen.

Studiengebühren Studiengebühren sind eines der perfektesten Mittel, oligarchische Herrschaft in Postdemokratie und Finanzkapitalismus zu erzeugen und zu stabilisieren und dementsprechend eines der ersten Motive eines allgemeinen und überregionalen Bürgerprotestes. Die Bindung der Ausbildung an das Einkommen der Familie entspricht in aller Regel nicht nur forcierter sozialer Ungerechtigkeit, Korruption bei der Studienplatzvergabe und der Graduierung, sondern erzeugt am Ende auch eine unfähige »Elite«. Musterbeispiel für all dies ist das Chile der rechts-technokratischen Regierung unter Präsident Sebastián Pinera, wo selbst der Mittelstand nur die Wahl hat, den Nachwuchs ohne höhere Ausbildung ins Leben zu schicken oder ganze Familien in die Schuldenfalle zu bringen. Das System der Hochschulen (nicht nur) in Chile ist typisch für ein postdemokratisches Funktionieren: Nach offizieller Lesart sind Hochschulen Non-Profit-Unternehmen, in der Realität aber erwirtschaften ihre Besitzer – darunter war auch der Bildungsminister Joaquin Lavín, bis er im Juli 2011 wegen seiner korrupten Vergabe zurücktreten musste – enorme Vermögen. Bei den Kosten für die Studienplätze belegt Chile den zweiten Platz hinter den USA. Staatschef Pinera erklärte das System sehr einfach und ganz im Modell des Neoliberalismus: »Wer mehr Geld hat, kann sich ja auch ein besseres Automobil leisten.« Die Universidad de Chile erhält nur 14% ihres Budgets vom Staat, der Rest muss aus Studiengebühren finanziert werden. Auch nach dem Ende der Pinochet-Diktatur blieb Chile ein militant neoliberaler Staat, in dem immer noch zehn Prozent der Erlöse aus dem Reichtum des Kupferexports automatisch und direkt an das Militär abgeführt wird, während eine Mehrheit nicht einmal jene 500 Euro monatlich verdient, die die Studiengebühren ausmachen. Studiengebühren sind also nicht nur ein ökonomisches, sondern auch ein dezidiert politisches Instrument der Herrschaft.

Urban Gardening Inmitten der Stadt werden Gemüsebeete angelegt, Nutztiere gehalten, Landwirtschaft betrieben. Urban Gardening überträgt Ökologie von einer Schlacht der Messdaten und Nachrichten in eine Praxis, die in gewisser Weise auch den Stadt/Land-Widerspruch zu überwinden versucht (wenn auch eher symbolisch als real). Es geht darum, das Zentrum ökologisch zu bezeichnen. Eine der Vorreiterinnen war Novella Carpenter mit ihrem Buch »Farm City«. Nach ihren Erfahrungen mit Bürokratie und Lebensmittelkonzernen erkannte Novella Carpenter: »Ich habe Urban Farming nicht als revolutionären Akt begriffen, aber offenbar scheint es das zu sein.« Das Urban Gardening wird auch als Gegenbewegung zur »broken window theory« verstanden, nach der Gebäude, Straßen oder Viertel durch zerschlagene Fenster und Graffiti zum Verfall gebracht werden. Oft beginnt das Urban Gardening auch mit einem Akt des squatting oder des Guerilla Gardenings, also als »grüne« Variante des Besetzens ungenutzten urbanen Raums.

Vandalismus Wenn in den Pariser Vorstädten Randale herrscht, in London Läden geplündert und in Berlin Autos angezündet werden, nimmt die Mainstream-Presse immer sehr schnell und zielgerichtet die Zuschreibung des Riot vor: Es entstehen zum Beispiel Erzählungen um die »Linksradikalen« oder »Chaoten« (Berlin), um den »Abschaum« (so Sarkozy zu den Riots in Paris) oder die »verwahrlosten Kinder der neuen Unterschicht« (London). Politisierung und Entpolitisierung der Randale werden ebenso willkürlich-stategisch vorgenommen wie die Einschätzung des »alltäglichen« Vandalismus. Einen bizarren Höhepunkt der Enteignung nimmt die Automobilwerbung auf, wenn sie einen Akt des Vandalismus gegen ein Auto als Argument für seine Beliebtheit serialisiert.

Vermummungsverbot § 17a Abs. 2 Versammlungsgesetz
1 Es ist verboten, bei öffentlichen Versammlungen unter freiem Himmel, Aufzügen oder sonstigen öffentlichen Veranstaltungen unter freiem Himmel oder auf dem Weg dorthin Schutzwaffen oder Gegenstände, die als Schutzwaffen geeignet und den Umständen nach dazu bestimmt sind, Vollstreckungsmaßnahmen eines Trägers von Hoheitsbefugnissen abzuwehren, mit sich zu führen.
2 Es ist auch verboten,
  1. an derartigen Veranstaltungen in einer Aufmachung, die geeignet und den Umständen nach darauf gerichtet ist, die Feststellung der Identität zu verhindern, teilzunehmen oder den Weg zu derartigen Veranstaltungen in einer solchen Aufmachung zurückzulegen
  2. bei derartigen Veranstaltungen oder auf dem Weg dorthin Gegenstände

mit sich zu führen, die geeignet und den Umständen nach dazu bestimmt sind, die Feststellung der Identität zu verhindern.

Nicht zu verwechseln mit dem Verschleierungsverbot:

»Als **Verschleierungsverbot** werden die von einigen europäischen Staaten erlassenen Gesetze bezeichnet, die auf ein Verbot von Ganzkörperschleiern abzielen. Weil davon vor allem muslimische Frauen betroffen wären, die Burkas oder den Niqab tragen, wird das Verbot in den Medien häufig auch als *Burkaverbot* bezeichnet.

Erstes EU-Land, das ein derartiges Gesetz verabschiedete, war im April 2010 Belgien. In Spanien befürwortete im Juni 2010 der spanische Senat ein Verschleierungsverbot, und ab April 2011 trat auch in Frankreich ein entsprechendes Gesetz in Kraft. In den Niederlanden kündigte die neugewählte Regierung im Herbst 2010 für die Zukunft ebenfalls ein Verschleierungsverbot an.

In Deutschland dagegen wäre ein generelles Verbot nach einem Gutachten des Bundestages verfassungswidrig.« (Wikipedia).

Der Diskurs freilich hat eine gemeinsame Ursache, die Beantwortung der Frage: Wer muss für wen unter welchen Umständen sichtbar sein? Während dem immer nackteren Bürger der immer vermummtere Polizist (als Repräsentant einer immer vermummteren Staatsmacht) gegenübersteht, wird am Körper der (muslimischen, also »anderen«) Frau verhandelt, was den »liberalen« Körper (siehe »Biopolitik«) ausmacht.

In der Occupy-Bewegung feierten »Vermummungen« in der Gestalt der »Vendetta«-Masken (siehe »Guy Fawkes«) eine unerwartete Renaissance. Mittlerweile wird am Modell eines Verbots der »elektronischen Vermummung« in bestimmten Regionen der Internet- und Social Network-Kommunikation gearbeitet. Eine Schutzmaßnahme, natürlich.

Volksentscheid Während allenthalben über die mangelnde Wahlbeteiligung geklagt wird, scheinen dagegen Volksbegehren und Volksentscheide großen Zuspruch zu finden. Dabei geht es in aller Regel nicht um eine Neuverteilung der Macht, sondern um konkrete Zielsetzungen. 2011 erreichte der Berliner Volksentscheid über die Offenlegung der Verträge zum Teilverkauf der Berliner Wasserbetriebe eine Zustimmung von 98%. Ein von CDU und SPD geführter Senat hatte im Jahr 1999 den Konzernen RWE und Veolia Gewinngarantien zugesichert, von denen die Öffentlichkeit damals nichts erfuhr. Anders als in der Schweiz, wo Volksentscheide zum regulären politischen Prozedere gehören, sind sie in Deutschland in aller Regel Konfliktfälle, deren demokratische Behandlung der Regierung erst abgetrotzt werden muss. Schon von daher wirken sie sehr häufig auch als eine Form des symbolischen Protestes, auch und gerade dort, wo, wie im Berliner Beispiel, der konkrete Gewinn an Information und Entscheidung gering ist. In der Schuldenkrise wurden mehrfach Stimmen laut, die eine europäische Volksbefragung über die Zukunft des Euro vorschlagen. Spätestens dann wäre das Instrument, das entweder konkrete Prozesse bestimmen oder allgemeinen Unmut formuliert, in den Rang eines Richtungsweisers der Politik erhoben (vergleichbar nur den Volksabstimmungen über Verbleib oder Abspaltung von einer Nation).

We Are the 99% Slogan, der auf den Titel des Artikels von Joseph Stiglitz zurückgeht, »Of the 1%, by the 1%, for the 1%«, in dem er ein Überschwappen der Rebellion gegen die superreichen Oligarchien und ihre Diktatoren in Nordafrika auf die USA prognostizierte.

Widerstandsrecht »im engeren Sinn ein Abwehrrecht des Bürgers gegenüber einer rechtswidrig ausgeübten Staatsgewalt mit dem Ziel der Wiederherstellung des (alten) Rechts. Im engeren Sinn richtet sich das Widerstandsrecht auch gegen Einzelne oder Gruppen, wenn diese die Verfassung gefährden; es dient dann der Unterstützung der Staatsgewalt, etwa wenn diese zu schwach ist, die verfassungsmäßige Ordnung aufrechtzuerhalten (»Verfassungshilfe«).

Kriterien für legitimen Widerstand: In der Geschichte des Widerstandsrechts haben sich bestimmte Kriterien für einen legitimen Widerstand gegen ein Unrechtssystem herauskristallisiert, nämlich: 1) Es muss sich um einen Akt sozialer Notwehr gegenüber einer verbrecherischen Obrigkeit, der das Unrecht »auf der Stirn geschrieben« steht, handeln. Das ist insbesondere dann anzunehmen, wenn die Staatsmacht fundamentale Grund- und Menschenrechte ungeschützt lässt oder selbst verletzt. Demnach gilt auch, dass ein Gesetz, das in grober Weise gegen die Gerechtigkeit verstößt, (ungültiges) gesetzliches Unrecht« ist; ein Gesetz, das Gerechtigkeit gar nicht bezweckt, ist »Nichtrecht« (so der Rechtsphilosoph und Staatsrechtler Gustav Radbruch). Demgemäß hält auch das Bundesverfassungsgericht ein Widerstandsrecht gegen ein evidentes Unrechtsregime für gegeben, wenn normale Rechtsbehelfe nicht wirksam sind. 2) Widerstand kommt nur subsidiär in Betracht, d. h. wenn alle legalen und friedlichen Mittel erschöpft sind. 3) Der Grundsatz der Verhältnismäßigkeit muss gewahrt sein.

Die angewandten Mittel müssen in angemessener Relation zu dem angestrebten Zweck stehen. 4) Es muss begründete Aussicht auf ein Gelingen des Widerstands bestehen, wobei zu berücksichtigen ist, dass auch faktisch gescheiterter Widerstand einen sehr hohen moralischen Wert und insofern »Erfolg« haben kann. 5) Der Widerstand Leistende muss die nötige Einsicht besitzen, um die Lage richtig beurteilen zu können. 6) Widerstand darf nur um des Rechts willen geleistet werden, nicht zur Befriedigung persönlicher Interessen. 7) Eine Pflicht zum Widerstand kann es von Rechts wegen nicht geben; dadurch würde der Einzelne überfordert.

In das GG ist das Widerstandsrecht 1968 im Rahmen der Notstandsverfassung aufgenommen worden, und zwar aus Furcht vor einem Missbrauch der Notstandsbefugnisse durch die Staatsgewalt. In Art. 20 Abs. 4 GG heißt es: »Gegen jeden, der es unternimmt, diese (d. h. die freiheitlich-demokratische) Ordnung zu beseitigen, haben alle Deutschen das Recht zum Widerstand, wenn andere Abhilfe nicht möglich ist« (gegen »jeden«; erfasst ist also auch die Verfassungshilfe)« (Duden Recht).

Wutbürger Ein von den deutschen Medien geprägter Begriff, der wie die »political correctness« oder der »Gutmensch« bald zum Repertoire der Reaktion auf einen als ebenso lästig wie uncool empfundenen Impuls gehörte, um der »bürgerlichen Revolte« vor allem Technologie- und Fortschrittsfeindlichkeit zu unterstellen. Zum Beispiel Gerhard Matzig, nach dessen Ausführungen ein »Wutbürger einer jener Menschen ist, die seit einem Jahr die öffentliche Debatte beherrschen – und wie nebenher auch die Kunst der Transformation perfektioniert haben. Aus Chancen werden im wutbürgerlichen Reich immer Risiken, aus ›dafür‹ immer ›dagegen«. Decken wir den Mantel der Nächstenliebe über die Dürftigkeit solcher Nebelkerzen-Diskurse. Als Geburtsstunde des Wutbürger-Begriffs darf demnach der 11. Oktober 2010 gelten, als Dirk Kurbjuweit im Spiegel seinen Essay »Der Wutbürger« veröffentlichte, der bereits im Gestus der Herablassung beginnt: »Eine neue Gestalt macht sich wichtig in der deutschen Gesellschaft: Das ist der Wutbürger. Er bricht mit der bürgerlichen Tradition, dass zur politischen Mitte auch eine innere Mitte gehört, also Gelassenheit, Contenance. Der Wutbürger buht, schreit, hasst. Er ist konservativ, wohlhabend und nicht mehr jung. Früher war er staatstragend, jetzt ist er zutiefst empört über die Politiker. Er zeigt sich bei Veranstaltungen mit Thilo Sarrazin und bei Demonstrationen gegen das Bahnhofsprojekt Stuttgart 21.«

Die Insassen des deutschen Feuilletonismus schufen sich demnach die imaginäre Hassfigur eines rechts- wie links-spießerischen Spielverderbers, eine Mischung aus Oberlehrer, Streber und Nachbar Zorngiebel (für Donald Duck-Verächter: eines jener Exemplare, mit denen man nur im Dauerkrieg leben kann). Richtig übel wird es, wenn Gerhard Matzig sich auch noch einen Satz von George Bernard Shaw zurechtbiegt: »Alte Männer sind gefährlich, ihnen ist die Zukunft egal«. Und dann kommt der vollends ins Idiotische kippende Satz: »Unter den Wutbürgern sind nur 1,1 Prozent jünger als 25 Jahre.« Das muss man erst einmal hinkriegen, sich einen Bevölkerungstyp zu erfinden und ihn dann auch noch zum Gegenstand imaginärer statistischer Erhebungen zu machen.

Ziviler Ungehorsam

Grundgesetz, Artikel 20:

1 Die Bundesrepublik Deutschland ist ein demokratischer und sozialer Bundesstaat.

2 Alle Staatsgewalt geht vom Volke aus. Sie wird vom Volke in Wahlen und Abstimmungen und durch besondere Organe der Gesetzgebung, der vollziehenden Gewalt und der Rechtsprechung ausgeübt.

3 Die Gesetzgebung ist an die verfassungsmäßige Ordnung, die vollziehende Gewalt und die Rechtsprechung sind an Gesetz und Recht gebunden.

4 Gegen jeden, der es unternimmt, diese Ordnung zu beseitigen, haben alle Deutschen das Recht zum Widerstand, wenn andere Abhilfe nicht möglich ist.

»Wenn aber das Gesetz so beschaffen ist, dass es notwendigerweise aus dir den Arm des Unrechts an einem anderen macht, dann, sage ich, brich das Gesetz. Mach dein Leben zu einem Gegengewicht, um die Maschine aufzuhalten.« (Henry David Thoreau).

»Aktionen Zivilen Ungehorsams haben zum Prinzip, dass einfaches geltendes Recht - wenn es als Unrecht erkannt wird oder wenn höherrangige Rechtsgüter entgegenstehen - nicht hingenommen wird. Direkter Ziviler Ungehorsam mißachtet direkt ungerechte/menschenrechtswidrige Gesetze (z.B. Widerstand gegen Rassengesetze in den USA unter Martin Luther King). Indirekter Ziviler Ungehorsam prangert ein Unrecht an, indem geringfügige Gesetzesverletzungen in Kauf genommen werden, um das bestehende Unrecht deutlich anzuprangern oder symbolisch zu überwinden und die Richtung der politisch notwendigen Überwindung anzuzeigen« (resist: Einige rechtliche Hinweise zu Aktionen des

zivilen Ungehorsams bzw. zu Sitzblockaden. http://www.resistthewar.de/pdf/).
»Ziviler Ungehorsam wird zur heiligen Pflicht, wenn der Staat den Boden des
Rechts verlassen hat.« (Mahatma Gandhi).

Literatur

aktiv Radfahren. Nummer 3. Ismaning 1996

apabiz e.v.: Erneut verheimlichte NPD-Wahlkampfkundgebung auf dem Berliner Alexanderplatz unter dem Motto »Sicherheit durch Recht und Ordnung«. Ein Dossier über die NPD-Kundgebung am 11. September 2011 (www.apabiz.de/ publikation/broschueren/11Sept11_NPD_Alexanderplatz_Dossier.pdf)

Francesca Araiza Andrade im Gespräch mit lg. In: Wahrschauer Nr. 60. Berlin 2011

Seyla Benhabib: Revolution in Amerika? In: Die Zeit, Nr. 42. Hamburg 2011

Piero Bevilacqua: Abschied vom Fortschritt. In: taz vom 2. August. Berlin 2011

Pierre Bourdieu: Praktische Vernunft: Zur Theorie des Handelns. Frankfurt/M 1989

Colin Crouch: Postdemokratie. Frankfurt/M 2003

Angela Davis: Das Wesen der Freiheit. In: kürbiskern Nr. 3. München 1973

Friedrich Engels: Bund der Kommunisten. In Marx/Engels: Werke. Band 21

Heike Faller: Musste das sein? Nur wenige Journalisten haben vor der Finanzkrise gewarnt. In: Zeitmagazin Nr. 16. Hamburg 2011

Jean-Paul Filiu: »Da ist noch gar nichts vorbei«, Interview mit Paul Hockenos. In: taz vom 23. November. Berlin 2011

Michel Foucault: Kritik des Regierens. Schriften zur Politik. Berlin 2010

Georg Fülberth: Zivilgesellschaft als Nationalreligion. In: Konkret, Nr. 5. Hamburg 1991

Paul Ginsborg: Berlusconi. Politisches Modell der Zukunft oder italienischer Sonderweg? Berlin 2005

Mark Greif: Wir mobilisieren Zaungäste. Interview von Doris Akrap. In: taz vom 12./13. November. Berlin 2011

Henryk Goldberg: Die Arroganz der Macht – »Gutmensch«. In: Thüringer Allgemeine vom 18.01. Erfurt 2012

Peter Grottian: Stuttgart 21 scheitert. In: KONTEXT vom 21./22. Mai. Stuttgart 2011

Dorothea Hahn: Das ganz andere Wall Street Journal. In: taz vom 5. Oktober. Berlin 2011

Meinrad Heck: Ignoranz 21. In: KONTEXT vom 26./27. November. Stuttgart 2011

Simon Heffer zitiert nach Owen Jones: Thatchers zornige Enkel. In: Le Monde Diplomatique, September. Berlin 2011.

Wilhelm Heitmeyer: Mechanismen der Eskalation. In: taz vom 25. August. Berlin 2011

Wolfgang Hetzer: Finanz Mafia. Wieso Banker und Banditen ohne Strafe davon kommen. Frankfurt/M 2011

Rudolf Hickel: Protest gegen Elendsproduktion. In: taz vom 8. September. Berlin 2011

Jens-Peter Hjort zit. nach Benjamin Laufer: Mehr Psycho vom Netto. In: taz vom 7./8. Mai. Berlin 2011

Felix Philipp Ingold: Der Denker und das Biest. Jacques Derrida philosophiert über seine Tierwerdung. In: Recherche, Nr. 3. Wien 2010

Michael Jäger: Die moderne Landschaftspflege. In: Der Freitag, Nr. 32. Berlin 2011

Immanuel Kant: Kritik der praktischen Vernunft. Stuttgart 1986

Ines Kappert: Die Transparenzfalle. In: taz vom 19.1. Berlin 2012

Wolfgang Lieb: Demokratie in Not – Empörung ist nicht genug. In: NachDenk-Seiten – Die kritische Webseite. Vom 7. Mai 2011

Niklas Luhmann: Aufsätze und Reden. Stuttgart 2001

Arno Luik: Das Spiel mit dem Feuer. In: KONTEXT, Nr. 33. Stuttgart 2011

Niccolò Machiavelli: Der Fürst. Berlin 2011

Gerhard Matzig: Einfach nur dagegen. Wie wir unseren Kindern die Zukunft verbauen. München 2011

Miriam Mecke: Werden wir alle zu Algorithmen? Gespräch mit Christina Geyer und Daniel Haas. In: Frankfurter Allgemeine Zeitung vom 17. September. Frankfurt/M 2011

Karl Markus Michel: Im Bauch des Wals. In: Kursbuch, Nr. 82. Berlin 1985

Robert Misik: Eine sonderbare politische Wallung. In: Der Freitag, Nr. 15. Berlin 2011

Sighard Neckel: In: Westend. Neue Zeitschrift für Sozialforschung. Heft 1 2011

Rainer Nübel: Die Romantikfalle. In: KONTEXT vom 5./6. November. Stuttgart 2011

Julia Rommel: Die Wut der Bürger ist verraucht. In: taz 19./20. November. Berlin 2011.

Arundhati Roy: Die Diktatur der Mittelklasse. (Interview: Iris Radisch) In: Die Zeit, Nr. 37. Hamburg 2011

Sabine Rückert: Der unbequeme Richter. In: Die Zeit, Nr. 41. Hamburg 2011

Martin Ruoff. Interview von Josef-Otto Freudenreich. In: KONTEXT vom 26./27. November. Stuttgart 2011

Roberto Saviano: Herrscht Berlusconi durch seine Sender? In: Die Zeit, Nr. 7. Hamburg 2011

Gerhard Scherhorn: Was uns noch nützt. Die bessere Welt als Privatsache? Vom Sinn und von den Zielen der Commons-Bewegung. In: Süddeutsche Zeitung vom 26. August. München 2011

Holger Schmidt: Endspiel um das Internet. In: F.A.Z. vom 10. Dezember. Frankfurt/M 2011

Klaus Schubert, Martina Klein: Das Politiklexikon. Bonn 2006.

Richard Sennett: Der flexible Mensch. Die Kultur des neuen Kapitalismus. Berlin 2006

Anne-Christin Sievers: Viele kleine Business Angels. In: Frankfurter Allgemeine Sonntagszeitung vom 6. November. Frankfurt/M 2011

Peter Sloterdijk: Letzte Ausfahrt Empörung. Über Bürgerausschaltung in Demokratien (http://www.petersloterdijk.net/agenda/artikel/ letzte-ausfahrt-empoerung)

Adam Soboczynski: Im Geisterreich der Moral. In: Die Zeit, Nr. 20. Hamburg 2011

Paul Spicker: The Welfare State: A General Theory. London 2000

Thomas Steinfeld: Wer gibt uns einen Feind mit Gesicht? In: Süddeutsche Zeitung vom 27./28. August. München 2011

John Taylor: Ein dämlicher Schritt. (Interview: Heike Buchter) In: Die Zeit, Nr. 19. Hamburg 2011

Henry David Thoreau: Über die Pflicht zum Ungehorsam gegen den Staat und andere Essays. Zürich 1973

Lea Thies: The real Guy – Ein Attentäter, ein Comic, eine Maske – mit diesem Gesicht hat es einiges auf sich. In: Augsburger Zeitung vom 5. November. Augsburg 2011

Steffen Vogel: Occupy und Demokratie. http://www.getidan.de/allgemeines/ steffen_vogel/40749/occupy-und-demokratie

Naomi Wolf: Der kommende Aufruhr. In: Der Freitag, Nr. 49. Berlin 2001

Raul Zelik: Einstieg in die Restlaufzeit. Bruch- und Brandstellen. In: Der Freitag, Nr. 34. Berlin 2011

Anmerkungen

1 Die Dialog-Passagen finden sich kursiv gedruckt.

2 Eine lange Kulturgeschichte gewiss hat die Umwandlung der Fairness als Praxis der Gerechtigkeit zu einer abstrakten Größe, die sich vor allem aus »sportlichem Wettbewerb« ableitet. Man hält sich hier an die Spielregel um des Spieles, nicht um des Menschen willen. So kann man, im Sport, auf dem Markt oder in der Politik, durchaus in mörderischer Weise »fair sein«.

3 Gerhard Schröder wirkte unter anderem für die britisch-russische Ölfirma TNK-BP, die mit ihrer rücksichtslosen Ölförderungen Landstriche verwüstet; Joschka Fischer wurde »Berater« von Rewe, Siemens und BMW, Otto Schily Aufsichtratsmitglied und Mitbesitzer des »Sicherheitsunternehmens« Safe ID, Matthias Berninger, Staatssekretär der Grünen, wurde Mitarbeiter der Süßwarenfabrik Mars.

4 Sicher ist nur eines, dass am Ende nie »jemand Schuld« ist. So erklärt der Stuttgarter Polizeipräsident Thomas Züfle im Interview mit der Internetzeitung »Kontext« im Januar 2012: »Ich wähle die Gangart nicht aus. Sie ist uns durch Recht und Gesetz vorgegeben. Wenn wir die Wahl hätten, würden wir am liebsten keinen Demonstranten bzw. ›Blockierer‹ anfassen.«

5 Nur zum Beispiel: Würde man kategorisch das Erbe, das über das Persönliche hinausgeht, also den Besitz von Produktions- und Distributionsmitteln, der Apparaturen von Macht und Beeinflussung beträfe, abschaffen, was eine der Verheißungen des »echten« und fundamentalen Liberalismus erfüllen müsste, dann enthöbe man sich eines der bedeutendsten vertikalen Ordnungselemente. Der Staat müsste in dieses Ordnungsvakuum mit aller Macht eindringen. Vielleicht ist es ein Fehler der Kritik, den Kapitalismus immer in erster Linie als Wirtschaftsform anzusehen und dabei seine Funktion als Ordnungsmacht zu übersehen.

6 In der Studie »Deutsche Zustände« aus dem Jahr 2011 entwickelten Heitmeyer und seine Mitarbeiter den Begriff der »gruppenbezogenen Menschenfeindlichkeit«. Diese hat sich in den letzten Jahren in diesem Land offensichtlich von den traditionellen Gruppen der Aus- und Abgrenzung, »den Fremden«, Homosexuellen, Juden, »Zigeuner« etc., auf neue verlagert, vor allem auf Hartz IV-Empfänger und Migranten: Offensichtlich werden selbst Rassismus, Vorurteile und Menschenfeindlichkeit ökonomisiert. Man hasst und verachtet, keineswegs paradox, die Verlierer, nicht zuletzt um sich gegen ein ökonomisches Solidarisierungsgebot zu wappnen. Verlierer werden kriminalisiert und verspottet, damit man nicht in die Versuchung gerät, ihnen »etwas abgeben« zu müssen. Es ist nach dieser Studie die Angst vor dem eigenen Statusverlust bei einer Mehrzahl der Menschen stärker als Einsicht oder Empathie für ein solidarisches Handeln.

7 Hier schließen sich die Überlegungen zu den Formen des Untodes an, die wir in unserem Buch »Wir Untote« zusammengestellt haben.

8 Oder einfach barbarisch-komisch, wie im Fall des Berliner Professors Peter Grottian, der bei einem Vortrag über Formen des Zivilen Ungehorsams in Lindau im Herbst 2010 von Bank-Besetzungen gesprochen haben soll, unmaskiert und mit Schokoladenpistolen, was eine Anklage und einen Strafbefehl über 3900.- Euro zur Folge hatte.

9 »In den neuen Herrschaften liegen die Schwierigkeiten. Und zwar erstens, wenn nicht alles neu ist, sondern nur ein Teil, so dass man das Ganze eine ›Misch-Herrschaft‹ nennen kann. Hier entstehen die Umwälzungen zunächst aus einer allen neuen Herrschaften gemeinsamen Schwierigkeit, dass nämlich die Menschen gern ihren Herrn wechseln, in der Hoffnung, einen besseren zu bekommen, und in diesem Glauben zu den Waffen gegen den Herrscher greifen; darin aber täuschen sie sich, denn sie erfahren bald, dass sie einen schlechteren bekommen haben. Das liegt gleichfalls an einer natürlichen und gewöhnlichen Notwendigkeit, denn der neue Herrscher ist stets genötigt, seine Untertanen mit Besatzung und mancherlei anderen Gewaltmitteln zu bedrücken, wie sie die Eroberung mit sich bringt« (»Der Fürst«).

10 Natürlich wird man einwenden, das Schöne und das Hässliche seien Kategorien höchst subjektiven Empfindens und ein allgemeines Urteil dazu sei nichts anderes als reine Anmaßung. Beginnen wir damit, dass man das Schöne sucht, während einem das Hässliche aufgedrängt wird, und dass es gut möglich ist, dass sich etwas Schönes in etwas Hässliches verwandelt, nur weil es einem so penetrant aufgedrängt wird (natürlich kann man, das entsprechende Interesse vorausgesetzt, das Schöne auch inmitten des Hässlichen finden, das man sich einfach nicht aufdrängen lässt). Hässlich aber dürfen wir auch all das nennen, das sein wahren Absichten verschleiert und auf tückische, ausbeuterische und boshafte Weise mit den Zeichen umgeht. Das Schöne kann nur vom Individuum wahrgenommen werden, das Hässliche will ihm keine Chance geben.

11 Großartig verbreitet im Jahr 2012 der »Nationale Normenkontrollrat« in seiner an *Bild*-Zeitungs-Ästhetik angelehnten Massenbeilage »Bürokratieabbau! Der Normenkontrollrat informiert« im Interview mit dem »Hauptgeschäftsführer Bundesvereinigung der deutschen Arbeitgeberverbände«: »Für die Wirtschaft wurden Maßnahmen mit einem Entlastungsvolumen von rund zehn Milliarden Euro umgesetzt.«. Bürokratieabbau im Neoliberalismus kann nichts anderes sein als die Beseitigung von gesellschaftlichen Hindernissen für reibungsloses Wirtschaften der Arbeitgeber. Bürokratieabbau bedeutet unter diesen Umständen die Verlagerung des Regierungs-, Gesetzes- und Verwaltungsdrucks von oben nach unten.

12 In die scheinbare Alltagstrivialität tritt die Konzernmacht mit einer furchtbaren Gewalt, indem sie Lebenswelt und Lebensstil bis in alle Verästelungen besetzt. So wird man weltweit aufan allen »strategischen« Orten von Konsum und Reise das Angebot der gleichen Kaugummi-Marke, Wrigley, finden, die ihrerseits von dem Mars Inc.-Konzern für 23 Milliarden US-Dollar vom Mars Inc.-Konzern erworben wurde, der damit zum größten Süßwarenhersteller der Welt wurde. Schlüsselposition bei dieser Fusion hatte Warren Buffett inne, der im Jahre 2008 von Forbes mit 62,4 Milliarden Dollar Privatvermögen zum reichsten Mann der Welt erklärt wurde. Welche Folgen hat die Beherrschung des Süßwarenmarktes durch einen Konzern und die Beherrschung dieses Konzerns durch einen Super-Vertreter des Finanzkapitalismus? Kleine Akte des Widerstandes beginnen immerhin mit der Konsum-Verweigerung gegenüber solchen Giganten der ökonomischen (und politischen) Macht.

LAIKAtheorie

LAIKAtheorie 1
Slavoj Žižek: Gewalt. Sechs abseitige Reflexionen, 192 Seiten, Preis 19,90 EUR, 1. Auflage erschienen im Mai 2011 · ISBN: 978-3942281-91-1

LAIKAtheorie 2
Slavoj Žižek: Totalitarismus. Fünf Interventionen zum Ge- oder Missbrauch eines Begriffs, ca. 280 Seiten, erscheint im Frühjahr 2012 ISBN: 978-3942281-92-8

LAIKAtheorie 3
Slavoj Žižek: Willkommen in interessanten Zeiten!, 96 Seiten, Preis 14,90 EUR, erschienen im Oktober 2011 · ISBN: 978-3942281-93-5

LAIKAtheorie 4
Werner Seppmann: Subjekt und System, 304 Seiten, Preis 21 EUR, erschienen im März 2011 · ISBN: 978-3942281-95-9

LAIKAtheorie 5
Ilan Pappe: Wissenschaft als Herrschaftsdienst. Der Kampf um die akademische Freiheit in Israel, 192 Seiten, Preis 19.90 EUR, erschienen im Juni 2011 ISBN: 978-3942281-96-6

LAIKAtheorie 6
John Bellamy Foster, Brett Clark, Richard York: Der ökologische Bruch. Der Krieg des Kapitals gegen den Planeten, 496 Seiten, Preis 39,90 EUR, erschienen im Oktober 2011 · ISBN: 978-3942281-97-3

LAIKAtheorie 7
Werner Seppmann: Dialektik der Entzivilisierung. Krise, Irrationalismus und Gewalt, 476 Seiten, Preis 34,90 EUR, erschienen im Oktober 2011 ISBN: 978-3-942281-09-6

LAIKAtheorie 8
Bruno Bosteels: Alain Badiou – Werdegang eines Streitbaren, 250 Seiten, erscheint im Frühjahr 2012 · ISBN: 978-3-942281-98-0

LAIKAtheorie 9

Ed Pluth: Badiou – eine Philosophie des Neuen, ca. 260 Seiten, erscheint im Frühjahr 2012 · ISBN: 978-3-942281-99-7

LAIKAtheorie 10

Tiqqun: Anleitung zum Bürgerkrieg, 156 Seiten, erschienen im März 2012 ISBN: 978-3-942281-08-9

LAIKAtheorie 11

Werner Seppmann: Dynamik sozialer Selbstzerstörung. Zur Dialektik von Destabilisierung und Herrschaft, ca. 300 Seiten, erscheint 2012 ISBN: 978-3-942281-10-2

LAIKAtheorie 12

Markus Metz, Georg Seeßlen: Bürger erhebt euch! Postdemokratie, Neoliberalismus und ziviler Ungehorsam, ca. 250 Seiten, erschienen im März 2012 ISBN: 978-3-942281-11-9

LAIKAtheorie 13

Tiqqun: Alles ist gescheitert, es lebe der Kommunismus!, ca. 400 Seiten, erscheint 2012 · ISBN: 978-3-942281-12-6

LAIKAtheorie 14

Rainer Just, Gabriel Ramin Schor (Hrsg.): Vorboten der Barbarei. Zum Massaker von Utøya, 144 Seiten, Preis 17,90 EUR, erschienen im Oktober 2011 ISBN: 978-3-942281-19-5

LAIKAtheorie 15

Daniel Bensaïd: Die Enteigneten. Karl Marx, die Holzdiebe und das Recht der Armen, 120 Seiten, Preis 14,90 EUR, erschienen im März 2012 · ISBN: 978-3-942281-22-5

LAIKAtheorie 16

Samir Amin: Das globalisierte Wertgesetz, 136 Seiten, Preis 14,90 EUR, erschienen im März 2012 · ISBN: 978-3-942281-21-8

BIBLIOTHEK DES WIDERSTANDS

Die BIBLIOTHEK DES WIDERSTANDS dokumentiert und reflektiert Kämpfe für soziale Veränderung, weltweit von den Sechziger Jahren bis heute.

Jeder Band ist ein LAIKA-Mediabook: ein Hardcover-Buch mit einer Dokumentarfilm-DVD. Rund einhundert Bände wird die Reihe insgesamt umfassen. Viele Filme erscheinen dabei erstmals im deutschsprachigen Raum. Die Bibliothek des Widerstands wird herausgegeben vom LAIKA-Verlag in Kooperation mit der Tageszeitung *junge Welt*.

Band 1: Der 2. Juni 1967
24,90 €, ISBN: 978-3-942281-70-6

Band 2: Angela Davis
24,90 €, ISBN: 978-3-942281-71-3

Band 3: Schrei im Dezember
19,90 €, ISBN: 978-3-942281-72-0

Band 4: Krawall
19,90 €, ISBN: 978-3-942281-73-7

Band 5: Rebels with a Cause
19,90 €, ISBN: 978-3-942281-74-4

Band 6: The Weather Underground
26,90 €, ISBN: 978-3-942281-75-1

Band 7: Die Schlacht um Chile 1973 – 1978
29,90 €, ISBN: 978-3-942281-76-8

Band 8: Dass Du zwei Tage schweigst unter der Folter!
24,90 €, ISBN: 978-3-942281-77-5

Band 9: Panteón Militar – Kreuzzug gegen die Subversion
19,90 €, ISBN: 978-3-942281-78-2

Band 10: Attac – Gipfelstürmer und Straßenkämpfer
24,90 €, ISBN: 978-3-942281-79-9

Band 11: Mir – Die revolutionäre Linke in Chile
19,90 €, ISBN: 978-3-942281-80-5

Band 12: Rudi Dutschke – aufrecht gehen*
29,90 €, ISBN: 978-3-942281-81-2

Band 13: Phoolan Devi – Die Rebellin*
19,90 €, ISBN: 978-3-942281-83-6

Band 14: Mumia Abu-Jamal
24,90 €, ISBN: 978-3-942281-84-3

Band 15: 25. April 1974 – Die Nelkenrevolution*
24,90 €, ISBN: 978-3-942281-85-0

Band 16: 5. Mai 68 – Die Phantasie an die Macht
29,90 €, ISBN: 978-3-942281-86-7

Band 17: Die blutigen Tage von Genua 2001 – G8-Gipfel, Widerstand und Repression
24,90 €, ISBN: 978-3-942281-87-4

Band 18: Lieber heute aktiv als morgen radioaktiv I – Die AKW-Protestbewegung von Brokdorf bis Wyhl
29,90 €, ISBN: 978-3-942281-01-0

Band 19: Lieber heute aktiv als morgen radioaktiv II*
29,90 €, ISBN: 978-3-942281-02-7

Band 20: Black Panther*
24,90 €, ISBN: 978-3-942281-04-1

*erscheint im Laufe des Jahres 2012